L'ENCYCLO *Rustica* DU JARDIN

EN GESTE PAR GESTE

Dépôt légal : février 2018
N° d'édition : 49689N2
ISBN : 978-2-8153-1207-3

www.rustica.fr

Daniel Brochard, Rosenn Le Page, Gérard Meudec,
Jean-Yves Prat, Denis Retournard

L'ENCYCLO Rustica DU JARDIN
EN GESTE PAR GESTE

Illustré par Joël Bordier

Rustica éditions

Sommaire

Bien jardiner 9

Bien choisir... 9
... ses fleurs selon leurs familles 9
... son potager selon l'espace et le temps 11
... ses arbres fruitiers selon leurs formes 12

Bien acheter... 17
... ses fleurs 17
... ses arbres et ses arbustes 20

Comment installer... 21
... ses fleurs 21
... ses arbres 27
... ses arbustes 28
... ses légumes au potager 30
... ses arbres et arbustes au verger 34

Comment entretenir... 37
... ses fleurs 37
... ses arbres d'ornements et ses arbres fruitiers .. 42
... son potager 48

Comment lire les fiches 54

Fleurs 55

Agératum 56
Alysse odorante 58
Ancolie 60
Anémone 62
Anthémis 64
Arum 66
Aster 68
Bégonia 70
Campanule 72
Capucine 74
Centaurée, Bleuet 76
Chrysanthème des jardins 78
Cœur-de-Marie 80
Coléus 81
Corbeille-d'or 83
Coréopsis 85
Cosmos 87
Crocus 89
Dahlia 90
Diascia 92
Érigéron 94
Freesia 95
Fritillaire 96
Fuchsia 98
Géranium 100
Giroflée 102
Glaïeul 104
Gypsophile 106
Hellébore 108
Hémérocalle 109
Heuchère 110
Hosta 111
Immortelle 112
Impatiens 113
Ipomée, Belle-de-jour 115
Iris 116

Jacinthe 117
Lavatère 119
Lin 121
Lis 123
Lobélia 124
Lupin 126
Marguerite 127
Muflier 128
Muguet 130
Myosotis 131
Narcisse 132
Népéta 134
Œillet 135
Œillet d'Inde, Rose d'Inde 137
Ostéospermum, Dimorphothéca 139
Pâquerette 141
Pavot 143
Pavot de Californie 145
Pélargonium 146
Pensée 148
Perce-neige 150
Pétunia 151
Phlox 153
Pied-d'alouette 155
Pivoine 157
Pois de senteur 159
Primevère 161
Renoncule 162
Rose trémière 164
Rudbeckia 166
Sauge 168
Saxifrage 170
Scabieuse 171
Sédum 172
Soleil 173
Souci 175
Tabac 177
Tulipe 179
Valériane 180
Verveine 182
Violette 184
Zinnia 186

Arbustes et grimpantes 189

Abélia 190
Ampélopsis 192
Andromède du Japon 194
Arbre aux papillons 196
Aucuba 198
Azalée 200
Bignone de Virginie 202
Bougainvillée 204
Bruyère 206
Buis 208
Buisson ardent 210
Camélia 212
Caryoptéris 214
Céanothe 216
Chèvrefeuille 218
Ciste 220
Clématite 222
Cognassier du Japon 224
Cornouiller 226
Cotonéaster 228
Deutzia 230
Forsythia 232
Fusain 234
Genêt à balais 236
Glycine 238
Groseillier à fleurs 240
Hamamélis 242
Hibiscus 244
Hortensia 246
Jasmin 248
Laurier-cerise 250
Lavande 252
Lilas 254
Mahonia 256
Mimosa 258
Oranger du Mexique 260
Osmanthe 262
Passiflore 264

Photinia 266
Rhododendron 268
Rosier 270
Sauge de Sibérie 274
Seringat 276
Skimmia 278
Spirée 280
Symphorine 282
Tamaris 284
Troène 286
Véronique arbustive 288
Vigne vierge 290
Viorne 292
Weigélia 294

Arbres 297
Acacia blanc 298
Arbre à perruques 300
Arbre aux 40 écus 302
Arbre de Judée 304
Aubépine 306
Catalpa 308
Cèdre 310
Charme commun 312
Chêne 314
Cyprès 316
Cytise 318
Épicéa 320
Érable 322
Faux cyprès 324
Hêtre commun 326
Houx 328
If commun 330
Magnolia 332
Peuplier 334
Pin 336
Prunier d'ornement 338
Sapin 340
Saule 342
Sorbier 344
Thuya 346
Tilleul 348

Potager 351
Ail 352
Aneth 354
Angélique 356
Artichaut 358
Aubergine 362
Basilic 366
Bette à cardes (poirée) 368
Betterave rouge 371
Cardon 374
Carotte 377
Céleri-branche 381
Céleri-rave 384
Cerfeuil 388
Chicorée 389
Chou brocoli 393
Chou de Bruxelles 396
Chou chinois 398
Chou-fleur 400
Chou frisé (chou vert) 403
Chou pommé 405
Chou-rave 408
Ciboule et ciboulette 410
Concombre 411
Coriandre 414
Cornichon 416
Courgette 418
Échalote 421
Endive 423
Épinard 426
Estragon 428

Fenouil bulbeux ... 430
Fraisier ... 433
Haricot ... 436
Laitue ... 441
Laurier-sauce ... 445
Mâche ... 447
Maïs doux ... 449
Melon ... 452
Menthe ... 456
Navet ... 458
Oignon ... 460
Origan ... 463
Oseille ... 465
Panais ... 467
Persil ... 469
Piment et poivron ... 470
Poireau ... 473
Pois ... 477
Pomme de terre ... 480
Potiron et autres courges ... 484
Radis ... 487
Rhubarbe ... 490
Romarin ... 493
Roquette ... 495
Salsifis et scorsonère ... 496
Sarriette ... 498
Sauge ... 499
Thym ... 500
Tomate ... 501
Topinambour ... 506

Verger ... 509
Abricotier ... 510
Actinidia ... 518
Agrumes ... 523
Amandier ... 528
Cassissier ... 536
Cerisier ... 540
Figuier ... 544
Framboisier ... 549
Groseillier à grappes ... 555
Kaki ou plaqueminier ... 560
Noisetier ... 564
Noyer ... 568
Olivier ... 571
Pêcher ... 575
Poirier ... 585
Pommier ... 595
Prunier ... 606
Ronce à fruits ... 610
Vigne ... 614

Annexes ... 621
Bien choisir ses fleurs ... 622
100 autres espèces d'arbustes, grimpantes et arbres à cultiver au jardin ... 631
Les associations au potager ... 638
Maladies et parasites ... 640
Glossaire ... 643
Index ... 649

Bien jardiner

Que vous souhaitiez organiser votre jardin autour de fleurs, d'arbres ou d'un potager, ou que vous vouliez y réunir ces différents aspects de la vie végétale, il est nécessaire de réfléchir à votre choix avant de vous lancer. Vous pourrez ainsi aménager l'espace en fonction de vos attentes et des réalités des plantes.

Bien choisir...

... ses fleurs selon leurs familles

Les annuelles et les bisannuelles

Les **annuelles** vont de la graine à la mort, les premiers froids venus, en une année, non sans avoir pris soin d'assurer leur descendance en produisant des fleurs, puis de nouvelles graines. Leur vie est courte, mais elles sont imbattables sur la durée et la générosité de leur floraison. Aussi sont-elles les reines des jardinières : souci, impatiens, pétunia, cosmos, etc. La plupart développent leurs premières fleurs dès le mois de mai pour ne rendre leur dernier souffle qu'aux gelées, vers la fin octobre, soit une garantie de 6 mois de fleurs.

Les **bisannuelles** ont besoin de deux ans pour s'épanouir. La première année, elles forment un feuillage abondant et, au cours de la seconde année, la fleur s'épanouit. Semées l'été, les bisannuelles forment une jeune plante feuillue avant l'hiver et, au printemps suivant, elles fleurissent, soit 6 à 8 mois plus tard. Les plus classiques d'entre elles sont les pensées ou les myosotis.

À gauche
Une annuelle, la lavatère.

À droite
Une bisannuelle, le myosotis.

À NE PAS CONFONDRE...

Les termes « vivace » et « rustique » sont bien souvent confondus. Dans le premier cas, il s'agit du cycle de vie de la plante, qui se déroule sur plusieurs années avec une période de croissance, quand il fait beau et chaud, et une période de repos, lorsque le thermomètre descend. Dans le second cas, on parle de résistance au froid. Certaines vivaces sont peu rustiques, comme les lobélias. Il est alors préférable de les protéger en hiver.

De même, « vivace » n'est pas synonyme de « robuste ». Ce dernier terme concerne le comportement de la plante face à des conditions difficiles : sol pauvre ou caillouteux, sécheresse, etc. Certaines vivaces, comme les valérianes ou les géraniums vivaces, sont à l'épreuve de tout. D'autres sont beaucoup plus capricieuses, tel le fameux pavot bleu de l'Himalaya (Meconopsis betonicifolia).

Les vivaces

Les **vivaces** fleurissent plusieurs années de suite au même endroit. Si elles disparaissent sous terre en hiver (à l'exception des espèces au feuillage persistant, comme les bergénias, les armoises ou les roses de Noël), elles sont présentes une bonne partie de l'année au jardin : les premières feuilles sortent avec les beaux jours, en mars-avril, et les dernières flétrissent lors des gelées. Au fur et à mesure des années, leur touffe sera de plus en plus imposante : on dit qu'elles s'étendent.

À gauche
Deux vivaces, l'anthémis et l'aubriète.

À droite
Une bulbeuse, le crocus.

Les bulbeuses

Quand il fait bon, elles emmagasinent des **réserves** alimentaires pour faire des fleurs l'année suivante. Elles les stockent toujours sous terre, soit dans leurs **racines**, soit dans des **tronçons** de tiges souterraines. On donne improprement le nom de **bulbe** à toutes ces excroissances gorgées de nourriture. L'année suivante, elles fleurissent en utilisant les réserves accumulées la saison passée et développent leur feuillage, simultanément ou un peu plus tard. Une fois la fleur fanée, il s'agit pour elles de reconstituer des réserves pour l'année suivante, puis leur feuillage jaunit, sèche et meurt. La période de repos commence alors.

Les bulbeuses sont des vivaces, mais toutes ne sont pas rustiques. En effet, les bulbes d'été (cannas, dahlias, glaïeuls), d'origine tropicale, ne peuvent rester en terre toute l'année, car ils ne supportent pas le froid hivernal. Leur arrachage et leur mise à l'abri est indispensable chaque automne.

... son potager selon l'espace et le temps

Les travaux et l'entretien de votre potager se répartissent en **deux grandes périodes** :

– le **printemps** avec le temps des **semis** en mars-avril et le temps des plantations en mai-juin;

– l'**automne**, en octobre ou en novembre, pour terminer les **récoltes** et travailler le sol.

Les récoltes et les **arrosages** sont principalement concentrés en été.

Les bonnes dimensions en fonction de vos besoins

Vous pouvez très bien aménager votre potager sur une surface moyenne, de 80 à 100 m², qui vous permettra d'introduire une belle diversité d'espèces et d'étaler vos récoltes sur toute l'année, même en hiver. Son entretien exigera seulement une demi-journée par semaine au printemps (du mois de mars à mai), voire un peu moins, et un week-end à l'automne.

Vous avez davantage de temps et rêvez de vous régaler de bons légumes frais toute la belle saison ? 50 m² par personne à nourrir vous seront alors nécessaires, soit un potager de 200 m² pour une famille de 4 personnes. Envisagez au minimum une demi-journée d'entretien par semaine, entre mars et juin, et un peu plus d'un week-end à l'automne.

Si vous souhaitez nourrir toute votre famille durant une bonne partie de l'année et confectionner des conserves et des confitures maison, comptez environ 80 m² par personne à nourrir y compris les enfants, soit environ 350 m² pour une famille de 4 personnes. Vous aurez besoin de temps et du courage ; car vous devrez consacrer une journée par semaine à votre potager entre mars et juin et 2 ou 3 week-ends à l'automne.

Où installer un coin de potager dans son jardin ?

Un emplacement dégagé et bien **ensoleillé** est le plus propice à la croissance des légumes. Le terrain doit être le plus plat possible afin de retenir les eaux de pluie ou d'arrosage, sur place, auprès des légumes.

Évitez la présence d'arbres, sauf en pourtour, et encore, du côté sud, afin que leur ombre ne nuise pas à la croissance des légumes.

Les légumes sont globalement **gourmands en eau**. Installer le potager à proximité d'un point d'eau (arrivée d'eau dans le cas d'un système d'arrosage intégré ou cuves pour récupérer l'eau de pluie) facilite l'arrosage, indispensable au printemps et en été. Dans le cas contraire, il vous faudra prévoir une longueur de tuyau d'arrosage qui vous permette d'atteindre l'extrémité la plus éloignée de votre potager.

AVEZ-VOUS LE DROIT DE CRÉER UN POTAGER ?

La question vous semble curieuse ? Pourtant, certains règlements de copropriété dans des lotissements de construction récente sont très stricts concernant ce que vous pouvez planter dans votre jardin. Ils exigent, par exemple, que la parcelle qui vous est confiée soit consacrée uniquement aux cultures ornementales. Quelques plants de tomates, un rang de salades ne vous attireront sûrement pas les foudres de vos voisins. En revanche, mieux vaut relire votre contrat et prendre l'avis des copropriétaires avant de reconvertir l'ensemble en potager.

Le bon sol

Il est impossible de changer votre sol mais le connaître vous permettra de choisir les espèces les mieux adaptées à sa nature. Observez la terre pour déterminer si votre sol est lourd ou léger.
Si la terre colle aux outils et si le terrain se transforme en gadoue dès qu'il pleut, votre sol est **lourd**. Il se réchauffe lentement au printemps et devient très dur en été s'il fait sec. Il est fertile car il retient bien l'eau et les éléments nutritifs. Vous pourrez l'améliorer et l'alléger par l'apport de compost, de fumier décomposé ou de tourbe.
Au contraire, si votre sol est **léger**, le travail de la terre est un plaisir en toute saison, la bêche s'enfonce toute seule et la terre est facile à soulever. L'eau d'arrosage ou de pluie est vite absorbée et la surface de la terre sèche rapidement, devenant poussiéreuse en été. Le sol se réchauffe vite au printemps, mais les plantes y souffrent de la sécheresse en été. Testez l'acidité de votre terre à l'aide de kits vendus dans les jardineries car certaines espèces poussent avec difficulté dans les terrains acides.

… ses arbres fruitiers selon leurs formes

Les arbres de plein vent et les touffes

Ce type de forme, proche de la silhouette naturelle de l'espèce considérée, est peu « travaillée » par le pépiniériste. Ces arbres, dits « **de plein vent** », nécessitent beaucoup de place, le noyer en particulier. Les plus volumineux sont les arbres **tiges**, dont le tronc atteint entre 1,50 et 2 m de hauteur. Viennent ensuite les arbres **demi-tiges**, dont le tronc est limité de 1 à 1,50 m par une taille appropriée du pépiniériste, et enfin, les arbres **basses-tiges**, forme possible pour certaines espèces seulement (signalées dans chaque fiche), dont le tronc n'excède pas une hauteur de 30 à 80 cm. La distance de plantation à respecter oscille entre 6 et 10 m selon les espèces. Les arbustes fruitiers (cassissier, groseillier, framboisier…) se présentent également en forme naturelle, c'est-à-dire en touffe.

Les formes plates ou palissées

Les autres formes sont dites « plates » ou « palissées », c'est-à-dire que les branches de l'arbre se développent toutes sur le même plan : ce sont les **palmettes** ou les **cordons**. Pour adopter de telles silhouettes, les rameaux ont besoin d'un soutien. Vous pouvez :
– soit appuyer l'arbre contre un mur garni de lattes, et le conduire **en espalier**; cela permet de cultiver des espèces frileuses comme le pêcher, même au nord de la Loire, le mur créant à son abord un microclimat plus favorable.
– soit employer l'arbre pour séparer deux parties du jardin; dans ce cas, appuyez-le contre une armature de piquets métalliques, entre lesquels sont tendus des fils de fer. On parle alors de **contre-espalier**.
Il est certain que les formes palissées nécessitent un entretien régulier pour la taille, l'éclaircissage et l'ensachage (poires et pommes)… Toutefois, leur taille réduite facilite la tâche. Les fruits sont généralement plus gros, de meilleure qualité et à portée de main !

Les formes d'arbre fruitier les plus courantes

Formes de plein vent

Selon les espèces fruitières et les formes choisies, vous obtiendrez vos premières récoltes plus ou moins rapidement. Il vous faudra être patient si vous avez opté pour des arbres tiges ou demi-tiges : les premiers fruits n'apparaîtront que 5 ou 6 ans après la plantation, voire 8 ans pour le noyer. Le pêcher, en revanche, même en formes hautes, produit dès l'année de plantation.

Arbre tige
cerisier, kaki, noyer, pêcher, poirier, pommier, prunier

Arbre demi-tige
abricotier, agrumes, amandier cerisier, kaki, pêcher, poirier, pommier, prunier

Arbre basse-tige
agrumes, cerisier, olivier, prunier

Touffe
cassissier, figuier, framboisier, groseillier à grappes, noisetier, olivier, ronce à fruits

Les formes d'arbre fruitier les plus courantes

Formes plates ou palissées

Les formes plates vous donneront plus rapidement des fruits si vous les achetez déjà formées. Ainsi, la palmette en « U » simple produira ses premiers fruits au bout de 2 ans, celle en « U » double et la palmette Verrier au bout de 3 ans, les cordons 1 ou 2 fruits, dès la deuxième année.

Cordon vertical
poirier, pommier

Cordon horizontal à un bras
pommier, vigne

Palmette à la diable
abricotier, actinidia, amandier, pêcher

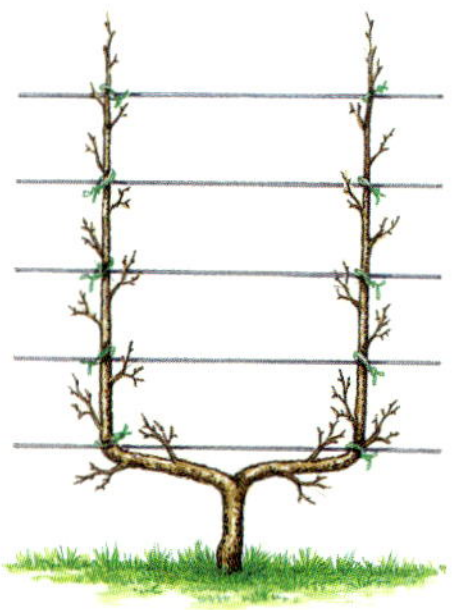

Palmette en U simple
poirier, pommier

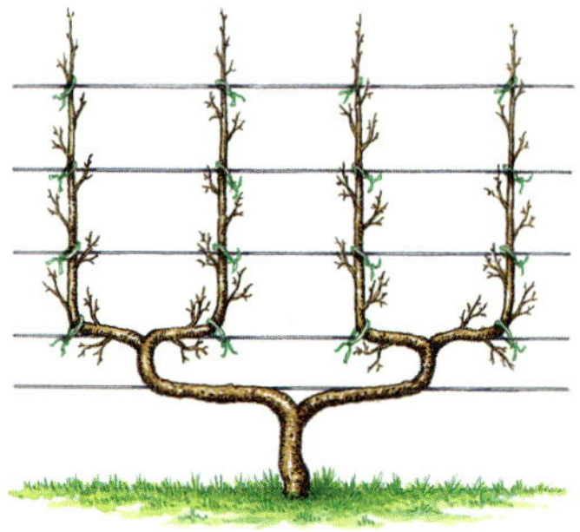

Palmette en U double
poirier, pommier

Palmette Verrier
poirier, pommier

Les variétés pollinisatrices

La plupart des espèces fruitières sont autofertiles : le pollen d'un arbre peut féconder les fleurs du même arbre. Toutefois, certaines espèces ont besoin de recevoir le pollen d'un autre arbre pour produire de nombreux fruits : on parle de pollinisation croisée. La présence à proximité d'un autre fruitier compatible est donc nécessaire pour assurer cet échange de pollen indispensable à une production abondante.

	VARIÉTÉS À POLLINISER	VARIÉTÉS POLLINISATRICES
Cassissier	• 'Delbard Robusta'	• 'Black Down' (autofertile); 'Noir de Bourgogne'
	• 'Géant de Boskoop'	• 'Noir de Bourgogne'
	• 'Noir de Bourgogne'	• 'Black Down' ; 'Géant de Boskoop'
Cerisier	• bigarreau 'Délice de Malicorne'	• bigarreau 'Hâtif Burlat'
	• bigarreau 'Géant d'Hedelfingen'	• bigarreau 'Hâtif Burlat' ; bigarreau 'Reverchon'
	• bigarreau 'Hâtif Burlat'	• bigarreau 'Géant d'Hedelfingen' ; guigne 'Early Rivers'
	• bigarreau 'Hâtif Delbard'	• bigarreau 'Délice de Malicorne'
	• bigarreau 'Marmotte'	• bigarreau 'Moreau' ; guigne 'Early River'
	• bigarreau 'Moreau'	• bigarreau 'Jaboulay'
	• bigarreau 'Reverchon'	• bigarreau 'Géant d'Hedelfingen' ; bigarreau 'Hâtif Burlat'
	• guigne 'Early Rivers'	• bigarreau 'Hâtif Burlat' ; bigarreau 'Marmotte' ; bigarreau 'Moreau'
Noisetier	• 'Bergeri'	• 'Merveille de Bollwiller'
	• 'Fertile de Coutard'	• 'Bergeri'
	• 'Merveille de Bollwiller'	• 'Cosford' ; 'Longue d'Espagne'
	• 'Segorbe'	• 'Fertile de Coutard' ; 'Merveille de Bollwiller'
Noyer	• 'Corne'	• 'Grandjean' ; 'Mayette'
	• 'Franquette'	• 'Parisienne'
	• 'Marbot'	• 'Franquette'
	• 'Parisienne'	• 'Franquette'

	VARIÉTÉS À POLLINISER	VARIÉTÉS POLLINISATRICES
Poirier	• 'Beurré Hardy'	• 'Bon Chrétien William's' ; 'Conférence' ; 'Triomphe de Vienne'
	• 'Bon Chrétien William's'	• 'Beurré Hardy' ; 'Conférence' ; 'Doyenné du Comice'
	• 'Conférence'	• 'Bon Chrétien William's' ; 'Doyenné du Comice'
	• 'Delbard d'automne'	• 'Bon Chrétien William's' ; 'Conférence' ; 'Doyenné du Comice'
	• 'Delbard Gourmande'	• 'Bon Chrétien William's' ; 'Conférence'
	• 'Delbardélice'	• 'Beurré Hardy'
	• 'Doyenné du Comice'	• 'Bon Chrétien William's' ; 'Conférence'
	• 'Fertilia Delbard'	• 'Doyenné du Comice'
	• 'Louise Bonne d'Avranches'	• 'Beurré Hardy'
	• 'Péradel'	• 'Doyenné du Comice'
Pommier	• 'Belle de Boskoop'	• 'Idared' ; 'Reinette de Caux'
	• 'Calville blanche'	• 'Golden Delicious' ; 'Reinette orange de Cox' ; 'Reine des reinettes'
	• 'Cybèle'	• 'Reine des reinettes'
	• 'Delbard Jubilé'	• 'Reine des reinettes'
	• 'Elstar'	• 'Golden Delicious' ; 'Reine des reinettes'
	• 'Harmonie'	• 'Reine des reinettes'
	• 'Régali'	• 'Reine des reinettes'
	• 'Reinette blanche du Canada'	• 'Reine des reinettes' ; 'Reinette orange de Cox'
	• 'Reinette grise du Canada'	• 'Reine des reinettes' ; 'Reinette orange de Cox'
	• 'Reinette du Mans'	• 'La Nationale'
	• 'Reinette orange de Cox'	• 'Calville blanche' ; 'Golden Delicious' ; 'Reine des reinettes'
	• 'Reine des reinettes'	• 'Calville blanche' ; 'Golden Delicious'
	• 'Royal Gala'	• 'Golden Delicious'
	• 'Tentation'	• 'Golden Delicious' ; 'Reine des reinettes'
Prunier	• 'Mirabelle de Nancy'	• 'Quetsche d'Alsace' ; 'Reine-Claude Dorée'
	• 'Reine-Claude de Bavay'	• 'Reine-Claude d'Oullins'
	• 'Reine-Claude Dorée'	• 'Reine-Claude de Bavay'
	• 'Reine-Claude d'Oullins'	• 'Reine-Claude d'Althan'
	• 'Quetsche d'Alsace'	• *Autofertile*
	• 'Thames Cross'	• *Autofertile*
	• 'Valor'	• 'Reine-Claude Dorée'

Bien acheter…

Dans la mesure du possible, plantez des végétaux qui ont été cultivés dans la région où se situe votre jardin. Ils ont été élevés dans des conditions de vie proches de celles qu'ils vont rencontrer chez vous. Cela suppose que vos achats se fassent dans une pépinière locale. Si vous vous rendez dans une jardinerie, renseignez-vous sur la provenance des végétaux proposés.

… ses fleurs

Les graines

Les graines vous offrent une grande diversité de choix de variétés pour chaque plante, surtout pour les annuelles et bisannuelles. C'est un moyen économique de fleurir votre jardin. Quelques sachets de graines suffisent pour couvrir de grandes surfaces. Un sachet vous coûtera entre 1,50 et 3 euros, si vous désirez des variétés bien précises et pas de mélange ! Toutefois, du semis au jeune plant s'écoule un certain temps durant lequel la plante demande des soins, parfois de la chaleur que seul votre intérieur peut lui fournir.

Chaque sachet de graines comporte une **date** limite de conservation au dos, qui correspond à la durée de vie de celles-ci, valable tant que vous n'avez pas ouvert le sachet. Elle est très différente d'une espèce à l'autre.

Pour bien acheter vos graines, apprenez à décrypter les indications figurant sur le sachet de graines : outre les dates de semis, de floraison et le nom français, vous trouverez des informations portant sur le nom de la race, la variété ou la précision « **varié** » signifie que les coloris n'ont pas été soigneusement séparés lors de la culture et de la récolte : tout ce qui est en mélange est en général moins onéreux.

La **race** est une obtention, dans une culture, un peu par hasard, d'un groupe de plantes qui présente, tout en étant une copie relativement conforme de l'espèce type, une caractéristique particulière concernant sa taille (haute, naine, tapissante…), son allure générale (retombante, dressée, ramifiée…) ou la forme de la fleur (double, simple, à pétales découpés…). Ainsi, par exemple, vous trouverez deux espèces de capucines, des grandes capucines (*Tropaeolum majus*) et des capucines des canaris (*Tropaeolum peregrinum*). Parmi les grandes capucines, vous choisirez des capucines grimpantes de race Hybride de Lobb (le plus souvent abrégé De Lobb) et vous opterez pour la race Tom Pouce ou Diamant pour les capucines naines.

La **variété** est issue du croisement entre deux ou plusieurs individus de l'espèce présentant des caractéristiques intéressantes. Les professionnels sélectionnent les parents pour leur silhouette, la durée de la floraison, la couleur, la forme des fleurs… Ils cultivent la variété obtenue pendant plusieurs années avant de l'inscrire sur un catalogue officiel et de la commercialiser sous un nom de baptême qu'ils ont choisi.

Les **hybrides** sont issus du même type de croisement, mais la sélection ne se fait pas sur des critères esthétiques : elle se base sur le comportement de la fleur (résistance à la sécheresse, aux maladies, durée de floraison longue…).

Les godets

Les plantes vendues dans des petits pots de plastique noir ou de couleur, communément appelés godets, sont très pratiques : vous pouvez tout de suite les installer à leur place définitive et l'effet, sans être immédiat, est plus rapide qu'avec un semis. Ce principe s'avère très utile lorsque, par exemple, votre semis ne lève pas et que vous souhaitez combler l'espace resté vide. Bien sûr, le choix est restreint et vous n'aurez pas des fleurs aussi originales que vous le souhaiteriez. Par ailleurs, l'achat de plants en godets et de graines ne représente pas le même coût : comptez entre 1 et 3 jeunes plants en godets pour le prix d'un sachet de graines !

Sachez reconnaître une plante de qualité, qui vous garantira une plantation réussie et son expansion dans votre jardin. Tâtez la terre : si elle est sèche, détournez-vous. Une belle plante se juge au nombre de **jeunes pousses** qui émergent au printemps à **sa base** et non à sa hauteur. À l'automne, observez les restes de végétation : mieux vaut plusieurs départs de tiges qu'un seul.

Évitez, si possible, les plantes en fleurs, surtout à l'automne. Au printemps, il est difficile d'échapper aux fleurs, car les horticulteurs forcent leurs plantes en les cultivant en serre, au chaud, pour obtenir une floraison prématurée, toujours plus attractive pour la vente.

L'avantage est que vous êtes sûr de la couleur et de la forme de fleur que vous achetez, mais faites attention de ne pas être piégé : choisissez alors les plants les moins fleuris.

Le **feuillage** des plantes doit être **sain** : ne vous alarmez pas cependant si vous apercevez une ou deux feuilles jaunes à la base de la plante, il s'agit souvent des premières feuilles, qui meurent naturellement lorsque la plante grandit.

CONSERVEZ DES PLANTES EN GODETS

Si vous ne pouvez planter immédiatement les plantes achetées en godets, ne les entreposez pas au chaud chez vous, mais dehors, dans un coin abrité du jardin, au pied d'un mur bien exposé par exemple. Même si ces plantes en godets sont plus sensibles au froid, elles sont rustiques et préfèrent le grand air.

Pélargoniums en godets.

Les potées fleuries

Les fleurs vendues en **conteneurs** sont plus chères. Vous les trouverez plus tard en saison, au printemps, voire au début de l'été. Déjà bien développées et fleuries, elles sont un moyen de compenser un manque dans votre composition, mais leur reprise au jardin peut s'avérer délicate. Essayez de leur laisser la motte la plus intacte possible lors de la plantation. **Arrosez** copieusement et régulièrement au cours de l'année qui suit la plantation.

Les conseils d'achat des jeunes plants en godets sont également valables pour les potées fleuries. Mais soyez intransigeant sur deux points : l'arrosage et la

silhouette de la plante. Achetez des plantes dont la terre est humide au toucher en surface; cela signifie qu'elles n'ont pas souffert du manque d'eau.
Préférez les plantes bien **ramifiées** dès la base à celles plus hautes mais en « chandelle ». Les premières ont été traitées correctement par des tailles successives pour obtenir une bonne ramification et elles ont reçu suffisamment de lumière. Plutôt que le nombre de fleurs épanouies, privilégiez la quantité de boutons prêts à s'ouvrir; celle-ci vous garantira la longévité de votre plante.

Les bulbes en repos

Le bulbe contient toutes les **réserves** nécessaires à l'épanouissement de la nouvelle fleur. S'il est **sain**, bien conservé et de belle taille, il vous promet des fleurs de **qualité**. Dans les autres cas, vous risquez d'être déçu plus tard.
Pour choisir un bulbe de bonne qualité, il faut ouvrir l'œil et le toucher. Détournez-vous de tous les sachets qui sont entreposés dans un magasin chauffé, surtout pour les bulbes à planter à l'automne (tulipe, narcisse, jacinthe...). Il y a fort à parier que ces bulbes ne supporteront pas de retourner au froid dans votre jardin. De même, lorsque le germe, et parfois même les premières feuilles, sont visibles, n'achetez pas : le bulbe a eu trop chaud et se croit déjà en terre. Ne lésinez pas sur la **grosseur** : plus le bulbe est gros et plus la floraison sera spectaculaire. Pour de nombreuses espèces, il existe un minimum garant de qualité : les crocus doivent avoir au moins une circonférence de 9 à 10 cm (on parle de calibre), les tulipes, de 12 à 14 cm, et les jacinthes, de 17 à 18 cm.

COMBIEN DE BULBES FAUT-IL PLANTER ?

C'est en masse que les bulbes font le plus d'effet, surtout ceux à floraison printanière.
Plantez ceux de petite taille (crocus, muscari, perce-neige et anémone blanda) par groupe de 25 à 30 au même endroit; les tulipes, narcisses et jacinthes par groupe de 10 au minimum. N'hésitez pas à les disposer les uns à côté des autres pour obtenir un effet spectaculaire. Le meilleur écartement est de 12 à 15 cm pour les tulipes et les narcisses et moins d'une dizaine de centimètres tout au plus pour les crocus et les autres petits bulbes.
Pour avoir des fleurs tout l'été, il est préférable d'échelonner tous les 15 jours les plantations de glaïeuls, freesias, renoncules et anémones, entre avril et juillet.

Les narcisses sont classés en catégories symbolisées par les lettres DN : des narcisses DN2 (DNII) ou DN3 (DNIII) donneront de nombreuses fleurs; en dessous : méfiance ! Enfin, tâtez chaque bulbe : il doit être **ferme** et **souple** à la fois, ce qui prouve qu'il n'est ni pourri ni sec. Attention aux moisissures ! En hiver, la terre est souvent humide et les moisissures trouveront donc une atmosphère idéale pour se développer et pourrir le bulbe. Regardez si ceux que vous avez choisis ne portent pas des traces brunes ou rougeâtres, signes de leur présence.

Plantation de bulbes d'automne, colchiques et cyclamens de Naples.

... ses arbres et ses arbustes

Achetez des arbres au **tronc** et aux **branches** bien **formés**, indemnes de blessures, au point de greffe (renflement à la base du tronc) bien soudé et aux racines non cassées, possédant de nombreuses radicelles (petites racines très fines). Cette dernière observation n'est valable que si vous acquérez des végétaux à racines nues.

Veillez à ce que les branches principales (charpentières) des **palmettes** comportent de nombreux **rameaux latéraux** (**coursonnes**) bien répartis sur toute leur longueur, sans partie dénudée. C'est sur ces coursonnes que sont produits les fruits.

Les arbres et arbustes d'ornement

Les arbustes sont vendus par **catégories de taille** : 40/60, 80/100, 120/150. C'est la hauteur, en centimètres, prise depuis le sol jusqu'à la pointe de la flèche. Pour les arbres, les étiquettes indiquent la circonférence du tronc, en centimètres, prise à 1 m au-dessus du sol : 8/10, 10/12... Plus l'arbre ou l'arbuste est de grandes dimensions, plus vite vous profiterez de son effet décoratif, mais plus aléatoire sera la reprise. Enfin, faites-vous livrer juste au moment de la plantation. Cela vous évitera de devoir assurer la conservation du sujet dans des conditions qui ne sont pas toujours idéales.

Les arbres et arbustes à racines nues

Les arbres et arbustes à racines nues se plantent du début novembre à la fin mars, pendant le repos de la végétation. Le pépiniériste arrache les sujets destinés à la vente dès la fin octobre, lorsque les arbres ont perdu leurs feuilles. Il conserve autour des grosses racines principales une bonne quantité de racines fines que l'on nomme « chevelu racinaire ». Ce sont elles qui puisent dans la terre eau et aliments pour l'arbre. Ces arbres arrachés sont proposés à la vente dès le début novembre. Ils sont « **mis en jauge** » par le pépiniériste, c'est-à-dire rangés les uns contre les autres, par espèce, leurs racines enterrées dans une tranchée. Ils peuvent rester ainsi jusqu'à la fin du mois de mars. Il vous est donc possible de planter pendant toute cette période, à condition qu'il ne gèle pas. Même si votre terrain n'est pas prêt, ce qui vous oblige à décaler la plantation en mars, achetez le plus tôt possible, en novembre par exemple (« À la Sainte-Catherine tout bois prend racines ! »). Vous disposerez ainsi d'un plus grand choix de variétés et d'arbres de meilleure qualité qu'en fin de saison. Vos arbres pourront attendre dans votre jardin, mis en jauge chez vous comme en pépinière.

Les arbres et arbustes en conteneur

Vous pouvez planter toute l'année les arbres et arbustes vendus en conteneur. Cependant, méfiance ! Ces végétaux sont élevés avec des engrais organiques liquides et, après la plantation, leur sevrage demande un suivi rigoureux de l'**arrosage** pour assurer leur reprise au cours du premier été. Il est donc préférable de les planter pendant le repos de la végétation, de novembre à fin mars.

Comment installer…

… ses fleurs

Composez des massifs de fleurs

Pour dessiner sur le terrain les contours de vos massifs, utilisez votre tuyau d'arrosage. Matérialisez le bord avec des piquets disposés tous les 1 à 2 mètres selon la sinuosité du tracé. Creusez une rigole d'environ 20 cm de profondeur en suivant la limite de votre massif. Faites une coupe bien verticale le long de celui-ci. Répartissez la moitié de la terre retirée sur la surface de votre massif. Vous pouvez matérialiser la limite de ce dernier par une bordure pour qu'elle reste bien nette. Vous trouverez dans le commerce des bordures de plastique ondulé, peu solides et peu durables, mais d'un prix fort modique. Considérez-les comme provisoires : elles sont pratiques si vous hésitez encore sur le style des bordures que vous souhaitez implanter dans votre jardin. Les matériaux les plus durables sont le ciment, la brique et les demi-rondins de bois exotique imputrescible ou de pin traité. Vous utiliserez l'autre moitié de la terre pour enfouir, en partie, la bordure mise en place; elle sera ainsi mieux maintenue.

Préparez le terrain

Attendez que la terre de la partie que vous avez décidé de fleurir soit suffisamment sèche, mais elle ne doit pas partir en poussière. Éliminez les grosses mottes contenant les racines des mauvaises herbes, les cailloux et les grosses pierres. Bêchez alors sur la profondeur d'un fer de bêche (environ 30 cm) afin de la rendre perméable à l'air et à l'eau et d'enterrer de la matière verte (mauvaises herbes, par exemple) qui va se décomposer lentement en nourriture pour vos plantes. C'est l'occasion d'enrichir le terrain en enfouissant du compost, de la tourbe s'il est vraiment très lourd (la terre colle à votre bêche), du terreau ou tout autre engrais organique s'il est pauvre (de couleur généralement très claire), à défaut, un engrais organiques complet. Une fois ce premier bêchage effectué, la surface de votre massif ressemblera plutôt à des montagnes russes! Si vous commencez votre jardin à l'automne, le gel et les autres intempéries

Bulbes à la floraison printanière.

affineront la terre à votre place. Si, au contraire, vous débutez au printemps, cassez les mottes avec une griffe ou une serfouette et attendez une quinzaine de jours avant de vous attaquer à la plantation. Quinze jours plus tard, votre terre s'est naturellement un peu tassée. Achevez son affinage en passant le râteau.

Le semis

La bonne période

La plupart des fleurs **annuelles** se sèment de mars à début juillet. Plus vous semez tard, plus vous aurez des fleurs tardivement. Vous pouvez ainsi avoir des floraisons échelonnées en décalant vos semis d'une quinzaine de jours.

Semis d'impatiens en caissette.

Les fleurs **bisannuelles** se sèment entre juillet et août.

Les fleurs **vivaces** se sèment comme dans la nature, après leur floraison, généralement en fin de printemps ou en été. Le semis aura toujours lieu en fin de printemps ou en été, en pépinière ou dans un coin abrité du jardin. Les vivaces à semer sont, en général, des fleurs sans histoire et leur semis est quasiment inratable!

Réalisation de semis de fleurs et de légumes au printemps, matériel : mini-serre, godet de tourbe, caissette, pastille de tourbe, semoir, étiquette, graine.

La méthode

Vous pouvez semer la plupart des **annuelles** directement en place, à la volée pour une disposition plus naturelle. Semez par grande tache pour obtenir un effet de masse, car c'est ainsi que ces fleurs éphémères font le plus d'effet. Il est inutile de travailler le sol en profondeur, d'autant que cela est difficile dans des massifs déjà plantés de fleurs vivaces ou de bulbes. Avec une griffe, cassez la croûte de terre en surface. Ôtez les mauvaises herbes s'il y en a. Si le temps est sec, arrosez en pluie fine la veille du semis; la terre humide en profondeur favorisera la germination. Recouvrez d'une fine couche de terreau bien émietté. Tassez avec le dos du râteau et arrosez doucement avec un arrosoir muni d'une pomme. Maintenez la terre humide jusqu'à la levée de manière à ce que les plantes soient suffisamment développées pour supporter une certaine sécheresse.

Les **espèces les plus frileuses** préféreront un semis en caissettes, conservées au chaud, chez vous, en serre ou sous un châssis, selon les exigences de chacune, car elles ont besoin de beaucoup de chaleur pour germer.

Enfin, d'autres **espèces délicates** ont besoin de conditions idéales de germination. Elles sont donc semées en pépinière, c'est-à-dire dans un endroit très abrité du jardin, chaud, mais pas trop ensoleillé, où la terre a été considérablement allégée par des apports de sable et de tourbe.

Le repiquage

Lorsque les jeunes plants semés en caissette ont 3 ou 4 feuilles bien développées, il faut alors les repiquer,

c'est-à-dire les planter en godets pour qu'ils forcissent avant que vous les plantiez à leur place définitive.
Cette étape est nécessaire : les racines de ces jeunes plants sont encore peu développées. Il faut leur offrir un milieu favorable à leur croissance avant de les planter au jardin. Ainsi les racines seront suffisamment fortes pour supporter la transplantation et fleuriront plus rapidement que si vous les aviez transplantées directement en place.

Repiquage de jeunes agératums dans des godets.

Remplissez vos godets avec un terreau spécial semis. Faites un avant-trou à l'aide d'un bâton dans chaque pot. Séparez délicatement les jeunes plantes en préservant leurs fines racines. Soulevez ensuite délicatement la motte de terre hors de la caissette avec la pelle-plantoir et posez-la sur une soucoupe pour démêler l'écheveau des racines. Placez chaque plantule dans un godet et tassez fortement autour avec les doigts. Arrosez abondamment et maintenez la terre humide par la suite, mais sans excès.

L'éclaircissage

Même en répartissant bien vos graines, quand les plantules ont 3 à 5 feuilles, il faut éclaircir les semis effectués en place ou en pépinière, c'est-à-dire enlever les plantes les plus faibles pour laisser un espace juste un peu plus petit que le diamètre de la plante. Celles qui restent pourront ainsi devenir plus vigoureuses. Selon les variétés et leur vigueur, vous laisserez davantage de distance entre chaque jeune plant.

Éclaircissage de jeunes plants de phlox.

La plantation

La bonne période

Les jeunes plants de **vivaces**, achetés en godets ou produits par vos soins, se plantent soit en septembre-octobre, soit en mars-avril. C'est à ces périodes que les jardineries et les pépiniéristes proposent le plus grand choix. La plupart des espèces n'ont pas de préférence entre ces deux périodes, sauf les plus sensibles au froid et à l'humidité qui apprécieront davantage une plantation printanière.
Les **annuelles** en godets se plantent entre la mi-avril et la mi-mai au jardin comme en jardinière, lorsque les risques de gelées printanières ne sont plus à craindre dans votre région.
Les **bulbes** qui fleurissent au printemps (tulipe, narcisse, crocus...) sont à installer à l'automne, ceux qui fleurissent en été (dahlia, canna, bégonia...) au printemps, de la mi-avril à la fin mai, et ceux qui fleurissent à l'automne (colchique, cyclamen de Naples...) en été.
N'envisagez pas la plantation un jour de très grand soleil ou alors attendez la fin de l'après-midi pour commencer : le jeune feuillage prendrait un « coup de chaud » et la plante ayant souffert reprendrait avec quelques difficultés.

ÔTEZ LES FLEURS

Les plants vendus en godets sont déjà fleuris pour faire envie. Une fois vos godets mis en place, coupez toutes les fleurs pour forcer vos plantes à se ramifier et à prendre de l'ampleur. 1 mois plus tard, vous aurez ainsi davantage de fleurs.

La plantation en godets

Faites tremper tous les godets des plantes dans une bassine pendant quelques minutes. La motte bien humide ne se défera pas lorsque vous la dépoterez. Les **racines gorgées d'eau** pourront continuer à alimenter la plante les premiers jours, le temps qu'elle s'habitue à ce nouvel espace, avant d'aller puiser l'eau dans le sol.

Disposez vos godets sur la surface préparée. Respectez les **distances** de plantation préconisées : environ 15 à 20 cm pour les bordures, 30 cm pour les plantes de taille moyenne, et 40 à 50 cm, voire davantage, pour les plantes hautes. Dépotez chaque plante en pressant doucement sur les parois du godet et en tirant délicatement sur la base de la plante. Griffez très superficiellement les parois de la motte pour dégager les petites racines qui y sont plaquées et les encourager à croître et à se ramifier. Creusez un trou de telle façon que la motte de terre affleure le niveau du sol. Refermez et tassez fortement avec les deux mains.

Ambiance avant plantation d'iris nains élevés en godet en plastique, au printemps.

Une fois toutes les plantes en place, arrosez abondamment, même s'il pleut, pour assurer une bonne reprise. Dans le cas où il ne pleut pas régulièrement dans les semaines qui suivent la plantation, renouvelez cet **arrosage** pour maintenir la terre humide, mais pas détrempée.

Attention aux mauvaises herbes : elles apprécient également la préparation soignée de la terre que vous avez réalisée pour vos fleurs. Désherbez régulièrement à la main.

La plantation des potées fleuries

Lors de la plantation des potées fleuries, prenez garde à ne pas perturber leurs racines. Si vous les plantez en pleine terre, faites-les tremper, avant de retirer les plantes de leur conteneur, dans une grande bassine d'eau pour que la motte de terre soit détrempée. Elle restera ainsi intacte lorsque vous l'ôterez de son pot et les racines reprendront plus facilement leur croissance. Coupez le conteneur au lieu de tirer la motte pour éviter qu'elle ne se casse. Glissez-la dans le trou de plantation aussi intacte que possible. Ne l'enterrez pas trop, le haut de la motte doit affleurer la surface du sol. La floraison peut connaître une courte pause juste après la plantation.

Vous pouvez aussi enterrer la plante avec son pot directement au milieu de votre massif. Ainsi, les racines des plantes ne sont pas dérangées lors de la plantation. Habituée à sa vie en conteneur, la plante continuera de fleurir comme si rien ne s'était passé.

La plantation des bulbes

Pour déterminer à quelle profondeur il faut planter un bulbe, installez-le à une profondeur au moins égale à deux fois et demie sa hauteur. Mais il n'y a pas de règle sans exception ! Les fritillaires, les colchiques et les lis demandent à être plantés un peu plus profondément, tandis que les bégonias, les iris de jardin et les cyclamens préfèrent affleurer la surface du sol.

Les bulbes ont des formes variées et il n'est pas toujours facile de savoir dans quel sens il faut les planter :

– les bulbes « **pointus** » (narcisses, tulipes, lis, jacinthes, glaïeuls, crocus) se plantent la pointe vers le haut;

– les bégonias et les cyclamens de Naples, le creux vers le ciel;

– les dahlias, le reste de tige sec de l'année précédente vers le haut.

Les tulipes botaniques, les narcisses, les crocus, les colchiques, les cyclamens de Naples et l'anémone blanda n'ont pas besoin d'être plantés chaque année : ils se naturalisent dans le jardin. Une fois en place, traitez-les comme des plantes vivaces. Attendez que leur feuillage jaunisse après la floraison pour le tailler à ras. Incorporez à leur pied de la poudre d'os ou de corne broyée au printemps.

Et, si vous avez un doute, plantez-les de profil, sur le côté : la tige trouvera toujours le chemin du soleil. Si vous plantez vos bulbes parmi d'autres plantes (vivaces, arbustes) ou dans la pelouse, vous procéderez **un par un**. Pour les plus petits, vous utiliserez un plantoir à bulbe. Pour les plus volumineux, comme les dahlias ou les lis, il vous faudra creuser un trou à la pelle-plantoir, assez vaste pour bien étaler les divisions de tubercules, par exemple, des dahlias. Il est bon, quel que soit votre terrain, de glisser dans chaque trou une poignée de sable afin que le bulbe soit au sec et bien calé. Surtout n'employez pas un plantoir conique, vous laisseriez entre la base du bulbe et la terre une poche d'air néfaste à la croissance des racines.

Les bulbes de printemps plantés en masse (tulipes, narcisses, crocus…) produisent un bel effet. Plantez-les par groupe d'au moins 10 à 20 de la même variété. Creusez un espace suffisant pour les contenir tous sur une douzaine de centimètres de profondeur. Placez les bulbes en quinconce d'un rang à l'autre : vous casserez ainsi la régularité de votre plantation en ligne. Étalez au fond de votre trou une bonne couche de sable de rivière. Il facilitera l'écoulement de l'eau en profondeur et vos bulbes seront plus au sec au cours de l'hiver. Cette opération est indispensable si votre sol est lourd, c'est-à-dire si la terre colle aux outils. Calez chaque bulbe, la pointe vers le haut, en lui faisant effectuer un mouvement de rotation. Recouvrez de terre et tassez fortement, mais n'arrosez surtout pas.

Cultivez des fleurs en pot

Cultiver des fleurs en pot exige de soigner leur plantation, d'être attentif à leur alimentation en eau et en éléments nutritifs, de surveiller les attaques de parasites qui s'y propagent beaucoup plus vite qu'au jardin, y trouvant des conditions de vie favorables, et de les protéger du froid, elles y sont plus sensibles que lorsqu'elles sont plantées en pleine terre. Tout d'abord offrez-leur un cadre de vie à leur mesure. Le volume de terre à la

Plantation de bulbes de glaïeuls.

Potées fleuries de rhododendrons.

disposition des racines est, par définition, réduit en raison de la dimension du pot. Un arbuste en bac demande au moins 40 à 50 cm de profondeur, une plante vivace entre 30 et 40 cm et une fleur annuelle s'épanouira dans à peine 20 cm. Vos jardinières auront au minimum 15 à 20 cm de large. Vous pourrez ainsi disposer vos plantes sur deux rangs en quinconce : l'effet sera beaucoup plus élégant. Si vous laissez un peu d'espace entre chaque plant (environ 10 cm, soit 5 ou 6 plantes pour une jardinière de 60 cm de long), les fleurs auront la place de s'épanouir et fleuriront jusqu'aux gelées.

Le **drainage** est essentiel. On a souvent la main lourde lorsqu'on arrose des pots, mais les fleurs ont horreur d'avoir les pieds dans l'eau. Il est judicieux de placer au fond du pot une bonne couche de billes d'argile ou de graviers de 5 à 6 cm d'épaisseur : l'eau s'écoulera rapidement dans la soucoupe et, si vous ne la videz pas, isolera la terre du contact de l'eau. Vous pouvez perfectionner le système en recouvrant cette couche drainante avec un feutre de drainage, le plus souvent de couleur grise : il empêchera la terre de se mêler aux billes d'argile, et diminuera ainsi d'autant leur pouvoir d'écoulement, car il laisse passer l'eau mais pas les particules terreuses.

La **terre** doit être **riche** en aliments, bien retenir l'eau des arrosages et ne pas être trop lourde, surtout si vous suspendez vos pots et jardinières aux fenêtres. Le meilleur substrat est un terreau spécial balcon vendu dans le commerce, son seul défaut étant son prix. Vous pouvez le remplacer par un mélange pour moitié de tourbe, légère et absorbante, et de terreau ordinaire, riche en aliments. Il est indispensable de changer la terre de vos jardinières d'annuelles tous les ans. Ce sont des plantes gourmandes : en une saison, elles ont épuisé toutes les ressources de votre terreau, malgré vos apports complémentaires d'engrais organiques.

Il est nécessaire de respecter un minimum de règles si vous souhaitez vous lancer dans les associations. À l'instar des massifs, les grandes fleurs iront derrière et les petites seront placées devant. Il est plus élégant d'ajouter à la composition une ou deux plantes qui retombent sur le bord du pot. Dépotez toutes les fleurs et disposez-les sur deux lignes, en quinconce, les basses et les retombantes devant. Si vous plantez très serré (les plantes se touchent), vous aurez un effet immédiat, qui se prolongera rarement au-delà du début du mois d'août, car les plantes s'étoufferont. Il est impératif de regrouper dans le même contenant des plantes aux exigences similaires en matière

d'ensoleillement, de besoins en eau et en engrais organiques.
Les fleurs en pot ont peu de terre autour de leurs racines; elles ont donc besoin d'être régulièrement arrosées et fertilisées. L'été, un **arrosage** tous les 2 ou 3 jours est indispensable, ainsi que de l'engrais organiques environ une fois par semaine, adapté aux plantes fleuries (riche en potasse). Nettoyez régulièrement les fleurs fanées et les feuilles jaunies ou sèches. À l'automne, arrachez les annuelles et retirez la terre des pots. Nettoyez les pots à l'eau de Javel pour les débarrasser de toute trace de maladie qui contaminerait vos fleurs l'année suivante.

… ses arbres

La préparation du terrain

Ouvrez votre trou de plantation quelques jours, sinon quelques semaines, avant la mise en place. Les alternances de froid et de chaud, de pluie et de sécheresse, contribuent à ameublir le sol. Les jeunes racines qui se développeront trouveront ainsi une terre qu'elles pourront pénétrer sans difficulté.

La bonne période

En règle générale, la meilleure période pour planter un arbre ou un arbuste se situe en automne, entre octobre et mi-décembre selon le climat. Là où les hivers sont très rigoureux, mieux vaut parfois attendre la fin de l'hiver : de fin février à début avril. Si vos sujets sont à **racines nues**, plantez-les en automne : au printemps, ils souffriront d'un manque d'eau et mettront plus de temps à s'installer. Les sujets cultivés en **conteneur** peuvent être plantés pratiquement toute l'année, à condition d'apporter des soins constants – fertilisation et arrosages copieux –, surtout si vous agissez pendant les saisons de végétation.

Le bon sol

Pour assurer leur reprise et leur développement futur, les végétaux ont besoin d'une terre adaptée à leurs besoins. Le sol de votre jardin est peut-être de très mauvaise qualité, type terre de remblai, ou bien vous souhaitez installer des plantes qui ne croissent bien que dans un sol acide. Dans le premier cas, si vous en avez les moyens, évacuez la terre extraite de vos trous de plantation et remplacez-la par une terre de meilleure qualité. Sinon, incorporez des amendements : sable, tourbe, fumure organique, pour en modifier la structure. Dans le second cas, remplacez la terre en place par une

LIVRÉS TROP TÔT

Vous avez commandé vos arbres et voici qu'arrive leur livraison. Mais vous n'êtes pas encore prêt pour les planter parce que le trou n'est pas creusé ou qu'il gèle à pierre fendre. Ces sujets peuvent être présentés à racines nues ou avec une belle motte de terre autour de leurs racines. Dans le premier cas, la mise en jauge est obligatoire. Sauf si la terre est gelée – auquel cas il vous faudra les emmailloter dans de la paille et les placer dans l'endroit le plus abrité du jardin, à l'extérieur –, creusez un trou dont l'un des côtés soit en légère déclivité et couchez vos arbres ou arbustes contre cette partie pentue. Recouvrez de terre et de feuilles mortes jusqu'à la plantation. Les racines ne doivent surtout pas se trouver à l'air libre où elles sécheraient. Si vos végétaux ont une motte, ils peuvent rester ainsi quelques jours avant la mise en place, mais veillez à ce que la terre ne sèche pas. Au besoin, enveloppez la motte dans des sacs en toile de jute humidifiée.

terre dite de bruyère. Pour éviter qu'ensuite, les racines n'entrent en contact avec un sol qui ne leur convient pas, tapissez les parois et le fond du trou avec un feutre ou un film de plastique perforé qui laissera s'échapper l'eau d'arrosage et de pluie. Par la suite, tous les 2 ou 3 ans, vous enlèverez la couche superficielle pour la remplacer par de la terre fraîche, dite de bruyère.

Plantez un arbre

Ne soyez pas chiche quant aux **dimensions** du trou de plantation. Pour un baliveau, bien sûr, un trou creusé avec une bêche dans une terre fraîchement remuée dans lequel vous glisserez les racines, suffira. Mais pour un arbre déjà formé, comptez un minimum de 80 cm de côté sur autant de profondeur. Extrayez toute la terre pour l'amender si elle en a besoin ou la changer si c'est nécessaire. Dans le fond du trou, apportez un fertilisant que vous recouvririez d'un peu de terre pour que les jeunes racines ne se trouvent pas en contact direct avec lui, ce qui risquerait d'occasionner des brûlures. Si votre arbre est à racines nues, étalez-les bien, au-dessus d'une petite butte que vous aurez formée auparavant. Dans tous les cas, que l'arbre soit à racines nues ou en motte, le collet, partie située entre le tronc et les racines, doit se trouver au même niveau que le sol. Une règle placée en travers du trou vous aidera dans cette tâche. **Rebouchez** ensuite en veillant à ce qu'il n'y ait pas de poche d'air qui serait néfaste à la reprise. **Tassez** la terre au fur et à mesure et terminez par un arrosage copieux qui contribuera à faire glisser la terre autour de la motte mais aussi entre les racines.

Trou de plantation pour un peuplier, au moins 1 m³.

Étalement des racines au-dessus d'une petite butte préalablement formée.

... ses arbustes

Plantez un arbuste

Les gestes sont les mêmes que pour la plantation d'un arbre. Seules diffèrent les dimensions du trou. En général, une soixantaine de centimètres en tous sens sont suffisants. Dans tous les cas, le volume du trou doit être au moins du double de celui de la motte.

Plantez un massif

Lorsque vous avez plusieurs sujets à installer les uns à côté des autres, pensez à leur développement futur pour ne pas trop les serrer. Une distance moyenne de 1 à 1,50 m est nécessaire pour qu'ils ne se gênent pas par la suite et pour que vous puissiez aussi leur assurer un bon entretien. Si vos arbustes sont petits lors de la plantation, comblez les vides par des plantes annuelles ou des vivaces que vous pourrez facilement déplacer ensuite.

Plantez une haie

Pour que la **clôture végétale** soit suffisamment dense, plantez plus serré : 60 à 80 cm selon la taille adulte de l'arbuste. Le plus simple est d'ouvrir une tranchée. Si vous avez une belle longueur de haie, louez un petit engin de terrassement. Vous irez plus vite et cela sera moins fatigant! Lorsque vous plantez des petits arbustes, labourez le sol sur une trentaine de centimètres, puis étalez un film de plastique noir ou vert foncé. Cette couleur sombre prive de lumière les graines de mauvaises herbes qui ne peuvent plus germer. Découpez ce film là où vous installez vos arbustes et creusez le trou avec une bêche. Outre le fait que le film garde le terrain propre, il conserve l'humidité et la chaleur de la terre, ce qui permet d'assurer une reprise plus rapide.

Tuteurage et haubanage

Dès qu'ils dépassent 1,50 m de hauteur, tous les arbres et une majorité des arbustes ayant été plantés ont besoin d'un soutien, de façon qu'ils résistent aux assauts du vent et restent bien droits, le temps que leur système radiculaire se soit bien implanté. Si vous posez un **tuteur**, faites-le avant de mettre le sujet dans le trou, en décalant légèrement ce support par rapport au centre : en enfonçant le tuteur après la plantation, vous risqueriez de blesser des racines. Pour être stable, le tuteur doit être enfoncé à au moins 50 à 80 cm de profondeur. Attachez ensuite le tronc avec un lien solide, sans trop serrer pour ne pas l'étrangler lorsqu'il va grossir.

Si la pose d'un tuteur n'est pas possible (cas des conifères, par exemple), installez des haubans. Pour cela, à environ 1,50 à 2 m du tronc, plantez en biais, la pointe vers le sujet, trois piquets répartis autour de l'arbre. Reliez ces piquets au tronc avec des fils de fer équipés de tendeurs, que vous passerez au-dessus des premières branches. Glissez le fil de fer dans une gaine pour ne pas blesser l'écorce. Tendez ensuite en veillant à ce que l'arbre reste bien droit. Laissez tuteurs et haubans au moins 3 ans avant de les enlever.

Haubanage d'un épicéa.

… ses légumes au potager

La préparation du terrain

Un potager se doit d'être fonctionnel car vous y interviendrez souvent pour semer, planter, entretenir, récolter. Son accès doit donc être facile.
Une fois le contour général dessiné et la dimension choisie, préparez votre potager, à l'automne de préférence, surtout en sol lourd et compact, ou au début du printemps pour les terres légères. Commencez par bêcher profondément la surface dévolue aux légumes, éliminez les pierres, les mauvaises herbes et les souches présentes. Opérez en lignes parallèles, dans le sens de la largeur : vous parviendrez plus rapidement au bout d'une ligne, c'est moins décourageant. Enfoncez la bêche verticalement sur toute la longueur du fer (partie métallique plate de la bêche), soulevez la motte de terre en faisant levier avec le manche et retournez-la en faisant pivoter la bêche sur place. Progressez à reculons afin de ne pas piétiner la partie que vous venez de travailler **(dessin n° 1)**.

Dessin n° 1

Vous pouvez également remiser la terre de la première rangée dans la brouette pour créer une rigole. Versez les mottes de terre de la deuxième rangée sans les soulever en faisant pivoter le fer de la bêche vers la rigole. Procédez de même jusqu'à la dernière rangée que vous comblerez avec la terre de la brouette. Cette technique **(dessin n° 2)**, qui évite de soulever les mottes de terre, sauf pour la première ligne, est appréciable en terre lourde.

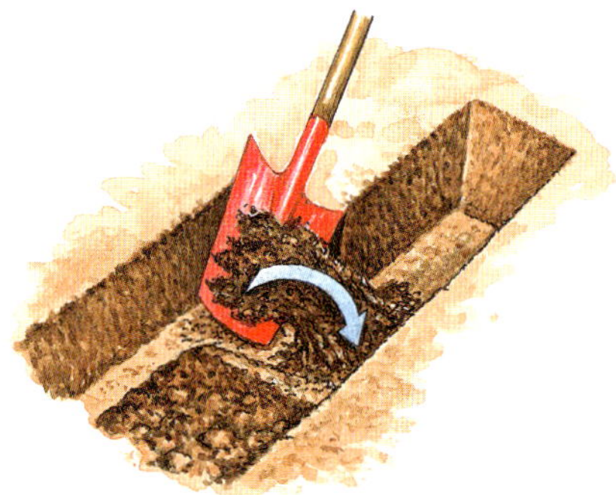

Dessin n° 2

Si la surface à bêcher est grande (au-delà de 250 à 300 m^2), n'hésitez pas à utiliser un motoculteur. Louez avant d'acheter afin de choisir l'appareil qui convient le mieux à votre terrain.

Allées : quel dessin adopter ?

Commencez par dessiner les voies de circulation. Les allées principales doivent vous permettre de circuler sans difficulté avec l'ensemble du matériel nécessaire à l'entretien de votre potager : brouette et éventuellement motoculteur. Tracez des allées aussi rectilignes que possible et comptez au moins 80 cm de large pour être à l'aise; 1 m est plus confortable si vous utilisez un motoculteur. L'idéal est une

allée centrale et une **allée périphérique** rendant ainsi l'ensemble du terrain à portée d'outil (binage, ratissage, sarclage...). Si vous souhaitez aménager des **allées engazonnées**, leur largeur sera alors conditionnée par la largeur de coupe de votre tondeuse. Des **bordures** sont indispensables afin que l'herbe n'aille pas vagabonder parmi vos choux, ainsi qu'une dénivellation de 5 ou 6 cm entre l'allée et les surfaces cultivées. Prévoyez une tonte par semaine entre les mois de mai et septembre. Si vous habitez une région très pluvieuse en hiver, ces allées engazonnées risquent de souffrir du piétinement lorsqu'elles sont gorgées d'eau. Vous pouvez également installer des dalles qui vous permettront de circuler au sec toute l'année. Une fois posées, celles-ci n'exigent aucun entretien particulier.
Ménagez, tous les deux rangs, un espace de 30 cm de large, un passe-pied, pour faciliter la circulation entre les légumes lors de la récolte.
L'emplacement de ces **chemins** varie d'une année à l'autre selon la disposition des plantes dans le potager. Pour éviter qu'ils ne soient envahis par les mauvaises herbes, vous pouvez les recouvrir d'un paillage (paille, paillettes de lin...) que vous incorporerez au sol lors des labours d'automne.

Préparer les « planches »

Dans le jargon des jardiniers, les « planches » du potager sont les endroits occupés par les légumes. Lors de l'installation de votre espace potager, il est préférable de fertiliser toute la surface à cultiver. Comptez environ une à deux brouettes de compost ou de fumier décomposé pour 10 m² ou employez un engrais organique spécial potager en respectant les doses préconisées sur l'emballage. Étalez en surface et mélangez à la terre avec le **croc** ou la **griffe**. Si vous opérez en automne, les intempéries hivernales affineront naturellement la terre. Au printemps suivant, quelques coups de croc suffiront pour parfaire la finesse du terrain. Aplanissez au râteau. Si vous avez entrepris l'installation du potager au printemps, réalisez toutes ces opérations à la suite. Il est alors indispensable d'employer un compost ou un fumier décomposé à cette période.

Jardin potager avec des fruitiers palissés, dahlias, fraisiers et betteraves.

Tas de compost, « usine » de recyclage

Le potager exige des apports réguliers en matières organiques issues de la décomposition d'éléments végétaux ou animaux. Il est donc judicieux d'installer le tas de compost à proximité du potager, là où vous recyclerez toute cette matière décomposée.

Commencez par dégager une surface de 2 m² dans un coin du potager. Désherbez soigneusement et tassez la terre. Installez sur 1 m² un système pour retenir les déchets en tas : panneaux de planches à claire-voie, toile plastique d'ombrage, systèmes en kit vendus dans le commerce… Ne dépassez pas 1 m de haut. Dans cet espace, disposez sur le fond quelques branchages enchevêtrés puis recouvrez avec vos déchets en les alternant avec des couches de terre fine pour favoriser la décomposition.

Sélectionnez les débris végétaux que vous y jetez. Ceux exempts de maladies iront rejoindre le tas de compost. Les autres seront brûlés avant d'y être dispersés en cendres. Broyez les branchages avant de les incorporer.

Arrosez durant l'été (10 l d'eau une fois par semaine) lorsque le temps est sec et retournez une à deux fois par an le compost dans l'espace de 1 m² laissé libre à côté. Vous y déplacerez alors le système qui retient le tas.

Une fois en juillet et une fois en août, ajoutez du purin d'ortie ou un activateur de compost à l'eau d'arrosage pour accélérer la décomposition.

Comptez de 8 à 10 mois avant d'obtenir un compost prêt à l'emploi : il ressemble à du terreau grossier, brun foncé et aucun élément du départ ne doit être discernable.

QUE JETER DANS LE COMPOST ?

– Les restes de culture des légumes du potager (directement ou en cendres selon leur état sanitaire) ;
– les mauvaises herbes lorsqu'elles ne sont pas en fleurs sauf liserons, chiendents, chardons et renoncules ;
– les épluchures des fruits et des légumes du jardin ;
– les tontes de gazon si la pelouse n'a pas été traitée avec un désherbant sélectif dans l'année ;
– les feuilles mortes ;
– les déchets de taille (broyés ou en cendres).

Pépinière : aux petits soins pour les semis

Dans le jargon des jardiniers, cet endroit est particulièrement propice aux semis délicats, aux graines qui ont besoin de conditions particulières pour germer : plus de chaleur, une terre plus fine et plus humide, davantage d'ombre et de fraîcheur…

Choisissez un emplacement ombragé en été et très abrité, au pied d'un mur orienté à l'est par exemple, pas nécessairement au potager mais dans un endroit accessible car les jeunes semis demandent des soins fréquents.

Délimitez une bande de 2 ou 3 m de long sur 1 m de large. Bêchez en profondeur, désherbez, éliminez les pierres, les souches, et incorporez à la terre en place du sable et du terreau, à parts égales.

Affinez la terre soigneusement. En effet, plus elle est fine et plus le contact entre les mottes de terre et la graine est important. Cela vous permettra d'encourager la germination.

Binez, désherbez, ratissez régulièrement le terrain, arrosez en pluie fine (arrosoir muni d'une pomme) pour maintenir des conditions favorables à la germination.

Le semis

Les espèces qui supportent mal la transplantation, c'est-à-dire tous les légumes formant une racine (betterave, céleri, navet, carotte, radis...), doivent être semées **en place**. Préférez le semis **en pépinière** pour les légumes qui ont besoin d'un repiquage pour renforcer leur enracinement : choux, poireaux...
Le semis **en terrine** ou **en godet** est impératif pour tous les légumes frileux : tomate, aubergine, potiron et autres courges, piment... Réservez plutôt le semis en terrine aux graines fines (tomate, poivron, aubergine...) et le semis en godet individuel (3 à 5 graines par pot) pour les grosses graines (potiron, courgette, melon...).
Quel que soit l'endroit où vous semez, la bonne germination d'une graine exige un contact étroit entre la terre et la graine, beaucoup d'humidité, de la chaleur et une répartition homogène des graines. Si vous débutez, le semis **en ligne** est plus facile car il permet de répartir régulièrement les graines sans difficulté. C'est généralement la technique employée pour le semis directement au potager. Aidez-vous d'un **semoir à main** si besoin. Il s'agit d'une petite boîte en plastique dont vous réglez l'ouverture selon la grosseur de la graine. Elle débouche sur un bec court qui permet de déposer la graine au fond du sillon.

Semis de carotte 'Touchon' en ligne à l'aide d'un semoir.

Lorsque les graines sont grosses (haricots, pois, fèves...), il est possible de semer par groupe de 3 ou 4 graines dans des trous régulièrement espacés : c'est le **semis en poquet**.
Le **semis à la volée** est idéal pour les graines fines qui doivent être semées en surface. Les graines dans le creux de la main, décrivez un mouvement semi-circulaire avec le poignet au-dessus de la surface à ensemencer, en libérant progressivement vos graines. C'est le mode de semis le plus employé en pépinière, en terrine ou sous châssis.

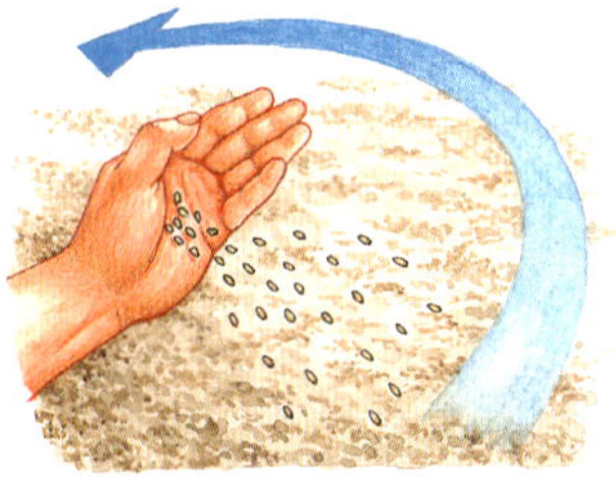

Semis à la volée.

Le repiquage

Cette opération s'effectue lorsque les graines semées ont germé et les jeunes plants ont de 3 à 5 feuilles selon les espèces. Il faut alors les transplanter de la terrine ou du godet dans un pot, ou de la pépinière au jardin. Les jeunes plantes sont alors arrachées avec délicatesse : on soulève le plant avec une spatule en préservant un maximum de terre au niveau des racines. La plantation, en pot ou au jardin, doit avoir lieu immédiatement après pour préserver les jeunes racines du dessèchement.

La plantation

La plantation au jardin concerne les jeunes plants de légumes cultivés en pots à l'issue du repiquage ou achetés en jardinerie ; qui se présentent sous deux formes : en godet de plastique et en motte de terre compressée, sans pot.

Jeune plant
en motte de terre
compressée.

Jeune plant
en godet
de plastique.

Pour réussir votre plantation, la motte de terre des jeunes plants doit être très humide, voire détrempée : laissez-les dans une bassine d'eau quelques minutes avant de planter. Les jeunes plants nouvellement plantés sont sensibles à la déshydratation : leurs racines ne sont pas bien en place et n'assurent pas une bonne alimentation en eau les premiers jours. Au printemps, plantez dans la journée quand la température ambiante est agréable. En été, préférez le matin ou le soir, à la fraîche.

AU MOMENT DE LA PLANTATION

Si votre trou de défoncement n'a pas été amendé, il n'est pas trop tard pour fertiliser la terre. Incorporez à la terre remuée au fond du trou et à celle stockée sur les bords un engrais de fond (engrais complet) et du compost. Dans le cas contraire, l'engrais est inutile, mais vous pouvez éventuellement incorporer du fumier desséché à la terre autour des racines pour aider à la reprise.

... ses arbres et arbustes au verger

La préparation du terrain

Ne vous contentez pas de creuser des trous d'un volume égal à celui des racines (ou de la motte) des arbres ou des arbustes à planter. Si vous voulez assurer une bonne reprise et un développement vigoureux pendant les premières années, vous devrez effectuer des trous, dits de « défoncement », plus larges et plus profonds. Ainsi, vous pourrez améliorer suffisamment le sol et incorporer à la terre extraite une fumure de fond (engrais organique complet). Creusez ces trous de préférence 2 ou 3 mois avant la plantation (1 mois est un minimum), pour permettre le tassement naturel du sol après rebouchage.
Les arbres de **plein-vent** requièrent un trou d'au moins 1 m de côté sur 80 cm de profondeur.

Trou creusé pour un arbre de plein-vent.

Pour planter des **palmettes** en ligne, prévoyez une tranchée de 60 cm de largeur sur autant de profondeur.

Pour les arbustes fruitiers, vous avez le choix, selon la quantité à planter, entre des trous individuels de 50 cm en tous sens ou une tranchée de 50 cm de largeur sur autant de profondeur. Si des armatures de soutien sont nécessaires, comme pour les ronces à fruits et les framboisiers, c'est également le moment de les mettre en place avant le rebouchage.

QUAND POSER TUTEURS ET ARMATURE ?

Dès le creusement du trou de « défoncement » (pour ameublir la terre), 3 mois avant la plantation, prévoyez les tuteurs pour les arbres de plein vent et toutes les fournitures pour la pose des armatures nécessaires aux formes palissées : poteaux en bois ou métalliques, fils de fer, lattes, tendeurs... Posez armatures et tuteurs avant de reboucher les trous.

Plantez un arbre à racines nues

1. En période hors gel, et une fois la terre du trou de défoncement suffisamment tassée naturellement, vous pouvez de nouveau creuser, à la bêche, un trou d'un volume légèrement plus grand que celui des racines de l'arbre à planter (il s'agit du **trou de « plantation »).** Formez au fond un petit dôme de terre sur lequel reposera l'arbre.

2. Habillez les racines : supprimez celles qui sont cassées ou blessées et raccourcissez celles qui sont trop longues. Effectuez des coupes nettes au sécateur pour faciliter la cicatrisation et favoriser le développement rapide d'un « chevelu » abondant.

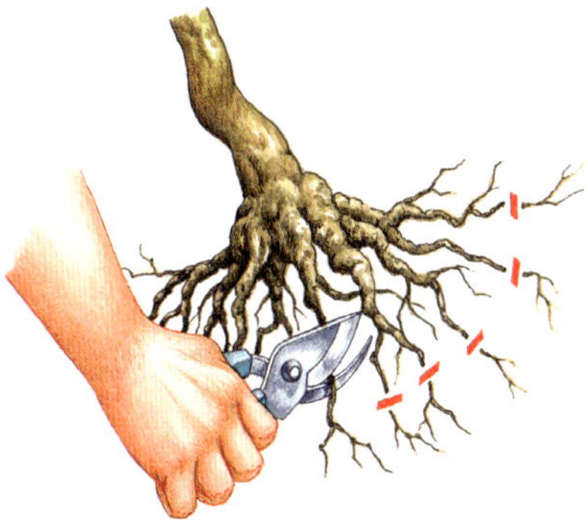

Habillage des racines.

3. Pour assurer une meilleure reprise et provoquer l'émission de radicelles, **pralinez les racines.** Pour cela, préparez un pralin, vous pouvez sinon acheter des pralins biologiques prêts à l'emploi dans le commerce.

Pralinage.

4. Équilibrez le volume des branches par rapport à celui des racines. Pour les arbres de plein vent, raccourcissez les charpentières d'un tiers; pour les palmettes, taillez à 20 cm environ le prolongement de l'année (partie la plus claire en haut des branches charpentières). Coupez net les branches cassées ou blessées et protégez les plaies avec un mastic cicatrisant.

Coupe des branches et des racines pour équilibrer la silhouette.

5. Mettez l'arbre en place en étalant les racines sur le petit dôme au fond du trou. Aidez-vous d'un bâton rectiligne que vous placerez en travers du trou, vérifiez que le point de greffe (s'il y en a un) se trouve au-dessus.
Pour une palmette, respectez l'alignement des 4 branches charpentières par rapport aux lattes de l'armature. Commencez à combler le trou.
Faites glisser la terre la plus fine autour des racines sans tasser avec le pied car vous risqueriez de provoquer un tassement trop important, d'écraser les racines ou de laisser des poches d'air.

Mise en place.

6. Créez une cuvette autour du tronc avec une bêche et arrosez copieusement en apportant l'eau assez violemment pour permettre un bon tassement naturel du sol sur les racines. Après absorption de l'eau, remettez de la terre s'il en manque et reformez la cuvette pour les futurs arrosages.

Attachez les troncs sur les tuteurs et les branches charpentières des palmettes sur les lattes des armatures. Ne serrez pas et laissez une petite longueur de lien suffisante pour permettre à l'arbre de descendre avec le tassement naturel du sol. Poursuivez la fixation des pousses des arbres palissés à leur support au fur et à mesure de leur croissance.

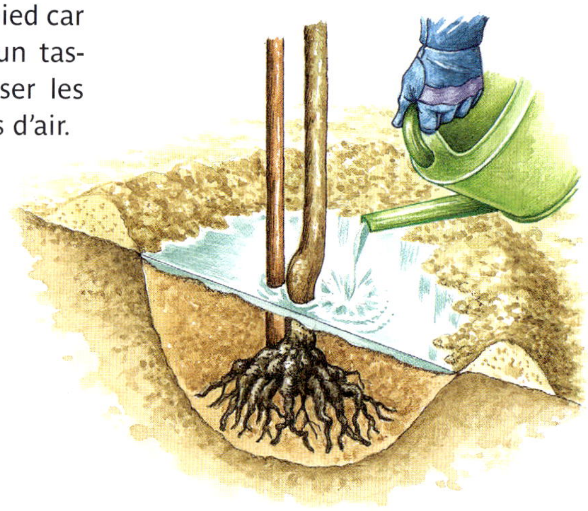

Arrosage de la cuvette.

Plantez un arbre en conteneur

La méthode est la même que pour un arbre à racines nues.
1. Creusez un trou de plantation d'un volume légèrement supérieur à celui de la motte.
2. Plongez le conteneur dans l'eau pour bien humidifier la motte avant de la dépoter. Posez-la au fond du trou, sa surface supérieure devant être au niveau du sol. Rebouchez sans tasser avec le pied et aménagez une cuvette de terre. Arrosez.
3. Taillez les branches de la même façon que pour un arbre à racines nues.

Comment entretenir…

… ses fleurs

> **L'ARROSAGE DES POTÉES FLEURIES**
>
> ***Tout l'été, arrosez abondamment les fleurs que vous avez plantées déjà épanouies, en grosses potées, car les racines de ces plantes mises en terre tardivement ne sont pas encore capables d'aller chercher de l'eau en profondeur.***

L'arrosage

Les fleurs sont **gourmandes** en eau. Leurs besoins connaissent un pic lorsque leurs corolles s'épanouissent. Ils sont d'autant plus importants qu'elles sont plus florifères, ce qui correspond souvent à la période estivale durant laquelle il pleut peu. Il vous faudra donc compenser cela par des arrosages répétés et réguliers. Concevez l'arrosage comme une promenade parmi vos fleurs au moment où elles exhalent tous leurs parfums, leurs effluves se mêlant à l'agréable fraîcheur de l'eau. C'est aussi l'occasion d'inspecter vos fleurs, de vérifier que des parasites ne menacent pas leur beauté. Si tel est le cas, vous pourrez éliminer à la main les quelques importuns avant qu'ils ne soient trop nombreux et ainsi juguler l'attaque sans avoir recours aux produits de traitement. Les apports d'eau du **soir**, lorsque le soleil devient rasant, sont les plus efficaces. En effet, les plantes transpirent toute la journée, épuisant leurs réserves en eau. Le soir, elles ont très soif, et n'auront pas trop de toute la nuit pour reconstituer leur stock et attaquer du bon pied la prochaine journée. De plus, la nuit, la chaleur étant moins intense, l'évaporation est réduite. L'eau que vous apportez a tout le temps de s'écouler en profondeur au lieu de se transformer en vapeur d'eau. N'arrosez pas en pleine journée sauf pour une intervention d'urgence, une plante qui se flétrit à vue d'œil. Arrosez-la alors délicatement à l'arrosoir, au pied, sans mouiller le feuillage. Vous améliorerez la pénétration de l'eau dans le sol si vous griffez régulièrement et superficiellement la terre au pied des plantes. Vous évitez ainsi la formation d'une croûte presque impénétrable. Arrosez moins souvent, mais apportez à chaque fois de grandes quantités d'eau. Vous habituerez les racines des fleurs à aller chercher l'eau en **profondeur**, à se débrouiller un peu toutes seules en cas de sécheresse passagère. Les fleurs seront aussi plus solides. Si vous arrosez un peu tous les jours, elles vont développer des racines en surface et seront très sensibles au manque d'eau.

Le paillage

Le paillage limite les pertes d'eau du sol par évaporation et, réduit la fréquence des arrosages. Cette couche opaque à la lumière, qui doit avoir au moins 5 à 6 cm d'épaisseur, empêche les mauvaises herbes de pousser. Avant d'étaler le matériau de paillage, un désherbage soigné s'impose, car des mauvaises herbes suffisamment développées sont capables de percer la couche de paillage alors que des jeunes plantules n'y parviendront pas. En hiver, sa présence empêchera la terre de se refroidir trop fortement et protégera ainsi du froid les fleurs les plus fragiles.

De nombreux matériaux fournissent un excellent paillage : écorces de pin finement broyées, mulch d'écorces de pin, paillettes de lin, cosses de cacao concassées, tourbe, plastique noir, feuilles mortes ou tontes de gazon… Vous choisirez en fonction du prix ou de l'aspect décoratif.

Pailler tous les massifs de fleurs est l'idéal. Si vous reculez devant l'ampleur de la tâche, réservez cette protection aux fleurs les plus gourmandes et aux plantes vivaces nouvellement plantées au printemps.

Tuteurage d'un tournesol.

Le tuteurage

Nombreuses sont les fleurs qui ont besoin d'un soutien, mais ne transformez pas votre jardin en champ de tuteurs : la toute première qualité d'un soutien est la discrétion.

Peu importe le matériau employé pourvu qu'il se noie dans la végétation et que vous vous astreignez à une certaine unité. Un bon tuteur doit respecter le port naturel de la fleur. Pour les plantes de taille moyenne (80 cm à 1 m), employez des **tuteurs en cercle**. Certains modèles vous permettent de fixer le cercle de maintien à la hauteur que vous désirez. Ainsi, vous pouvez suivre la croissance de la plante en le plaçant bas au départ et en le remontant au fil de la saison, jusqu'à 40 à 50 cm du sol : c'est largement suffisant pour maintenir solidement vos plantes.

Pour les plantes plus hautes qui voisinent 1 m et plus, plantez à l'extérieur de la touffe 3 ou 4 tuteurs en bambou un peu plus petits que la plante adulte (environ un tiers). Enroulez un lien autour en spirale montante au fur et à mesure que la plante grandit.

Enfoncez les tuteurs dès la plantation. Si vous les mettez en place plus tard, vous risquez d'endommager les racines des plantes en les enfonçant, surtout pour les bulbes qui, une fois transpercés, ne s'épanouiront pas. **Le lien** est au moins aussi important que le tuteur.

Tuteur en cercle utilisé pour l'ancolie.

ET POUR CELLES QUI GRIMPENT…

Les plantes grimpantes ont aussi besoin d'un support pour s'élever vers le ciel. On ne peut pas à proprement parler de tuteurage, mais cela y ressemble fort. Là, la discrétion n'est pas de mise, bien au contraire, et ces éléments en hauteur, destinés à les soutenir, structurent les massifs, car ils dominent toutes les autres fleurs. Choisissez-les en fonction du style de votre jardin. Un jardin naturel se contentera de constructions maison en branches de bouleau ou en tiges de bambou, regroupées en tente indienne en leur sommet. Les côtés peuvent s'habiller de grillage à maille fine. Dans un jardin aux lignes rigoureuses, à la française, vous pouvez faire plus sophistiqué en vous procurant obélisque, boule, cercle et pyramide de métal sur lesquels guider vos plantes grimpantes.

Trop voyant, il attirera le regard sur ce qui se veut fondu dans la nature. Préférez le vert ou le naturel, de type raphia, au lien plastique à armatures. Coupez les bouts à ras après avoir noué le lien. Ne serrez pas trop les tiges : la sève ne passera plus ou circulera mal et la plante dépérira sans cause évidente. Le mieux est d'enrouler le raphia autour du tuteur et de la tige en décrivant un huit. Commencez à attacher à environ 15 à 20 cm du sol.

L'élimination des fleurs fanées

La formation des fruits puis la maturation des graines sont les évolutions naturelles de la fleur fanée. Dans la plupart des cas, on empêche cette transformation normale, car elle demande beaucoup d'énergie à la plante, le plus souvent aux dépens d'autres éclosions de fleurs. Aussi est-il important, pour maintenir une longue floraison, d'ôter régulièrement les fleurs fanées.

Toutefois, cette évolution de la fleur en graines est souhaitable si vous voulez récolter vos propres graines pour les semer l'année suivante et faire ainsi l'économie d'un sachet de graines. Récupérez les graines lorsqu'elles sont mûres et sèches. Leur teinte brune plus ou moins foncée est un bon indicateur. En général, elles se détachent d'elles-mêmes du reste de la fleur qui les portent. Recueillez-les par temps sec depuis 2 à 3 jours, car les graines humides ne se conservent pas.

Une fois la récolte accomplie, protégez vos graines de l'humidité : le mieux est de recycler des tubes de comprimés effervescents pour les conserver. Munis d'une capsule contenant un élément dessiccatif, ils conservent vos

Élimination des fleurs fanées de la verveine.

graines bien au sec. Sinon, entreposez-les dans des enveloppes de plusieurs épaisseurs de papier journal et dans un lieu parfaitement sec.

La chaleur est surtout nuisible quand elle s'accompagne d'humidité : en effet, dans ces conditions de semis idéales, les graines vont entamer leur germination et ne se conserveront pas. Enfin, le dernier ennemi est le froid, et surtout le gel. Bon nombre de fleurs annuelles sont d'origine exotique et sont sensibles au froid. Le froid peut réduire à néant leur faculté à germer l'année prochaine.

Le nettoyage des massifs

Que faire après la floraison ?

Dès que le gel a sévi, les fleurs **annuelles** ne valent plus rien : arrachez toute la végétation. Lorsque la floraison s'arrête, avec les premières chaleurs du printemps bien souvent, arrachez les fleurs bisannuelles. Évitez de tout jeter sur le tas de compost : ces débris contiennent encore des graines et vous risquez de les répandre dans votre jardin en même temps que le compost.

Coupez avec soin toutes les fleurs fanées des **bulbes** à floraison printanière et arrosez une fois par semaine

LA CONSERVATION DES GRAINES

Étiquetez chaque tube : ne faites pas confiance à votre mémoire, car 5 mois environ s'écoulent entre la récolte et le nouveau semis. Si vous êtes jardinier débutant, vous aurez du mal à identifier vos graines. Et même si, plus expérimenté, vous faites facilement la différence entre un œillet d'Inde et un cosmos, gageons que vous aurez quelques difficultés à déterminer, pour chacune, les variétés.

Prélèvement d'une motte de terre contenant un bulbe d'arum.

avec un engrais organique spécial plantes fleuries pour encourager la reconstitution des réserves et une nouvelle floraison aussi éblouissante l'année prochaine. Opérez ainsi jusqu'au

Arrachage des capucines après les premières gelées.

jaunissement du feuillage. Arrachez les bulbes d'été frileux dès que les premiers froids ont noirci leur feuillage. Coupez le feuillage, soulevez délicatement la motte de terre contenant le bulbe avec la fourche-bêche sans le blesser et arrachez. Puis laissez-le sécher au soleil quelques heures et ôtez au maximum les restes de terre. Conservez-le dans un local sec, frais, hors gel et aéré, dans de la tourbe ou du sable un peu humide.

L'entretien des fleurs **vivaces** après la floraison consiste à favoriser un bon repos de la végétation pendant l'hiver, éviter la propagation de maladies qui subsisteraient sur les restes de végétaux en place et à améliorer le sol au pied des plantes. Coupez à 10 cm du sol toute la végétation morte (fleurs fanées et, à l'automne, les tiges noircies par le froid), sauf pour les espèces sensibles au froid. Ramassez tous les déchets pour les brûler ou les jeter, mais pas sur le tas de compost. Protégez du froid les plantes les plus fragiles en étalant sur la souche une bonne couche de feuilles mortes et attendez le printemps pour les couper.

Paillis de feuilles mortes autour d'un penstémon.

Dès l'apparition des premières pousses des plantes vivaces, coupez toutes les vieilles branches que vous auriez laissées, à l'automne, pour protéger les souches les plus fragiles. Griffez la terre au pied de chaque plante et éliminez les mauvaises herbes. Apportez en surface un peu de terreau, de compost ou d'engrais organique pour stimuler la reprise de vos plantes.

Touffes de géranium coupées
à quelques centimètres du sol.

La division

Si certaines plantes vivaces ont pris trop d'ampleur et fleurissent moins, il est temps de les diviser. La division consiste à couper en deux ou davantage une touffe de fleurs vivaces. Elle est employée non seulement pour la multiplication mais, surtout, pour donner un coup de jeune à la plante ou limiter ses ardeurs expansionnistes. Il est indispensable de diviser tous les 3 ou 4 ans, voire plus fréquemment pour les plus vigoureuses.

Le tout début du printemps ou l'automne sont les deux périodes favorables à cette opération. Commencez par délimiter la motte à extraire avec les racines : plantez votre fourche-bêche verticalement à une dizaine de centimètres tout autour de la plante. Soulevez délicatement la motte en faisant levier sur le manche de votre fourche-bêche. Finissez à la main pour détacher les dernières racines qui s'accrochent. Posez la touffe à plat sur le sol et, d'un coup sec, sectionnez-la en deux avec le tranchant de

Section d'une touffe
avec le tranchant de la bêche.

la bêche. Vous pouvez aussi employer un solide couteau de jardin. Séparez les éclats à la main et nettoyez-les de leurs feuilles mortes avant de les planter séparément en respectant pour chacun les distances de plantation préconisées. N'attendez pas, vous compromettriez leur reprise. Tassez et arrosez après la plantation pour favoriser l'émission de nouvelles racines après cet arrachage. Si vous ne plantez pas tous les éclats, faute de place, donnez-les, par exemple, à vos voisins.

LE DÉPLACEMENT DES FLEURS VIVACES

La plupart des fleurs vivaces disparaissent entièrement de la surface du sol en hiver. Certaines, fleurissant en été ou à l'automne, se font attendre jusqu'en mai, si bien que vous pouvez les croire mortes. Patience, vous avez tout votre temps pour déplacer (si vous souhaitez par exemple refaire un massif) ou diviser vos vivaces; intervenez lorsqu'elles montrent les premiers signes de croissance (apparition de jeunes tiges, par exemple).

… ses arbres d'ornements et ses arbres fruitiers

La taille, une opération de chirurgie nécessaire

Les outils de taille

Pour vos opérations de taille, équipez-vous de bons outils de coupe. Ayez deux sécateurs. Le premier, à lames croisantes, vous servira pour les tailles courantes de formation et d'entretien. Le second, à enclume, sera utilisé pour la coupe des bois morts : il offre une meilleure puissance de coupe, mais il a tendance à écraser les tissus. Pour la taille des haies, munissez-vous d'une cisaille ou, si la longueur est importante, d'un appareil électrique ou à moteur thermique. Vous trouverez pour les topiaires des taille-buissons très maniables. Pour les élagages, utilisez des ébrancheurs ou des échenilloirs montés sur de longues perches pour atteindre les branches jusqu'à 6 m de hauteur. À noter qu'il existe de petits appareils électriques ou à moteur, sortes de minitronçonneuses, qui diminuent les efforts de coupe. Pour le rajeunissement des vieux sujets, employez une scie égoïne ou une scie d'élagage. Il vous faudra ensuite une serpette pour parer les plaies et du produit cicatrisant.

La taille de formation

L'idéal est de planter un arbre ou un arbuste déjà formé par le pépiniériste. Mais si vous partez d'un semis ou d'un baliveau, vous allez devoir conduire son tronc et ses premières branches. La taille de formation débute dès la

Sains et coupants

La coupe doit toujours être bien nette. Ayez donc des outils très bien affûtés. Aiguisez le tranchant très souvent, avec une pierre ou une meule. Nettoyez aussi régulièrement vos outils en les désinfectant. Passez la ou les lames à l'alcool à 90° ou à l'essence pour éliminer tous les germes pathogènes. Veillez enfin à ce que la partie métallique de vos outils ne se couvre pas de rouille. Pour cela, après les avoir bien nettoyés, en particulier des résidus de sève, très corrosive, huilez le métal pour le protéger. Enfin, rangez votre matériel dans un endroit sec et aéré, où il ne sera pas exposé à la condensation ou à l'humidité.

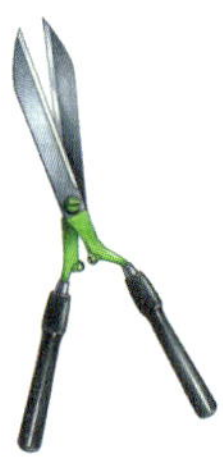
cisaille

ébrancheur

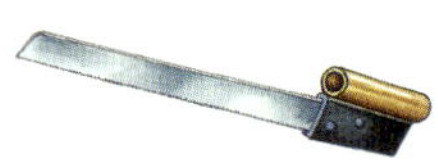
scie d'élagueur à douille

échenilloir

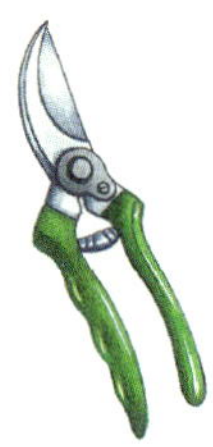
sécateur

serpette

plantation et se poursuit sur plusieurs années, en fonction de l'espèce et de la forme finale. Dans certains cas, vous ne devrez pas craindre d'être sévère dans vos coupes, en revenant assez près de la souche ou des branches principales. Cela permet d'étoffer le buisson ou la ramure. Mais ayez toujours à l'esprit qu'une frondaison doit être bien aérée.

La taille de floraison

Elle concerne principalement les espèces arbustives qui, pour refleurir d'une année sur l'autre, ont besoin d'un renouvellement de leurs pousses. Dans la majorité des cas, les arbustes qui fleurissent au printemps forment leurs boutons floraux l'année précédente. Il est donc utile de les tailler dès que les fleurs sont fanées, pour permettre le développement de nouvelles pousses, porteuses de boutons floraux. Cette taille intervient entre avril et juin, selon les espèces. Pour les arbustes à floraison estivale et automnale, les boutons floraux naissent au printemps. La taille a donc lieu soit en automne, en septembre ou octobre, soit au tout début du démarrage de la végétation, en mars. Comme pour la taille de formation, il est parfois nécessaire de revenir très près de la souche pour faire naître des pousses florifères tout en conservant un buisson bien garni.

La taille de fructification

Cette taille concerne surtout les arbres et les arbustes fruitiers. Elle se pratique en hiver, pendant le repos de la végétation et en dehors des périodes de gel. Sur les arbres tiges et demi-tiges, plantés déjà formés, n'intervenez pas les premières années. Laissez ainsi la production de fruits s'installer naturellement.
Pour encourager des récoltes abondantes, par la suite, vous pratiquerez un simple élagage tous les 4 ou 5 ans, en novembre. Sur les formes palissées, la taille d'hiver, de décembre à mars, a pour but de poursuivre la formation par l'allongement des branches charpentières, tout en obtenant de nombreuses branches secondaires, appelées « coursonnes », qui porteront les fruits. Ces formes nécessitent, en complément, des opérations d'été : pincements, taille « en vert », palissage, éclaircissage des fruits.
Certaines espèces ornementales, comme le *Prunus*, produisent des fruits, certes petits, mais comestibles. Quelques coups de sécateur par-ci, par-là pourront augmenter cette fructification.

La taille d'entretien

Il vous appartient, chaque année, d'effectuer des coupes d'entretien qui éviteront aussi que le sujet ne se dégarnisse de la base. En renouvelant les branches âgées au profit de plus jeunes, vous assurerez la pérennité de vos plantations. Lorsque vous taillez de grosses branches, n'oubliez pas de passer un produit cicatrisant sur les plaies pour que celles-ci soient le moins préjudiciables à la vie du végétal, et de manière à éviter que ne viennent s'installer des parasites, insectes et champignons.

La taille de rajeunissement

Elle concerne les arbres ou les arbustes laissés à l'abandon qui ont besoin de recouvrer une nouvelle jeunesse. C'est une taille très sévère, où l'on revient sur la souche ou très près du tronc. N'usez de cette taille que si elle se révèle vraiment nécessaire, et si vous êtes sûr que le sujet sera capable d'émettre de nouvelles pousses sur le vieux bois. Mieux vaut parfois étaler cette intervention sur plusieurs années.

La fertilisation

Elle est essentielle, et doit avoir lieu régulièrement, si vous voulez obtenir d'année en année des récoltes abondantes. En effet, pendant toute la durée de leur croissance et de la production, les arbres fruitiers puisent dans le sol les divers minéraux nécessaires à la formation du bois, des feuilles, des organes floraux et des fruits. Pour conserver au sol sa fertilité et compenser le déficit en éléments consommés, vous devrez apporter, chaque année, une fertilisation d'entretien, sous forme d'engrais organique complet spécial « arbres fruitiers ». Cette fertilisation pourra être complétée par des matières organiques sous forme de fumier déshydraté pour les plus gourmands, ce qui est le cas des arbustes fruitiers, par exemple. Incorporez cette fumure d'entretien à la terre au pied des arbres jusqu'à l'aplomb des branches, à la fin de l'hiver, juste avant le démarrage de la végétation.

Soignez les arbres et arbustes

Certains gestes permettent aux arbres de mieux prospérer et d'éviter des maladies ou des parasites.

Nettoyez souvent la terre à leur pied. De nombreux parasites trouvent refuge dans les mauvaises herbes ou séjournent dans les premiers centimètres du sol. En binant, en sarclant, en labourant superficiellement la terre, vous les éliminerez et vous contribuerez aussi à aérer le sous-sol, ce qui facilite la pénétration de l'eau et des engrais. Profitez de cette occasion pour incorporer des fertilisants, apportés au printemps ils accentueront le redémarrage de la végétation. Attention, certains arbres fruitiers possèdent des racines superficielles qui se développent au ras du sol. Il sera donc plus prudent de le remuer avec seulement une petite griffette à 3 dents ou d'utiliser une fourche-bêche à petites dents au lieu d'une bêche, en ne l'enfonçant que de quelques centimètres. Vous éviterez de blesser des racines ou de sectionner des radicelles.

Désherbez, surtout au pied des jeunes arbres, pour éviter la concurrence des mauvaises herbes. Cette tâche est particulièrement importante pour les espèces et variétés à enracinement superficiel. Vous pouvez maintenir le sol indemne de mauvaises herbes en les arrachant ou en les binant, mais pas trop en profondeur pour les espèces à racines superficielles.

Désherbage au pied d'un arbre avec une binette.

Par temps très sec, **arrosez**. Ne versez pas l'eau directement au pied, mais sur toute la superficie qui correspond à la frondaison, surtout sur la périphérie, car c'est là que se trouvent les radicelles, celles qui puisent l'eau et l'entraînent vers les tissus. Mouillez copieusement, le soir de préférence, pour que l'eau ait le temps de descendre et d'être absorbée avant de s'évaporer le lendemain en journée.

Pour avoir un sol toujours bien net et limiter au minimum la fréquence des arrosages, il est bon d'étaler un **paillis** sur le sol. Pour les arbres, il existe des plaques ou des rouleaux en fibres végétales dont on entoure le tronc. Avec le temps, ces matières se dégradent et disparaissent sans laisser de résidus. Pour les massifs et le pied des haies, couvrez le sol avec des écorces de conifères, des cosses de cacao concassées, de la paillette de lin ou de la tourbe, sur 5 à 10 cm d'épaisseur en fonction de la granulométrie du matériau. Vous pouvez utiliser les coupes de gazon, mais attention à leur décomposition qui risque d'entraîner un échauffement superficiel du sol. Ce paillage bloque la germination des graines des mauvaises herbes en les privant de lumière. Il limite l'évaporation et permet au sol de conserver une certaine chaleur, ce qui accroît le développement des végétaux. Il laisse par ailleurs passer l'air et l'eau de pluie ou d'arrosage, ce qui évite aux racines de s'étouffer.

Mise en place du paillage autour d'un arbre et de rosiers après le travail du sol et l'arrosage.

Surveillez attentivement branches et feuilles, pour parer à toute attaque d'**insectes** ou de **champignons**. Soulevez les branches et écartez les feuilles régulièrement, de façon à agir vite en cas de besoin, ce qui vous permettra de n'employer qu'une médecine douce. Si vous identifiez les différents ennemis qui attaquent chaque année vos arbres et arbustes, vous interviendrez moins souvent. Dans ce cas, non seulement vous pourrez prévoir une lutte préventive, mais aussi effectuer des traitements pendant le repos de la végétation. Contre les maladies (tavelure, moniliose...) : pulvérisez une bouillie à base de cuivre en automne, juste avant la chute des feuilles, et fin février, juste avant le gonflement des bourgeons. Contre les insectes et les acariens : en période hors gel, appliquez un traitement d'hiver à base d'huile de neem ou d'huiles blanches de colza pour détruire pontes et larves qui passent la mauvaise saison dans les anfractuosités de l'écorce. En cours de végétation (printemps et été), utilisez avant tout des méthodes de lutte mécaniques ou naturelles. Ensachez les fruits et posez des pièges sexuels (utilisant des phéromones) ou des appâts attractifs. Ramassez, récoltez et brûlez les fruits momifiés ou véreux, ainsi que les chutes de tailles. Si un traitement s'avère nécessaire, intervenez précocement et privilégiez l'emploi de produits à base d'extraits végétaux. Restez vigilant sur les délais d'emploi avant récolte. Les traitements d'hiver et ces précautions vous éviteront de nombreux traitements pendant toute la saison de végétation.

Soignez les arbres et arbustes (paillis)

Bouturage.

Constitué de matières d'origine naturelle, il limite le désherbage toujours fastidieux. Étalez-en une couche suffisamment épaisse (au moins 5 cm), surtout au pied des arbustes fruitiers (groseilliers, framboisiers...). Renouvelez-le régulièrement. Le paillage ne présente pas seulement l'avantage de réduire la croissance des mauvaises herbes, il maintient également une humidité bénéfique aux racines superficielles des arbustes, l'évaporation à la surface du sol étant ainsi largement réduite. Vous pouvez employer de la paille coupée, des paillettes de lin ou des copeaux d'écorce de pin.

Multiplier pour le plaisir de créer

Le semis

À moins d'être bien équipé ou de chercher de nouvelles variétés, laissez cette méthode aux pépiniéristes.

Bouturage du laurier rose, prélèvement d'une bouture au sécateur.

De nombreuses graines demandent une préparation avant d'être semées : stratification, vernalisation, scarification sont souvent obligatoires pour que le germe arrive à percer la coque dure qui enveloppe les cotylédons. De plus, la germination peut demander plusieurs mois, voire plusieurs années, avant de se produire, avec un taux de réussite très faible. Enfin, le semis ne permet pas toujours de reproduire à l'identique la plante mère, des fécondations croisées ayant pu avoir lieu.

Le bouturage

C'est la méthode la plus employée, car elle est rapide et relativement facile à exécuter. Selon les espèces, vous prélèverez les boutures à l'extrémité des jeunes branches plus ou moins aoûtées, c'est-à-dire dont l'écorce s'est plus ou moins lignifiée, ou sur des pousses latérales. Les boutures les plus courantes sont les boutures simples et celles dites « à talon », où l'on conserve, de part et d'autre de la base de la bouture, un peu de bois du rameau qui la portait, ou bien un lambeau d'écorce seulement. Travaillez avec beaucoup de soin, en utilisant un greffoir ou une serpette très bien aiguisés pour que les coupes soient franches, sans lambeau d'écorce. Supprimez une bonne partie du feuillage pour limiter l'évaporation, en ne conservant que 2 ou 3 feuilles en extrémité. Trempez la base du rameau dans une poudre d'hormones qui accélérera la production de racines. Piquez enfin vos boutures dans un mélange léger, dans des pots ou directement sous châssis, en les plaçant dans une atmosphère chaude et très humide (« à l'étouffée »). Selon les essences, l'émission de racines peut mettre de quelques semaines à quelques mois à se produire.

La division

Quelques arbustes produisent naturellement des rejets à leur base. Il suffit de découvrir légèrement la terre pour les séparer, à l'aide d'un couteau ou d'une bêche bien tranchante, avant de les replanter dans une terre préalablement travaillée. Choisissez des rejets bien formés, sains et droits.

Le marcottage

Cette opération consiste à courber une branche proche du pied pour l'amener jusqu'au sol et l'enterrer sur une partie de sa longueur, après avoir pratiqué une incision dans l'écorce. Recouverte de terre et maintenue par un crochet, relevée à son extrémité pour être fixée sur un piquet, cette portion s'enracine en quelques semaines. Il suffit alors de la sevrer du pied mère. Transplantez-la ensuite à son emplacement définitif.

Le greffage

Il n'est employé que pour réparer un arbre ou un grand arbuste qui a subi quelques dommages, en lui raccordant un autre végétal de même espèce pour reconstituer sa forme, ou pour reproduire une variété rare que l'on veut adapter au sol en lui offrant comme support un porte-greffe acclimaté. La greffe en écusson, la greffe en fente, simple ou double, la greffe en incrustation et la greffe par approche sont les plus courantes.

Protéger les jeunes plants

Le semis des arbres et des arbustes est réalisé dans des terrines ou des godets, qu'il faudra placer dans une mini-serre, puis sous un abri : tunnel plastique, serre, châssis.
Les boutures sont, quant à elles, repiquées directement sous châssis. Ce coffre en bois ou en plastique, surmonté d'un panneau vitré ou plastifié, protège les plants des intempéries tout en maintenant une atmosphère humide et chaude.

LE MATÉRIEL DU GREFFAGE

Les greffes réclament une certaine dextérité et, surtout, un matériel bien adapté. Pour prélever vos greffons, utilisez un greffoir. Il s'agit d'une sorte de couteau à lame assez courte, arrondie à son extrémité du côté de la partie aiguisée, et incurvée de l'autre côté, le tout se terminant par une pointe très acérée. Cette lame se replie dans un manche en bois ou en matériau composite. En bas de ce manche, on trouve une spatule qui sert à soulever l'écorce pour les greffes en écusson. Il est indispensable que la lame soit aussi coupante qu'un rasoir, ce qui permet de procéder à des coupes nettes.
Pour maintenir le greffon en place, munissez-vous de raphia. Préférez le raphia naturel qui se dégrade avec le temps. De cette façon, vous n'aurez pas à le couper lorsque la greffe aura repris. Serrez bien pour que les tissus du greffon et du porte-greffe soient en contact étroit, mais n'étranglez pas le sujet.
Enfin, pour protéger la greffe de l'attaque de parasites, pour éviter aussi que de l'eau ne s'immisce à l'intérieur, recouvrez le tout avec du mastic à greffer. Cet enduit limitera également l'évaporation et, tout en protégeant le greffon et le porte-greffe, accélérera la cicatrisation.

Greffoir.

... son potager

L'arrosage

Les légumes sont gourmands en eau mais leurs besoins diffèrent selon leur stade de développement. Pour **germer**, les graines ont besoin d'une humidité importante et constante du sol. Pratiquez un arrosage doux pour ne pas déranger la disposition des graines. Employez un arrosoir muni d'une pomme ou une lance avec pomme lors des arrosages presque quotidiens des semis. Protégez ces derniers du soleil en été afin de limiter les pertes d'eau par évaporation.

Lorsque les **jeunes feuilles** apparaissent, continuez les arrosages « à la pomme » car les jeunes plantes sont fragiles. Mais espacez-les petit à petit en laissant sécher le sol en surface avant d'arroser à nouveau pour endurcir le jeune plant et stimuler un enracinement profond.

Les **jeunes plants**, plantés ou repiqués au potager, ont besoin d'un arrosage abondant immédiatement après leur installation. Versez l'eau avec un arrosoir sans pomme au pied de chaque plant. N'hésitez pas à transformer la terre en gadoue : vous favoriserez ainsi un bon contact entre les racines du jeune plant et la terre. Les racines reprendront plus rapidement leur fonctionnement normal après la perturbation due à la plantation.

Une **fois installés**, les légumes ont besoin de moins d'eau. Les plus gourmands, la tomate par exemple, exigent un arrosage régulier surtout si l'été est sec. Pour une plus grande efficacité, arrosez longuement et peu souvent le soir, lorsque le soleil décline : c'est à ce moment que les plantes sont les plus assoiffées. Elles ont toute la nuit pour reconstituer leurs réserves d'eau pour le lendemain. Vous limitez également les pertes d'eau par évaporation. Évitez les arrosages qui aspergent les

Aspersion avec un arroseur canon des salades et poireaux dans le potager.

feuilles : ils sont inutiles car peu d'eau parvient vraiment jusqu'aux racines. L'humidité au niveau du feuillage provoque également des maladies.

Utilisez donc un simple tuyau avec ou sans lance que vous maintiendrez au pied des plantes durant l'arrosage pour ne pas éclabousser les feuilles (sauf indications contraires dans les fiches). Mais ce système d'arrosage un peu fastidieux demande du temps. Pour vous faciliter la tâche, déployez des tuyaux perforés le long de vos rangs de légumes : ces prolongements de votre tuyau d'arrosage diffuseront l'eau au pied de la plante sans mouiller le feuillage.

Le désherbage

Il n'y a pas pire concurrence pour vos légumes que les mauvaises herbes. Elles détournent à leur profit eau et éléments nutritifs. Le potager étant fertile, elles trouvent là matière à prospérer. Plus vous les éliminerez jeunes et moins elles auront absorbé de réserves dans le sol.

C'est pourquoi, une fois les légumes plantés ou semés, le printemps au potager est consacré à la lutte contre les mauvaises herbes. **Binez** souvent entre les rangs de légumes pour éliminer les jeunes plantules. Cette opération a l'avantage de casser la croûte de terre en surface et améliore la pénétration de l'eau dans le sol : elle rend l'arrosage plus efficace. N'oubliez pas qu'il faut absolument éliminer les mauvaises herbes avant qu'elles ne fleurissent et produisent des graines qui, en germant, viendront, encore en plus grand nombre, coloniser vos rangs de légumes.

LE FAUX SEMIS

Les agriculteurs pratiquent depuis bien longtemps cette technique rusée qui permet d'éradiquer une bonne partie des mauvaises herbes. Votre terre contient un stock de graines de mauvaises herbes impressionnant. Lorsque vous préparez le potager pour vos semis, vous encouragez également la germination de ces « mauvaises graines ». Tôt au printemps, procédez à un affinage de la terre comme si vous alliez semer, mais ne faites rien. Attendez une dizaine ou une quinzaine de jours. Les jeunes plantules des mauvaises herbes pointent : elles ont trouvé là un milieu propice à leur germination. Griffez de nouveau le terrain : les jeunes plantules, encore fragiles, sont déracinées et enfouies en terre où elles vont se décomposer. Aplanissez et maintenant semez !

Les rotations des cultures : pourquoi et comment ?

Pour préserver la fertilité du potager, ne cultivez pas les mêmes légumes aux mêmes endroits tous les ans. Il faut « **faire tourner** » les espèces d'une année sur l'autre : on parle de **rotation** ou de **succession des cultures**.

Divisez schématiquement la surface de votre potager en **trois parties** :

– Sur la première, apportez une importante quantité de compost ou de fumier bien décomposé (environ 2 brouettes pour 10 m^2) chaque automne. Au printemps suivant, elle sera réservée aux légumes les plus gourmands : tomate, courgette, potiron, aubergine, pomme de terre, choux, navet, poireau...

– Sur la deuxième, vous répartirez des légumes moins gourmands : céleri, carotte, fenouil, laitue, chicorée, topinambour... La première année de culture du potager (installation), incorporez une brouette de compost par 10 m^2 dans cette partie.

– La troisième sera consacrée aux légumes les plus sobres : les légumineuses, l'ail, l'échalote et l'oignon.

Les bons outils

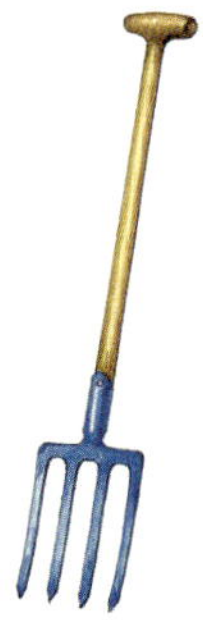

- Une **bêche** et une **fourche-bêche** pour retourner la terre chaque automne.

- Un **croc** pour affiner la terre.

- Une **serfouette** ou un **sarcloir** pour désherber (particulièrement efficaces sur les jeunes plantules).

- Une **binette** pour casser la croûte de terre en surface et améliorer la pénétration des eaux de pluie ou d'arrosage.

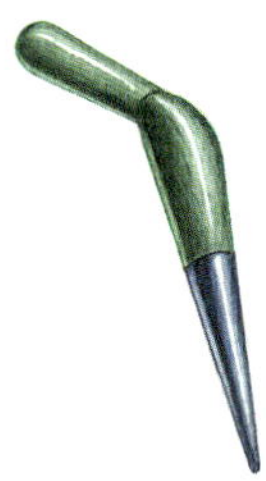

- Un **plantoir conique** pour repiquer les jeunes plants semés en pépinière ou sous châssis.

- Une **pelle-plantoir** ou une **houlette** pour tout planter.

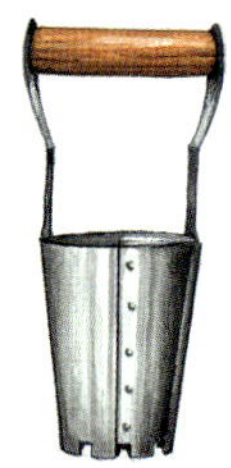

- Un **plantoir à bulbes** pour planter les jeunes plants en godets, à utiliser en terrain léger exclusivement.

Et aussi…

- Un **arrosoir muni d'une pomme** pour les jeunes semis en pépinière.
- Un **tuyau d'arrosage**.
- Un **panier** pour ramener les récoltes.
- Une **brouette** pour véhiculer les déchets, le compost, le matériel…
- Un **sécateur**.
- Un **pulvérisateur** pour apporter les traitements nécessaires.

Chaque année, enrichissez la parcelle légumes les plus sobres. Les légumes les moins gourmands occuperont celle précédemment réservée aux légumes gourmands.

Les engrais

Les légumes absorbent une grande partie des éléments nutritifs du sol tous les ans. Les apports d'engrais organiques sont indispensables pour reconstituer les réserves et maintenir de belles récoltes. Préférez des engrais organiques, issus de la décomposition de matières naturelles. Cependant, restez vigilant : même biologiques, les engrais utilisés à trop forte dose peuvent nuire aux plantes cultivées et aux nappes phréatiques. Les engrais organiques apportent aux plantes **trois éléments nutritifs majeurs** :

– l'**azote** (symbolisé par N), qui favorise une croissance rapide des tiges et des feuilles, est présente dans la corne broyée torréfiée, le guano, et le sang séché. Les engrais riches en azote sont favorables aux légumes dont on consomme les feuilles : choux, salades diverses... Très soluble dans l'eau, il est très mobile dans le sol. En excès, il fragilise les plantes qui poussent de façon désordonnée.

– le **phosphore** (P), élément d'harmonie entre le développement des tiges et celui des fleurs et des fruits, est présent dans le guano et les cendres. Peu soluble dans l'eau, il reste là où vous l'incorporez dans le sol. Tous les légumes en ont besoin.

– le **potassium** (K), indispensable au bon développement des fruits et des graines, est présent en grande quantité dans la cendre de déchets de jardin brûlés. Les légumes produisant des fruits et des graines en sont friands : tomates, courgettes...

La **fertilisation** du terrain au potager **répond à deux attentes** :

– une amélioration durable identique pour tous les légumes : la fertilisation nécessite alors l'emploi d'engrais dits à libération lente et complets, contenant les trois éléments en proportions équilibrées. Ceux-ci sont incorporés au terrain à l'automne.

– un petit coup de fouet personnalisé suivant les légumes cultivés (enrichissement rapide du sol) avec des engrais immédiatement assimilables par les racines, à appliquer au printemps. Leurs caractéristiques répondent alors aux exigences propres aux espèces cultivées : plus d'azote pour les salades, plus de potassium pour les tomates...

LES BIENFAITS DES ENGRAIS VERTS

Les engrais verts sont des plantes que l'on utilise pour enrichir le sol. Semés dans les espaces libérés par les récoltes successives, ils occupent le terrain à la place des mauvaises herbes. Au printemps suivant ou plus tôt en cas de manque de place, ils sont incorporés au sol grâce à un labour, après broyage si nécessaire, à la tondeuse à gazon par exemple. Ces matières végétales se décomposent dans le sol et l'enrichissent.

En outre, certains engrais verts comme les navettes, les colzas ou les moutardes permettent d'aérer le sol en profondeur grâce à leurs racines profondes et très ramifiées.

D'autres, tels que les légumineuses, le lupin, le trèfle blanc ou violet, la vesce ou la luzerne, sont capables d'absorber l'azote de l'air contenu dans le sol et contribuent à un enrichissement supplémentaire en azote (assimilable par les racines), l'aliment de la croissance des feuilles et des tiges.

Le paillage

Pour limiter la fréquence des arrosages et éviter les effets négatifs d'un arrosage par à-coups sur les plantes les

Courge sur paillis.

plus gourmandes, couvrez le sol à leur pied d'une couche isolante de 6 à 8 cm d'épaisseur au moins : c'est le **paillage**. Ce paillis laissera l'air passer et l'eau s'écouler en profondeur mais protégera la terre de l'ardeur du soleil, limitant ainsi l'évaporation. Le sol restera plus longtemps humide au pied de vos plantes. Employez des matériaux qui se décomposent vite dans l'année car ils seront incorporés au sol lors des labours d'automne : paille, paillettes de lin, tontes de gazon bien sèches…

MÉFIANCE !

Même les produits phytosanitaires naturels doivent être manipulés avec précaution. Stockez-les dans un local fermé à clef, sec et ventilé, en hauteur sur des étagères hors de la portée des enfants, et dans leur emballage d'origine. Suivez scrupuleusement les indications et respectez les doses indiquées sur les emballages. Ne négligez surtout pas votre protection : portez une paire de gants, une combinaison jetable ou un pantalon et une veste imperméables, une paire de bottes, un masque muni d'une cartouche filtrante et des lunettes.

Le paillage a l'avantage de limiter la repousse des mauvaises herbes. Étalez-le sur un sol bien désherbé et humide. Pour éviter que les paillettes de lin très fines ne s'envolent, arrosez en pluie fine juste après l'application. Vous pouvez également employer les films plastiques de paillage, à installer lors de la plantation au potager. Réservez-les aux fraisiers ou aux espèces les plus frileuses (melons, aubergines, piments…). Grâce à leur couleur noire qui absorbe la chaleur, le sol est plus chaud sous le film, ce qui sied aux plantes frileuses.

Soigner les légumes

Pour préserver la qualité de ce que vous consommez, traitez le moins possible vos légumes. Respectez surtout les délais entre traitement et récolte qui sont indiqués sur les emballages. Dans de nombreux cas, l'intervention n'est pas nécessaire. Il est inutile de traiter vos plantes lorsque le parasite ou la maladie intervient en fin de saison, au moment où vous avez déjà commencé la récolte : contentez-vous d'arracher plus tôt que prévu. Brûlez aussitôt ces restes de végétation pour éviter toute contamination ultérieure.

Si l'attaque est très précoce, ce sont alors les jeunes plants qui sont touchés : ne traitez pas non plus, arrachez et recommencez semis ou plantation s'il en est encore temps. Choisissez un autre emplacement pour votre nouvelle plantation afin d'éviter toute contamination. S'il est trop tard en saison pour tenter un autre semis ou plantation, patientez jusqu'à l'année prochaine pour recommencer l'expérience.

En revanche, un traitement est nécessaire pour éliminer certains parasites ou maladies. Pour vous débarrasser des limaces et escargots qui ruinent vos jeunes plants sans protection, vous avez le choix entre un paillage classique à base de paillettes de lin ou de chanvre qui décourage les mollusques, un film biodégradable ou des granulés anti limaces biologiques à base de ferramol. L'oïdium, le mildiou, les pucerons, les chenilles, notamment la piéride du chou, qui dévorent le cœur des variétés pommées, nécessitent des interventions soit systématiques, soit lorsque les premiers symptômes apparaissent. Pour lutter contre l'oïdium, éliminez en tout début d'attaque les feuilles atteintes et pulvérisez des produits à base de soufre. Il est également possible d'employer le soufre en poudrage. Utilisez la bouillie bordelaise pour éliminer le mildiou. Contre les pucerons, préférez les insecticides biologiques à base de pyrèthre en renouvelant l'application dans les 10 jours. Enfin, contre les chenilles, traitez avec un produit naturel à base de *Bacillus thuringiensis*.

Protéger : cloches et châssis

Le lit de feuilles mortes est la protection la plus simple : il protège le sol du gel qui interdirait la récolte des légumes en place en hiver, comme les poireaux.

Les **cloches de verre** ou de plastique permettent de protéger la plante.

Elles sont intéressantes pour prolonger les récoltes de feuilles (persil, cerfeuil, oseille...) en hiver, durant les périodes de grands froids, pour protéger du froid les jeunes plants frileux ou pour accélérer la maturation de fruits exigeants en chaleur, comme le melon.

Le **châssis** est un coffre en bois ou en ciment à demi enterré et couvert par des panneaux de vitres. S'il est fixe, cas le plus fréquent, implantez-le dans un endroit abrité et ensoleillé du potager, au pied d'un mur orienté plein sud ou à l'ouest, par exemple. Mais sa structure légère permet de le déplacer en cas de besoin. Inutile de voir trop grand, 1 m^2 de châssis devrait vous suffire.

Cloche de verre.

Châssis.

Comment lire les fiches

Type de végétation, famille botanique

Nom latin

Nom de la plante

Photo d'identification de la plante

Difficulté de culture :
- ★ facile
- ★★ délicat
- ★★★ très délicat

Arrosage :
- régulier
- soutenu
- très soutenu

Principales atteintes possibles

Fiche technique : hauteur, distance de plantation, période de floraison, idées d'association, période de semis ou de plantation, arrosage…

LILIACÉES

Ail *Allium sativum*

L'ail aime le soleil et les terrains légers, riches, mais pas fraîchement fertilisés, et bien ameublis. Il déteste l'humidité stagnante qui le fait pourrir en terre. L'ail blanc, le plus précoce, ne se garde que jusqu'en décembre, et le rose, lui, se conserve bien.

Quand et comment cultiver ?

1. Plantez

En octobre-novembre pour l'ail blanc ou le violet, en février-mars pour l'ail rose, plantez les gousses en lignes espacées de 20 à 25 cm. Aidez-vous d'un cordeau pour planter droit. Avec les doigts, enfoncez les gousses la pointe vers le haut à 1-2 cm de profondeur, tous les 10 à 12 cm.

En terrain lourd, plantez uniquement au printemps. Faites des lignes en butte et plantez l'ail en haut du monticule.

2. Un mois après la plantation

Avec une binette, cassez la croûte de terre sèche qui s'est formée en surface autour des jeunes plants. Cette opération, à répéter 2 ou 3 fois, permet également d'éliminer les mauvaises herbes.

Difficulté ★

Arrosage Aucun

Maladies et parasites Rouille

Quand planter ? En octobre-novembre (ail blanc et violet) ou février-mars (ail rose)

Quand récolter ? À partir de juin

Quelle production ? 1 tête d'ail par gousse plantée

Vous pouvez utiliser les gousses d'ail achetées pour la cuisine. Mais prélevez celles destinées à la plantation : une inscription sur leur emballage certifie qu'elles sont indemnes de viroses. Utilisez toujours les gousses les plus charnues situées à la périphérie de la tête d'ail.

352 Potager

Conseils et astuces

Les étapes de la culture

Les fleurs

VIVACE

Agératum

Ageratum mexicanum, A. houstonianum

Les agératums aiment le soleil, mais pas la chaleur écrasante. Offrez-leur une bonne terre de jardin qui reste toujours un peu humide en été. Ils sont vivaces mais non rustiques. Aussi sont-ils cultivés comme des plantes annuelles, en massif ou jardinière.

Difficulté ★★★

Arrosage

Maladies et parasites
Acarien

Hauteur
20 à 60 cm

Distance de plantation
15 à 20 cm

Floraison
De juin à octobre

Idées d'association
Géranium-lierre, pétunia, verveine rugueuse, dahlia

Quand et comment cultiver ?

1. Semez en pépinière

Entre avril et mai, semez les graines à la volée dans un coin de la pépinière. Ratissez pour recouvrir, tassez et arrosez en pluie fine.
Maintenez bien humide jusqu'à l'apparition des premières feuilles 1 semaine plus tard.

2. Repiquez

15 jours à 3 semaines après le semis, plantez les jeunes agératums dans des godets remplis d'un mélange de terreau et de tourbe à parts égales, puis placez-les dans un endroit bien abrité (châssis ouvert). Opérez par temps gris.

3. Plantez

En mai, plantez les jeunes agératums à leur place définitive. Arrosez abondamment après la plantation, au goulot (arrosoir sans pomme). Vous pouvez aussi vous procurer des plants en godets, à mettre en place à la même période.

Arrosez régulièrement les agératums en été avec la pomme de l'arrosoir. Le feuillage ainsi aspergé est moins sujet aux attaques d'araignées rouges qui le font jaunir.

LES VARIÉTÉS CONSEILLÉES

Naines

'Blue Ball' (15 cm) bleu foncé;
'Blue Mink' (15 cm) bleu vif.

Hautes

'Red Sea' (60 cm) rouge foncé évoluant vers le pourpre à bleu-violet;
'Bouquet Blanc' (60 cm) blanc;
'Bouquet Bleu' (60 cm) bleu.

4. Entretenez

Juste après la plantation, coupez les premières fleurs qui apparaissent lorsqu'elles sont encore en bouton. Opérez de même sur les jeunes plants fleuris acquis dans le commerce.

En fin de saison, arrachez les agératums: ils ne fleurissent qu'une année sous nos climats.

ANNUELLE

Alysse odorante *Lobularia maritima*

Ses gros coussins de fleurs au parfum de miel aiment le soleil : ils y exhalent davantage leurs senteurs. Les alysses prospéreront généreusement en terrain bien drainé. Plantez-les en bordure de massif ou en jardinière.

Difficulté ★

Arrosage

Maladies et parasites
Aucun(e)

Hauteur
5 à 15 cm

Distance de plantation
20 cm

Floraison
De juillet à octobre

Idées d'association
Panicaut, pied-d'alouette

Quand et comment cultiver ?

1. Semez en caissette

En avril, dans une caissette remplie de terreau spécial semis, répartissez les graines en surface et recouvrez en émiettant du terreau. Tassez et arrosez en pluie fine.
Maintenez bien humide et au chaud (15 à 18 °C) jusqu'à l'apparition des premières feuilles 3 semaines plus tard environ.

2. Éclaircissez

Quand les jeunes plants ont 3 à 4 feuilles, arrachez ceux en surnombre pour n'en conserver qu'un tous les 10 cm.

Les graines sont très fines. Le semis sera plus facile si vous les mélangez à du sable fin.

3. Plantez

Entre mai et juin, plantez les jeunes alysses odorantes à leur place définitive. Arrosez abondamment après la plantation, au goulot (arrosoir sans pomme).
Vous trouverez à la même époque des plants en godets dans les jardineries, si vous ne les avez pas semés en avril.

LES VARIÉTÉS CONSEILLÉES

'Tapis Royal' (10 cm)
violet profond.

'Aphrodite Mix' (15 cm)
mélange pastel.

'Snow Crystals' (15 cm)
blanc pur.

4. Entretenez

En juillet, taillez très court après la première floraison (abondante), lorsque les fleurs se font de plus en plus clairsemées. Vous pouvez faire de même après un oubli d'arrosage.

En octobre, secouez les plantes sèches sur place : elles se ressèment spontanément. Puis arrachez et jetez. Repérez au printemps suivant les jeunes alysses et repiquez-les aux endroits voulus quand elles ont 3 à 4 feuilles.

VIVACE

Ancolie *Aquilegia*

Au soleil ou à l'ombre, l'ancolie se contente de n'importe quelle terre de jardin, en préférant tout de même les sols consistants, bien drainés, gardant un peu d'humidité en été. En sol trop lourd ou calcaire, la durée de vie de cette plante est plus courte.

Difficulté ★★

Arrosage

Maladies et parasites
Puceron, acarien

Hauteur
15 cm à 1 m

Distance de plantation
30 à 50 cm

Floraison
De mai à juin

Idées d'association
Benoîte, polémonium

Quand et comment cultiver ?

1. Semez en pépinière

Entre avril et mai, dans un coin de la pépinière bien affiné, répartissez vos graines à la volée de manière homogène. Émiettez du terreau dessus pour couvrir, tassez et arrosez en pluie fine.
Maintenez humide jusqu'à l'apparition des premières feuilles une vingtaine de jours plus tard.

2. Repiquez

1 mois et demi plus tard, quand ils ont 3 à 4 feuilles, arrachez délicatement les jeunes plants et plantez-les immédiatement dans un coin bien ombragé de votre pépinière.
Opérez en dehors des heures les plus chaudes de la journée.

3. Plantez

Les ancolies se ressèment spontanément si elles se plaisent. Repérez leurs jeunes plantules dans vos massifs en été pour les épargner lors du désherbage.

En octobre, plantez les jeunes ancolies à leur emplacement définitif. Groupez-les par 3 au minimum et espacez-les de 30 à 50 cm selon la hauteur de la variété choisie.
Vous pouvez également acheter des ancolies en godets, à planter en octobre ou en mars-avril.

LES ESPÈCES ET VARIÉTÉS CONSEILLÉES

Petites

A. flabellata 'Ministar' (15 cm) bleue et blanche;
A. viridiflora (35 cm) chocolat et vert-jaune;
A. alpina (35 cm) bleue.

Moyennes

'McKana Hybrids' (50 cm) multicolore dans les tons doux ; 'Grands-mères du jardin' (60 cm) rose, violet, rouge vin; 'Kristall' (60 cm) blanc pur.

Grandes

A. chrysantha 'Yellow Queen' (1 m) jaune d'or et rouge vif;
'Nora Barlow' (1 m) mélange de rose, bordeaux, bleu, blanc, violet, bleu pâle.

4. Entretenez

En fin de floraison, coupez les tiges des fleurs fanées au ras du sol à moins que vous ne souhaitiez récolter les graines.

S'il fait sec en début d'été, arrosez pour maintenir le feuillage bien vert le plus longtemps possible.

VIVACE, BULBEUSE

Anémone *Anemone*

Ces plantes aiment le soleil mais tolèrent une ombre légère, sauf l'anémone des fleuristes. Toutes apprécient les sols riches et frais en été. Il existe des espèces vivaces (anémone du Japon) et des espèces à racines charnues.

Difficulté ★★

Arrosage

Maladies et parasites
Anguillule

Hauteur
10 cm à 1 m

Distance de plantation
20 à 40 cm

Floraison
D'avril à octobre

Idées d'association
Aconit, cimicifuga, Kirengeshoma palmata, *barbe-de-bouc*

Quand et comment cultiver les anémones vivaces ?

1. Plantez

En octobre-novembre ou en mars-avril, creusez un trou assez profond, jetez une poignée de compost et ameublissez le fond avec un transplantoir. Posez le jeune plant au centre et comblez avec la terre extraite. Tassez et arrosez au goulot (arrosoir sans pomme).

2. Entretenez

Durant le premier été, surtout dès le début de la floraison, couvrez la terre à la base des anémones de tontes de gazon sèches ou de tout autre matériau de paillage afin que les jeunes plantes ne souffrent pas de sécheresse.

Quand et comment cultiver les anémones à racines charnues (bulbeuses) ?

1. Plantez

Entre octobre et novembre, placez, sans vous préoccuper de leur sens, 2 ou 3 bulbes d'anémone blanda dans des trous d'environ 5 cm de profondeur. Refermez et tassez.
Inutile d'arroser, mais marquez l'emplacement d'un bâton.

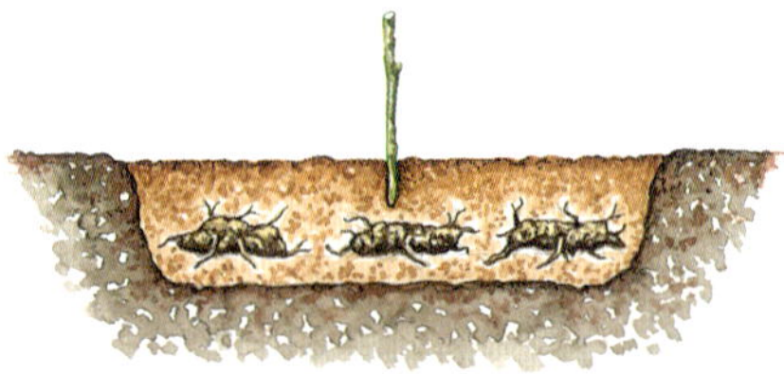

En mars, creusez un large trou, profond de 3 à 4 cm. Disposez dedans les bulbes d'anémone des fleuristes par groupe de 8 à 10 en les espaçant de 7 à 8 cm. La veille, vous les aurez fait tremper dans de l'eau à température ambiante.

LES ESPÈCES ET VARIÉTÉS CONSEILLÉES

Petites

A. blanda (10 cm) bleue, mauve, blanche ou rose.

Moyennes

A. coronaria 'De Caen' (40 cm) bleue, blanche, rouge, rose; 'Sainte-Brigitte' (40 cm) fleurs doubles, mêmes coloris.

Grandes (anémone du Japon)

'Couronne Virginale' (80 cm) blanche; 'Mont Rose' (1 m) rose; 'September Charm' (1 m) rose satiné.

Dès que les feuilles apparaissent sur les anémones plantées au printemps, pensez à les arroser si le printemps est sec.

2. Entretenez

En cours d'été, lorsque le feuillage des anémones des fleuristes a jauni, arrachez délicatement les racines charnues et entreposez-les dans une caisse, au frais (autour de 10 °C) et à l'obscurité.
Les autres anémones peuvent rester en place tout l'hiver.

VIVACE

Anthémis *Anthemis*

Les anthémis ont besoin de soleil et d'un sol bien drainé. Ne les confondez pas avec les anthémis des fleuristes *(Argyranthemum)*, non rustiques. Seule la camomille romaine se trouve facilement en graines. Pour les autres, procurez-vous de jeunes plants en godets.

Difficulté ★

Arrosage

Maladies et parasites
Puceron

Hauteur
20 à 60 cm

Distance de plantation
40 cm

Floraison
De juin à octobre

Idées d'association
Géranium, dahlia, calcéolaire

Quand et comment cultiver ?

1. Semez sous châssis

En mars, semez quelques graines dans des godets remplis de terreau spécial semis. Recouvrez de terreau émietté, tassez et arrosez en pluie fine. Placez sous châssis non chauffé. Maintenez humide jusqu'à l'apparition des premières feuilles 10 jours plus tard.

2. Repiquez

1 mois plus tard, dépotez les jeunes plants, séparez-les délicatement sans briser les racines et plantez les plus vigoureux dans des godets remplis de terreau ordinaire.

3. Plantez

Entre avril et mai, plantez les jeunes anthémis (issues de vos semis ou achetées en jardinerie) à leur place définitive en creusant des trous juste un peu plus larges que les mottes. Tassez et arrosez au goulot (arrosoir sans pomme).

LES ESPÈCES ET VARIÉTÉS CONSEILLÉES

Naines

A. nobilis (camomille à pelouse, 20 cm) blanche; *A. cupaniana* (20 cm) blanche et jaune.

Hautes

A. tinctoria 'Sauce Hollandaise' (60 cm) jaune-crème et 'Wargrave' (60 cm) jaune citron.

Arrosez régulièrement dans les semaines qui suivent la plantation s'il fait sec. Ensuite c'est inutile !

4. Entretenez

Juste après la floraison, dans le courant de l'automne, coupez toutes les tiges à 10-12 cm du sol.

BULBEUSE

Arum *Zantedeschia*

Les arums, blancs ou de couleur, s'épanouissent au soleil comme sous une ombre légère. Ils ont besoin d'un sol riche et d'une bonne humidité en été : les arums blancs se plaisent même sur la rive d'un bassin. En revanche, ils préfèrent passer l'hiver au sec.

Difficulté ★★★

Arrosage

Maladies et parasites
Anguillule

Hauteur
40 cm à 1 m

Distance de plantation
20 à 40 cm

Floraison
De mai à novembre

Idées d'association
Pervenche, violette

Quand et comment cultiver ?

1. Plantez

En mars ou avril, dans un pot rempli à mi-hauteur de terreau ordinaire, d'environ 15 à 18 cm de diamètre, posez le rhizome d'arum à plat dans le sens de sa longueur. Recouvrez du même terreau, tassez puis arrosez abondamment.
Placez au chaud devant une fenêtre bien éclairée.
De fin mai à début juin, creusez un trou de 15 à 20 cm de profondeur pour planter votre arum déjà bien démarré. Mélangez du compost à la terre extraite, comblez le trou autour de la motte et formez une cuvette. Arrosez jusqu'à ce que la terre n'absorbe plus.
Vous pouvez également planter des arums achetés en pots en jardinerie.

2. Entretenez

Durant l'été, coupez au ras du sol les feuilles abîmées ou jaunies et les fleurs fanées.

Vous pouvez garder votre arum en pot sur le balcon. Arrosez alors au moins une fois tous les 15 jours avec un engrais organique liquide spécial plantes fleuries. Tout l'hiver, placez-le dans un endroit frais (10 °C) sans arroser.

LES VARIÉTÉS CONSEILLÉES

Petites

'Magestic Red' (40 cm) rouge ;
'Elliotiana' (40 cm) jaune;
'Mango' (40 cm) orange.

Grandes

'Treasure' (1 m) orangé ombré de carmin;
'Crystal Blush' (1 m) blanc pur ;
'Rood' (1 m) rouge écarlate.

3. Après les premières gelées

Étalez au pied des arums blancs une couche de 6 à 8 cm d'épaisseur de compost et, dans les régions froides, recouvrez de feuilles mortes après avoir coupé les feuilles.
Quand le feuillage des arums de couleur cultivés au jardin jaunit, arrachez-les en conservant la motte de terre qui entoure les rhizomes et entreposez dans un local frais (10 °C).

VIVACE

Aster *Aster*

Si tous les asters ont des fleurs semblables à de petites pâquerettes, leurs tailles sont très diverses, de 30 cm à 1,20 m selon les variétés. Ils aiment le soleil et ils préfèrent les terrains restant un peu humides en été, bien drainés en hiver.

Difficulté ★

Arrosage 

Maladies et parasites
Oïdium

Hauteur
30 cm à 1,20 m

Distance de plantation
20 à 70 cm

Floraison
De mai à novembre

Idées d'association
Graminées, liatris, solidago

Quand et comment cultiver ?

1. Semez en pépinière

Entre mai et juin, dans un coin de la pépinière, répartissez régulièrement les graines sur toute la surface. Ratissez pour recouvrir, tassez et arrosez en pluie fine.
Maintenez bien humide jusqu'à l'apparition des premières feuilles 20 jours plus tard.

2. Repiquez

En juin-juillet, arrachez délicatement les jeunes plants. Plantez-les immédiatement dans la pépinière en les espaçant de 10 centimètres.

3. Plantez

Au printemps suivant, plantez les jeunes asters à leur emplacement définitif. Espacez-les de 20 à 70 cm selon leur taille.
Vous pouvez également planter à la même période des asters achetés en godets en jardinerie.

LES VARIÉTÉS CONSEILLÉES

Pour le printemps

'Triumph' (30 cm) bleu;
'Albus' (30 cm) blanc;
'Happy End' (30 cm) rose.

Pour l'été

'Blue King' (60 cm) bleu foncé ;
'Pink Star' (1,20 m) rose.

Pour l'automne

'Ideal' (1 m) bleu;
'Silver Spray' (1,20 m) lilas blanc;
'Jenny' (60 cm) rouge.

4. Entretenez

Tous les ans, en juin, une fois que les tiges des grands asters ont atteint 40 à 50 cm, raccourcissez-les de la moitié de leur hauteur pour favoriser leur tenue et la floraison (les grands asters fleurissent après la mi-juillet). Par temps sec, en été, arrosez au pied des plantes pour éviter les attaques d'oïdium.

N'oubliez pas au cours du printemps de placer près des grands asters un tuteur muni d'un cercle que vous remonterez au fur et à mesure de la croissance des tiges jusqu'à 50 cm de haut : cela suffit pour un maintien naturel.

5. Après les premières gelées

Coupez toutes les tiges sèches (qui ont bruni) au ras du sol et jetez-les ou brûlez-les. Ne les gardez pas pour le tas de compost.

BULBEUSE, ANNUELLE

Bégonia

Begonia semperflorens, B. tuberhybrida

Les bégonias se partagent en deux familles : les tubéreux, à la racine en tubercule, et ceux à massif, annuels, à semer tous les ans. Tous préfèrent une situation ombragée. Ils se plaisent en sols légers et riches. Plantez-les dans les massifs ou en jardinières.

Difficulté ★★

Arrosage

Maladies et parasites
Fonte des semis, oïdium, pourriture grise

Hauteur
15 à 60 cm

Distance de plantation
15 à 20 cm

Floraison
De juin à octobre

Idées d'association
Verveine, calcéolaire, impatiens

Quand et comment cultiver le bégonia tubéreux ?

1. Plantez

En mai, creusez un trou peu profond à l'emplacement définitif de vos bégonias. Posez chaque tubercule à plat, le côté creux vers le haut : il doit juste affleurer la surface du sol. Recouvrez, tassez et arrosez abondamment.

2. Entretenez

Tout l'été arrosez régulièrement sans mouiller le feuillage. Apportez un engrais organique liquide spécial plantes fleuries aux bégonias en pots, une fois par semaine environ.

Enlevez les fleurs fanées au fur et à mesure afin d'éviter les pourritures. Arrachez délicatement les bégonias avant les premières gelées, coupez les restes de végétation au ras du tubercule et laissez sécher en plein air quelques heures. Ôtez le maximum de terre et enfouissez les tubercules dans des caisses de sable. Entreposez dans un local frais, aéré et hors gel tout l'hiver.

Quand et comment cultiver le bégonia annuel ?

1. Semez en caissette

Entre février et mars, dans une caissette remplie de terreau pour semis, répartissez en surface les graines, émiettez un peu de terreau dessus et tassez. Arrosez en pluie fine.
Maintenez humide jusqu'à l'apparition des premières feuilles 15 à 20 jours plus tard.

2. Repiquez

Entre mars et avril, arrachez délicatement les jeunes bégonias et plantez-les individuellement dans des godets remplis de terreau ordinaire.

3. Plantez

En mai, à leur place définitive, mélangez à la terre une bonne pelletée de compost et plantez les bégonias en les espaçant de 15 à 20 cm. En jardinière, employez un terreau pour plantes fleuries.
Vous pouvez également vous procurer des jeunes plants de bégonia dans les jardineries, à planter à la même période.

LES VARIÉTÉS CONSEILLÉES

À feuillage vert
'Olympia Sprint' (20 cm) blanc, rose ou rouge.

À feuillage bronzé
'Vision' (20 cm) blanc, rose, rouge, uni ou bicolore.

À fleurs doubles
'Doublonia' (20 cm) rouge ou rose;
'Queen' (18 cm) blanc, rose ou rouge.

Tubéreuses
'Non Stop' (30 cm) abricot, rose, rouge, blanc, orange, saumon ou jaune;
'Illumination' (60 cm) blanc, orange, saumon, abricot ou rose.

Après les premières gelées, arrachez et jetez les bégonias annuels.

VIVACE, BISANNUELLE

Campanule *Campanula*

Les campanules apprécient le soleil s'il n'est pas trop brûlant, mais fleuriront aussi sous une ombre légère. Elles préfèrent les bonnes terres de jardin, mais s'adaptent à tous les types de sol. Bisannuelles ou vivaces, elles se cultivent de la même façon.

Difficulté ★★★

Arrosage

Maladies et parasites
Puceron

Hauteur
15 cm à 1,50 m

Distance de plantation
20 à 40 cm

Floraison
D'avril à mai (vivaces),
De juin à juillet (bisannuelles)

Idées d'association
Ancolie, bergénia

Quand et comment cultiver ?

1. Semez en pépinière

Entre mai et juin, dans un coin de la pépinière, répartissez les graines à la volée de façon homogène. Ratissez d'une main légère pour recouvrir et arrosez en pluie fine. Maintenez bien humide jusqu'à l'apparition des premières feuilles 10 jours plus tard.

2. Repiquez

1 mois à 1 mois et demi plus tard, arrachez délicatement les jeunes plants et plantez-les immédiatement dans une partie ombragée de votre pépinière. Opérez par temps gris.

Les campanules vivaces semées ne fleurissent pas toujours la première année.

3. Plantez

En octobre ou entre mars et avril de l'année suivante, plantez vos campanules à leur emplacement définitif, en les espaçant de 20 à 40 cm. À la même époque, vous pouvez planter aussi des jeunes campanules en godets achetées en jardinerie. Dès mars, protégez les jeunes pousses avec des granulés antilimaces à renouveler après chaque pluie.

4. Entretenez

En mars, à proximité des variétés hautes, plantez des branchages bien ramifiés pour soutenir discrètement leurs tiges souples. Coupez régulièrement les fleurs fanées.

Après les premières gelées, arrachez et jetez les campanules bisannuelles défleuries.

LES ESPÈCES ET VARIÉTÉS CONSEILLÉES

Petites

C. longistyla 'Isabella F1' (15 à 20 cm) bisannuelle, bleue; *C. sophylla* 'Stella F1' (15 à 20 cm) vivace, blanc pur.

Moyennes

'Champion F1' (60 cm) vivace, bleu foncé, bleu clair ou rose; *C. arpatica* 'Clips Mix' (70 cm) vivace, mélange de bleu clair et de blanc.

Grandes

C. lactiflora 'Amethyst' (90 cm) vivace, violette; *C. pyramidalis* 'Alba' (1,50 m) bisannuelle, blanche.

ANNUELLE

Capucine *Tropaeolum majus*

La capucine prospère mieux en terrain riche, pas trop sec en été et bien ensoleillé. Elle fleurira davantage si elle est abritée du vent. Il existe des variétés naines pour les bordures des massifs et d'autres dites grimpantes produisant de longues tiges.

Difficulté ★

Arrosage

Maladies et parasites
Puceron

Hauteur
25 cm à 3 m

Distance de plantation
30 à 50 cm

Floraison
De mai à octobre

Idées d'association
En couvre-sol ou sur un treillage

Quand et comment cultiver ?

1. Semez en place

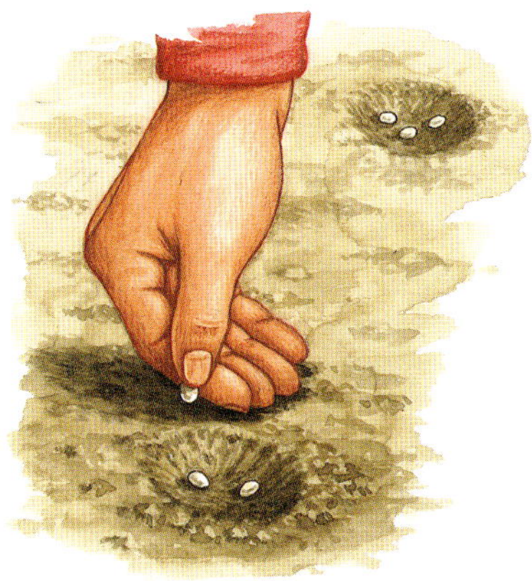

Entre la mi-avril et mai, semez directement dans les massifs par groupe de 3 graines dans des trous peu profonds, espacés de 30 à 50 cm. Tassez et arrosez en pluie fine.
Maintenez humide jusqu'à l'apparition des premières feuilles 15 jours plus tard.

2. Éclaircissez

3 semaines plus tard environ, éliminez les jeunes plants les plus faibles pour n'en conserver qu'un par groupe.

3. Entretenez

Durant l'été, arrosez régulièrement au pied des capucines sans mouiller leur feuillage.

Si des pucerons noirs apparaissent aux extrémités des tiges, coupez ces dernières et pulvérisez un insecticide.

LES VARIÉTÉS CONSEILLÉES

Naines (25 cm)

'Whirlybird' acajou, jaune d'or, blanc-crème, rose ou rouge;
'Alaska Tip-Top' crème, jaune, abricot, acajou, rose ou rouge ;
'Tom Pouce' en mélange.

Grimpantes (3 m)

'De Lobb Spitfire' rouge orangé;
'Des Canaris' jaune vif.

Après les premières gelées, arrachez les capucines et jetez-les (pas sur le compost) ou brûlez les restes de végétation.

VIVACE, ANNUELLE

Centaurée, Bleuet

Centaurea cyanus, C. dealbata, C. macrocephala, C. montana

Les centaurées poussent partout au soleil. Les bleuets se sèment tous les ans, mais peuvent se ressemer spontanément. Les centaurées vivaces fleurissent de nombreuses années.

Difficulté ★

Arrosage

Maladies et parasites
Aucun(e)

Hauteur
35 cm à 1,50 m

Distance de plantation
12 à 15 cm

Floraison
De mai à septembre

Idées d'association
Pavot, lavatère, souci

Quand et comment cultiver ?

1. Semez en place

D'avril à juin, répartissez les graines de façon homogène, là où vous souhaitez les voir fleurir. Recouvrez de terreau émietté, tassez et arrosez en pluie fine. Maintenez humide jusqu'à l'apparition des premières feuilles une dizaine de jours plus tard.

2. Éclaircissez

3 semaines plus tard, éliminez les jeunes plants les plus faibles pour n'en garder qu'un tous les 12 à 15 cm.

3. Plantez

En mars-avril ou en septembre-octobre, plantez les centaurées vivaces en godets, sans enrichir le sol. Arrosez au goulot (arrosoir sans pomme).

LES ESPÈCES ET VARIÉTÉS CONSEILLÉES

Annuelles *(C. cyanus)*

'Florence' (35 cm) blanc, rose, bleu, violet ou lavande; 'Bleuet double' (80 cm) bleu.

Vivaces

C. dealbata 'Steenbergii' (80 cm) pourpre; *C. montana* (45 cm) bleue; *C. macrocephala* (1,50 m) jaune d'or.

4. Après les premières gelées

Coupez à quelques centimètres du sol les restes de végétation des centaurées vivaces. Arrachez et jetez les centaurées annuelles (bleuets).

VIVACE

Chrysanthème des jardins *Dendranthema*

Appelés aussi marguerite d'automne, les *dendranthema* aiment le soleil et les terres riches ni trop sèches, ni trop humides.

Difficulté ★

Arrosage

Maladies et parasites
Oïdium

Hauteur
40 à 70 cm

Distance de plantation
20 cm

Floraison
De août à octobre

Idées d'association
Souci, reine-marguerite, aster

Quand et comment cultiver ?

1. Plantez

En septembre-octobre ou en mars-avril, plantez les chrysanthèmes achetés en godets dans des trous remplis de terreau. Arrosez au goulot (arrosoir sans pomme).

2. Entretenez

Tous les ans, en juin, lorsque les tiges des grands chrysanthèmes atteignent 40 à 50 cm, raccourcissez-les de la moitié de leur hauteur.

À la même période, placez autour des grands chrysanthèmes un tuteur muni d'un cercle, placé, dans un premier temps, en haut des tiges coupées. Montez-le au fur et à mesure de la croissance jusqu'à 50 cm de haut.

LES VARIÉTÉS CONSEILLÉES

Il existe un grand nombre d'hybrides aux formes et aux couleurs variées ayant tous des qualités similaires. Laissez-vous guider par votre goût.

Arrosez tout l'été en évitant de mouiller le feuillage.

3. Après les premières gelées

Quand les fleurs sont noircies par le froid, coupez soigneusement toutes les tiges au ras du sol et couvrez d'une pelletée de compost.

VIVACE

Cœur-de-Marie *Dicentra spectabilis*

Cette vivace préfère les emplacements à l'ombre légère ou ensoleillés, mais pas aux heures les plus chaudes de la journée. Elle apprécie les terres riches restant assez humides jusqu'au cœur de l'été. Son feuillage jaunit et disparaît au cours de l'été.

Difficulté ★★

Arrosage 🚿🚿

Maladies et parasites
Puceron

Hauteur
40 cm

Distance de plantation
20 cm

Floraison
De mai à juin

Idées d'association
Fleur des elfes, ancolie, primevère du Japon, fougères

LES VARIÉTÉS CONSEILLÉES

Outre la variété classique rose et blanche, on trouve 'Alba' blanc pur, 'Luxuriant' rouge et 'Bacchanal' rouge-pourpre.

Quand et comment cultiver ?

1. Plantez

En avril-mai (lorsqu'ils sont en fleur) ou en septembre-octobre, plantez les cœurs-de-Marie achetés en godets dans un terrain bien ameubli en profondeur. Comblez le trou de plantation avec du terreau de feuilles.

2. Entretenez

En juin, couvrez la terre autour du pied de la plante avec une bonne couche de tontes de gazon sèches ou de paillettes de lin, après un arrosage copieux. Arrosez tout l'été en évitant de mouiller le feuillage.

Avant la disparition complète du feuillage, marquez d'un bâton ou d'une étiquette l'emplacement de votre cœur-de-Marie.

Coléus *Solenostemon scutellaroides*

Bien que vivace, le coléus est souvent cultivé comme une annuelle, en massif ou en jardinière, car il n'est pas rustique. Son feuillage coloré est son principal attrait. Il apprécie les sols riches, bien drainés, frais en été, et les emplacements pas trop écrasés de soleil.

Quand et comment cultiver ?

1. Semez en caissette

De janvier à mars, semez dans des caissettes remplies de terreau pour semis. Émiettez du terreau dessus pour recouvrir, tassez et arrosez en pluie fine. Entreposez au chaud et maintenez humide jusqu'à l'apparition des premières feuilles 15 jours plus tard.

2. Repiquez

1 mois après le semis, transplantez les jeunes plants dans des godets remplis de terreau ordinaire. À partir de mars, habituez-les progressivement au plein air en les sortant aux heures les plus chaudes de la journée.

Difficulté ★

Arrosage

Maladies et parasites
Pourriture grise

Hauteur
20 à 50 cm

Distance de plantation
20 cm

Floraison
De juillet à août

Idées d'association
Cinéraire, impatiens, dahlia

LES VARIÉTÉS CONSEILLÉES

'Sabret' feuilles étroites et dentelées, marquées de bronze, jaune, blanc, vert ou rouge.

'Wizard' bien ramifié, jaune, orange, crème, rouge ou rose.

3. Plantez

Entre mai et juin, plantez les jeunes coléus à leur emplacement définitif. Comblez le trou de plantation avec du terreau. Coupez l'extrémité des tiges.
Vous pouvez aussi vous procurer des plants en godets dans les jardineries si vous ne les avez pas semés.

4. Entretenez

Coupez les tiges florales dès qu'elles apparaissent en été afin de stimuler la production de feuillage.
Après les premières gelées, arrachez et jetez les coléus.

Arrosez régulièrement tout l'été sans mouiller le feuillage. Ajoutez une fois par semaine de l'engrais organique liquide pour les coléus en pots.

Corbeille-d'or *Alyssum saxatile*

Cette vivace adore le soleil et déteste l'humidité. Elle s'adapte même aux terres pauvres ou caillouteuses. Son port rampant et sa floraison généreuse, au parfum de miel, font merveille dans les rocailles, pour fleurir un muret ou un talus.

Quand et comment cultiver ?

1. Semez en pépinière

De mai à juin, dans un coin de la pépinière, répartissez de façon homogène les graines en surface. Recouvrez de terreau émietté, tassez et arrosez en pluie fine.
Maintenez humide jusqu'à l'apparition des premières feuilles 15 jours plus tard.

2. Repiquez

1 mois plus tard, arrachez délicatement les jeunes plants et plantez-les, toujours en pépinière, en les espaçant d'une dizaine de centimètres.

Difficulté ★

Arrosage 

Maladies et parasites
Aucun(e)

Hauteur
25 à 30 cm

Distance de plantation
30 à 50 cm

Floraison
D'avril à mai

Idées d'association
Aubriète, campanule des murailles, corbeille-d'argent

LES VARIÉTÉS CONSEILLÉES

La variété classique est superbe, ne cherchez pas davantage !

3. Plantez

En septembre ou octobre, plantez les jeunes corbeilles-d'or à leur place définitive, en les espaçant de 30 à 50 cm. Vous pouvez aussi vous procurer au printemps des potées fleuries, à planter immédiatement. Arrosez alors régulièrement durant tout l'été qui suit la plantation.

4. Entretenez

Coupez toute la touffe à quelques centimètres du sol à la cisaille à gazon (coupe-bordure) juste après la floraison. Jetez une pelletée de terreau sur la plante si elle a tendance à se dégarnir au centre.

VIVACE, ANNUELLE

Coréopsis *Coreopsis*

Les coréopsis apprécient le plein soleil ainsi que les terrains riches et argileux, jamais complètement secs en été. Mais gare à l'excès d'humidité en hiver qui les fait pourrir !

Quand et comment cultiver ?

1. Semez en pépinière

En avril (coréopsis annuel) ou en mai-juin (coréopsis vivace), répartissez les graines de façon homogène dans un coin de votre pépinière. Ratissez d'une main légère pour recouvrir et arrosez en pluie fine.
Maintenez humide jusqu'à l'apparition des premières feuilles 1 semaine plus tard.

Difficulté ★

Arrosage (1 arrosoir)

Maladies et parasites
Oïdium

Hauteur
25 à 90 cm

Distance de plantation
30 cm

Floraison
De juin à octobre

Idées d'association
Fleurs à coloris chaud, telles que les monardes, phlox et asters

2. Repiquez

En août-septembre (coréopsis vivace), arrachez délicatement les jeunes plants et plantez-les, toujours en pépinière, espacés de 12 à 15 cm. Ils y resteront tout l'hiver.

LES ESPÈCES ET VARIÉTÉS CONSEILLÉES

Annuelles

C. tinctoria (75 cm) jaune d'or et acajou; *C. grandiflora* cultivée comme annuelle: 'Early Sunrise' (50 cm) double, jaune soutenu à orangé, ou 'Sunray' (25 cm) jaune d'or.

Vivaces

C. grandiflora 'Eldorado' (80 cm) jaune; *C. lanceolata* 'Sonnenkind' (40 cm) jaune; *C. rosea* 'American Dream' (40 cm) rose.

3. Plantez

En avril, l'année suivante (coréopsis vivace), ou en mai, l'année du semis (coréopsis annuel), plantez les jeunes coréopsis à leur place définitive en les espaçant de 30 cm. Arrosez au goulot (arrosoir sans pomme). Vous pouvez également acheter des jeunes plants en jardinerie et les mettre en place à la même période.

Les jeunes plants de coréopsis annuels ou vivaces, vigoureux, forment, dès le premier été, des touffes spectaculaires.

4. Entretenez

À la mi-septembre, coupez à 5 cm du sol les coréopsis vivaces, même s'ils portent encore quelques fleurs.

Après les premières gelées, arrachez les coréopsis annuels.

ANNUELLE

Cosmos *Cosmos*

Le cosmos aime les situations bien ensoleillées, à l'abri du vent pour les variétés les plus hautes, et les terrains ni trop secs ni trop humides. Les variétés naines peuvent se planter en bordure et en jardinière.

Quand et comment cultiver ?

1. Semez en place

De fin avril à début mai, répartissez les graines de cosmos de façon homogène sur la surface à garnir. Recouvrez de terreau émietté, tassez et arrosez en pluie fine.
Maintenez humide jusqu'à l'apparition des premières feuilles une dizaine de jours plus tard.

Difficulté ★

Arrosage (1 arrosoir)

Maladies et parasites
Aucun(e)

Hauteur
30 cm à 1,50 m

Distance de plantation
20 à 30 cm

Floraison
De juillet à octobre

Idée d'association
Tabac

2. Éclaircissez

Quand les jeunes plants ont 15 cm de haut environ, éliminez les plus faibles pour n'en conserver qu'un tous les 20 à 30 cm selon la taille de la variété choisie.

LES ESPÈCES ET VARIÉTÉS CONSEILLÉES

Cosmos chocolat ou *C. atrosanguineus* (5 cm) brun pourpré, léger parfum de chocolat.

C. sulphureus (1,20 à 1,40 m) en pompons orange.

C. bipinnatus (1 à 1,50 m) rose, rouge ou blanc: 'Sea Shells' (80 cm) aux pétales tuyautés roses, rouges ou blancs, ou 'Sonata' (30 cm) très trapu, rose, rouge ou blanc.

3. Plantez

Dans le courant du mois de mai, vous pouvez aussi planter de jeunes cosmos achetés en jardinerie. N'ajoutez ni terreau ni compost dans le trou de plantation, afin de ne pas fragiliser les tiges.

4. Entretenez

Coupez régulièrement les fleurs fanées pour encourager de nouvelles éclosions jusqu'aux gelées.

Après les premières gelées, arrachez et jetez les cosmos défleuris.

BULBEUSE

Crocus *Crocus*

Le crocus préfère les situations bien ensoleillées, au moins au printemps. Il se contente d'une terre ordinaire pourvu qu'elle ne soit pas détrempée en hiver. Là où il se plaît, le crocus forme des touffes de plus en plus larges.

Quand et comment cultiver ?

1. Plantez

En septembre ou octobre, plantez chaque bulbe à 3-5 cm de profondeur, la pointe vers le haut, avec un plantoir pointu dans un terrain ameubli. Glissez une poignée de sable au fond du trou de plantation.

Si vous souhaitez installer vos crocus dans la pelouse, jetez-les par poignée et plantez-les là où ils tombent pour obtenir un effet naturel. Employez alors le plantoir à bulbe, plus facile à enfoncer dans le gazon.

2. Entretenez

Tous les 4 à 5 ans, lorsque le feuillage jaunit en fin de printemps, déterrez les touffes de crocus et séparez-les à la main en 2 à 3 groupes de bulbes à planter immédiatement. Regroupez les bulbes par 8 à 10 pour obtenir un effet spectaculaire.

Difficulté ★

Arrosage

Maladies et parasites
Pourriture grise

Hauteur
8 à 15 cm

Distance de plantation
10 cm

Floraison
De février à mars

Idées d'association
Scille, tulipe, pensée

LES ESPÈCES ET VARIÉTÉS CONSEILLÉES

C. vernus (15 cm)
'Grand Maître' bleu-violet; 'Géant Jaune' jaune.

C. chrysanthus (8 cm)
'Blue Pearl' bleu; 'Fuscotinctus' jaune strié; 'Ard Schenk' blanc.

C. tommasinianus (10 cm)
'Barr's Purple' pourpre.

BULBEUSE

Dahlia *Dahlia*

Nains ou géants, les dahlias déclinent toutes les couleurs sauf le bleu. Ces plantes aiment le soleil et ne fleurissent abondamment que dans un terrain riche et pas trop sec en été. Les variétés les plus hautes se couchent dans les endroits trop ventés.

Difficulté ★★

Arrosage

Maladies et parasites
Pourriture grise, oïdium, puceron

Hauteur
20 cm à 1,50 m

Distance de plantation
25 à 60 cm

Floraison
De juin à octobre

Idées d'association
Géranium, sauge, verveine, œillet d'Inde

Quand et comment cultiver ?

1. Semez en caissette

Entre mars et mai, remplissez une caissette de terreau pour semis jusqu'à 2 cm du bord, répartissez vos graines de dahlias nains et recouvrez de 1 cm de ce même terreau. Arrosez en pluie fine, gardez au chaud et maintenez humide jusqu'à l'apparition des premières feuilles 1 semaine plus tard.

2. Repiquez

Une quinzaine de jours plus tard, arrachez délicatement les jeunes plants pour les planter un à un en godets. Placez sous châssis. Ouvrez ce dernier dès que les jeunes plants ont repris leur croissance.

Seules certaines variétés naines (40 cm) peuvent se semer telles que **'Arlequin'** *jaune et rouge,* **'Sunny'** *jaune vif,* **'Diablo'** *et* **'Figaro'** *blancs, jaunes, orange, roses ou rouges.*

3. Plantez

En mai, plantez les jeunes dahlias nains issus de vos semis à leur place définitive dans une terre enrichie de compost ou de terreau en les espaçant de 25 à 60 cm.
Vous en trouverez aussi en godets en jardinerie à planter à cette époque également.

LES VARIÉTÉS CONSEILLÉES

Tous les dahlias ont des qualités similaires. Ils sont divisés en plusieurs familles:
- dahlias à fleurs de cactus;
- dahlias décoratifs à très grandes fleurs;
- dahlias pompons;
- dahlias à fleurs simples, en collerette;
- dahlias nains ou lilliputs, à petites fleurs.

À la même période, plantez les tubercules des autres dahlias dans des trous larges et profonds de telle façon que le reste de tige de l'année précédente soit à peine enterré. Placez un tuteur pour les variétés les plus hautes avant de combler le trou de plantation avec du terreau. Espacez vos dahlias de 25 à 60 cm.

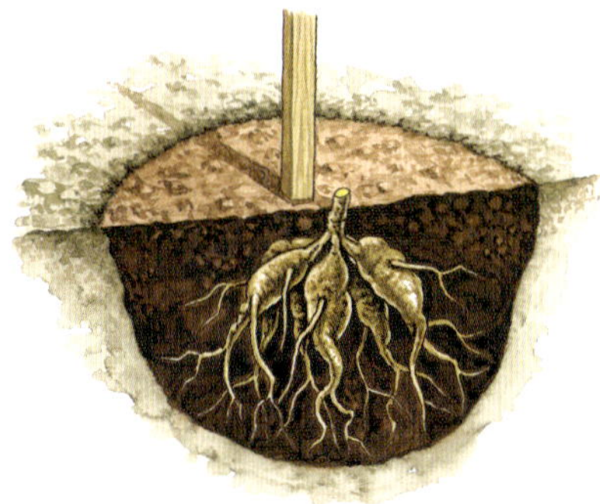

Arrosez abondamment au pied tout l'été, un arrosoir de 10 litres au moins deux fois par semaine s'il fait sec, et supprimez régulièrement les fleurs fanées pour prolonger la floraison jusqu'aux gelées.

4. Après les premières gelées

Quand les premières gelées ont noirci le feuillage, coupez les tiges à 12-15 cm de haut. Arrachez les tubercules délicatement avec leur motte de terre. Laissez quelques heures au soleil. Ôtez le maximum de terre et entreposez dans un local frais, aéré et hors gel.

VIVACE

Diascia *Diascia*

Hormis *D. fetcaniensis* que l'on peut planter dans les massifs pour plusieurs années, en terrain bien drainé, les diascias ne sont pas rustiques et se cultivent comme des fleurs annuelles. Ils apprécient le soleil si le sol reste toujours un peu humide en été.

Difficulté ★★★

Arrosage (3 arrosoirs)

Maladies et parasites
Puceron, limace

Hauteur
20 à 50 cm

Distance de plantation
10 cm

Floraison
De juin à septembre

Idées d'association
Penstémon, némésia, pois de senteur et pois vivace, spirée à trois feuilles (Gillenia)

Quand et comment cultiver ?

1. Plantez

En avril ou en mai, quand les risques de gelées printanières ne sont plus à craindre dans votre région, plantez les diascias achetés en godets. Étalez bien les tiges en tous sens et jetez une poignée de terreau au centre de la touffe.

Préférez les petites plantes en godets: elles fleuriront rapidement et tout l'été. Les potées cessent de fleurir juste après la plantation; les nouvelles fleurs apparaissent au cœur de l'été.

À la même période, vous pouvez les planter en jardinière dans du terreau pour géraniums et plantes fleuries. Enterrez alors 1 à 2 cm de la base des tiges.

2. Entretenez

Fin juillet, paillez avec une couche de terreau les diascias plantés dans les massifs.

Arrosez tous les 2 jours en été, surtout s'il fait sec, sinon la floraison s'arrête. Ajoutez de l'engrais organique liquide une fois par semaine pour les diascias en pots.

LES ESPÈCES ET VARIÉTÉS CONSEILLÉES

'Pink Queen' (25 cm)
rose.

'Apricot Queen' (25 cm)
abricot.

'Blackthorn Apricot' (20 cm)
saumon.

'Ruby Field' (20 cm)
rose foncé.

D. vigilis (50 cm)
rose clair.

D. fetcaniensis (50 cm)
rose.

3. Après les premières gelées

Attendez le printemps suivant pour couper les restes de végétation des diascias vivaces: les fleurs et les tiges sèches les protégeront du froid. Arrachez les sujets cultivés en annuelles et jetez-les.

VIVACE

Érigéron *Erigeron*

Ses fleurs ressemblent à de plus ou moins grosses pâquerettes déclinant les teintes roses ou mauves, voire le blanc. Il fleurira abondamment au soleil (si ce dernier n'est pas trop écrasant), dans un sol riche, bien drainé et pas trop sec en été.

Difficulté ★

Arrosage

Maladies et parasites
Oïdium, puceron

Hauteur
40 à 70 cm

Distance de plantation
40 cm

Floraison
De juin à août

Idées d'association
Rudbeckia, hélénium, héliopsis, monarde, phlox, gypsophile

LES ESPÈCES ET VARIÉTÉS CONSEILLÉES

E. auriantiacus (40 cm) orange vif et jaune.

E. glaucus (40 cm) rose.

E. Karvinskianns

'Quakeress' (0 cm) lavande.

'Dunkelste Aller' (0 cm) violet foncé.

Quand et comment cultiver ?

1. Plantez

Plantez les érigérons en godets en mars-avril ou en septembre-octobre, en mélangeant une bonne poignée de compost à la terre extraite du trou de plantation. Arrosez abondamment juste après la plantation.
Si vous plantez au printemps, raccourcissez de quelques centimètres l'extrémité des tiges.

2. Entretenez

Chaque année à l'automne, étalez une bonne couche de compost autour du pied des érigérons.

Attendez le printemps pour couper près du sol les restes de végétation des érigérons.

Freesia *Freesia*

Les bulbes de freesias ne dépassent pas 2 cm de diamètre. Leurs fleurs sont plus ou moins parfumées. Ils apprécient le soleil et les sols légers, sableux et riches. Ces bulbes sont frileux et ne peuvent passer l'hiver dehors sous nos climats.

Quand et comment cultiver ?

1. Plantez

En février ou mars, plantez les bulbes à 2-3 cm de profondeur, dans des pots profonds et étroits, remplis d'un mélange de terreau (2/3) et de sable (1/3). Groupez-les par 5 ou 6, espacés de 25 cm. Placez à la lumière, gardez au chaud jusqu'en mai et arrosez régulièrement.

2. Entretenez

À partir d'avril et jusqu'à ce que le feuillage jaunisse, arrosez une fois tous les 15 jours en diluant un engrais organique liquide dans l'eau d'arrosage. Les potées peuvent alors séjourner dehors. Quand le feuillage des freesias est sec, arrêtez les arrosages, dépotez et séparez les bulbes. Conservez-les dans un endroit frais, aéré et hors gel. Vous les planterez de nouveau de la même façon que précédemment le printemps suivant.

Difficulté ★★★

Arrosage

Maladies et parasites
Puceron, nématode

Hauteur
30 à 60 cm

Distance de plantation
25 cm

Floraison
De juin à août

Idée d'association
En potées

LES VARIÉTÉS CONSEILLÉES

Les bulbes sont le plus souvent vendus en mélange de couleurs, rouge, jaune, orange, blanc et lavande.

Poursuivez les arrosages au-delà de la floraison afin que le feuillage reste vert un peu plus longtemps.

BULBEUSE

Fritillaire *Fritillaria*

Cette plante apprécie le soleil et une bonne terre de jardin, riche et pas trop sèche en été. Elle peut rester en place de nombreuses années. La fritillaire pintade est même capable de vivre au bord de l'eau en sol léger et bien drainé.

Difficulté ★★

Arrosage

Maladies et parasites
Pourriture grise, puceron, nématode

Hauteur
60 cm à 1 m

Distance de plantation
30 cm

Floraison
De mars à avril

Idée d'association
Monnaie-du-pape

Quand et comment cultiver ?

1. Plantez

En août ou septembre, le plus tôt possible à l'automne, posez les bulbes de fritillaire, légèrement inclinés, sur un lit de sable, dans des trous de 15 à 20 cm de profondeur, espacés de 30 cm.

2. Entretenez

Tous les printemps, étalez au pied de chaque fritillaire une pelletée de terreau.

Après la floraison, n'oubliez pas de couper les tiges des fleurs le plus court possible.

LES ESPÈCES ET VARIÉTÉS CONSEILLÉES

Fritillaire impériale ou couronne impériale *(F. imperialis)*
de nombreuses espèces et variétés de couleurs jaunes, rouges ou orangées ; fritillaire pintade *(F. meleagris)* lilas et blanche.

En juillet, quand le feuillage a jauni, coupez la plante au ras du sol et marquez son emplacement à l'aide d'un bâton.

Tous les 5 ans, en juillet, lorsque les fleurs deviennent moins abondantes et leurs tiges plus courtes au printemps, arrachez délicatement la souche et séparez-la en 2 à 3 parties à la main. Plantez immédiatement ces éclats.

ARBUSTE

Fuchsia *Fuchsia*

Cet arbuste préfère la mi-ombre, et pousse au soleil s'il est bien arrosé : il ne supporte pas les à-coups d'arrosage. Il apprécie les terrains riches et frais en été. Certaines variétés peuvent vivre en pleine terre. Les autres sont à cultiver en pots à l'abri du froid.

Difficulté ★★★

Arrosage

Maladies et parasites
Puceron, oïdium

Hauteur
20 cm à 1,20 m

Distance de plantation
40 cm

Floraison
De juin à septembre

Idées d'association
Coléus, agératum, bégonia, sauge, œillet d'Inde

Quand et comment cultiver ?

1. Plantez

En avril ou mai, quand ils vous sont proposés en fleur, plantez vos fuchsias dans des pots d'au moins 18 à 20 cm de diamètre, remplis de terreau spécial géraniums. Si vous les installez en pleine terre, ajoutez une pelletée de compost dans le trou de plantation.

2. Entretenez

En juin, après un arrosage copieux, étalez à la base des arbustes une bonne couche de tontes de gazon sèches ou de paillettes de lin.

Durant tout l'été, coupez les fleurs fanées et les feuilles jaunies.

S'il fait très sec, vaporisez le feuillage le soir pour le rafraîchir. Arrosez régulièrement, surtout les fuchsias cultivés en pots.

LES VARIÉTÉS CONSEILLÉES

Très nombreuses variétés à fleurs plus ou moins grandes, déclinant la gamme des roses, des blancs et des bleus, parfois bicolores.

3. Avant les premières gelées

En octobre, coupez toutes les branches à 10 cm de leur base. Couvrez de feuilles mortes les fuchsias qui restent en pleine terre. Entreposez les plantes en pots dans un local hors gel. Arrosez alors une fois par mois.
Vous ressortirez les pots au mois d'avril suivant.

VIVACE

Géranium *Geranium*

La famille des géraniums vivaces est vaste. Vous en trouverez toujours un qui s'adapte à votre situation, aussi particulière soit-elle. Au soleil comme à l'ombre, en terrain sec et pauvre ou riche et frais...

Difficulté ★★

Arrosage

Maladies et parasites
Puceron

Hauteur
20 à 70 cm

Distance de plantation
30 cm

Floraison
De juin à novembre

Idées d'association
Très variées selon les coloris des variétés cultivées

Quand et comment cultiver ?

1. Semez en caissette

Entre mars et avril, dans une caissette remplie de terreau pour semis, répartissez les graines de manière espacée. Recouvrez de terreau (1 cm environ), tassez et arrosez en pluie fine. Placez au chaud et maintenez humide jusqu'à l'apparition des premières feuilles 15 jours plus tard.

2. Repiquez

1 mois plus tard environ, arrachez délicatement les jeunes plants et plantez-les immédiatement dans des godets remplis de terreau ordinaire. Placez dans un endroit abrité en plein air.

3. Plantez

En juillet ou en août, plantez les jeunes géraniums à leur place définitive en glissant une bonne poignée de compost dans le trou de plantation. Ils ne fleuriront que l'année suivante.

Vous pouvez également planter des géraniums vivaces achetés en godets au printemps ou à l'automne.

LES VARIÉTÉS CONSEILLÉES

'Biokovo' (20 à 25 cm)
blanc rosé.

'Ballerina' (20 à 25 cm)
rose veiné de lilas.

'Gravetye' (30 à 40 cm)
bleu violacé.

'Johnson's Blue' (30 à 40 cm)
bleu pur.

'Kashmir White' (50 à 0 cm)
blanc.

'Patricia' (50 à 0 cm)
rouge magenta.

'Mrs Kendall Clark' (50 à 0 cm)
bleu lavande.

4. Entretenez

Après la floraison, coupez les touffes à quelques centimètres du sol avec une cisaille à gazon par exemple.

Après la taille, disposez autour des géraniums une bonne couche de compost et arrosez copieusement une fois par semaine dans le mois qui suit.

VIVACE

Giroflée *Cheiranthus, Matthiola*

Les giroflées se contentent d'un terrain pauvre, mais bien drainé. Elles adorent la chaleur et disparaissent parfois d'une année sur l'autre. Les giroflées d'été (*Matthiola*) sont cultivées comme des annuelles et celles de printemps (*Cheiranthus*) comme des bisannuelles.

Difficulté ★

Arrosage

Maladies et parasites
Puceron, oïdium, limace

Hauteur
20 à 60 cm

Distance de plantation
20 cm

Floraison
De mars à mai

Idées d'association
Myosotis, tulipe, pensée, œnothère, achillée

Quand et comment cultiver ?

1. Semez en pépinière

Entre mars et avril (giroflées d'été) ou en juillet (giroflées de printemps), répartissez les graines dans un coin de la pépinière. Ratissez, tassez et arrosez en pluie fine.
Maintenez humide jusqu'à l'apparition des premières feuilles 1 semaine plus tard.

Pour les semis d'été, choisissez un endroit ombragé ou couvrez le semis d'une toile d'ombrage.

2. Plantez

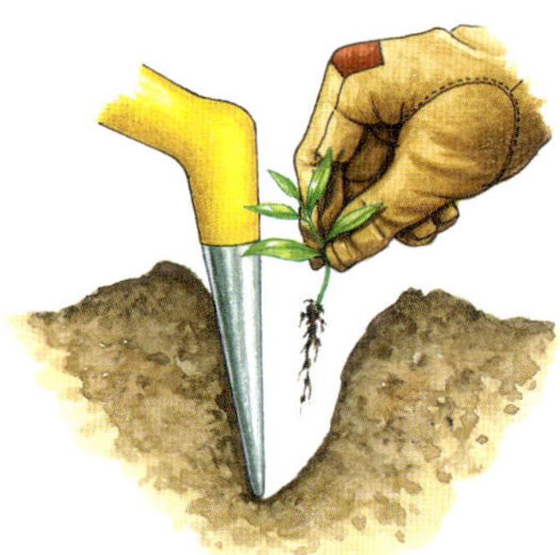

Dès que les giroflées atteignent 5 cm, en mai (giroflées d'été) ou en septembre (giroflées de printemps), arrachez-les délicatement et plantez-les à leur place définitive en les espaçant de 20 cm. Utilisez le plantoir pointu pour que la longue racine soit bien droite.
Vous pouvez également planter des giroflées achetées en godets aux mêmes périodes.

3. Entretenez

En début d'été (giroflées de printemps) ou en octobre (giroflées d'été), arrachez les plantes défleuries même si, en principe, elles sont vivaces. La seconde année de floraison est le plus souvent décevante.

LES ESPÈCES ET VARIÉTÉS CONSEILLÉES

Annuelles *(Matthiola)*

'Excelsior' (50 cm) en mélange ou bleu, jaune, rouge, rose-lilas, violet ; 'Joy' (50 cm) en mélange ou blanc, rose, carmin.

Bisannuelles *(Cheiranthus)*

'Cinderella' (20 cm) en mélange ou blanc, bleu, rose, rouge foncé ; 'De Nice' (50 à 60 cm) en mélange ou blanc, jaune canari, rose clair, cramoisi, bleu clair.

BULBEUSE

Glaïeul *Gladiolus*

Le glaïeul aime le soleil et s'adapte à toutes les terres de jardin. Si le sol est trop riche, il grandit excessivement. S'il est très pauvre, vous pouvez ajouter une poignée de terreau à la plantation. Veillez à le protéger du vent.

Difficulté ★

Arrosage

Maladies et parasites
Limace

Hauteur
50 cm à 1 m

Distance de plantation
20 cm

Floraison
De juillet à août

Idées d'association
Bleuet, lavatère, cosmos

Quand et comment cultiver ?

1. Plantez

Après la mi-avril, creusez des trous de 20 à 25 cm de diamètre et d'une dizaine de centimètres de profondeur. Disposez les bulbes au fond, la pointe vers le haut, par groupe de 6 à 8. Recouvrez, tassez légèrement et arrosez au goulot (arrosoir sans pomme).

2. Entretenez

Quand les glaïeuls ont une trentaine de centimètre de haut, placez un tuteur en cercle autour d'eux, à cette même hauteur. Cela suffit à les maintenir naturellement lors de la floraison.

Lorsque vous cueillez les fleurs des glaïeuls pour faire des bouquets, ne coupez pas les tiges trop court afin de garder un maximum de feuilles à la base de la plante.

LES VARIÉTÉS CONSEILLÉES

Il existe d'innombrables variétés, à choisir pour leurs coloris selon vos goûts.

Plantés parmi des arbustes, les glaïeuls n'ont généralement pas besoin de soutien. Ils s'appuient alors sur les branches basses de leurs voisins.

3. Avant les premières gelées

Quand les feuilles sont brunies, soulevez les touffes de glaïeuls à la bêche et arrachez délicatement. Coupez les tiges à 10 cm de leur base et laissez les bulbes sécher quelques heures au soleil. Puis ôtez les restes de terre et entreposez dans des cageots dans un endroit sec, à l'abri de la lumière et du gel.

ANNUELLE, VIVACE

Gypsophile *Gypsophila*

Il existe deux types de gypsophiles : l'un annuel *(G. elegans)* et l'autre vivace *(G. paniculata)*. Tous deux apprécient le soleil et la chaleur. Plantez-les dans un terrain bien drainé, surtout en hiver pour les variétés vivaces.

Difficulté ★★★

Arrosage

Maladies et parasites
Puceron

Hauteur
50 cm à 1 m

Distance de plantation
30 cm

Floraison
De juin à septembre

Idées d'association
Immortelle, chrysanthème, godétia, centaurée, pois de senteur

Quand et comment cultiver ?

1. Semez

Semez en place

D'avril à juin, répartissez les graines de gypsophile annuelle de façon homogène et ratissez délicatement pour les recouvrir. Tassez, arrosez en pluie fine et maintenez bien humide jusqu'à l'apparition des premières feuilles 15 jours plus tard.

Semez en pépinière

D'avril à juillet, dans un coin de la pépinière, répartissez les graines de gypsophile vivace de façon homogène, ratissez délicatement, tassez et arrosez en pluie fine.
Conservez bien humide jusqu'à l'apparition des premières feuilles 15 jours plus tard.

2. Éclaircissez

1 mois après le semis, éliminez les plants les plus faibles des gypsophiles annuelles (semées en place) pour n'en conserver qu'un tous les 30 cm.

LES VARIÉTÉS CONSEILLÉES

Moyennes (50 cm)

'Kermesina' (annuelle) rouge foncé,
'Géant Blanc Roi des Halles' (annuelle) blanc,
'À grandes fleurs' (annuelle) rose ou cramoisi,
'Covent Garden' (annuelle) blanc,
'Gypsy' (vivace) rose.

Grandes (1 m)

'Bristol Fairy' (vivace) blanc,
'Flamingo' (vivace) rose.

3. Repiquez

1 mois et demi plus tard, arrachez délicatement les jeunes gypsophiles vivaces et plantez-les de nouveau en pépinière en les espaçant de 12 à 15 cm.

4. Plantez

En octobre, plantez à leur place définitive les gypsophiles vivaces en les espaçant de 30 cm. Vous pouvez aussi vous procurer de jeunes plants de gypsophile vivace en godets à planter en automne ou au printemps.

Après les premières gelées, arrachez les gypsophiles annuelles. Attendez le printemps pour couper les restes de végétation secs des variétés vivaces.

VIVACE

Hellébore *Helleborus*

Cette vivace aime les terres profondes, riches, même calcaires, et l'ombre légère, voire le soleil s'il n'est pas brûlant. Elle ne fleurit en abondance que lorsqu'elle est bien installée : il vaut mieux éviter de la diviser ou de la déplacer.

Difficulté ★★

Arrosage

Maladies et parasites
Pourriture du collet

Hauteur
30 à 60 cm

Distance de plantation
20 cm

Floraison
De février à avril

Idées d'association
Fougères, chionodoxa, perce-neige

LES ESPÈCES ET VARIÉTÉS CONSEILLÉES

'Purpurascens' (30 cm) rose foncé.

H. orientalis (30 cm) blanc-crème ou rose.

H. niger ou rose de Noël (30 cm) blanc teinté de rose.

H. argutifolius (50 cm) vert clair.

Quand et comment cultiver ?

1. Plantez

D'octobre à mars, plantez les hellébores achetés en godets, en les espaçant de 20 cm.
Comblez le trou de plantation avec du terreau de feuilles.

2. Entretenez

Au début du printemps, après la floraison, coupez les fleurs fanées.

Arrosez copieusement une fois par semaine l'été qui suit la plantation. Ce sera inutile les années suivantes, sauf en cas de grande sécheresse.

BULBEUSE

Hémérocalle *Hemerocallis*

L'hémérocalle a besoin de soleil pour fleurir, même si elle tolère une ombre légère. Elle apprécie les terres riches et toujours un peu humides en été. Formez des groupes de plusieurs hémérocalles pour obtenir un bel effet.

Quand et comment cultiver ?

1. Plantez

En septembre, plantez les hémérocalles achetées en potée déjà bien fournie ou sous forme de racine charnue, placée alors à 12 à 15 cm de profondeur. Comblez le trou de plantation avec du compost et arrosez abondamment.

2. Entretenez

En mars, disposez à la base des plantes une couche de compost de 6 à 8 cm d'épaisseur. En cours de floraison, éliminez régulièrement les feuilles jaunies et les fleurs fanées, sinon la floraison s'en trouve écourtée. En octobre ou novembre, coupez les feuilles sèches au ras du sol.

Difficulté ★★

Arrosage 🚿

Maladies et parasites
Limace

Hauteur
1 m

Distance de plantation
80 cm

Floraison
De juin à novembre

Idées d'association
Astilbe, iris d'eau, salicaire

LES VARIÉTÉS CONSEILLÉES

Il existe de très nombreuses variétés, de durée de floraison, de tailles diverses qui ont des qualités similaires. Choisissez en fonction de votre goût.

Quand la floraison devient moins abondante d'une année sur l'autre, divisez la touffe en septembre.

VIVACE

Heuchère *Heuchera*

L'heuchère s'adapte au soleil ou à l'ombre si elle a les racines au frais, surtout en été. Réservez-lui une terre riche (du compost à la plantation est bienvenu), même lourde. Son feuillage persistant, richement coloré, en fait une plante décorative en toute saison.

Difficulté ★

Arrosage

Maladies et parasites
Oïdium, pourriture du collet, limace

Hauteur
40 à 60 cm

Distance de plantation
25 cm

Floraison
De juin à août

Idées d'association
Graminées, fougères, aster d'été

LES VARIÉTÉS CONSEILLÉES

'Chocolate Ruffles' (40 cm) pourpre.

'Pewter Moon' (40 cm) blanc.

'Pluie de feu' (60 cm) rouge sang.

'Palace Purple' (60 cm) blanc.

Quand et comment cultiver ?

1. Plantez

Plantez les heuchères achetées en godets en mars-avril ou en septembre-octobre, en les espaçant de 25 cm. Comblez le trou de plantation avec du terreau de feuilles.

2. Entretenez

Durant l'été, coupez les fleurs fanées pour garder les touffes élégantes. Arrosez copieusement en cas de sécheresse estivale prolongée.
En septembre, coupez les dernières fleurs et ôtez les feuilles sèches. Couvrez le sol d'une bonne couche de compost.

Hosta *Hosta*

Les hostas sont davantage cultivés pour la beauté de leur feuillage que pour leurs fleurs, malgré tout spectaculaires, déclinant toutes les nuances du violet et du blanc. Ils apprécient la fraîcheur d'un coin d'ombre pourvu que le sol y soit riche et pas trop sec en été.

Quand et comment cultiver ?

1. Plantez

En avril-mai ou en septembre-octobre, plantez les hostas achetés en godets en les espaçant de 40 cm. Comblez le trou de plantation avec du terreau de feuilles. Prévoyez une protection contre les limaces dès la plantation, surtout au printemps.

2. Entretenez

En juin, désherbez soigneusement et entourez la base des plantes d'une bonne couche de terreau de feuilles ordinaire.

Arrosez copieusement une fois par semaine l'été qui suit la plantation. Ce sera inutile les années suivantes, sauf en cas de sécheresse estivale prolongée.

Difficulté ★★

Arrosage 

Maladies et parasites
Pourriture grise, oïdium, limace

Hauteur
40 à 80 cm

Distance de plantation
40 cm

Floraison
De juin à septembre

Idées d'association
Hémérocalle, anémone, montia

LES VARIÉTÉS CONSEILLÉES

Moyennes (40 cm)
'Halcyon' feuilles en cœur gris-bleu, fleur lilas ; 'Golden Medallion' feuilles gaufrées et dorées, fleur lilas.

Hautes (60 à 80 cm)
'August Moon' grandes feuilles jaune d'or, fleur lilas ; 'Betsy King' feuilles ovales, fleur violette.

ANNUELLE

Immortelle *Helichrysum bracteatum, Bracteantha bracteata*

L'immortelle aime la chaleur et le soleil. Cette plante annuelle s'accommode de tous les types de sol, de préférence un peu riches cependant. Les fleurs d'immortelle se sèchent facilement réunies en botte la tête en bas, dans un endroit aéré et sec.

Difficulté ★★★

Arrosage

Maladies et parasites
Puceron

Hauteur
30 à 50 cm

Distance de plantation
15 à 20 cm

Floraison
De juin à août

Idées d'association
Zinnia, gazania

LES VARIÉTÉS CONSEILLÉES

'Tanner's Pride'
blanc.

'Valentine'
jaune.

'Summer Solstice'
en mélange.

'Schweffellicht'
jaune soufre.

Quand et comment cultiver ?

1. Semez en place et éclaircissez

D'avril à mai, répartissez les graines là où vous souhaitez les voir fleurir, de façon homogène. Recouvrez de terreau émietté, tassez et arrosez en pluie fine. Maintenez humide jusqu'à l'apparition des premières feuilles 15 jours plus tard.

1 mois plus tard, entre mai et juin, éliminez les jeunes plants les plus faibles pour n'en garder qu'un tous les 15 à 20 cm.

2. Après les premières gelées

Lorsque les premiers froids ont noirci leur feuillage, arrachez et jetez les immortelles.

Impatiens *Impatiens*

Les impatiens supportent mal le soleil de l'après-midi. Elles préfèrent nettement l'ombre et la mi-ombre. Offrez-leur un sol riche et toujours un peu humide en été. En jardinière, optez pour un terreau spécial géraniums enrichi d'une poignée de compost.

Quand et comment cultiver ?

1. Semez en caissette

En avril, dans une caissette remplie de terreau spécial semis, répartissez les graines en surface. Ne les recouvrez pas. Tassez et arrosez en pluie fine.
Maintenez bien humide et au chaud (15 à 18 °C) jusqu'à l'apparition des premières feuilles 1 semaine plus tard.

Les graines sont très fines. Le semis sera plus facile si vous les mélangez à du sable fin.

2. Repiquez

Quand les jeunes plants ont 3 à 4 feuilles, 1 mois plus tard, arrachez délicatement les impatiens et plantez-les de nouveau en caissette (remplie de terreau ordinaire), en les espaçant de 5 cm.

Difficulté ★★★

Arrosage (3 arrosoirs)

Maladies et parasites
Pourriture grise, limace

Hauteur
20 à 80 cm

Distance de plantation
20 cm

Floraison
De mai à octobre

Idées d'association
Coléus, bégonia

LES VARIÉTÉS CONSEILLÉES

Il existe plusieurs centaines de variétés aux couleurs diverses (du blanc au pourpre en passant par le violet, le mauve ou le saumon), ayant des qualités similaires. Choisissez selon vos goûts.

3. Plantez

À partir de la mi-mai, plantez vos impatiens à leur place définitive en les espaçant de 20 cm. Arrosez abondamment après la plantation, au goulot (arrosoir sans pomme). Coupez quelques centimètres de l'extrémité de la tige.
Vous en trouverez à la même époque en godets dans les jardineries, à planter tout de suite.

4. Entretenez

Durant l'été, arrosez presque quotidiennement vos impatiens, notamment celles cultivées en pots, pour maintenir la floraison, sans mouiller le feuillage. Ajoutez de l'engrais organique liquide à l'eau d'arrosage, une fois par semaine, surtout pour les plantes en pots.

Après les premières gelées, arrachez et jetez les restes de culture.

ANNUELLE

Ipomée, Belle-de-jour

Ipomoea purpurea, I. tricolor

Les ipomées ont besoin d'un support pour grimper. Elles aiment le soleil et les terres riches, un peu humides en été, mais bien drainées. Placez-les à l'abri du vent et des courants d'air.

Quand et comment cultiver ?

1. Semez en godets et éclaircissez

En avril, semez 3 à 5 graines d'ipomée dans des godets remplis de terreau pour semis. Enfoncez-les avec le doigt à 2 cm de profondeur environ. Tassez et arrosez en pluie fine. Placez à l'abri (sous châssis non chauffé) et maintenez humide jusqu'à l'apparition des premières feuilles une dizaine de jours plus tard.

3 semaines plus tard, éliminez les plants les plus faibles pour n'en conserver qu'un seul par godet.

Faites tremper les graines dans de l'eau tiède la veille du semis afin d'accélérer la germination. Éliminez toutes celles qui flottent encore le lendemain.

2. Plantez

Fin mai, quand les jeunes plants ont 12 à 15 cm de haut, plantez-les au pied d'un support en les espaçant de 50 à 60 cm.

Après les premières gelées, arrachez tout, nettoyez le support des restes de végétation et jetez tous ces déchets végétaux.

Difficulté ★★★

Arrosage

Maladies et parasites
Puceron

Hauteur
3 m

Distance de plantation
50 à 60 cm

Floraison
De mai à octobre

Idées d'association
Capucine des Canaris, Mina lobata

LES VARIÉTÉS CONSEILLÉES

'Heavenly Blue'
bleu ciel.

'Flying Saucers'
bleu strié de blanc.

'Knowlian's Black'
violet foncé.

BULBEUSE

Iris *Iris*

Les 3 groupes d'iris apprécient le soleil : ceux de Hollande (bulbe) fleuris en avril ou mai redoutent les sols très humides ; les iris des jardins (rhizome) fleuris en mai ou juin aiment les sols secs ; les iris d'eau en fleur en juin ou juillet, s'installent au bord de l'eau.

Difficulté ★

Arrosage

Maladies et parasites
Aucun(e)

Hauteur
20 cm à 1 m

Distance de plantation
10 à 40 cm

Floraison
D'avril à juillet

Idées d'association
Très variées selon les coloris des nombreuses variétés cultivées

LES VARIÉTÉS CONSEILLÉES

Il existe de très nombreuses variétés dans chacun des groupes, à choisir en fonction de votre goût.

Ne recouvrez jamais les iris des jardins d'un paillage quelconque : leur rhizome a besoin de beaucoup de chaleur et déteste l'humidité.

Quand et comment cultiver ?

1. Plantez

En octobre-novembre ou en février-mars, plantez les iris bulbeux, pointe vers le haut, à une dizaine de centimètres de profondeur par groupe de 6 à 8, en espaçant les bulbes de 10 à 12 cm. Entre fin juillet et septembre, pour les iris à rhizome, creusez des trous peu profonds en éventail et en pente douce, espacés de 30 à 40 cm. Posez le rhizome, côté « départ des feuilles » sur la partie la moins profonde. Recouvrez (le haut du rhizome doit rester apparent), tassez et arrosez sans excès.

2. Entretenez

Coupez les fleurs fanées des iris des jardins au fur et à mesure de leur défloraison et éliminez leurs feuilles qui jaunissent ou se tachent. Maintenez le sol nu au pied de ces iris par des désherbages successifs.

BULBEUSE

Jacinthe *Hyacinthus orientalis*

La jacinthe a besoin de soleil et de lumière au moment de sa floraison. Ensuite elle accepte une ombre légère. Elle ne fleurira de nombreuses années de suite qu'en terre riche et sèche durant l'été.

Quand et comment cultiver ?

1. Plantez

Entre octobre et novembre, étalez toutes vos jacinthes sur la surface à planter en les groupant par 3 à 5. Espacez chaque groupe de 20 cm et laissez 10 à 15 cm entre les bulbes d'un même groupe.

En sol lourd, glissez une poignée de sable au fond du trou.

Enterrez les jacinthes une à une dans des trous d'une douzaine de centimètres de profondeur creusés avec un plantoir à bulbe. Calez les bulbes, pointe vers le haut, dans les trous. Recouvrez et tassez.

Difficulté ★

Arrosage (1 arrosoir)

Maladies et parasites
Limace

Hauteur
20 à 30 cm

Distance de plantation
10 à 15 cm

Floraison
Avril

Idées d'association
Pensée, myosotis, giroflée

LES VARIÉTÉS CONSEILLÉES

Il existe de très nombreuses variétés formant de gros épis blancs, jaunes, roses, bleus ou rouges, qui ont des qualités similaires. Choisissez en fonction de votre goût.

2. Entretenez

Coupez les épis défleuris et arrosez jusqu'au jaunissement du feuillage. Ajoutez une fois par semaine un engrais organique spécial plantes fleuries dans l'eau d'arrosage.

Quand le feuillage est sec, coupez-le au ras du sol et arrêtez les arrosages.

N'oubliez pas de marquer les emplacements de vos jacinthes avant de couper le feuillage afin de ne pas risquer de les bêcher pour planter d'autres végétaux.

ANNUELLE, VIVACE

Lavatère *Lavatera*

La lavatère se divise en deux catégories : les annuelles (*L. trimestris*) et les arbustives (*L. olbia* ou *L.* x *thuringiaca*). Toutes les lavatères aiment le soleil et les bonnes terres de jardin, pas trop sèches en été sinon la floraison s'en trouve raccourcie.

Difficulté ★

Arrosage (2 arrosoirs)

Maladies et parasites
Rouille

Hauteur
50 cm à 1 m

Distance de plantation
30 cm (annuelles)
ou 40 cm (vivaces)

Floraison
De juillet à septembre

Idées d'association
Agératum, géranium, dahlia, sauge

Quand et comment cultiver ?

1. Semez en place

En mai, répartissez les graines de lavatère annuelle là où vous souhaitez les voir fleurir, en les espaçant de 10 cm environ. Recouvrez de terreau émietté, tassez et arrosez en pluie fine. Maintenez humide jusqu'à l'apparition des premières feuilles 15 à 20 jours plus tard.

2. Éclaircissez

1 mois plus tard, en juin, éliminez les jeunes plants les plus faibles pour n'en garder qu'un tous les 30 cm.

LES VARIÉTÉS CONSEILLÉES

Annuelles

'Mont Blanc' (50 cm) blanc pur ; 'Silver Cup' (50 cm) rose vif ; 'Ruby Regis' (50 cm) rose ; 'Beauty' (60 cm) mélange de blanc pur, rose clair ou foncé.

Arbustives (1 m)

'Barnsley' blanc rosé à cœur rouge ; 'Rosea' rose vif.

3. Plantez

En mars ou avril, plantez les variétés arbustives dans des trous légèrement plus vastes que leur motte. Comblez les vides avec la terre extraite additionnée de compost. Tassez, raccourcissez les branches de moitié. Arrosez copieusement durant les 3 premières semaines qui suivent la plantation.

Si vous enterrez quelques centimètres de la base des rameaux des lavatères arbustives, elles seront plus florifères.

4. Entretenez

Chaque année, en février ou en mars, coupez les lavatères arbustives à 15-20 cm du sol.

Arrosez copieusement deux fois par semaine les lavatères annuelles durant l'été s'il fait sec.

Après les premières gelées, arrachez et jetez les restes de végétation des lavatères annuelles.

ANNUELLE, VIVACE

Lin *Linum*

Il existe deux types de lins : l'un annuel (*L. grandiflorum*), rouge, et l'autre vivace (*L. perenne*), bleu, blanc ou jaune. Ils aiment le soleil et les sols frais en été. En hiver, le lin vivace n'apprécie pas les terrains trop humides. S'il se plaît, le lin se ressème spontanément.

Difficulté ★★

Arrosage

Maladies et parasites
Puceron

Hauteur
30 à 50 cm

Distance de plantation
10 à 15 cm

Floraison
De mai à juillet

Idées d'association
Agératum, sauge, dahlia, œillet d'Inde, géranium

Quand et comment cultiver ?

1. Semez

Semez en place

Début avril, répartissez de manière homogène les graines de lin annuel là où vous souhaitez les voir fleurir. Recouvrez de terreau émietté, tassez et arrosez en pluie fine.
Maintenez humide jusqu'à l'apparition des premières feuilles 1 mois plus tard.

Semez en pépinière

En mai, répartissez les graines de lin vivace à la volée dans un coin de la pépinière. Émiettez du terreau pour recouvrir, tassez et arrosez ensuite en pluie fine.
Maintenez bien humide jusqu'à l'apparition des premières feuilles 1 mois plus tard.

LES VARIÉTÉS CONSEILLÉES

Annuelles

'Fluo' rouge foncé.

Vivaces

'Album' blanc ; 'Flavum' jaune ; 'Narbonense' bleu ciel.

2. Éclaircissez

En juin, éliminez les jeunes lins annuels les plus faibles pour ne conserver qu'un plant tous les 10 cm.

En juin et juillet, arrosez s'il fait sec pour allonger la floraison.

3. Repiquez

1 mois après le semis, repiquez les jeunes lins vivaces, toujours en pépinière, en les espaçant de 10 cm en tous sens. Opérez par temps gris.

4. Plantez

En septembre, plantez les jeunes lins vivaces obtenus en pépinière, à leur place définitive, par groupe de 8 à 10, en les espaçant de 10 à 15 cm. Arrosez abondamment après la plantation, au goulot (arrosoir sans pomme).
Vous pouvez aussi vous procurer des lins vivaces en godets, à planter au printemps (mars ou avril).

Lis *Lilium*

Seul le lis de la Madone (*L. candidum*) se plante en automne ; il a besoin d'un sol sec en été. Les autres lis se plantent au printemps, apprécient le soleil et les sols plutôt frais en été. Ils peuvent rester plusieurs années en place si le terrain n'est pas trop humide en été.

Quand et comment cultiver ?

1. Plantez

En septembre (lis de la Madone) ou en mars-avril (autres lis), plantez les bulbes dans des trous espacés de 20 cm, à peine plus profonds que le bulbe (lis de la Madone), d'une vingtaine de centimètres de profondeur (autres lis). Jetez une poignée de compost dans chaque trou de plantation et calez les bulbes la pointe vers le haut. Recouvrez et tassez.

2. Entretenez

Protégez les jeunes pousses avec des granulés antilimaces jusqu'à ce que les lis atteignent 15 cm de haut.
Entre mai et juin, arrosez copieusement les lis plantés au printemps pour ne pas laisser le sol se dessécher et favoriser un bon enracinement.

Difficulté ★★★

Arrosage

Maladies et parasites
Limace, criocère

Hauteur
50 cm à 2 m

Distance de plantation
20 cm

Floraison
De mai à août

Idées d'association
Azalée, rhododendron, campanule, achillée, pied-d'alouette

LES VARIÉTÉS CONSEILLÉES

Il existe d'innombrables variétés à fleurs uniques, en épis ou en grappes, aux pétales plus ou moins ouverts ou recourbés, piquetés, tigrés ou striés, blancs, roses, jaunes, orangés ou carminés. Laissez-vous guider par vos goûts.

ANNUELLE, VIVACE

Lobélia *Lobelia*

Il existe deux types de lobélias : l'un annuel (*L. erinus*), bleu, blanc ou rose, et l'autre vivace (*L. cardinalis, L. fulgens, L. syphilitica*), bleu, rouge ou pourpre. Tous apprécient le soleil, s'il n'est pas brûlant, et les sols riches, un peu frais en été.

Difficulté ★★★

Arrosage 🚿🚿

Maladies et parasites
Fonte des semis et diverses pourritures

Hauteur
10 à 80 cm

Distance de plantation
10 à 20 cm

Floraison
De juin à octobre

Idées d'association
Coléus, agératum, bégonia, sauge, œillet d'Inde

Quand et comment cultiver ?

1. Semez en caissette

En mars ou avril, dans une caissette remplie de terreau spécial semis, répartissez les graines de lobélias annuels en surface. Ne recouvrez pas de terreau. Tassez et arrosez en pluie fine. Maintenez bien humide et au chaud (18 à 20 °C) jusqu'à l'apparition des premières feuilles 15 jours plus tard.

Les graines sont très fines. Le semis sera plus facile si vous les mélangez à du sable fin.

2. Repiquez

Lorsque les jeunes plants ont 3 à 4 feuilles, 1 mois plus tard, arrachez délicatement les jeunes lobélias annuels et plantez-les dans des godets individuels remplis de terreau ordinaire. Gardez à la chaleur sous châssis ou à l'intérieur.

3. Plantez

Courant mai, plantez vos lobélias annuels à leur place définitive en les espaçant de 10 à 15 cm. Arrosez abondamment après la plantation, au goulot (arrosoir sans pomme).
Vous trouverez à cette époque des annuels en godets dans les jardineries, à planter au même moment.

En avril ou mai, plantez les lobélias vivaces achetés en godets dans des trous espacés de 20 cm. Arrosez abondamment au goulot, immédiatement après la plantation.

LES ESPÈCES ET VARIÉTÉS CONSEILLÉES

Annuelles

'Riviera' (10 cm) blanc, bleu ou lilas ; 'Crystal Palace' (10 cm) bleu foncé ; 'Cobalt' (10 cm) bleu ; 'Compliment' (80 cm) bleu, rouge, rose ; 'Fan' (80 cm) rose.

Vivaces

L. syphilitica (50 à 60 cm) bleu vif ; *L. cardinalis* (70 à 80 cm) rouge écarlate ; *L. fulgens* 'Queen Victoria' (70 à 80 cm) pourpre.

4. Entretenez

En juin, étalez au pied des plantes une bonne couche de tourbe pour que la terre reste humide plus longtemps. Supprimez les fleurs fanées des lobélias vivaces.

Durant l'été, arrosez les lobélias en pots une fois tous les 15 jours avec un engrais organique soluble spécial plantes fleuries.
Après les premières gelées, arrachez et jetez les lobélias annuels.

ANNUELLE, VIVACE

Lupin *Lupinus*

Les lupins, vivaces et annuels, aiment la lumière : ils ne fleuriront abondamment que dans les endroits bien dégagés. Offrez-leur un coin de terre neutre, profonde et surtout pas calcaire.

Difficulté ★★★

Arrosage

Maladies et parasites
Oïdium

Hauteur
45 cm à 1 m

Distance de plantation
30 cm

Floraison
De mai à juin

Idées d'association
Chrysanthème, pavot, pied-d'alouette

LES VARIÉTÉS CONSEILLÉES

Annuelles 'Hartweg' (60 cm) coloris variés; 'Sunrise' (1 m) bleu ciel ou doré.

Vivaces 'Galaxie' (45 cm) blanc, rose, bleu ou rouge ; 'Gallery' (45 cm) blanc, bleu, jaune, rose ou rouge ; hybrides de Russel (1 m) blancs, jaunes, rouges, bleus ou roses.

Quand et comment cultiver ?

1. Semez en place et éclaircissez

Laissez mûrir les hampes florales des lupins annuels pour en récolter les graines afin de les semer le printemps suivant.

Début avril, disposez les grosses graines de lupin (annuel ou vivace) par groupe de 3 à 5 dans des trous de 2 à 3 cm de profondeur, espacés de 30 cm. Recouvrez de terreau, tassez et arrosez en pluie fine.
Maintenez humide jusqu'à l'apparition des premières feuilles 15 jours plus tard.
En mai, éliminez les jeunes lupins les plus faibles pour ne conserver qu'un plant par groupe. Vous pouvez aussi à cette même période vous procurer des lupins en godets ou en potées.

2. Entretenez

Dès la fin de la floraison, coupez la hampe florale des lupins vivaces pour éviter la formation des graines. Cela réduit la durée de vie de la plante.

Marguerite *Leucanthemum*

Offrez à vos marguerites une place au soleil et à l'abri du vent pour les plus grandes. Elles apprécient les terrains neutres, voire calcaires, mais qui restent frais en été, sauf pour les variétés les plus précoces fleurissant en mai qui tolèrent les terres sèches en été.

Quand et comment cultiver ?

1. Plantez

En septembre-octobre ou en mars-avril, plantez les marguerites achetées en godets en les espaçant de 50 cm. Défaites les racines enroulées à la base de la motte. Jetez une poignée de terreau dans le trou de plantation, tassez et arrosez abondamment après la plantation, au goulot (arrosoir sans pomme).

Difficulté ★

Arrosage (2 arrosoirs)

Maladies et parasites
Aucun(e)

Hauteur
30 cm à 1 m

Distance de plantation
50 cm

Floraison
De mai à août

Idées d'association
Géranium, valériane, cosmos

2. Entretenez

Chaque printemps, en avril ou mai, étalez au pied des marguerites une bonne couche de terreau de feuilles (6 à 8 cm d'épaisseur).

Plantez dans la touffe des branchages ramifiés sur lesquels s'appuieront, à la floraison, les hautes tiges des marguerites. Arrosez s'il fait très sec en été afin de prolonger la floraison.

LES VARIÉTÉS CONSEILLÉES

Toutes sont blanches à cœur jaune d'or: elles diffèrent par leur période de floraison et leur hauteur.

VIVACE

Muflier *Antirrhinum*

Bien que vivace, le muflier est souvent cultivé comme une fleur annuelle. Cette plante d'origine méditerranéenne se plaît dans les endroits bien ensoleillés, quelle que soit la nature du sol.

Difficulté ★★★

Arrosage 💧💧

Maladies et parasites
Fonte des semis, mildiou, pourriture grise, rouille, verticilliose

Hauteur
30 cm à 1 m

Distance de plantation
20 à 40 cm

Floraison
De juin à août

Idées d'association
Cléome, amarante, pétunia, œillet

Quand et comment cultiver ?

1. Semez en caissette

En mars ou en avril, répartissez les graines de façon homogène dans une caissette. Émiettez du terreau pour recouvrir à peine, tassez et arrosez en pluie fine. Placez au chaud (16 à 18 °C).
Maintenez bien humide jusqu'à l'apparition des premières feuilles une bonne semaine plus tard.

2. Repiquez

Quand les jeunes mufliers ont 3 à 4 feuilles, arrachez-les délicatement et plantez-les dans des godets individuels que vous entreposerez dans un coin abrité du jardin (châssis ouvert).

3. Plantez

En mai, plantez les jeunes mufliers à leur place définitive, en les espaçant de 20 à 40 cm selon la hauteur de la variété.

Arrosez s'il fait sec en été pour allonger la floraison, en veillant à ne pas mouiller le feuillage.

Arrosez abondamment après la plantation, au goulot (arrosoir sans pomme). Coupez quelques centimètres des extrémités des tiges.
Vous pouvez aussi vous procurer des mufliers en godets, à planter à cette même période.

LES VARIÉTÉS CONSEILLÉES

Naines (30 à 40 cm)
'Frosted Sunset' orange ; 'Jamaican Mist' rose, jaune, abricot, pêche ; 'Floral Showers' jaune et orange ; 'La Bella' blanc, lavande, rose, bronze, pourpre, jaune ou en mélange.

Grandes (60 cm à 1 m)
'Braun-Blanquetti' jaune vif ; 'Madame Butterfly' en mélange ; 'Rocket' en mélange.

4. Entretenez

Coupez très régulièrement les fleurs fanées afin de prolonger la floraison.

VIVACE

Muguet *Convallaria majalis*

Le muguet préfère l'ombre, ou tout au moins la mi-ombre, et les sols riches et frais lors de sa floraison, au printemps, même s'ils sèchent en été. Il s'achète en pot ou en griffe, sorte de racine charnue portant un bourgeon pointu en forme de griffe de chien.

Difficulté ★★

Arrosage

Maladies et parasites
Botrytis

Hauteur
15 à 30 cm

Distance de plantation
15 à 20 cm

Floraison
Mai

Idées d'association
Autres plantes de sous-bois, lamier, pervenche…

LES VARIÉTÉS CONSEILLÉES

'Grandiflora' et 'Prolificans' blancs.

'Rosea' rose.

'Rubra' pourpre rougeâtre.

'Picta' blanc ponctué de rouge.

Quand et comment cultiver ?

1. Plantez

En septembre ou octobre, creusez des trous larges espacés de 15 cm. Étalez au fond les racines de la griffe, le bourgeon pointu vers le haut: il doit affleurer la surface. Recouvrez, tassez et arrosez.

En mai, quand le muguet du 1er mai, forcé en pot, est défleuri, dépotez-le et séparez à la main les différents pieds qui étaient dans le pot.

Plantez chaque pied séparément, en les regroupant au même endroit et en les espaçant de 15 à 20 cm, dans des trous remplis de terreau. Arrosez abondamment après la plantation, au goulot (arrosoir sans pomme).

Le muguet forcé planté au jardin refleurit rarement le printemps suivant. Il vous faudra attendre 2 ou 3 ans l'apparition de ses prochaines clochettes.

BISANNUELLE

Myosotis *Myosotis sylvatica*

Le myosotis apprécie les terres consistantes, humides en automne et au printemps. Au soleil ou sous une ombre légère, il fleurit généreusement et longtemps. Il se ressème spontanément : après la floraison, les fleurs se transforment en graines.

Quand et comment cultiver ?

1. Semez en caissette et éclaircissez

En mai-juin, dans une caissette remplie de terreau pour semis, répartissez les graines en surface. Émiettez du terreau dessus, tassez et arrosez en pluie fine. Recouvrez d'une feuille de papier journal pendant 1 semaine. Maintenez bien humide jusqu'à l'apparition des premières feuilles 8 à 10 jours plus tard.

1 mois plus tard, éliminez les plants les plus faibles pour n'en conserver qu'un tous les 10 à 12 cm.

2. Plantez

En septembre ou octobre, installez vos jeunes plants à leur place définitive en les espaçant de 15 à 20 cm. En automne ou au printemps, vous pouvez également vous procurer des jeunes plants de myosotis en jardinerie, à planter immédiatement.

Difficulté ★

Arrosage

Maladies et parasites
Oïdium

Hauteur
20 cm

Distance de plantation
15 à 20 cm

Floraison
D'avril à juin

Idées d'association
Tulipe, giroflée, pensée

LES ESPÈCES ET VARIÉTÉS CONSEILLÉES

'Des Alpes Bleu' bleu; 'Des Alpes Rose' rose ; 'Ultramarine' indigo ; 'Snowsylva' blanc pur.

Pour les endroits très humides

M. palustris bleu céleste.

Avant d'arracher les myosotis secs, secouez-les sur place pour que les graines se déposent.

BULBEUSE

Narcisse *Narcissus*

La plupart des narcisses se contentent d'une terre de jardin ordinaire, sauf ceux à grosses fleurs qui seront plus à l'aise dans un sol enrichi de compost. Du soleil ou une ombre légère, peu leur importe. Ils peuvent rester en place de nombreuses années.

Difficulté ★

Arrosage 🚿🚿

Maladies et parasites
Aucun(e)

Hauteur
30 à 50 cm

Distance de plantation
10 à 15 cm

Floraison
De mars à mai

Idées d'association
Myosotis, giroflée ravenelle, tulipe, primevère

Quand et comment cultiver ?

1. Plantez

En septembre ou octobre, plantez les bulbes à 10-15 cm de profondeur, la pointe vers le haut, avec un plantoir à bulbe, dans un terrain ameubli ; groupez-les par 8 à 10, en les espaçant entre eux de 10 à 15 cm environ. Glissez une poignée de sable au fond du trou de plantation.

Si vous souhaitez en planter dans la pelouse, jetez-les par poignée et plantez-les là où ils tombent pour obtenir un effet naturel.

2. Entretenez

Après la floraison, coupez les fleurs fanées, mais laissez le feuillage intact.

LES VARIÉTÉS CONSEILLÉES

Il existe de très nombreuses variétés de narcisses (dont les jonquilles font partie), communément partagées en deux groupes, les uniflores (une fleur par hampe) et les multiflores (plusieurs fleurs par hampe). Choisissez-les selon votre goût.

Arrosez régulièrement jusqu'au jaunissement du feuillage en ajoutant une fois par semaine de l'engrais organique spécial plantes fleuries dans l'eau. Coupez les feuilles au ras du sol quand elles ont jauni et séché.

Si vous souhaitez déplacer vos narcisses, arrachez-les quand le feuillage est sec durant l'été. Entreposez les bulbes au frais et à l'abri de la lumière pendant l'été. Vous les planterez à leur nouvelle place à l'automne.

VIVACE

Népéta *Nepeta*

Tous les népétas ont un feuillage vert grisé, mais seul celui de *N. faassenii* persiste tout l'hiver s'il ne fait pas trop froid. Au soleil, et dans un endroit bien chaud, ils seront plus généreux en fleurs. Une terre ordinaire leur suffira, mais ils détestent les sols détrempés.

Difficulté ★

Arrosage

Maladies et parasites
Aucun(e)

Hauteur
30 cm à 1 m

Distance de plantation
30 cm

Floraison
De mai à octobre

Idées d'association
Phlomis, penstémon, anaphalis

LES ESPÈCES ET VARIÉTÉS CONSEILLÉES

N. mussinii (30 cm) bleu clair.

N. sibirica (1 m) bleu.

'Six Hills Giant' (50 cm) bleu lavande.

'Snowflake' (30 cm) blanc.

'Souvenir d'André Chaudron' (50 cm) bleu foncé.

Quand et comment cultiver ?

1. Plantez

En mars-avril, plantez les népétas achetés en godets en les espaçant de 30 cm. Tassez et arrosez abondamment juste après la plantation, au goulot (arrosoir sans pomme).

2. Entretenez

Coupez régulièrement les fleurs fanées au cours de l'été afin d'encourager de nouvelles éclosions.
Chaque début de printemps, coupez au ras du sol les restes de végétation des népétas à feuillage caduc et raccourcissez à 15-20 cm les tiges des sujets à feuillage persistant.

Œillet *Dianthus*

Il existe des œillets vivaces (œillet mignardise), bisannuels (œillet des poètes) et annuels (œillet de Chine ; œillet des fleuristes). Tous aiment le soleil, la chaleur et les terrains calcaires, bien drainés, pas trop humides en hiver.

Difficulté ★★

Arrosage

Maladies et parasites
Puceron, oïdium, rouille

Hauteur
30 à 80 cm

Distance de plantation
15 à 30 cm

Floraison
De mai à septembre

Idées d'association
Gypsophile, potentille, lin, campanule, armoise, santoline

Quand et comment cultiver ?

1. Semez

Semez en caissette

En mars, dans une caissette remplie de terreau pour semis, répartissez les graines d'œillet annuel, recouvrez d'un peu de terreau émietté, tassez et arrosez en pluie fine. Maintenez humide à 16 °C environ jusqu'à l'apparition des premières feuilles 1 semaine plus tard.

Semez en pépinière

Entre juin et juillet, dans un coin de la pépinière bien affiné, répartissez les graines d'œillet vivace ou bisannuel, de la façon la plus homogène possible. Émiettez du terreau dessus pour couvrir, tassez et arrosez en pluie fine. Maintenez humide jusqu'à l'apparition des premières feuilles 1 semaine plus tard.

LES VARIÉTÉS CONSEILLÉES

Elles sont nombreuses, déclinant toute la gamme des roses, du blanc au rouge. Les œillets mignardises sont les plus parfumés.

2. Éclaircissez

1 mois et demi plus tard, quand les jeunes plants ont 3 à 4 feuilles, éliminez si nécessaire ceux en surnombre pour n'en garder qu'un tous les 5 cm.

3. Plantez

En mai (œillets annuels), dans le courant de l'automne (œillets bisannuels) ou au printemps suivant (œillets vivaces), plantez les jeunes œillets à leur emplacement définitif en les espaçant de 15 à 30 cm selon la hauteur de la variété choisie.
Vous pouvez également acheter des œillets en godets, à planter aux mêmes périodes en fonction des variétés choisies.

4. Entretenez

En fin de floraison, coupez les tiges des fleurs fanées quelques centimètres au-dessus du sol.

Après la floraison, arrachez les œillets annuels: ils ne refleuriront pas l'année suivante.

ANNUELLE

Œillet d'Inde,

Rose d'Inde *Tagetes patula, T. erecta*

Chez ces plantes, c'est le feuillage qui est parfumé et non les fleurs. Pour fleurir abondamment, rose d'Inde et œillet d'Inde ont besoin tous deux de soleil, de chaleur et d'un terrain fertile.

Quand et comment cultiver ?

1. Semez en caissette

En avril, dans une caissette remplie de terreau spécial semis, répartissez les graines en surface, tous les 3 à 5 cm, et recouvrez en émiettant du terreau. Tassez et arrosez en pluie fine. Maintenez bien humide et au chaud (15 à 18 °C) jusqu'à l'apparition des premières feuilles 3 semaines plus tard.

Il est possible de semer directement en place, mais pas avant mai. La floraison est alors plus tardive (après la mi-juillet).

2. Plantez

Entre mai et juin, installez vos plants à leur place définitive. Arrosez abondamment après la plantation, au goulot (arrosoir sans pomme).
Vous en trouverez à la même époque en godets dans les jardineries, à planter immédiatement.

Supprimez les fleurs des plants déjà épanouis que vous achetez en godets. Ils s'enracineront mieux après la plantation.

Difficulté ★

Arrosage (1 arrosoir)

Maladies et parasites
Aucun(e)

Hauteur
20 à 45 cm

Distance de plantation
10 à 30 cm

Floraison
De mai à octobre

Idées d'association
Cosmos sulphureus, *coréopsis, tabac, pétunia*

LES VARIÉTÉS CONSEILLÉES

Il existe de nombreuses variétés orange, brun-pourpre ou jaunes, de qualité identique. Choisissez selon votre goût, sans autre critère.

3. Entretenez

Durant l'été, ôtez les fleurs fanées des œillets d'Inde à fleurs doubles et des roses d'Inde. Les variétés à fleurs simples n'en ont pas besoin.

Arrosez s'il fait vraiment trop sec avant que les plantes ne s'affaissent, signe d'un arrêt de la floraison.

Après les premières gelées, arrachez les plantes et jetez-les.

ANNUELLE, VIVACE

Ostéospermum, Dimorphothéca *Osteospermum, Dimorphotheca*

Les dimorphothécas sont annuels et les ostéospermums vivaces, mais non rustiques, tous sont cultivés comme des fleurs annuelles sauf dans les régions à climat doux. Ils apprécient le soleil.

Quand et comment cultiver ?

Difficulté ★★

Arrosage

Maladies et parasites
Oïdium

Hauteur
30 à 70 cm

Distance de plantation
20 cm

Floraison
De juin à septembre

Idées d'association
Gazania, verveine, sauge

1. Semez

Semez en caissette

En mars, dans une caissette remplie de terreau spécial semis, répartissez les graines en ligne, espacées de 5 cm, et recouvrez-les avec 1 cm du même terreau. Tassez et arrosez en pluie fine.
Maintenez bien humide, à la lumière et au chaud (20 °C) jusqu'à l'apparition des premières feuilles 10 jours plus tard.

Semez en place

En mai, disposez les graines là où vous souhaitez les voir fleurir, espacées de 5 cm, en sillons profonds de 1 cm. Refermez avec du terreau pour semis ou du sable et maintenez humide jusqu'à l'apparition des premières feuilles une dizaine de jours plus tard.

LES ESPÈCES ET VARIÉTÉS CONSEILLÉES

Dimorphothéca

D. aurantiaca (30 cm) jaune orange doré ; 'Spring Flash' (30 cm) jaune ou orange.

Ostéospermum

O. ecklonis 'Glacial' (70 cm) mélange de blanc, bleu et violet ; 'Passion' (40 cm) mélange de blanc, violet et bleu ; 'Whirligig' (60 cm) blanc et bleu métallique.

2. Éclaircissez

1 mois plus tard, éliminez les plants les plus faibles du semis en place pour n'en conserver qu'un tous les 20 cm.

3. Plantez

Courant mai, installez vos jeunes plants semés en caissette à leur place définitive en les espaçant de 20 cm. Arrosez abondamment après la plantation, au goulot (arrosoir sans pomme).

Vous trouverez à la même époque des plants en godets dans les jardineries, à mettre en place au même moment.

Les plants que vous achèterez seront fleuris. Coupez leurs fleurs et leurs boutons à la plantation afin de favoriser un bon enracinement.

4. Entretenez

Durant l'été, éliminez régulièrement les fleurs fanées et, surtout pour les sujets en pots, arrosez une fois par semaine avec de l'engrais organique spécial plantes fleuries dilué dans l'eau d'arrosage.

Après les premières gelées, arrachez les plantes et jetez-les.

VIVACE

Pâquerette *Bellis perennis*

La pâquerette est plutôt frugale : un peu de soleil et une terre ordinaire lui suffisent pour fleurir généreusement. Une fois installée, elle peut rester en place plusieurs années et s'étalera tous les ans davantage.

Quand et comment cultiver ?

1. Semez en caissette

En mai ou juin, dans une caissette remplie de terreau pour semis, répartissez les graines en surface. Tassez et arrosez en pluie fine.
Maintenez bien humide jusqu'à l'apparition des premières feuilles, 1 semaine plus tard.

Mélangez les graines de pâquerette, très fines, à du sable pour les manipuler plus aisément lors du semis.

2. Repiquez

1 mois plus tard, arrachez délicatement les jeunes plants et plantez-les en pépinière, espacés de 5 cm.

Difficulté ★

Arrosage

Maladies et parasites
Puceron

Hauteur
10 à 15 cm

Distance de plantation
10 cm

Floraison
De mars à juin

Idées d'association
Pensée, myosotis, tulipe

LES VARIÉTÉS CONSEILLÉES

'Pomponnette'
double, rose.

'Radar'
blanc et rouge.

'Galaxie Mix'
mélange de blanc, rose et rouge.

3. Plantez

En septembre ou octobre, installez vos jeunes plants à leur place définitive en les espaçant de 10 cm.
Vous pouvez aussi vous en procurer en jardinerie, à planter à cette même période ou au début du printemps.

4. Entretenez

Au printemps, éliminez régulièrement les fleurs fanées afin de prolonger la floraison.

VIVACE, ANNUELLE

Pavot *Papaver*

Il existe des pavots vivaces (*P. orientale*), qui refleuriront au même endroit plusieurs années de suite, et des pavots annuels (*P. somniferum*) qu'il faut semer tous les ans. Tous apprécient le soleil et préfèrent les sols riches et profonds.

Difficulté ★★

Arrosage

Maladies et parasites
Aucun(e)

Hauteur
30 cm à 1,50 m

Distance de plantation
20 à 30 cm

Floraison
De juin à juillet

Idées d'association
Anaphalis, gypsophile, népéta, armoise

Quand et comment cultiver le pavot annuel ?

1. Semez en place

D'avril à juin, répartissez les graines là où vous souhaitez les voir fleurir, de façon homogène et le plus espacées possible. Ratissez pour recouvrir, tassez et arrosez en pluie fine. Maintenez humide jusqu'à l'apparition des premières feuilles une dizaine de jours plus tard.

2. Éclaircissez

3 semaines plus tard, éliminez les jeunes plants les plus faibles pour n'en garder qu'un tous les 20 cm.

Après les premières gelées, arrachez et jetez les pavots annuels.

LES VARIÉTÉS CONSEILLÉES

Annuelles

'Wonderland' (30 cm) blanc, orange, jaune, rose ou en mélange ; 'Gartenzwerg' (30 cm) blanc, jaune, orange, écarlate ; 'Summer Breeze' (40 à 50 cm) blanc, jaune, orange ; 'Illumination' (40 à 50 cm) en mélange orange, jaune, rose, blanc ; 'Pizzicato' (40 à 50 cm) rouge, rose, saumon.

Vivaces

'Matador' (50 cm), 'Allegro' (50 cm) et 'Bonfire' (50 cm) rouges ; 'Catharina', 'Corinna' et 'Juliane' (40 à 50 cm) rose clair ; 'Perry's White' (80 cm) blanc ; 'Wunderkind' (80 cm) rose ; 'May Queen' (80 cm) orange.

Quand et comment cultiver le pavot vivace ?

1. Semez en pépinière

Entre juin et juillet, dans un coin de la pépinière bien affiné, répartissez vos graines à la volée de la façon la plus homogène possible. Ratissez pour couvrir, tassez et arrosez en pluie fine. Maintenez humide jusqu'à l'apparition des premières feuilles une dizaine de jours plus tard.

2. Éclaircissez

3 semaines à 1 mois plus tard, éliminez les jeunes plants les plus faibles pour n'en garder qu'un tous les 10 cm.

3. Plantez et entretenez

En septembre-octobre ou en février-mars, plantez les jeunes pavots à leur emplacement définitif en les espaçant de 30 cm.
Au printemps, vous pouvez également acheter des jeunes pavots en godets, à planter immédiatement dans de larges trous remplis de terreau.
En juillet, après la floraison, coupez la plante à 10 cm du sol afin de l'encourager à produire un nouveau feuillage plus vigoureux.

ANNUELLE

Pavot de Californie

Eschscholzia californica

Le pavot de Californie n'appartient pas à la même famille que les pavots d'Orient... Il s'adapte à toutes les situations, mais préfère la chaleur et le soleil. Il apprécie les sols sableux et légers.

Quand et comment cultiver ?

1. Semez en place et éclaircissez

En avril ou mai, semez les graines à la volée. Recouvrez d'une fine couche de terreau et arrosez en pluie fine mais sans excès : les pavots de Californie n'aiment pas l'humidité excessive. Quinze à 20 jours plus tard, éliminez les plants les plus faibles pour n'en conserver qu'un tous les 10 à 15 cm.

Semez les pavots de Californie par vagues successives espacées de 15 jours environ. Ainsi ils fleuriront de façon échelonnée et vous aurez des fleurs plus longtemps.

2. Après les premières gelées

Arrachez tout et jetez. Repérez au pied d'éventuels jeunes plants qui se seraient semés spontanément. Repiquez-les en pépinière et mettez-les en place au printemps suivant.

Difficulté ★★

Arrosage

Maladies et parasites
Puceron

Hauteur
40 cm

Distance de plantation
10 à 15 cm

Floraison
De juin à septembre

Idée d'association
Pavot

LES VARIÉTÉS CONSEILLÉES

'Ballerine' en mélange du blanc au rouge.

'Purple Gleam' lilas-pourpre.

'Buttermilk' blanc-crème.

'Apricot Flambeau' orange.

'Dalli' rouge écarlate.

VIVACE

Pélargonium *Pelargonium*

Bien que vivace, le pélargonium n'est pas rustique : soit on le cultive comme une annuelle et on le jette après les premières gelées, soit on lui fait passer l'hiver dans un local hors gel et éclairé. Il aime le soleil et les terres riches.

Difficulté ★★

Arrosage

Maladies et parasites
Oïdium

Hauteur
30 à 50 cm

Distance de plantation
20 à 30 cm

Floraison
De juin à octobre

Idées d'association
Pétunia, dahlia, verveine, calcéolaire

Les plants que vous achèterez seront fleuris. Coupez leurs fleurs et leurs boutons à la plantation, cela vous permettra de favoriser un bon enracinement.

Quand et comment cultiver ?

1. Semez en caissette

En janvier, dans une caissette remplie de terreau spécial semis, répartissez les graines en surface. Recouvrez-les de 1 cm du même terreau. Tassez et arrosez en pluie fine. Maintenez bien humide et au chaud (20 °C) jusqu'à l'apparition des premières feuilles une quinzaine de jours plus tard.

2. Repiquez

De fin février à début mars, arrachez délicatement les jeunes pélargoniums et plantez-les dans des godets remplis de terreau ordinaire. Maintenez toujours au chaud dans un endroit très lumineux.

3. Plantez

Courant mai, plantez vos pélargoniums à leur place définitive en les espaçant de 20 à 30 cm. Arrosez abondamment après la plantation, au goulot (arrosoir sans pomme). Coupez l'extrémité de la tige de quelques centimètres.
Vous trouverez à la même époque des plants en godets dans les jardineries, à mettre en place au même moment.

LES VARIÉTÉS CONSEILLÉES

De couleur blanche, rose, rouge ou saumonée, les variétés sont innombrables dans les deux classifications: le pélargonium droit ou zonal, de 30 à 50 cm de haut, et le pélargonium retombant ou lierre, de 20 cm de haut.

Pensez à arroser vos pélargoniums une fois par mois en hiver.

4. Entretenez

Durant l'été, éliminez régulièrement les fleurs fanées et, surtout pour les pélargoniums en pots, arrosez une fois par semaine avec de l'engrais organique spécial plantes fleuries dilué dans l'eau d'arrosage.

5. Après les premières gelées

En octobre, arrachez, avec une motte de terre autour des racines, les pélargoniums cultivés en pleine terre pour les rempoter dans un pot. Rentrez-les, ainsi que les sujets déjà cultivés en pots, dans un local hors gel, bien éclairé.

BISANNUELLE

Pensée *Viola tricolor* et hybrides

Si elle ne souffre pas de la soif, la pensée peut fleurir au-delà de la mi-juillet. Elle se contente de n'importe quelle terre de jardin pourvu qu'elle soit au soleil. Si vous ajoutez un peu de terreau à la plantation, surtout au printemps, elle sera plus vigoureuse.

Difficulté ★★

Arrosage

Maladies et parasites
Puceron

Hauteur
20 cm

Distance de plantation
15 à 20 cm

Floraison
De mars à mai

Idées d'association
Pâquerette, myosotis, tulipe

Quand et comment cultiver ?

1. Semez en pépinière

En juillet, dans un endroit ombragé, à la terre bien ameublie, répartissez les graines dans des sillons peu profonds (environ 1 cm de profondeur). Refermez les sillons avec du terreau spécial semis, tassez et arrosez en pluie fine.
Maintenez bien humide jusqu'à l'apparition des premières feuilles 8 à 10 jours plus tard.

2. Éclaircissez

3 semaines plus tard, éliminez les plants les plus faibles pour n'en conserver qu'un tous les 6 à 8 cm.

3. Plantez

En septembre ou octobre, mettez vos jeunes plants à leur place définitive en les espaçant de 15 à 20 cm.
Vous pouvez également vous en procurer en jardinerie, à planter à cette même période ou au printemps.

LES VARIÉTÉS CONSEILLÉES

Il existe de nombreuses variétés aux couleurs et aux formes de fleurs diverses qui ont toutes des qualités similaires. Choisissez-les en fonction de votre goût.

{ Arrosez régulièrement en été les jeunes plants pour leur assurer une bonne vigueur en automne à la plantation. }

4. Entretenez

À partir de la mi-mai, au jardin comme en jardinière, arrosez régulièrement en ajoutant de l'engrais organique spécial géraniums dans l'eau d'arrosage afin de prolonger la floraison. Coupez également les fleurs fanées.

BULBEUSE

Perce-neige *Galanthus nivalis*

Le perce-neige apprécie les situations bien ensoleillées ou légèrement ombragées. Il se contente d'une terre riche, restant humide même en été. Il se naturalise facilement là où il se plaît et forme des touffes de plus en plus larges d'année en année.

Difficulté ★

Arrosage (1 arrosoir)

Maladies et parasites
Limace

Hauteur
15 cm

Distance de plantation
5 cm

Floraison
De février à mars

Idées d'association
Crocus, scille

LES VARIÉTÉS CONSEILLÉES

Il existe des variétés à fleurs simples très proches de la variété classique et une variété à fleurs doubles, 'Flore Pleno'.

Quand et comment cultiver ?

1. Plantez

En septembre, plantez les perce-neige dans un terrain ameubli, à 5-10 cm de profondeur, la pointe vers le haut. Utilisez un plantoir pointu et espacez-les de 5 cm. Glissez une poignée de sable au fond du trou de plantation et comblez avec un mélange de terre de jardin et de terreau, à parts égales.

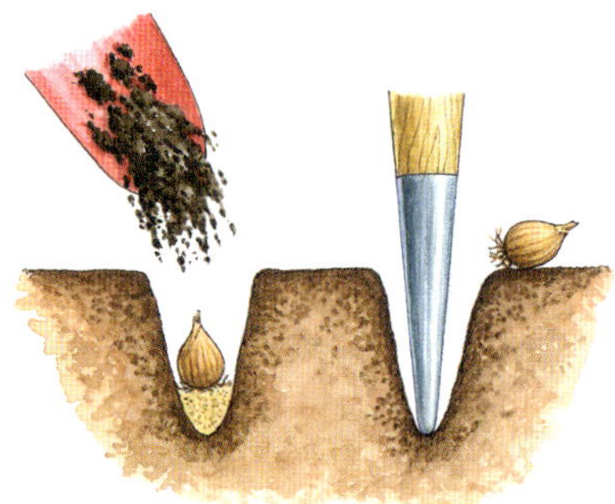

Plantez les perce-neige en groupe de 6 à 8 bulbes pour obtenir un effet spectaculaire.

2. Entretenez

Tous les 5 à 6 ans, quand les touffes ont pris trop ampleur, juste après la floraison (quand le feuillage est encore vert), déterrez-les délicatement et séparez les bulbes à la main. Plantez-les immédiatement en les espaçant de 5 cm.

ANNUELLE

Pétunia *Petunia*

Le pétunia aime le soleil et la chaleur mais pas la sécheresse : un sol riche et toujours légèrement humide en été lui est indispensable. Depuis quelques années, la famille s'agrandit : formes retombantes (Surfinia…), en petites fleurs (*P. milliflora*), en clochette…

Difficulté ★★★

Arrosage 

Maladies et parasites
Puceron, virus, pourriture

Hauteur
20 à 50 cm

Distance de plantation
20 cm

Floraison
De mai à octobre

Idées d'association
Dahlia, géranium, sauge, calcéolaire, verveine

Quand et comment cultiver ?

1. Semez en caissette

En mars, dans une caissette remplie de terreau spécial semis, répartissez les graines en surface sans les recouvrir. Tassez et arrosez en pluie fine. Maintenez bien humide, à la lumière et au chaud (20 °C) jusqu'à l'apparition des premières feuilles 1 semaine plus tard.

Les graines étant très fines (comme de la poussière), mélangez-les avec du sable pour faciliter le semis.

2. Repiquez

En avril, lorsque les jeunes pétunias ont 2 à 3 feuilles, arrachez-les délicatement et plantez-les dans des godets remplis de terreau ordinaire. Maintenez-les toujours au chaud dans un endroit très lumineux.
Habituez-les au plein air progressivement en les sortant aux heures chaudes de la journée.

LES VARIÉTÉS CONSEILLÉES

Il existe de nombreuses variétés aux qualités équivalentes, à choisir selon votre goût. Certaines variétés comme les surfinias ne sont disponibles qu'en plants et non en graines.

3. Plantez

Courant mai, plantez vos pétunias à leur place définitive en les espaçant de 20 cm. Arrosez abondamment après la plantation, au goulot (arrosoir sans pomme). Coupez l'extrémité de la tige de quelques centimètres.
Vous trouverez à la même époque des plants en godets dans les jardineries, à mettre en place au même moment.

Les plants que vous achèterez seront fleuris. Coupez leurs fleurs et leurs boutons à la plantation afin de favoriser un bon enracinement.

4. Entretenez

Durant l'été, éliminez régulièrement les fleurs fanées et, surtout pour les pétunias en pots, arrosez une fois par semaine avec de l'engrais organique spécial plantes fleuries dilué dans l'eau d'arrosage.

Après les premières gelées, arrachez et jetez les plantes.

VIVACE, ANNUELLE

Phlox *Phlox*

Les phlox sont vivaces (floraison printanière ou estivale) ou annuels, et alors appelés « phlox de Drummond » (floraison estivale). Tous aiment le soleil. Ils apprécient une bonne terre de jardin, assez riche et surtout toujours un peu humide en été.

Quand et comment cultiver ?

1. Semez en place

Entre mars et avril, répartissez les graines de phlox annuels là où vous souhaitez les voir fleurir de façon homogène. Recouvrez d'une couche de terreau émietté, tassez et arrosez en pluie fine.

Maintenez humide jusqu'à l'apparition des premières feuilles une dizaine de jours plus tard.

2. Éclaircissez

3 semaines plus tard, éliminez les jeunes plants les plus faibles pour n'en garder qu'un tous les 20 cm.

Difficulté ★

Arrosage 🚿🚿

Maladies et parasites
Limace, escargot

Hauteur
10 cm à 1 m

Distance de plantation
20 à 30 cm

Floraison
D'avril à septembre

Idées d'association
Plantes rampantes (phlox vivaces), ou canna, dahlia, calcéolaire, verveine (phlox annuels)

LES ESPÈCES ET VARIÉTÉS CONSEILLÉES

Annuelles (phlox de Drummond)

'Dolly', 'Century', 'Button', 'Beauty' (15 à 25 cm) en mélange de blanc, rose, rouge ; 'African Sunset' (15 à 25 cm) rouge orangé brillant ; 'Ethnie' (15 à 25 cm) rose.

Vivaces

P. adsurgens 'Wagon Wheels' (10 à 20 cm) rose saumoné ; *P. carolina* 'Bill Baker' (10 à 20 cm) rose soutenu ; 'Chattahoochee' (10 à 20 cm) mauve ; *P. paniculata* 'Amethyst' (80 cm à 1 m) bleu, 'Blue Boy' (80 cm à 1 m) mauve, 'Eva Cullum' (80 cm à 1 m) rose.

3. Plantez

Entre septembre et octobre (phlox vivaces à floraison printanière) ou entre mars et avril (phlox à floraison estivale, vivaces ou annuels), installez les jeunes plants achetés en godets dans des trous remplis de compost. Espacez-les de 30 cm.

Tuteurez les grands phlox le plus discrètement possible dès qu'ils atteignent 50 cm, avec des tuteurs en cercle par exemple.

4. Entretenez

Tous les ans, en juin, lorsque les tiges des grands phlox atteignent 40 à 50 cm, raccourcissez-les de la moitié de leur hauteur.

Arrosez s'il fait sec en été et répandez au pied des plantes des tontes de gazon sèches dès le mois de mai pour conserver au sol sa fraîcheur.

5. Après les premières gelées

En novembre, quand la végétation est noircie par les premiers froids, coupez les phlox vivaces à quelques centimètres du sol. Arrachez et jetez les phlox annuels.
Les phlox à floraison printanière se taillent de la même façon, juste après leur floraison.

VIVACE, ANNUELLE

Pied-d'alouette *Delphinium*

Les pieds-d'alouette sont vivaces ou annuels, mais tous fleurissent en même temps. Ils aiment le soleil et la chaleur. Si les annuels se contentent des terres ordinaires, les vivaces préfèrent les sols riches, bien drainés et frais en été.

Quand et comment cultiver ?

1. Semez en place

En mars-avril, répartissez de façon homogène les graines de pieds-d'alouette annuels là où vous souhaitez les voir fleurir. Recouvrez de terreau émietté, tassez et arrosez en pluie fine.
Maintenez humide jusqu'à l'apparition des premières feuilles une vingtaine de jours plus tard.

2. Éclaircissez

1 mois plus tard, éliminez les jeunes plants les plus faibles pour n'en garder qu'un tous les 20 cm.

Difficulté ★★

Arrosage (2 arrosoirs)

Maladies et parasites
Limace, escargot

Hauteur
40 cm à 2 m

Distance de plantation
20 à 30 cm

Floraison
De juin à juillet

Idées d'association
Pétunia, dahlia, géranium, campanule

LES ESPÈCES ET VARIÉTÉS CONSEILLÉES

Annuelles (1,25 m)

'Impérial' blanc, bleu, carmin, écarlate, mauve, rose, saumon ou en mélange ; 'Belladona' blanc ou bleu ; 'Kingsize Scarlet' rouge ; 'Sublime' en mélange.

Vivaces

D. grandiflorum (40 cm) bleu gentiane ; 'Laurin' (40 cm) écarlate-orange ; 'Magic Fountains' (60 cm) blanc, bleu, cerise, rose ou en mélange ; *D. cardinale* 'Beverly Hills' (1,20 m) écarlate, saumon, jaune ; 'New Century' (1,50 m) blanc, bleu, rose ; 'Géant Pacific' (1,70 m) rose, bleu, violet.

3. Plantez

Entre septembre et octobre ou entre mars et avril (pieds-d'alouette vivaces), plantez les jeunes pieds-d'alouette achetés en godets en les espaçant de 20 à 30 cm, selon la taille de la variété choisie.

4. Entretenez

Au printemps, lorsque les delphiniums ont entre 30 et 40 cm de haut, placez autour des touffes un tuteur muni d'un cercle, arrivant, dans un premier temps, à la hauteur du sommet des tiges. Montez-le au fur et à mesure de la croissance, jusqu'à 60 cm de haut.

Protégez les jeunes delphiniums des limaces. Elles sont capables de les dévorer entièrement.

Arrosez régulièrement tout l'été. On observe parfois une nouvelle floraison en septembre après la coupe de juillet.

Après la floraison en juillet, coupez les pieds-d'alouette vivaces à quelques centimètres du sol. Arrachez les annuels.

Pivoine *Paeonia lactiflora*

La pivoine ne fleurira abondamment qu'au soleil, mais redoute ses rayons écrasants de midi. Plantez-la dans une terre riche qui ne sèche pas trop en été, à l'abri du vent de préférence pour que ses fleurs durent longtemps.

Difficulté ★★★

Arrosage

Maladies et parasites
Limace

Hauteur
60 cm à 1 m

Distance de plantation
80 cm

Floraison
De mai à juin

Idées d'association
Avec des arbustes (cognassier du Japon, kerria, kolkwitzia…)

Quand et comment cultiver ?

1. Plantez

En septembre ou octobre, creusez un trou de 40 à 50 cm de côté. Mélangez à la terre extraite autant de compost et ajustez la profondeur avec ce mélange afin que les bourgeons de votre pivoine achetée à racines nues (grosses racines charnues avec des bourgeons) soient à peine recouverts de terre. Comblez avec le même mélange et arrosez abondamment.

Au moment de la floraison, au printemps, vous pouvez également acquérir des pivoines en conteneurs, en fleur, à planter immédiatement.

2. Entretenez

Coupez les tiges des fleurs fanées juste au-dessus de la feuille la plus haute portée par cette tige.

LES VARIÉTÉS CONSEILLÉES

Il existe un très grand nombre de variétés de couleurs diverses, parfumées ou non, simples ou doubles. Laissez-vous guider par vos goûts.

Après la floraison, étalez à la base des plantes une couche épaisse de 6 à 8 cm de tontes de gazon sèches ou de tout autre matériau de paillage. Arrosez régulièrement en été, au pied.

3. Après les premières gelées

Coupez les feuilles au ras du sol dès que le froid les a couchées et étalez sur la souche une bonne couche de compost décomposé.

ANNUELLE, VIVACE

Pois de senteur *Lathyrus*

Il existe des annuels, parfumés – les véritables pois de senteur (*L. odoratus*) –, qui ont besoin d'un sol riche et frais en été, et des vivaces (*L. latifolius*), inodores, qui peuvent pousser sur des talus secs et ingrats. Leurs fleurs sont assez semblables et aiment le soleil.

Quand et comment cultiver ?

Difficulté ★★

Arrosage (2 arrosoirs)

Maladies et parasites
Puceron, limace, oiseaux, fusariose, mildiou, oïdium

Hauteur
20 cm à 2,40 m

Distance de plantation
40 cm

Floraison
De mai à septembre

Idée d'association
En massif pour les variétés naines

1. Semez en place

Entre la mi-avril et mai, semez directement dans les massifs les graines de pois annuel par groupe de 3, dans des trous peu profonds, espacés de 40 cm. Tassez et arrosez en pluie fine. Maintenez humide jusqu'à l'apparition des premières feuilles 10 jours plus tard.

2. Éclaircissez

3 semaines plus tard environ, éliminez les jeunes plants les plus faibles pour n'en conserver qu'un par groupe. C'est le moment de mettre en place le support sur lequel ils vont grimper (tuteurs en tipi, grillage, treillages divers).

LES VARIÉTÉS CONSEILLÉES

Annuelles

'Cupid' (60 cm) rose vif; 'Chatsworth' (1,80 m) bleu; 'Fantasia' (20 cm) en mélange rouge, violet, rose; 'Mammouth' (1,80 m) blanc, bleu, lavande, rose, saumon ou en mélange.

Vivaces

Pois de senteur rose ou blanc.

3. Plantez

Au printemps, plantez les pois vivaces achetés en godets et installez leur support immédiatement.

4. Entretenez

Dès que les pois ont une dizaine de centimètres de haut, guidez-les vers leur support. Ensuite ils s'y accrocheront d'eux-mêmes avec leurs vrilles. Coupez régulièrement les fleurs fanées avant qu'elles ne forment des gousses, sinon la floraison s'arrêtera.

Arrosez régulièrement tout l'été, sinon la floraison cessera et les feuilles seront tachées d'oïdium.

5. Après les premières gelées

Arrachez et jetez (pas sur le compost) ou brûlez les restes de végétation des pois annuels. Coupez au ras du sol les pois vivaces.

VIVACE

Primevère *Primula vulgaris, P. auricula*

La primevère des jardins (*P. vulgaris*) préfère les situations fraîches, sous une ombre légère, et les sols frais et riches. La primevère auricule (*P. auricula*) apprécie le soleil et les sols bien drainés. Elle ne sera que peu vivace dans les terres humides en hiver.

Quand et comment cultiver ?

1. Semez en pépinière

En juillet, répartissez les graines à la volée dans un coin de la pépinière. Émiettez du terreau pour recouvrir, tassez et arrosez en pluie fine.
Maintenez bien humide jusqu'à l'apparition des premières feuilles 15 jours plus tard.

2. Repiquez et plantez

Au cours du mois d'août, arrachez délicatement les jeunes plantes et plantez-les dans des godets individuels remplis de terreau ordinaire.
En septembre ou octobre, plantez les jeunes primevères à leur place définitive en jardinières ou dans les massifs en les espaçant de 20 cm. Arrosez abondamment après la plantation, au goulot (arrosoir sans pomme).
À la même époque ou au printemps, vous pouvez également vous procurer des primevères en godets, à planter immédiatement.

Difficulté ★★

Arrosage 🚿🚿

Maladies et parasites
Limace

Hauteur
15 à 25 cm

Distance de plantation
20 cm

Floraison
De février à avril

Idées d'association
Pensée, tulipe, érysimum

LES VARIÉTÉS CONSEILLÉES

Choisissez la couleur qui vous plaît parmi les innombrables variétés du genre.

Arrosez après la plantation jusqu'à l'apparition de nouvelles feuilles. Ensuite la primevère se débrouille seule, sauf en jardinière ou en cas de grande sécheresse.

BULBEUSE

Renoncule *Ranunculus asiaticus*

La renoncule aime le soleil au moins pendant une bonne moitié de la journée. Elle apprécie les sols riches et gardant une certaine humidité en été. En pot, plantez-la dans de la terre à rosiers du commerce ou dans un mélange de terre de jardin et de terreau.

Difficulté ★★★

Arrosage

Maladies et parasites
Limace

Hauteur
15 à 35 cm

Distance de plantation
15 cm

Floraison
D'avril à juillet

Idée d'association
Giroflée

Quand et comment cultiver ?

1. Plantez

Entre juin et juillet, dans un coin de la pépinière bien affiné, répartissez vos graines à la volée de la façon la plus homogène possible. Recouvrez de 1 cm de terreau, tassez et arrosez en pluie fine.
Maintenez humide jusqu'à l'apparition des premières feuilles une dizaine de jours plus tard.

Le lendemain, creusez des trous de 10 cm de profondeur, déposez-y une griffe en l'étalant au maximum et comblez avec du compost. Espacez les trous de 15 cm. Les premières feuilles n'apparaîtront qu'au printemps suivant.

À la même période, vous pouvez planter vos renoncules individuellement dans des pots de 15 cm remplis de terreau pour géraniums. Laissez-les dehors tout l'hiver.

Juste après la plantation, couvrez les renoncules plantées au jardin d'une bonne couche de feuilles mortes, indispensable le premier hiver.

LES VARIÉTÉS CONSEILLÉES

Il en existe de toutes les couleurs sauf le bleu. Parmi les plus spectaculaires: 'Monstrueuse d'Anjou', 'Double de Turquie', le plus souvent vendues en mélange de coloris.

2. Entretenez

Dès l'apparition des premières fleurs, en pot comme au jardin, arrosez une fois par semaine avec un engrais organique spécial plantes fleuries dilué dans l'eau. Poursuivez ainsi jusqu'à ce que le feuillage fane.

N'oubliez pas de marquer l'emplacement de vos renoncules avec un bâton lorsque le feuillage disparaît en début d'automne.

VIVACE

Rose trémière *Alcea rosea*

Cette vivace aime le soleil et la chaleur par-dessus tout : elle ne sera jamais aussi belle que le long d'un mur plein sud. Elle s'adapte à tous les sols pourvu qu'ils ne soient ni trop riches, ni trop humides. Il en existe des variétés à fleurs simples et à fleurs doubles.

Difficulté ★

Arrosage

Maladies et parasites
Rouille, acarien, chenille

Hauteur
1,50 à 2,50 m

Distance de plantation
50 cm

Floraison
De juillet à septembre

Idées d'association
Phlox, rudbeckia, dahlia, pivoine

Quand et comment cultiver ?

1. Semez en pépinière

Entre juin et juillet, dans un coin de la pépinière bien affiné, répartissez vos graines à la volée de la façon la plus homogène possible. Recouvrez de 1 cm de terreau, tassez et arrosez en pluie fine.
Maintenez humide jusqu'à l'apparition des premières feuilles une dizaine de jours plus tard.

2. Éclaircissez

1 mois plus tard, quand les jeunes plants ont 3 à 4 feuilles, éliminez les plants les plus faibles pour ne garder qu'une jeune rose trémière tous les 20 cm.

3. Plantez

En septembre ou octobre, plantez les jeunes roses trémières à leur emplacement définitif en les espaçant de 50 cm. Vous pouvez également en acheter en godets, à planter à la même époque ou en mars-avril.

Les roses trémières en godets plantées au printemps ne fleurissent pas la première année.

LES VARIÉTÉS CONSEILLÉES

'Summer Carnival' (1,80 m) et 'Hybrid Simplex' (1,80 m)
en mélange de blanc, jaune, rose et cramoisi.

'Chater's' (2,50 m)
blanc, pourpre, rouge, jaune, rose, saumon.

4. Entretenez

Tout l'été, surveillez l'apparition de taches orangées sur les feuilles (symptômes de rouille) et éliminez ces feuilles contaminées.

Les roses trémières se ressèment spontanément si elles se plaisent. Repérez leurs jeunes plantules dans vos massifs en été pour les épargner lors du désherbage. Déplacez-les si nécessaire avant qu'elles n'aient atteint 15 à 20 cm de haut.

ANNUELLE, VIVACE

Rudbeckia *Rudbeckia fulgida, R. hirta*

Il existe deux types de rudbeckias : l'un annuel (*R. hirta*) et l'autre vivace (*R. fulgida, R. laciniata*), dont les fleurs se ressemblent beaucoup. Tous apprécient le soleil et les sols un peu frais en été. S'ils se plaisent, les rudbeckias se ressèment spontanément.

Difficulté ★

Arrosage

Maladies et parasites
Aucun(e)

Hauteur
50 cm à 1 m

Distance de plantation
50 cm

Floraison
De juillet à septembre

Idées d'association
Sauge bleue, coréopsis, tabac

Quand et comment cultiver ?

1. Semez

Semez en place

Début mai, répartissez les graines de rudbeckias annuels là où vous souhaitez les voir fleurir, de façon homogène. Recouvrez de terreau émietté, tassez et arrosez en pluie fine.
Maintenez humide jusqu'à l'apparition des premières feuilles 15 jours plus tard.

Semez en pépinière

En juin ou juillet, répartissez les graines de rudbeckias vivaces à la volée dans un coin de la pépinière. Émiettez du terreau pour recouvrir, tassez et arrosez en pluie fine.
Maintenez bien humide jusqu'à l'apparition des premières feuilles une quinzaine de jours plus tard.

2. Éclaircissez

En juin, éliminez les jeunes rudbeckias annuels les plus faibles pour ne conserver qu'un plant tous les 50 cm.

3. Repiquez

1 mois après le semis, repiquez les jeunes rudbeckias vivaces, toujours en pépinière, en les espaçant de 30 cm en tous sens. Opérez par temps gris.

4. Plantez

En septembre, plantez les jeunes rudbeckias vivaces obtenus en pépinière, à leur place définitive, en les espaçant de 50 cm. Arrosez abondamment après la plantation, au goulot (arrosoir sans pomme).
Vous pouvez également vous procurer des jeunes plants en godets, à mettre en place au printemps (mars ou avril).

LES ESPÈCES ET VARIÉTÉS CONSEILLÉES

Annuelles

'Cherokee Sunset' (50 à 60 cm) bronze et acajou ; 'Chim Chiminee' (50 à 60 cm) jaune, bronze et acajou ; 'Marmelade' (50 à 60 cm) orange flammé ; 'Goldilocks' (50 à 60 cm) jaune orangé.

Vivaces

R. laciniata 'Goldquelle' (1 m) jaune citron à cœur vert.

En juin et juillet, arrosez s'il fait sec pour allonger la floraison.

VIVACE, ANNUELLE

Sauge *Salvia*

Les sauges se partagent en deux groupes. Les unes (*S. splendens*, *S. horminum* et *S. farinacea*) sont annuelles ; les autres sont vivaces (*S. officinalis*, *S. patens*...). Toutes se plaisent au soleil, dans un sol assez riche, frais en été et bien drainé.

Difficulté ★

Arrosage

Maladies et parasites
Puceron

Hauteur
30 à 50 cm

Distance de plantation
20 à 30 cm

Floraison
De juin à octobre

Idées d'association
Achillée, chrysanthème, népéta

Quand et comment cultiver ?

1. Semez en caissette

En mars ou avril, dans une caissette remplie de terreau spécial semis, répartissez les graines de sauge annuelle en surface. Recouvrez de 1 cm de terreau, tassez et arrosez en pluie fine. Maintenez humide et au chaud (15 à 18 °C) jusqu'à l'apparition des premières feuilles une dizaine de jours plus tard.

2. Repiquez

Quand les jeunes plants ont 3 à 4 feuilles, 1 mois plus tard, arrachez délicatement les jeunes sauges et plantez-les dans des godets individuels remplis de terreau ordinaire.

3. Plantez

Courant mai, plantez vos sauges annuelles (ou celles que vous achèterez en jardinerie) à leur place définitive en les espaçant de 20 à 30 cm. Arrosez abondamment après la plantation, au goulot (arrosoir sans pomme). Coupez l'extrémité de la tige de quelques centimètres.
Plantez les sauges vivaces achetées en godets en mars-avril ou en septembre-octobre, sans enrichir le sol. Arrosez au goulot.

En cas de sécheresse estivale, arrosez une à deux fois par semaine, surtout les sauges annuelles.

LES ESPÈCES ET VARIÉTÉS CONSEILLÉES

Annuelles :

S. splendens 'Sissler Red Stripe' rouge, 'Dress Parade' blanc, 'Salsa Bicolor' rose et saumon, 'Lavender Vista' bleu ; *S. farinacea* 'Cirrus' blanc, 'Rhea' bleu foncé ; *S. horminum* 'Marble Arch Mix' en mélange, rose, blanc, violet, pourpre.

Vivaces :

S. patens 'Blue Angel' bleu ; *S. officinalis* violet clair ; *S. sclarea* lilas ; *S. nemorosa* pourpre, violet, blanc, rose ; *S. pratensis* violet, blanc ou rose.

4. Entretenez

Durant la floraison, coupez les fleurs fanées des sauges annuelles ou vivaces afin de prolonger la floraison.

Après les premières gelées, coupez à quelques centimètres du sol les restes de végétation des sauges vivaces.
Arrachez et jetez les sauges annuelles.

VIVACE

Saxifrage *Saxifraga*

La saxifrage préfère une ombre légère et un sol riche, frais en été et bien drainé ; si le terrain est trop sec en été, elle aura tendance à se dégarnir au centre de la touffe de feuilles. Elle se plaît en bordure, dans les rocailles et les potées.

Difficulté ★

Arrosage

Maladies et parasites
Puceron

Hauteur
10 à 70 cm

Distance de plantation
15 à 40 cm

Floraison
De février à juillet

Idées d'association
Ancolie, fougère, tiarella, tolmiea

LES ESPÈCES ET VARIÉTÉS CONSEILLÉES

S. x *arendsii* (20 cm)
'Alba' (blanc),
'Ware's Crimson' (rouge).

S. hypnoides 'Densa' (30 cm) blanc.

S. x *urbium* ou désespéré du peintre 'Aureopunctata' (0 cm) rose.

Quand et comment cultiver ?

1. Plantez

Entre septembre et octobre, plantez les saxifrages achetées en godets en les espaçant de 15 à 40 cm selon la hauteur de la variété choisie. En groupe de 3 à 5, elles feront davantage d'effet. Tassez bien et arrosez abondamment au goulot (arrosoir sans pomme).

2. Entretenez

En fin de floraison, au début de l'été, coupez les saxifrages à quelques centimètres du sol à la cisaille à gazon. Après la taille et régulièrement tout l'été, arrosez les saxifrages de façon à ce que leur feuillage demeure vert et vigoureux.

VIVACE

Scabieuse *Scabiosa*

La scabieuse préfère le plein soleil et ne craint pas les vents. Elle tolère les terrains calcaires et même un peu secs en été, mais sera plus florifère en sol riche et frais durant l'été.

Quand et comment cultiver ?

1. Semez en pépinière et éclaircissez

En juin-juillet, dans un coin de la pépinière, répartissez les graines en ligne, en les espaçant de 4 à 5 cm. Recouvrez de 1 cm de terreau pour semis et arrosez en pluie fine. Maintenez bien humide jusqu'à l'apparition des premières feuilles une vingtaine de jours plus tard. 1 mois à 1 mois et demi plus tard, arrachez les jeunes plants peu vigoureux pour ne conserver qu'un plant tous les 10 à 15 cm.

2. Plantez et entretenez

En mars-avril de l'année suivante, plantez vos scabieuses à leur emplacement définitif, en les espaçant de 40 cm. Vous pouvez également planter, au même moment ou à l'automne, des jeunes scabieuses en godets achetées en jardinerie. Durant la floraison, prenez la peine d'ôter les fleurs fanées: vous prolongerez considérablement sa durée.

Difficulté ★

Arrosage

Maladies et parasites
Puceron

Hauteur
20 à 90 cm

Distance de plantation
40 cm

Floraison
De juin à octobre

Idées d'association
Achillée, inula, graminées

LES ESPÈCES ET VARIÉTÉS CONSEILLÉES

'Blue Diamonds' (20 cm) bleu clair.

'Pink Mist' (40 cm) rose.

S. caucasica (60 cm) 'Alba' blanc.

'Fama' bleu intense.

'Olympia hybride' (90 cm) rose, rouge clair, pourpre-acajou, lavande, lilas clair.

VIVACE

Sédum *Sedum*

Offrez à cette vivace une place au soleil, bien chaude pour une floraison abondante. Elle s'adapte à tous les types de sol. Toutefois, sa floraison sera décevante en terrain trop sec, car le sédum y poussera difficilement, ou trop riche, car il sera trop vigoureux.

Difficulté ★

Arrosage

Maladies et parasites
Limace

Hauteur
10 à 50 cm

Distance de plantation
20 cm

Floraison
D'avril à septembre

Idées d'association
Aster, schizostylis

LES ESPÈCES ET VARIÉTÉS CONSEILLÉES

Plus de 500 espèces et une multitude de variétés sont proposées. Faites votre choix en vous laissant guider par vos goûts.

Quand et comment cultiver ?

1. Plantez

Du printemps à l'automne, plantez les sédums achetés en godets ou en grosses potées, même prêts à fleurir, en les espaçant de 20 cm.

2. Entretenez

En mars, coupez les restes de fleurs (décoratives une bonne partie de l'hiver) au ras du sol.

ANNUELLE, VIVACE

Soleil *Helianthus*

Il existe deux types de soleils : les tournesols, annuels (*H. annuus*), aux fleurs très grandes, et les vrais soleils, vivaces (*H. decapetalus*), aux fleurs plus petites. Ils apprécient le soleil et les sols riches, un peu frais en été. Placez les variétés les plus hautes à l'abri du vent.

Quand et comment cultiver ?

1. Semez en place

En avril ou mai, semez en place les graines de tournesol (soleil annuel), par 3 dans le même trou, en les espaçant de 50 à 60 cm. Refermez les trous avec du terreau, tassez et arrosez en pluie fine.
Maintenez humide jusqu'à l'apparition des premières feuilles 15 jours plus tard.

2. Éclaircissez

3 semaines après le semis, éliminez les jeunes tournesols (soleils annuels) les plus faibles pour ne conserver qu'un plant par groupe. Concernant les plus hautes variétés, gardez uniquement un plant tous les 50 cm à 1 m, selon la hauteur de la variété choisie.

Difficulté ★

Arrosage 🚿🚿

Maladies et parasites
Aucun(e)

Hauteur
40 cm à 4 m

Distance de plantation
50 cm à 1 m

Floraison
De juillet à septembre

Idée d'association
En arrière-plan de massif

LES ESPÈCES ET VARIÉTÉS CONSEILLÉES

Annuelles

'Pacino' (40 à 60 cm) jaune vif ; 'Sundance Kid' (40 à 60 cm) jaune à bronze ; 'Florenza' (1 à 1,50 m) rouge-acajou et jaune clair; 'Vincent Van Gogh' (1 à 1,50 m) jaune ; 'Moonshadow' (1 à 1,50 m) blanc ; 'Soraya' (2 m) orange ; 'Ruby Eclipse' (2 m) rouge et jaune ; 'Kong Hybrid' (4 m) multiflore, jaune ; 'Géant Hybride de Californie' (4 m) jaune.

Vivaces

H. decapetalus (1,50 m) jaune ; *H.* x *multiflorus* 'Soleil d'Or' (1,50 m) double, jaune d'or, 'Triomphe de Gand' (1,20 m) jaune à gros cœur brun.

3. Plantez

Au printemps ou à l'automne, plantez les soleils vivaces achetés en godets ou en petits conteneurs, en les espaçant de 80 cm à 1 m. Arrosez abondamment après la plantation, au goulot (arrosoir sans pomme).

4. Entretenez

Durant l'été, tuteurez solidement les plus grandes variétés avec des tuteurs en bambou ou en châtaignier d'au moins la moitié de leur hauteur définitive. Les variétés vivaces aux tiges plus fines se contentent d'un tuteur en cercle, placé à mi-hauteur.

En juin et juillet, arrosez s'il fait sec pour allonger la floraison.

Souci *Calendula officinalis*

Le souci fleurit abondamment au soleil. Plantez-le dans une terre riche, bien ameublie et restant toujours un peu humide en été. Dans les régions aux hivers cléments, il se ressème spontanément et réapparaît tous les ans.

Quand et comment cultiver ?

1. Semez en place

Entre la mi-avril et mai, semez les graines directement à la volée dans les massifs en les espaçant régulièrement. Recouvrez de 1 cm de terreau, tassez et arrosez en pluie fine. Maintenez humide jusqu'à l'apparition des premières feuilles une dizaine de jours plus tard.

2. Éclaircissez

3 semaines plus tard environ, éliminez les jeunes soucis les plus faibles pour ne conserver qu'un plant tous les 20 à 30 cm.

Difficulté ★

Arrosage

Maladies et parasites
Mosaïque du concombre, oïdium, rouille

Hauteur
30 à 50 cm

Distance de plantation
20 à 30 cm

Floraison
De juin à octobre

Idées d'association
Bleuet, rudbeckia, coréopsis

LES VARIÉTÉS CONSEILLÉES

'Calypso' (30 cm)
orange ou jaune.

'Bonbon Abricot' (30 cm)
orange, jaune ou en mélange.

'Fiesta Gitana' (30 cm)
orange à jaune clair.

'Pink Surprise' (50 cm)
orange clair à foncé.

'D'Ollioules' (50 cm)
en mélange, orange ou jaune.

3. Entretenez

En été, arrosez régulièrement pour soutenir la floraison, au goulot (arrosoir sans pomme), au pied de chaque plante, sans mouiller le feuillage.

> Lorsqu'il fait chaud et sec, les soucis sont sensibles à l'oïdium. Si vous détectez une plante dont le feuillage porte un feutrage blanc, arrachez-la avant qu'elle ne contamine ses voisines.

4. Après les premières gelées

Secouez les plantes en place pour disperser leurs graines (régions à hivers doux), puis arrachez et jetez (pas sur le compost) ou brûlez les restes de végétation.

ANNUELLE

Tabac *Nicotiana affinis, N. sylvestris*

Les tabacs d'ornement aiment le soleil, mais pas la sécheresse. Ils fleuriront abondamment dans un sol riche, bien ameubli, et toujours un peu humide en été. Ils souffrent en jardinière et en potée s'ils ne sont pas arrosés très régulièrement.

Difficulté ★★★

Arrosage 

Maladies et parasites
Aucun(e)

Hauteur
30 cm à 1,50 m

Distance de plantation
30 cm

Floraison
De juillet à septembre

Idées d'association
Pétunia, dahlia, géranium, phlox

Quand et comment cultiver ?

1. Semez en pépinière

Entre avril et mai, semez les graines à la volée dans un coin de la pépinière. Ratissez pour recouvrir, tassez et arrosez en pluie fine.
Maintenez bien humide jusqu'à l'apparition des premières feuilles une bonne semaine plus tard.

2. Repiquez

3 à 4 semaines après le semis, arrachez délicatement les jeunes tabacs et plantez-les immédiatement dans un autre endroit de la pépinière en les espaçant de 30 cm. Opérez par temps gris.

LES ESPÈCES ET VARIÉTÉS CONSEILLÉES

'Domino' (30 à 50 cm) en mélange, blanc, rose, vert, pourpre, cramoisi, bicolore.

'Antique Peach' (30 à 50 cm) rose.

'Avalon Mix' (30 à 50 cm) rose, blanc, rouge en mélange.

'Sensation' (0 cm) du blanc au rouge vif.

N. langsdorffii (1 à 1,50 m) vert pomme.

N. sylvestris (1,20 à 1,50 m) blanc très parfumé.

3. Plantez

À partir de la mi-mai, plantez les jeunes tabacs à leur place définitive, en pot ou au jardin. Arrosez abondamment après la plantation, au goulot (arrosoir sans pomme). Vous pouvez aussi vous en procurer en godets, à planter à la même période.

4. Entretenez

En été, arrosez régulièrement au goulot, au pied de chaque plante, sans mouiller le feuillage, pour soutenir la floraison, que vos tabacs soient en pot ou en massif.

Après les premières gelées, arrachez et jetez ou brûlez les restes de végétation noircis par le froid.

BULBEUSE

Tulipe *Tulipa*

La tulipe préfère le soleil et la chaleur quand elle est en fleur. Bien que s'adaptant à de très nombreuses situations, elle apprécie les sols secs en été pendant qu'elle est en repos. En sol lourd, étalez une couche de sable au fond du trou de plantation.

Quand et comment cultiver ?

1. Plantez

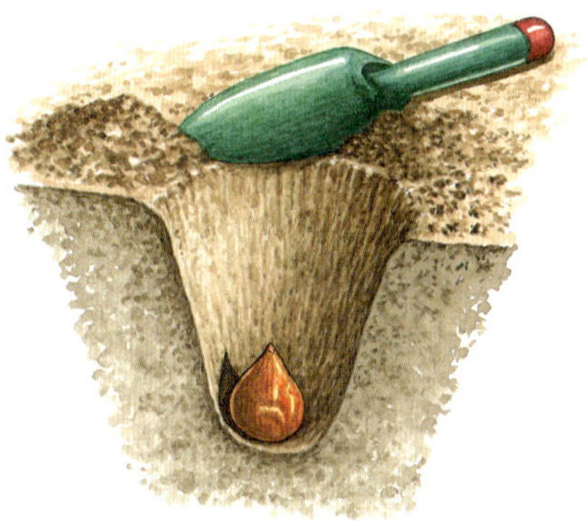

En septembre ou en octobre, plantez le bulbe de tulipe dans un terrain ameubli, à une profondeur équivalente à deux fois et demie la hauteur du bulbe environ, la pointe vers le haut.

Plantez les tulipes par groupes de 8 à 10 bulbes pour obtenir un effet spectaculaire.

2. Entretenez

Coupez les fleurs fanées le plus près possible du sol, mais laissez le feuillage intact. Arrosez régulièrement une fois par semaine avec de l'eau enrichie d'un engrais organique spécial plantes fleuries jusqu'au jaunissement complet du feuillage. Coupez alors ce dernier au ras du sol. Marquez l'emplacement des bulbes.

Difficulté ★

Arrosage

Maladies et parasites
Limace

Hauteur
25 à 70 cm

Distance de plantation
25 cm

Floraison
De mars à juin

Idées d'association
Giroflée, primevère, pensée, érysimum

LES VARIÉTÉS CONSEILLÉES

Choisissez selon vos goûts parmi les nombreuses espèces et variétés.

Vous pouvez arracher vos tulipes quand le feuillage a jauni. Entreposez-les dans un local frais et aéré, à l'obscurité pour les planter l'automne prochain. Toutefois, elles peuvent rester en place plusieurs années.

VIVACE

Valériane *Centranthus ruber*

La valériane aime le soleil et s'accommode de tous les terrains pourvu qu'ils ne soient pas humides. Elle préfère cependant les endroits caillouteux, les vieux murs ou les rocailles où il fait chaud. Elle se ressème spontanément là où elle se plaît.

Difficulté ★

Arrosage 🚿

Maladies et parasites
Oïdium

Hauteur
80 cm

Distance de plantation
50 cm

Floraison
De mai à septembre

Idées d'association
Sauge, gaura, scabieuse

Quand et comment cultiver ?

1. Semez en pépinière

Entre avril et juin, dans un coin de la pépinière, répartissez régulièrement les graines sur toute la surface. Recouvrez de 1 cm de terreau pour semis, tassez et arrosez en pluie fine. Maintenez humide jusqu'à l'apparition des premières feuilles 20 jours plus tard.

2. Repiquez

En juin ou juillet, arrachez délicatement les jeunes valérianes et plantez-les immédiatement dans un autre endroit de la pépinière en les espaçant de 10 cm. Opérez de préférence par temps gris.

3. Plantez

En septembre ou en octobre, arrachez de nouveau les jeunes valérianes pour les planter à leur place définitive en les espaçant de 50 cm. Vous pouvez également planter à la même période (ou au printemps) des valérianes achetées en godets en jardinerie.

Si votre terre est lourde, étalez au fond du trou de plantation une couche de graviers ou de sable.

LES VARIÉTÉS CONSEILLÉES

Blanches

'Snow Cloud', 'Phu Aurea' et 'Albiflorus'.

Rouges

'Coccineus', 'Pretty Betsy'.

4. Entretenez

Quand votre valériane est presque fanée (cela arrive souvent en début d'été lorsque la floraison de printemps a été précoce), coupez tout au ras du sol. De nouvelles pousses se développeront vite, donnant une nouvelle floraison.

Durant l'été, repérez les jeunes plants issus de semis naturels de votre valériane pour les épargner lors du désherbage. Vous pourrez les déplacer si vous le souhaitez à l'automne suivant.

ANNUELLE, VIVACE

Verveine *Verbena*

Pour fleurir abondamment, la verveine a besoin de beaucoup de soleil et de chaleur. En pot, elle apprécie un terreau spécial géraniums, enrichi de compost à parts égales. Au jardin, ameublissez et enrichissez la terre de compost avant la plantation.

Difficulté ★★

Arrosage

Maladies et parasites
Puceron

Hauteur
20 cm à 1 m

Distance de plantation
20 à 30 cm

Floraison
De juillet à octobre

Idées d'association
Pétunia, dahlia, géranium, phlox

Quand et comment cultiver ?

1. Semez en caissette

En mars ou avril, dans une caissette remplie de terreau spécial semis, répartissez les graines en surface. Émiettez le même terreau pour recouvrir. Tassez et arrosez en pluie fine. Maintenez bien humide et au chaud (15 à 18 °C) jusqu'à l'apparition des premières feuilles une bonne semaine plus tard.

2. Repiquez

Quand les jeunes plants ont 3 à 4 feuilles, 1 mois plus tard, arrachez délicatement les jeunes verveines et plantez-les dans des godets individuels remplis de terreau ordinaire.

Vivace non rustique, la verveine rugueuse (V. venosa) est cultivée comme une annuelle.

3. Plantez

Courant mai, plantez vos verveines à leur place définitive en les espaçant de 20 à 30 cm, un peu moins en jardinière. Arrosez abondamment après la plantation, au goulot (arrosoir sans pomme). Coupez l'extrémité de la tige de quelques centimètres.
Vous trouverez à la même époque des verveines en godets dans les jardineries, à planter au même moment.

La verveine de Buenos Aires peut aussi se semer directement en place en mai. Éliminez 1 mois plus tard les plants en surnombre pour ne conserver qu'une verveine tous les 30 cm.

LES ESPÈCES CONSEILLÉES

Verveine rugueuse (*V. venosa*, 25 à 50 cm) violette, mauve ou bleue.

Verveine de Buenos Aires (*V. bonariensis*, 1 m) bleu-mauve.

Verveine hybride (30 à 60 cm) à silhouette droite ou retombante. Il en existe de très nombreuses variétés à choisir selon vos goûts.

4. Entretenez

Durant l'été, arrosez très régulièrement. Si la verveine souffre de sécheresse, sa floraison s'interrompt. Ajoutez de l'engrais organique liquide à l'eau d'arrosage, une fois par semaine, particulièrement pour les plantes en pots.

Après les premières gelées, arrachez et jetez les restes de culture. Les variétés vivaces conservées d'une année sur l'autre ne sont jamais aussi florifères que les verveines plantées au printemps.

VIVACE

Violette *Viola odorata, V. cornuta* et hybrides

La violette aime les terrains consistants, à tendance argileuse, qui restent frais en été. Plantez-la à l'ombre, car elle déteste la chaleur. Sous les arbres, elle forme des tapis denses. Elle est également parfaite en bordure de massif.

Difficulté ★

Arrosage

Maladies et parasites
Limace, puceron

Hauteur
10 à 15 cm

Distance de plantation
15 cm

Floraison
De mars à juillet

Idées d'association
Giroflée, tulipe, érysimum

Quand et comment cultiver ?

1. Semez en caissette

Entre juin et juillet, répartissez les graines de façon homogène dans une caissette remplie de terreau pour semis. Émiettez du terreau pour recouvrir, tassez et arrosez en pluie fine. Placez dans un coin ombragé et abrité du jardin.
Maintenez bien humide jusqu'à l'apparition des premières feuilles 10 jours plus tard.

2. Repiquez

1 mois à 1 mois et demi plus tard, arrachez délicatement les jeunes violettes et plantez-les immédiatement dans des godets individuels, remplis de terreau ordinaire, entreposés au même endroit. Opérez par temps gris.

3. Plantez

En octobre ou entre mars et avril de l'année suivante, plantez vos violettes à leur emplacement définitif, en les espaçant de 15 cm environ.
Vous pouvez aussi planter, à ces mêmes périodes, des jeunes violettes en godets achetées dans les jardineries.

4. Entretenez

À partir de début juin, arrosez régulièrement les violettes cornues et leurs hybrides afin de prolonger la floraison le plus longtemps possible.

Si vous attendez le printemps pour planter les violettes que vous avez produites vous-même, abritez vos jeunes plants en godets des grands froids durant l'hiver.

LES ESPÈCES ET VARIÉTÉS CONSEILLÉES

Violette odorante *(V. odorata)*

'Reine Charlotte' bleu foncé ; 'Reine des Blanches' blanc ; 'De Toulouse' bleu lavande.

Violette cornue *(V. cornuta)* et hybrides

'Penny' et 'Sorbet' blancs, bleus, jaunes, orange ou violets ; 'Black Jack' noir et jaune ; 'Princesse' en mélange, bleu, violet ou pourpre ; 'Cottage Mix' bleu, jaune ou crème ; 'Angel' jaune, orange ou rouge ; 'Lavender' lavande.

ANNUELLE

Zinnia *Zinnia elegans, Z. haageana*

Les zinnias ne fleurissent généreusement qu'en plein soleil et dans les endroits très chauds du jardin. Ils apprécient les sols riches, bien drainés et frais en été. Les variétés naines se plaisent en jardinières.

Difficulté ★★

Arrosage

Maladies et parasites
Oïdium, pourriture grise, virose

Hauteur
20 à 90 cm

Distance de plantation
20 à 50 cm

Floraison
De juin à octobre

Idées d'association
Sauge, phlox, géranium

Quand et comment cultiver ?

1. Semez en caissette

En mars ou avril, dans une caissette remplie de terreau spécial semis, répartissez les graines en surface. Recouvrez de 1 cm de terreau. Tassez et arrosez en pluie fine.
Maintenez bien humide et au chaud (15 à 18 °C) jusqu'à l'apparition des premières feuilles une dizaine de jours plus tard.

2. Repiquez

Quand les jeunes plants ont 3 à 4 feuilles, 1 mois plus tard, arrachez délicatement les jeunes zinnias et plantez-les dans des godets individuels remplis de terreau ordinaire.

3. Plantez

Courant mai, plantez vos zinnias à leur place définitive en les espaçant de 20 à 50 cm, selon la taille de la variété choisie, un peu moins en jardinière. Arrosez abondamment après la plantation, au goulot (arrosoir sans pomme). Coupez l'extrémité de la tige de quelques centimètres.
Vous trouverez à la même époque des zinnias en godets dans les jardineries, à planter au même moment.

LES VARIÉTÉS CONSEILLÉES

Naines (20 à 30 cm)

'Dreamland' blanc, orange, rose et jaune en mélange ; 'Profusion Cherry' rouge ; 'Profusion Blanc Pur' blanc ; 'Starbright Mix' jaune, orange et blanc en mélange ; 'Tapis Persan' rouge bordé de jaune et de crème.

Grandes (0 à 90 cm)

'Ours Polaire' blanc ; 'Bright Rose' rose ; 'Dream' lilas ; 'Eldorado' saumon ; 'Envy' vert chartreuse ; 'Géant de Californie' jaune, rose, orange, rouge et blanc en mélange.

4. Entretenez

Durant l'été, éliminez régulièrement les fleurs fanées afin de prolonger au maximum la floraison.

Après les premières gelées, arrachez et jetez les restes de culture.

Les arbustes et grimpantes

CAPRIFOLIACÉES

Abélia *Abelia x grandiflora*

Arbuste rustique dans la moitié sud de la France, l'abélia est idéal pour les jardins de bord de mer, car il résiste bien aux embruns. En fin de printemps et tout l'été, il se pare de nombreuses petites fleurs dans les tons roses, très parfumées.

Difficulté ★★

Arrosage

Maladies et parasites
Aucun(e)

Hauteur
1 à 2 m

Largeur
1 à 1,50 m

Feuillage
Persistant; jeunes pousses rougeâtres

Exposition
Soleil

Résistance au froid
– 10 °C

Sol
Léger, humifère, bien drainé; tolère le calcaire

Utilisation
En isolé, en massif, en haie libre ou taillée

Quand tailler ?
En février-mars

Quand et comment cultiver ?

1. Plantez

Ouvrez un trou de 60 cm de côté et de profondeur. Jetez une poignée d'engrais organique pour arbres et arbustes dans le fond, placez l'arbuste au centre. Rebouchez, tassez. Avec le surplus de terre, formez un cordon pour créer une cuvette que vous remplirez d'eau.

2. Taillez

La taille de formation

Lors de la plantation, rabattez toutes les branches de la moitié de leur longueur. L'hiver suivant, raccourcissez à nouveau ces branches de moitié. Supprimez les pousses chétives. Donnez une forme régulière au buisson.

La taille d'entretien

Avant le départ de la végétation, éliminez les branches les plus âgées. Réduisez la longueur des pousses qui déparent la silhouette de l'arbuste pour qu'il conserve un bel équilibre.

LES VARIÉTÉS CONSEILLÉES

Abelia x *grandiflora*
'Francis Mason'
ou 'Prostrata'
ou 'Sunrise'
ou x 'Edward Goucher'

Arrosez lorsque le temps est très sec. Étalez un paillis au pied pour conserver une terre fraîche. Au début du printemps, épandez un engrais organique à enfouir par un léger griffage. Maintenez le sol propre par binage.

3. Multipliez

Le bouturage

En juillet, prélevez des pousses de l'année, d'une dizaine de centimètres de longueur. Laissez 4 ou 6 feuilles dans la partie supérieure, puis piquez les boutures dans un grand pot rempli de tourbe et de sable, par moitié. Placez sous châssis froid ou dans une serre non chauffée, maintenus hors gel.

L'abélia atteint sa taille adulte en 5 à 7 ans selon les conditions de plantation. Dans un massif, espacez les sujets de 1,20 à 1,50 m. En haie taillée, rapprochez-les à 1 m. Vous pouvez aussi palisser l'arbuste sur un treillage fixé contre un mur exposé au sud; taillez-le régulièrement pour qu'il conserve une forme aplatie.

VITACÉES

Ampélopsis *Ampelopsis brevipedunculata*

Cette « fausse » vigne vierge est une liane qui s'installe seule sur son support grâce aux vrilles qu'elle émet. Elle n'est pas très haute, mais son feuillage est décoratif, notamment chez les variétés à feuilles panachées. Offrez-lui une place au soleil.

Difficulté ★

Arrosage

Maladies et parasites
Anthracnose, cicadelle

Hauteur
2 à 3 m

Largeur
2 m

Feuillage
Caduc

Exposition
Soleil

Résistance au froid
– 5 °C

Sol
Ordinaire; supporte le calcaire

Utilisation
Habillage de mur, grillage, clôture

Quand tailler ?
De novembre à février

Quand et comment cultiver ?

1. Plantez

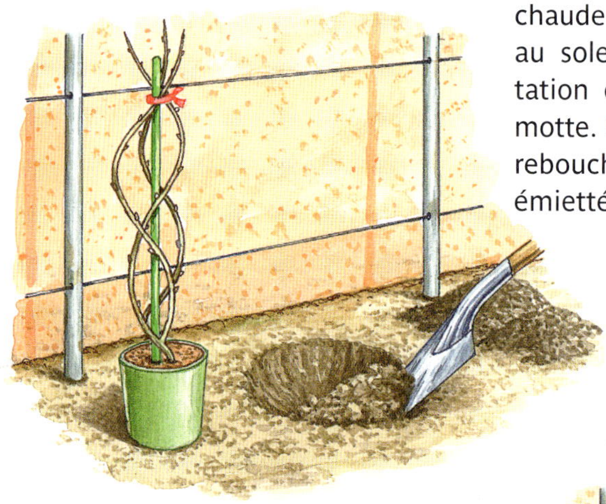

Cette liane demande une exposition chaude et protégée, de préférence au soleil. Ouvrez un trou de plantation du double du volume de la motte. Installez celle-ci au centre et rebouchez avec de la terre finement émiettée. Tassez, arrosez.

2. Taillez

La taille de formation

La plantation effectuée, épointez les tiges pour qu'elles se ramifient. Cela facilite aussi la reprise. Palissez-les sur le support en les répartissant équitablement pour assurer une couverture régulière. Par la suite, les tiges s'accrocheront d'elles-mêmes.

La taille d'entretien

Lorsque la couverture du support est achevée, supprimez les pousses en surnombre et celles qui dépassent et retombent trop ou qui envahissent les abords (fenêtre, gouttière, etc.). Vérifiez le palissage et la répartition des tiges.

LES ESPÈCES ET VARIÉTÉS CONSEILLÉES

Ampelopsis aconitifolia

Ampelopsis brevipedunculata var. *maximowiczii* 'Elegans'

Ampelopsis delavayana

Arrosez copieusement durant les périodes sèches, les premières années qui suivent la plantation. Par la suite, la plante est capable de se débrouiller seule. Un paillis d'écorces ou de tourbe maintiendra la fraîcheur du sol.

3. Multipliez

Le bouturage

Il est le moyen le plus simple pour reproduire cette plante, bien qu'il soit assez délicat. D'avril à juillet, prélevez des tronçons de tiges d'une quinzaine de centimètres. Supprimez feuilles et vrilles de la base et piquez les boutures dans du sable humide. Placez sous châssis.

Cette plante grimpante produit des fleurs insignifiantes mais qui attirent de nombreux insectes butineurs; bien que ceux-ci soient en général peu dangereux, mieux vaut y penser si vous avez de jeunes enfants.

ÉRICACÉES

Andromède du Japon *Pieris japonica*

Plante de terre de bruyère, cet arbuste est décoratif par son feuillage et par ses fleurs, en forme d'urne, blanches à rouges.

Difficulté ★★

Arrosage 🚿🚿

Maladies et parasites
Aucun(e)

Hauteur
1 à 4 m

Largeur
1 à 2 m

Feuillage
Persistant

Exposition
Mi-ombre

Résistance au froid
– 10 °C

Sol
Acide

Utilisation
En massif, en haie libre

Quand tailler ?
Après la floraison

Quand et comment cultiver ?

1. Plantez

Dans un sol acide

Ouvrez un trou du double du volume de la motte. Placez l'arbuste au centre. Rebouchez avec de la terre finement émiettée. Tassez ensuite avec le pied et arrosez copieusement en formant une cuvette à la base de la plante.

Dans les autres terrains

Creusez une fosse d'au moins 1 m en tous sens. Tapissez-la d'une feuille de plastique percée de trous pour que l'eau s'écoule. Mettez un peu de terre de bruyère au fond puis placez-y l'arbuste. Complétez ensuite avec de la terre de bruyère, tassez et arrosez copieusement.

2. Taillez

L'arbuste prend naturellement sa forme, aussi n'est-il pas nécessaire de pratiquer une taille de formation spéciale. Par la suite, coupez du tiers de leur longueur les rameaux ayant fleuri, de façon à favoriser la naissance de nouvelles pousses très colorées le printemps suivant.

LES VARIÉTÉS CONSEILLÉES

Pieris japonica 'Bolero'
ou 'Christmas Cheer'
ou 'Flamingo'
ou 'Mountain Fire'
ou 'Scarlett O'Hara'

Arrosez régulièrement lorsqu'il fait sec, car la terre de bruyère est ensuite très difficile à réhumidifier. Un paillage se révèle utile pour maintenir une bonne fraîcheur au pied. Il n'est pas utile de fertiliser, mais renouvelez de temps à autre la terre de bruyère en surface.

3. Multipliez

Le bouturage

Le bouturage s'effectue en fin d'été ou au début de l'automne. Prélevez des pousses d'extrémité, trempez leur base dans une poudre d'hormones, puis piquez-les dans de la terre de bruyère finement émiettée.

Installez cet arbuste coloré sur le devant d'un massif de rhododendrons dont le feuillage est assez quelconque. Vous pouvez également l'associer à des camélias ou l'entourer de bruyères.

BUDDLÉIACÉES

Arbre aux papillons *Buddleja davidii*

Cet arbuste doit son nom au fait que ses fleurs attirent les insectes butineurs dont les papillons.

Difficulté ★

Arrosage

Maladies et parasites
Araignée rouge, puceron

Hauteur
3 à 4 m

Largeur
2 à 3 m

Feuillage
Caduc, vert-gris

Exposition
Soleil

Résistance au froid
– 10 °C

Sol
Ordinaire, bien drainé

Utilisation
En isolé, en massif, en haie libre

Quand tailler ?
Après la floraison ou en février-mars

Quand et comment cultiver ?

1. Plantez

Assurez une bonne reprise en creusant une fosse de 80 cm de côté sur autant de profondeur. Labourez le fond pour ameublir la terre. Placez l'arbuste au centre et rebouchez en tassant avec le pied. Arrosez ensuite copieusement.

2. Taillez

La taille de formation

L'année qui suit celle de la plantation, taillez les jeunes pousses d'au moins la moitié de leur longueur pour provoquer le départ de nouvelles tiges qui viendront épaissir le buisson. Renouvelez l'opération les 2 années suivantes.

La taille d'entretien

Chaque année, il est nécessaire de rabattre sévèrement le pied pour obtenir de nouvelles tiges qui porteront les panicules. Si vous laissez le bois vieillir, il se creuse et devient cassant, tandis que l'arbuste se dégarnit de la base.

LES VARIÉTÉS CONSEILLÉES

Buddleja davidii
'Black Knight'
ou 'Empire Blue'
ou 'Nanho Blue'
ou 'Pink Delight'
ou 'Royal Red'
ou 'White Profusion'

Au printemps, apportez un engrais organique, à enfouir par un labour superficiel qui permettra de nettoyer le sol et de l'aérer, ou par un griffage. Arrosez en cas de sécheresse ; un paillage estival est conseillé pour maintenir la fraîcheur de la terre.

3. Multipliez

Le bouturage

Le bouturage de tiges semi-aoûtées se pratique en juillet. Prélevez l'extrémité des pousses sur une dizaine de centimètres de longueur. Ne conservez que les feuilles du haut.

Piquez ensuite les tiges dans un mélange de sable et de tourbe.

CORNACÉES

Aucuba *Aucuba japonica*

Cet arbuste est un classique des massifs. Originaire d'Extrême-Orient, il est facile à cultiver et à entretenir. La plante étant dioïque, seuls les pieds femelles portent des fruits. Ces baies rouges apparaissent en août et restent sur les rameaux tout l'hiver.

Difficulté ★

Arrosage

Maladies et parasites
Aucun(e)

Hauteur
2 m

Largeur
2 m

Feuillage
Persistant, vert lustré, panaché de jaune et de blanc

Exposition
Mi-ombre ou ombre

Résistance au froid
– 15 °C

Sol
Ordinaire, frais

Utilisation
En isolé, en massif, en haie libre, en bac

Quand tailler ?
En octobre ou en février

Quand et comment cultiver ?

1. Plantez

Prévoyez un trou de plantation d'au moins 60 cm de côté sur autant de profondeur. Versez dans le fond une fumure organique bien décomposée et placez votre arbuste au centre. Remplissez de terre, tassez et arrosez abondamment.

2. Taillez

La taille de formation

Après la plantation, rabattez les branches d'environ un tiers de leur longueur pour favoriser le départ de nouvelles pousses et obtenir un buisson bien touffu.
Renouvelez cette opération les 2 ou 3 années suivantes.

La taille d'entretien

Chaque année, pour éviter que l'arbuste ne se dégarnisse, renouvelez la ramure en supprimant une partie des branches les plus âgées. Cela permet aussi de conserver une forme équilibrée et aérée. Taillez de la même façon les sujets plantés en haie.

LES VARIÉTÉS CONSEILLÉES

Aucuba japonica
'Crotonifolia'
ou 'Rozannie'
ou 'Sulfurea'
ou 'Variegata'

L'entretien se résume à des binages et sarclages réguliers au pied des arbustes pour maintenir le sol propre et aéré. Il n'est pas nécessaire de fertiliser lorsque l'aucuba est bien installé. Arrosez lorsqu'il fait vraiment très sec.

3. Multipliez

Le semis

Il est possible de semer les graines en automne, mais la germination est aléatoire et très longue.

Le bouturage

Bouturez cet arbuste de préférence en août en prélevant des rameaux latéraux, de 8 à 10 cm de longueur.

Piquez ces mêmes rameaux dans un mélange de terreau, sable et tourbe, placé à 20 °C.

ÉRICACÉES

Azalée *Rhododendron* sp.

Il existe deux types d'azalées : les arbustes à feuilles caduques, souvent appelés azalées de Chine, et ceux qui présentent un feuillage persistant, les azalées japonaises. Toutes sont des espèces à floraison printanière, à cultiver en terrain acide.

Difficulté ★

Arrosage 🚿🚿

Maladies et parasites
Cicadelle, mouche blanche

Hauteur
0,50 à 2 m

Largeur
0,50 à 1,50 m

Feuillage
Caduc ou persistant, vert clair à vert sombre

Exposition
Soleil ou mi-ombre

Résistance au froid
– 10 °C

Sol
Acide (pH entre 4 et 4,5), perméable

Utilisation
En isolé, en massif, en haie libre, en bac

Quand tailler ?
En juin

Quand et comment cultiver ?

1. Plantez

En sol acide, ouvrez un trou de 60 à 80 cm en tous sens. Dans un terrain alcalin, creusez une fosse d'au moins 1 m de côté et de profondeur, que vous tapisserez (fond et parois) avec un feutre isolant, mais perméable, et que vous remplirez de terre dite de bruyère. Placez l'arbuste au centre, puis rebouchez le trou, tassez au pied et arrosez.

2. Taillez

La taille d'entretien

Supprimez simplement les fleurs fanées pour provoquer le départ de nouveaux bourgeons qui fleuriront l'année suivante. Enlevez-les en les pinçant avec les doigts ou avec la pointe d'un petit sécateur.

Il n'y a pas de taille de formation à réaliser. Contentez-vous de couper les rameaux cassés ou qui déparent la silhouette.

Lorsque l'arbuste est âgé et dégarni, effectuez une taille de rajeunissement en rabattant les vieilles branches assez près de la base, à environ 30 cm du sol, au-dessus d'un bourgeon apparent.

Au printemps, après la floraison, apportez une fumure pour plantes de terre acide. Arrosez souvent pour que la terre de bruyère ne sèche pas, car elle serait ensuite très difficile à réhumidifier. Au besoin, paillez.

LES ESPÈCES ET VARIÉTÉS CONSEILLÉES

Azalées à feuilles caduques

Rhododendron 'Fireball' ou 'Klondyke' ou 'Persil' ou 'Pucella'; *Rhododendron luteum (Azalea pontica)*; *Rhododendron molle* (*A. mollis*).

Azalées à feuilles persistantes

Rhododendron 'Amoenum' ou 'Johanna' ou 'Kirin' ou 'Nordlicht' ou 'Palestrina'.

3. Multipliez

Le bouturage

Le bouturage est la méthode la plus couramment employée, même si elle est assez délicate. Entre mai et juin, prélevez des boutures d'extrémité, de 15 cm de longueur.

Trempez leur base dans une poudre d'hormones et piquez-les dans de la tourbe. Placez à l'étouffée (20 °C et 90 % d'humidité).

BIGNONIACÉES

Bignone de Virginie *Campsis radicans*

Appelée aussi jasmin de Virginie, cette grimpante s'accroche seule à son support grâce à ses longues tiges. À planter en plein soleil.

Difficulté ★★

Arrosage

Maladies et parasites
Oïdium, acarien, cochenille, puceron

Hauteur
5 à 7 m

Largeur
5 à 7 m

Feuillage
Caduc

Exposition
Soleil

Résistance au froid
– 5 à – 10 °C

Sol
Ordinaire, même légèrement calcaire

Utilisation
Habillage de tonnelle, clôture, mur garni d'un treillage

Quand tailler ?
En fin d'hiver

Quand et comment cultiver ?

1. Plantez

Cette grimpante à grand développement demande de l'espace. Installez-la pour qu'elle ait suffisamment de place, en creusant un trou de 40 à 50 cm de côté sur autant de profondeur. Tassez bien après avoir rebouché le trou. Arrosez.

2. Taillez

La taille de formation

Une fois la plante installée, coupez les rameaux les plus chétifs et palissez les autres sur le support, le temps que les racines adventives prennent le relais. Il n'est pas nécessaire de tailler les longues pousses, elles se ramifient d'elles-mêmes.

La taille d'entretien

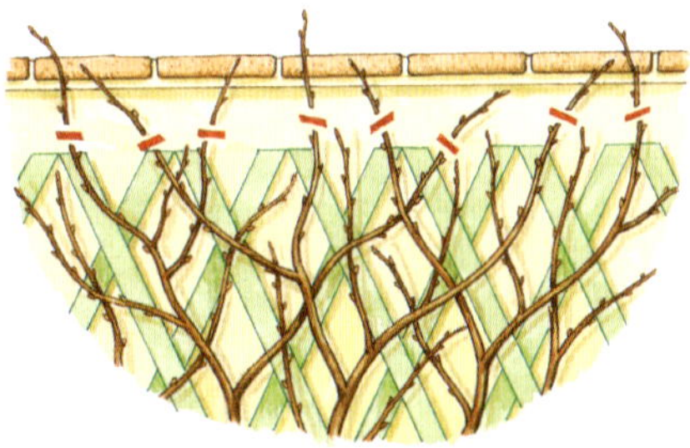

Lorsque la couverture du support est achevée, coupez la pointe de toutes les pousses pour limiter leur développement. Supprimez aussi les tiges anciennes pour favoriser le départ de nouveaux rameaux. Coupez près de la souche en laissant 2 bourgeons.

LES VARIÉTÉS CONSEILLÉES

Campsis radicans 'Atropurpurea' ou 'Flamingo' ou 'Flava' (syn. 'Yellow Trumpet') ou 'Indian Summer'

En cas de grands froids, protégez le pied en le couvrant de paille ou en installant un voile d'hivernage. En été, arrosez et binez pour maintenir le sol propre et aérer les racines. Un paillage limite l'évaporation.

3. Multipliez

Le marcottage

Le marcottage est aussi possible, en février-mars, en couchant les tiges basses.

Le bouturage

Le bouturage des pousses d'extrémité se pratique en juillet, en les piquant dans du sable et en les plaçant en atmosphère chaude et humide.

Il est courant que les extrémités des pousses se dessèchent en hiver. Il suffit de couper les tiges jusqu'à la partie encore vivante pour que des pousses apparaissent.

NYCTAGINACÉES

Bougainvillée *Bougainvillea glabra*

Plante du soleil par excellence, cette espèce arbustive présente des rameaux sarmenteux qui s'accrochent sur leur support grâce à leurs épines en crochet. Les fleurs sont en réalité des bractées, très colorées et lumineuses.

Difficulté ★★

Arrosage

Maladies et parasites
Araignée rouge, cochenille

Hauteur
3 à 4 m

Largeur
2 à 4 m

Feuillage
Persistant

Exposition
Soleil

Résistance au froid
0 à – 3 °C

Sol
Plutôt léger, siliceux

Utilisation
Palissé contre un mur ou en habillage d'un vieux tronc

Quand tailler ?
En fin d'hiver

Quand et comment cultiver ?

1. Plantez

Installez votre plant en plein soleil, sur un mur exposé au sud. Creusez un trou de 50 à 60 cm de côté sur 50 cm de profondeur. Placez la bougainvillée au centre et rebouchez avec une terre légère. Tassez au pied et arrosez.

2. Taillez

La taille de formation

Après la plantation, pincez les jeunes pousses pour qu'elles se ramifient. Palissez-les les premières années, le temps qu'elles s'accrochent d'elles-mêmes sur le support, en les répartissant bien.

La taille d'entretien

Elle consiste simplement à équilibrer la plante en taillant les pousses les plus vigoureuses pour qu'elles continuent à se ramifier. Nettoyez le bois mort, les tiges trop chétives et les plus anciennes pour renouveler le pied.

Binez au pied pour conserver un sol propre. Paillez pour que la terre garde sa fraîcheur. Arrosez en cas de forte sécheresse. Les premières années, apportez un engrais organique, enfoui par un griffage du terrain.

LES ESPÈCES ET VARIÉTÉS CONSEILLÉES

Bougainvillea glabra 'Sanderiana' ou 'Snow White'

Bougainvillea spectabilis 'Lateritia'

Bougainvillea x buttiana 'Mrs Butt'

Bougainvillea 'Elizabeth Doxey' ou 'Lindleyana' ou 'San Diego Red'

3. Multipliez

Le marcottage

Il se réalise en mars avec les tiges les plus basses, en les courbant avec précaution pour ne pas les casser.

Le bouturage

Il se réalise facilement en septembre, avec des tiges semi-aoûtées ayant porté des fleurs. Trempez leur base dans une poudre d'hormones et placez-les à la chaleur.

La bougainvillée (on dit aussi le bougainvillier) se cultive très bien dans un grand pot sur une terrasse au soleil.
Placez-la le long d'un treillage sur lequel elle s'accrochera. Taillez-la chaque année pour contenir son développement.

ÉRICACÉES

Bruyère *Erica sp.*

Sous la dénomination de bruyère, on trouve plus de 00 espèces, certaines naines, d'autres érigées. Elles fleurissent à différentes époques de l'année, ce qui permet, en les associant, d'avoir un jardin continuellement coloré.

Difficulté ★

Arrosage

Maladies et parasites
Aucun(e)

Hauteur
0,10 à 2 m

Largeur
0,20 à 3 m

Feuillage
Persistant, vert, rouge, jaune

Exposition
Soleil ou mi-ombre

Résistance au froid
– 20 °C

Sol
Humifère, sableux, neutre ou légèrement acide

Utilisation
En couvre-sol, en massif, en talus, en potée, en rocaille, en bordure

Quand tailler ?
Après la floraison

Quand et comment cultiver ?

1. Plantez

Creusez un trou du double du volume de la motte. Installez la plante, rebouchez, tassez et arrosez copieusement. Comptez un pied tous les 30 cm pour les espèces de petite taille. Elles formeront rapidement un tapis dense.

2. Taillez

La taille de formation

Il n'y a pas de taille de formation, même pour les grandes espèces. La bruyère se « nettoie » d'elle-même, mais vous pouvez accélérer ce processus en coupant les rameaux fanés avec une cisaille à haie que vous promènerez sur le dessus des touffes.

La taille d'entretien

Elle n'intervient que tous les 4 ou 5 ans, pour assurer le renouvellement des tiges. Coupez alors celles-ci à 15 ou 20 cm au-dessus du sol. L'année suivante, redonnez une silhouette équilibrée. Cette intervention évite que le pied ne se dégarnisse de la base.

Dans les sols pauvres, un apport d'engrais organique peut être utile lors de la plantation. Par la suite, ne fertilisez plus. Arrosez en période de sécheresse ; un paillis entre les plants est conseillé les premières années.

LES ESPÈCES ET VARIÉTÉS CONSEILLÉES

Erica arborea (bruyère en arbre).

Erica carnea (bruyère des neiges).

Erica cinerea (bruyère cendrée).

Erica x darleyensis

Erica vagans (bruyère de Cornouailles).

3. Multipliez

Le bouturage

La bruyère se reproduit facilement, en fin d'été, par bouturage à talon. Pour cela, prélevez des pousses de 5 à 8 cm de longueur, simplement en tirant dessus, un morceau d'écorce restant généralement à la base. Piquez-les dans un mélange de sable, de tourbe et de terre de bruyère, placez-les à la chaleur et à l'humidité.

Si vous taillez vos bruyères, ne le faites que superficiellement, car cette plante n'émet que très rarement des nouvelles pousses sur le vieux bois.

Le marcottage

Au printemps, il est également possible de multiplier cette plante par marcottage, lorsque la touffe est assez grande. Relevez la terre tout autour du pied, sur une hauteur de 20 à 30 cm. Les tiges ainsi enterrées émettent des racines. Sevrez-les après avoir découvert le pied et replantez-les aussitôt.

BUXACÉES

Buis *Buxus sempervirens*

Typique des jardins à la française, le buis souligne les massifs floraux. Il est également idéal pour former des topiaires, ces sculptures végétales très en vogue actuellement. Enfin, c'est un arbuste qui croît lentement, mais vit très longtemps.

Difficulté ★

Arrosage

Maladies et parasites
Rouille, cécidomyie, cochenille, psylle

Hauteur
0,50 à 3 m

Largeur
0,50 à 3 m

Feuillage
Persistant, vert foncé, coriace, luisant

Exposition
Soleil ou mi-ombre

Résistance au froid
– 20 °C

Sol
Terre de jardin, même calcaire

Utilisation
En bordure, en bac, en topiaire, en haie, en massif

Quand tailler ?
Au printemps et en automne

Quand et comment cultiver ?

1. Plantez

Pour former une petite haie basse, creusez une tranchée de 30 à 40 cm de profondeur sur autant de largeur et installez les plants de buis en les espaçant de 25 cm. En massif, prévoyez des trous de 60 cm en tous sens, espacés de 80 cm.

2. Taillez

La taille de formation

Pour une haie basse, taillez les rameaux de la moitié de leur longueur lors de la plantation. Les 2 ou 3 années suivantes, taillez deux fois par an le dessus et les côtés pour obtenir une haie dense, en augmentant la hauteur chaque fois.

Pour une forme géométrique, donnez dès le départ la silhouette voulue jusqu'à ce que l'arbuste atteigne la dimension souhaitée.

Pour une topiaire, plantez au pied de la forme un ou plusieurs sujets et palissez les tiges sur cette structure. Taillez les rameaux qui s'en échappent.

LES VARIÉTÉS CONSEILLÉES

Buxus sempervirens 'Elegans'
ou 'Pyramidalis'
ou 'Rotundifolia'
ou 'Suffruticosa'

La taille d'entretien

Taillez les buis deux fois par an, en mai et en septembre, pour que l'arbuste reste bien compact et dense. Les topiaires peuvent être taillées plus souvent, trois à quatre fois par an, dès qu'un rameau sort de la forme.

3. Multipliez

Le bouturage

Prélevez des boutures d'environ 10 cm de longueur sur les rameaux semi-aoûtés (en été). Ne conservez que quelques feuilles en extrémité.

Arrosez copieusement dès que le temps est à la sécheresse. Les premières années de plantation, il est conseillé d'étaler un paillis au pied des arbustes pour que le sol conserve sa fraîcheur. Éliminez les mauvaises herbes.

Piquez les tiges dans un mélange de sable, de tourbe et de terre de jardin (par tiers). La production de racines est assez longue.

La division de touffe

On peut aussi diviser une touffe ancienne, au printemps, en la coupant à la bêche ou avec un couteau.

ROSACÉES

Buisson ardent *Pyracantha sp.*

Arbuste décoratif par son feuillage, sa floraison et ses fruits colorés, le buisson ardent doit son nom aux nombreuses épines que portent ses tiges. Il est souvent utilisé en haie défensive, mais peut aussi être palissé sur un treillage.

Difficulté ★

Arrosage

Maladies et parasites
Feu bactérien, tavelure, puceron

Hauteur
3 m

Largeur
4 m

Feuillage
Persistant

Exposition
Soleil ou mi-ombre

Résistance au froid
– 20 °C

Sol
Ordinaire, bien drainé

Utilisation
En haie libre ou taillée, palissé, en massif, en isolé, en bac

Quand tailler ?
De mars à mai

Quand et comment cultiver ?

1. Plantez

Ouvrez un trou de plantation de 60 à 80 cm en tous sens, ou au moins du double du volume de la motte. Versez une fumure organique bien décomposée, recouvrez d'un peu de terre. Placez l'arbuste au centre puis rebouchez. Tassez avec le pied et arrosez copieusement.

2. Taillez

La taille de formation

Lors de la plantation, rabattez toutes les pousses d'environ la moitié de leur longueur.

L'année suivante, faites de même sur les nouvelles tiges pour former un buisson compact. Supprimez celles qui sont mal formées.

La taille d'entretien

Chaque année, taillez les rameaux malingres ou qui déparent la silhouette. Si vous conduisez l'arbuste en haie taillée, intervenez au printemps pour conserver une forme régulière. S'il est palissé, coupez de temps en temps les branches âgées pour favoriser le départ de nouvelles pousses.

LES VARIÉTÉS CONSEILLÉES

- *Pyracantha* 'Dart's Red'
- 'Golden Glow'
- 'Orange Glow'
- 'Saphyr Orange'
- 'Saphyr Red'
- 'Saphyr Yellow'

Arrosez en période de sécheresse. Le cas échéant, palissez les rameaux au fur et à mesure de leur développement. Désherbez au pied des haies et disposez un paillage pour que le sol conserve son humidité.

3. Multipliez

Le semis

Il est possible de récolter les graines et de les semer au printemps après une stratification de 3 mois.

Le buisson ardent est très sensible au feu bactérien, une maladie qui le détruit en quelques mois. Ne choisissez que des variétés résistantes.

Le bouturage

Il est plus simple et rapide de prélever des boutures semi-ligneuses en été.

Passez leur base dans une poudre d'hormones puis piquez-les dans un mélange léger et placez-les à l'étouffée. La production de racines est assez longue.

THÉACÉES

Camélia *Camellia japonica*

En fleur du milieu de l'hiver jusqu'à la fin du printemps, selon les variétés et les régions, ce très bel arbuste est l'un des plus décoratifs au jardin. Il a donné naissance à de très nombreuses variétés allant du blanc immaculé au rouge foncé.

Difficulté ★★

Arrosage (2 arrosoirs)

Maladies et parasites
Tache foliaire, cochenille, puceron

Hauteur
5 m

Largeur
3 m

Feuillage
Persistant, vert foncé lustré

Exposition
Soleil, mi-ombre ou ombre

Résistance au froid
– 15 °C

Sol
Humifère, neutre ou acide, bien drainé

Utilisation
En massif, en bac, en haie libre

Quand tailler ?
Après la floraison

Quand et comment cultiver ?

1. Plantez

Creusez une fosse de 60 à 80 cm en tous sens. Si le terrain est calcaire, ouvrez un trou d'au moins 1 m de profondeur sur autant de côté que vous remplirez de terre de bruyère. Placez l'arbuste au centre, rebouchez, tassez et arrosez.

Les camélias se cultivent très bien en pot. Ils peuvent ainsi être palissés sur une armature de bambou pour décorer une terrasse. Fertilisez chaque année et surveillez les arrosages.

2. Taillez

La taille de formation

Après la plantation, coupez les rameaux d'un tiers de leur longueur pour favoriser le développement de nouvelles pousses qui viendront épaissir le buisson. Renouvelez l'opération l'année suivante.

La taille d'entretien

Elle se résume à couper les rameaux morts, ceux qui déparent la silhouette et ceux qui poussent au centre du buisson, de façon à l'aérer. Épointez aussi les pousses abîmées par le gel.

LES ESPÈCES ET VARIÉTÉS CONSEILLÉES

Camellia japonica
'Adolphe Audusson'
ou 'Chandleri Elegans'
ou 'Fleur de pêcher'
ou 'Kramer's Supreme'

Camellia sasanqua

Camellia x *williamsii*

Après la floraison, apportez un engrais organique pour plantes de terre de bruyère. Arrosez pour éviter que la terre ne sèche, elle serait très difficile à réhumidifier ensuite. Par temps très sec, douchez le feuillage.

3. Multipliez

Le bouturage

Pratiquez le bouturage, entre juillet et septembre, à partir de pousses aoûtées de 10 cm.

Trempez leur base dans une poudre d'hormones avant de les piquer dans un mélange de sable et de tourbe. Placez à la chaleur et à l'humidité.

VERBÉNACÉES

Caryoptéris *Caryopteris x clandonensis*

Les arbustes automnaux à fleurs bleues ne sont pas très nombreux, aussi celui-ci est-il intéressant, car il produit d'août à octobre de nombreuses fleurs en cymes terminales d'un magnifique bleu sur un feuillage aromatique.

Difficulté ★★

Arrosage

Maladies et parasites
Aucun(e)

Hauteur
2 m

Largeur
3 m

Feuillage
Caduc, gris-vert

Exposition
Soleil

Résistance au froid
– 5 °C

Sol
Ordinaire, même calcaire

Utilisation
En massif ou en isolé

Quand tailler ?
En mars

Quand et comment cultiver ?

1. Plantez

Un trou de 60 cm de côté sur autant de profondeur conviendra tout à fait. Mettez une bonne fumure organique dans le fond avant de recouvrir d'un peu de terre et de placer l'arbuste. Après cela, comblez, tassez et arrosez copieusement.

2. Taillez

La taille de formation

Pour que la forme soit régulière et bien fournie, taillez les branches de l'arbuste dès la plantation, en les réduisant de la moitié, voire des deux tiers de leur longueur. Renouvelez l'opération l'année suivante.

La taille d'entretien

Au printemps, supprimez les rameaux qui ont porté des fleurs en les coupant 2 ou 3 bourgeons au-dessus de leur point d'attache sur la branche principale. De temps en temps, taillez les branches anciennes pour rajeunir le pied.

L'arbuste étant assez frileux, il est conseillé d'étaler un paillis à son pied pour le protéger des fortes gelées. Vous pouvez même l'emmailloter s'il fait très froid. Fertilisez après la taille. Arrosez par temps très sec.

LES VARIÉTÉS CONSEILLÉES

Caryopteris x *clandonensis* 'Grand Bleu' ou 'Heavenly Blue' ou 'Kew Blue' ou 'Worcester Gold'

3. Multipliez

Le semis

Le semis de graines au printemps donne des plants qui fleurissent 3 ou 4 ans plus tard.

***Caryopteris incana*, appelé aussi « barbe bleue », porte des inflorescences d'un bleu-violet vif, mais il est à réserver aux régions à climat doux, car il est plus frileux que l'arbuste présenté ici.**

Le bouturage

Il est plus rapide de bouturer cet arbuste, à partir de pousses latérales semi-aoûtées, en juillet.

Piquez les tiges dans un mélange de sable et de tourbe. La production de racines est rapide.

RHAMNACÉES

Céanothe *Ceanothus* sp.

Il existe deux types de céanothes. Les premiers fleurissent au printemps, dans un magnifique ton bleu, et portent des feuilles persistantes. Les seconds s'épanouissent en été, dans les bleus ou les roses, et sont caducs.

Difficulté ★★

Arrosage

Maladies et parasites
Acarien, cochenille

Hauteur
0,50 à 5 m

Largeur
2 à 3 m

Feuillage
Caduc ou persistant, vert plus ou moins foncé selon les variétés

Exposition
Soleil ou mi-ombre

Résistance au froid
0 °C

Sol
Ordinaire, bien drainé

Utilisation
En massif, en haie libre, palissé, en bac, en couvre-sol

Quand tailler ?
En mars

Quand et comment cultiver ?

1. Plantez

Quel que soit le type d'arbuste, ouvrez un trou de plantation de 60 à 80 cm de côté sur autant de profondeur. Ameublissez le fond et les parois et placez le sujet au centre de la fosse. Comblez, tassez. Arrosez copieusement.

2. Taillez

La taille de formation

Pour que l'arbuste présente une forme régulière, bien fournie, rabattez les branches lors de la plantation, d'au moins la moitié de leur longueur. Renouvelez la taille pendant encore 1 ou 2 années. Supprimez les tiges mal formées ou sans vigueur.

La taille d'entretien

Les espèces persistantes n'ont pas besoin d'être taillées. Contentez-vous de nettoyer le bois mort et de rajeunir le pied de temps en temps. Pour les caduques, raccourcissez les branches d'environ un tiers; vous favoriserez ainsi le départ de nouvelles pousses qui porteront les fleurs.

Ces arbustes sont plutôt frileux, aussi installez-les dans une situation abritée des vents froids. En été, s'il fait sec, paillez le sol et arrosez, surtout si les céanothes sont plantés dans un bac. Fertilisez les premières années avec un engrais organique.

LES ESPÈCES ET VARIÉTÉS CONSEILLÉES

Céanothes persistants

Ceanothus arboreus 'Trewithen Blue'; *Ceanothus* 'Burkwoodii'; *Ceanothus impressus* 'Puget Blue'; *Ceanothus thyrsiflorus* var. *repens*.

Céanothes caducs

Ceanothus x *delileanus* 'Comtesse de Paris' ou 'Gloire de Versailles'; *Ceanothus* x *pallidus* 'Marie Simon'.

3. Multipliez

Le bouturage

Le bouturage de pousses herbacées se pratique en juin-juillet; trempez leur base dans une poudre d'hormones et placez-les à l'étouffée dans un mélange de sable et de tourbe. La production de racines est rapide.

Les céanothes à feuilles persistantes peuvent facilement être palissés sur un treillage pour garnir un mur ou une pergola.

La greffe

Vous pouvez aussi greffer en demi-fente, en août. Enduisez toute la greffe avec du mastic.

CAPRIFOLIACÉES

Chèvrefeuille *Lonicera sp.*

Voici une grimpante qui figure parmi les espèces les plus volubiles et les plus parfumées. Ses fleurs en trompette embaument l'air estival des jardins et des chemins, car on la rencontre fréquemment dans la nature.

Difficulté ★

Arrosage

Maladies et parasites
Puceron

Hauteur
3 à 6 m

Largeur
2 à 5 m

Feuillage
Caduc, semi-persistant ou persistant, selon les espèces

Exposition
Soleil ou mi-ombre

Résistance au froid
– 10 °C

Sol
Humifère et frais

Utilisation
Habillage de mur, clôture, tonnelle, vieux tronc

Quand tailler ?
De novembre à janvier

Quand et comment cultiver ?

1. Plantez

Installez votre chèvrefeuille au soleil ou à mi-ombre, en creusant un trou de 50 à 60 cm de côté sur autant de profondeur. Placez la plante au milieu et rebouchez avec une terre légère additionnée de compost organique bien décomposé. Tassez, arrosez.

2. Taillez

La taille de formation

Après la plantation, taillez les pointes des tiges de façon à ce qu'elles produisent des ramifications. Renouvelez ensuite l'opération tous les ans jusqu'à ce que le support soit entièrement couvert. Palissez les jeunes tiges qui s'accrocheront ensuite d'elles-mêmes.

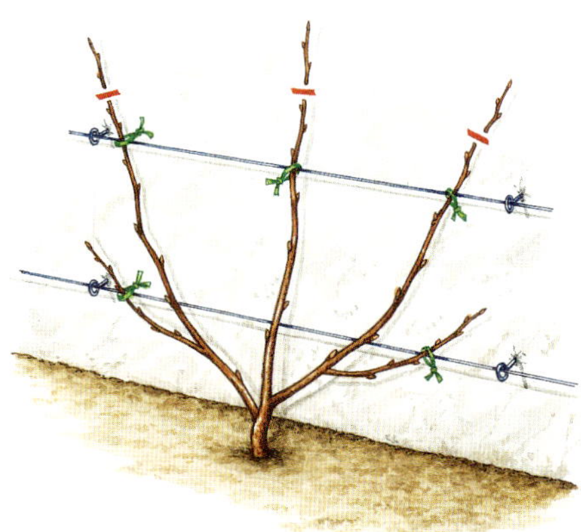

La taille d'entretien

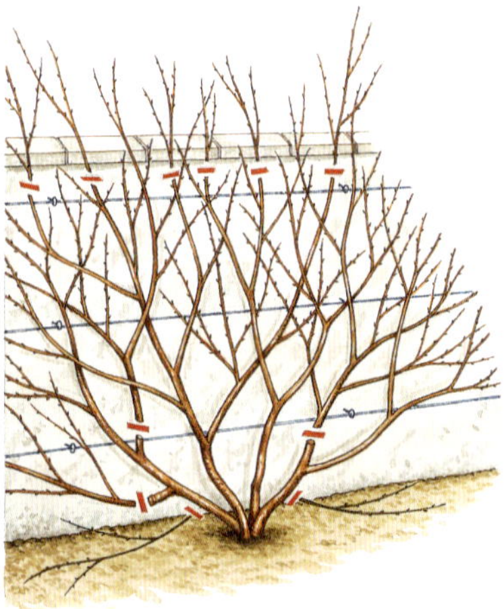

Nettoyez les pieds anciens des tiges desséchées. Coupez celles qui sont trop volubiles et s'échappent du support. Vous pouvez aussi rajeunir le pied en coupant de temps en temps des tiges âgées, au-dessus du 2e ou 3e bourgeon à partir de la base.

Vous pouvez aussi planter votre chèvrefeuille au pied d'un arbre, qu'il habillera de ses tiges volubiles, dans une haie à feuilles persistantes, ou l'associer à une autre plante grimpante, comme un rosier liane par exemple.

LES ESPÈCES ET VARIÉTÉS CONSEILLÉES

Lonicera x *brownii* 'Dropmore Scarlet' ou *Lonicera* x *heckrottii* ('Goldflame')

Lonicera henryi

Lonicera x *italica* 'Harlequin'

Lonicera japonica 'Halliana'

Lonicera peryclimenum 'Serotina'

3. Multipliez

Le marcottage

Il est très facile à réaliser, au printemps, à partir de quelques tiges que vous arquez et enterrez. Sevrez les nouvelles plantes dès qu'elles ont formé assez de racines.

Le chèvrefeuille est très apprécié des pucerons qui, en produisant du miellat, entraînent l'apparition de la fumagine, sorte de suie noire qui couvre les feuilles. Traitez préventivement. Arrosez en cas de forte sécheresse.

Le bouturage

Il se réalise entre mai et août, en prélevant l'extrémité des tiges et en repiquant ces boutures dans de la tourbe et du sable.

CISTACÉES

Ciste *Cistus sp.*

Plutôt frileux, cet arbuste très florifère demande une situation abritée. Il se plaît surtout dans les jardins de bord de mer où il résiste bien aux embruns et à la sécheresse. En ville, la pollution n'a pas de prise sur son développement.

Difficulté ★★

Arrosage

Maladies et parasites
Cochenille

Hauteur
0,50 à 2 m

Largeur
0,80 à 2 m

Feuillage
Persistant, gris-vert à vert foncé

Exposition
Plein soleil

Résistance au froid
– 10 °C

Sol
Sableux, sans calcaire

Utilisation
En massif, en rocaille, en couvre-sol

Quand tailler ?
Après la floraison

Quand et comment cultiver ?

1. Plantez

Les cistes ont besoin d'un sol léger, sableux. Ouvrez un trou de 60 cm en tous sens et changez la terre si celle de votre jardin ne convient pas. Plantez en plaçant la motte au centre du trou et comblez en tassant. Arrosez copieusement.

2. Taillez

La taille de formation

Après la plantation, rabattez les rameaux pour donner à l'arbuste une forme régulière et provoquer le départ de nouvelles pousses qui lui assureront une bonne densité de feuillage. Renouvelez l'opération l'année suivante.

La taille d'entretien

Lorsque l'arbuste est défleuri, épointez simplement les pousses pour qu'il conserve un aspect compact et touffu. Supprimez le bois mort et les rameaux qui manquent de vigueur.

Utilisez les cistes pour constituer de jolis tapis fleuris, en les associant à la bruyère. Choisissez des variétés de bruyères qui fleurissent à des époques différentes.

LES ESPÈCES ET VARIÉTÉS CONSEILLÉES

Cistus x *aguilarii*

Cistus albidus

Cistus creticus

Cistus hirsutus

Cistus x *pulverulentus* 'Sunset'

3. Multipliez

Le semis

Le semis s'effectue en mars, dans une terrine remplie de tourbe et de sable; placez à 18-20 °C en maintenant humide.

Les cistes préférant des terrains plutôt pauvres, il n'est pas nécessaire d'apporter un engrais. Contentez-vous de maintenir le sol propre en le désherbant. L'arrosage n'est vraiment nécessaire qu'en cas de forte sécheresse.

Le bouturage

Vous pouvez aussi prélever en août des boutures à talon sur les pousses latérales.

Placez-les sous châssis à 15-20 °C dans un mélange de sable et de tourbe et rempotez avant la plantation définitive.

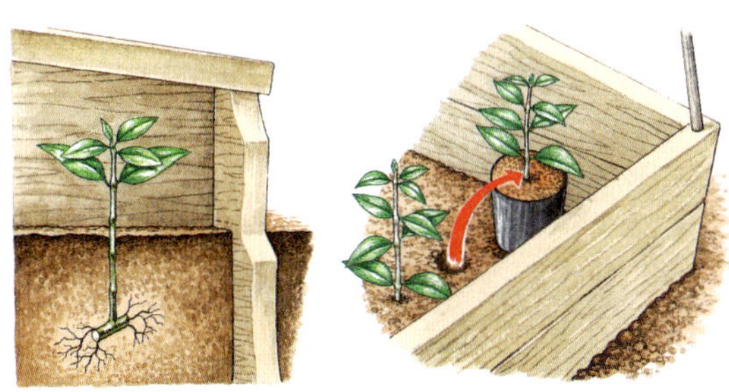

RENONCULACÉES

Clématite *Clematis sp.*

Il s'agit sans doute de la plus populaire des plantes grimpantes. On en distingue deux grandes catégories, les clématites à petites fleurs et celles à grandes fleurs. Les floraisons s'étalent du printemps jusqu'en automne selon les variétés, certaines étant remontantes.

Difficulté ★★

Arrosage (2 arrosoirs)

Maladies et parasites
Limace

Hauteur
3 à 10 m

Largeur
2 à 6 m

Feuillage
Caduc (quelques espèces persistantes)

Exposition
Soleil

Résistance au froid
– 5 °C à – 10 °C

Sol
Léger et drainé pour les espèces à grandes fleurs, ordinaire pour les autres

Utilisation
Habillage de clôture, treillage, mur, tronc d'arbre, pylône

Quand tailler ?
Fin février, début mars

Quand et comment cultiver ?

1. Plantez

La clématite se plante « la tête au soleil, les pieds à l'ombre ». Creusez un trou du double du volume de la motte. Placez-y la clématite en biais, presque à plat, le trou étant éloigné d'une vingtaine de centimètres du support. Couvrez le pied avec une tuile ou plantez quelques vivaces qui lui feront de l'ombre.

2. Taillez

La taille de formation

Taillez le pied à 30 ou 40 cm du sol l'hiver qui suit la plantation. Faites de même l'année suivante. Palissez les jeunes tiges.

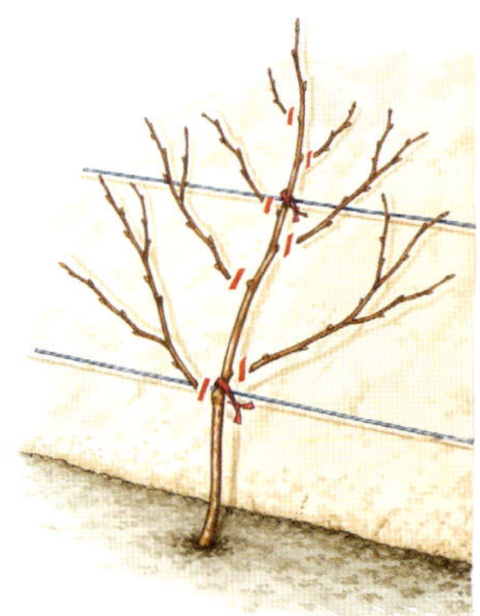

La taille d'entretien

Clématites à floraison printanière
Supprimez les tiges ayant porté des fleurs le plus près possible de la souche. Vous renouvellerez les pousses et obtiendrez une plante plus compacte.

Clématites à floraison printanière et automnale (remontante)
Taillez les tiges desséchées. Si le pied semble se dégarnir de la base, n'hésitez pas à rabattre la plante en février, à 60 cm au-dessus du sol.

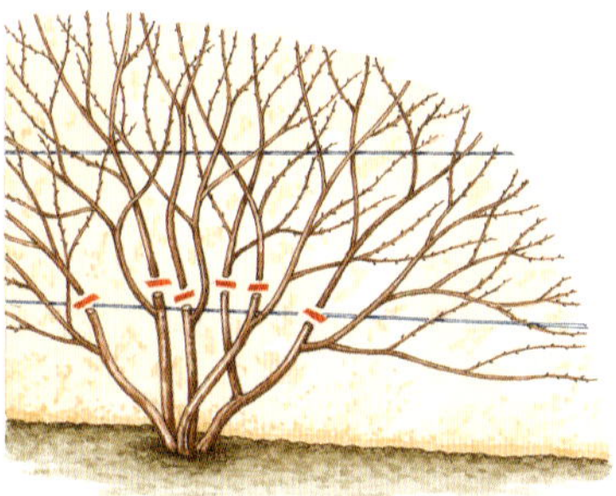

Clématites à floraison estivale
En février, coupez la majorité des tiges à 40 ou 60 cm au-dessus de la souche. Les fleurs venant sur les pousses de l'année, elles seront ainsi plus nombreuses.

LES ESPÈCES ET VARIÉTÉS CONSEILLÉES

Petites fleurs

Clematis alpina; Clematis armandii; Clematis montana.

Grandes fleurs

Clematis 'Blue Light';
Clematis 'Dr Ruppel';
Clematis 'Jackmanii';
Clematis 'Nelly Moser';
Clematis 'Vyvyan Pennell'.

Arrosez lorsqu'il fait très sec, pour que le sol soit toujours légèrement humide et frais, tout en évitant les excès d'eau, surtout pour les espèces à grandes fleurs. Palissez les tiges qui ne se sont pas accrochées d'elles-mêmes. Protégez les jeunes plantes de l'attaque des limaces qui en sont friandes.

3. Multipliez

La greffe

Le greffage se pratique sur *Clematis vitalba* avec des greffons des variétés de clématites à grandes fleurs, en janvier-mars. Plantez le porte-greffe dans un pot pour le placer à la chaleur une fois la greffe réalisée.

Le bouturage

Le bouturage se pratique en été, à partir de pousses d'extrémité semi-aoûtées d'une dizaine de centimètres de longueur. Piquez-les dans du sable et de la terre de bruyère. Placez-les au chaud.

Le marcottage

Le marcottage se réalise au printemps en courbant 2 ou 3 tiges et en les enterrant. Maintenez-les avec des petits crochets. Relevez l'extrémité de la pousse en la fixant sur un tuteur. Sevrez les nouvelles plantes lorsque leur enracinement est suffisant.

ROSACÉES

Cognassier du Japon *Chaenomeles speciosa*

Cet arbuste aux branches épineuses produit une floraison rose-pourpre, avant les feuilles. Viennent ensuite des fruits très odorants.

Difficulté ★

Arrosage

Maladies et parasites
Oïdium, araignée rouge, puceron

Hauteur
2 m

Largeur
2 m

Feuillage
Caduc, lustré, vert foncé

Exposition
Soleil et mi-ombre

Résistance au froid
– 15 °C

Sol
Ordinaire, plutôt sans calcaire

Utilisation
En haie libre, en massif, en isolé, palissé

Quand tailler ?
Après la floraison

Quand et comment cultiver ?

1. Plantez

Ouvrez un trou de plantation de 60 à 80 cm en tous sens. Si la terre extraite est lourde, allégez-la avec du sable et de la tourbe. Plantez l'arbuste en veillant à ne pas vous piquer aux branches. Comblez et tassez avec le pied. Arrosez.

2. Taillez

La taille de formation

Lors de la plantation, réduisez les tiges de la moitié de leur longueur pour provoquer une ramification de l'arbuste.

Renouvelez cette opération l'année suivante, après la floraison. Supprimez les rameaux grêles.

La taille d'entretien

La floraison passée, taillez les extrémités des branches en dégageant le centre du buisson. Coupez le bois mort et les tiges grêles. Si vous palissez l'arbuste, supprimez les branches anciennes qui fleurissent moins et coupez de moitié les nouvelles pousses.

LES ESPÈCES ET VARIÉTÉS CONSEILLÉES

Chaenomeles japonica

Chaenomeles speciosa 'Friesdorfer' ou 'Nivalis'

Chaenomeles x *superba* 'Cameo' ou 'Crimson and Gold'

En terrain pauvre, les premières années qui suivent la plantation, apportez un engrais organique. Nettoyez le sol des mauvaises herbes par un labour au printemps et des binages en cours d'année. Arrosez par grande sécheresse.

3. Multipliez

Le semis

Le semis est possible au printemps (après stratification) ou en automne, à partir des graines extraites des fruits.

Le bouturage

Prélevez des boutures à talon sur les pousses latérales. Trempez leur base dans une poudre d'hormones avant de les piquer dans un mélange de sable et de tourbe. Opérez en mai-juin.

La greffe

Vous pouvez aussi greffer en écusson en juillet-août.

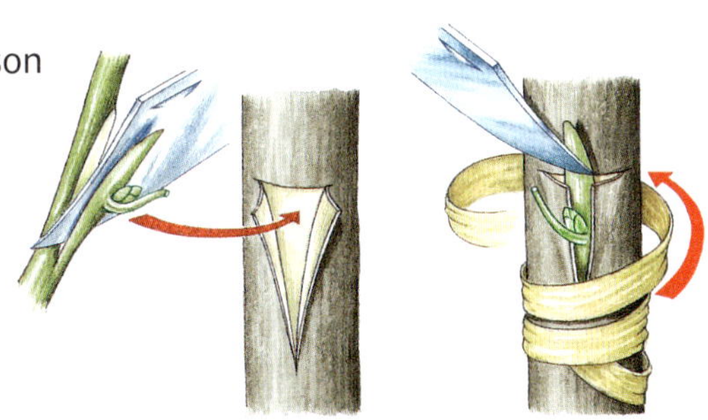

En raison de ses épines, le cognassier du Japon peut être utilisé en haie défensive. Mieux vaut éviter de le planter si vous avez de jeunes enfants qui risquent d'être attirés par ses fruits jaune d'or très tentants.

CORNACÉES

Cornouiller *Cornus sp.*

Ce genre réunit à la fois des arbustes et des petits arbres, décoratifs par la couleur de leur bois, par leur feuillage et leur floraison, souvent suivie d'une production de fruits. Cette diversité permet d'en installer en plusieurs endroits du jardin.

Difficulté ★

Arrosage

Maladies et parasites
Anthracnose

Hauteur
2 à 5 m

Largeur
2 à 3 m

Feuillage
Caduc, unicolore ou panaché

Exposition
Soleil ou mi-ombre

Résistance au froid
– 15 °C

Sol
Ordinaire, même pauvre et sec

Utilisation
En massif, en isolé, en haie libre

Quand tailler ?
En mars

Quand et comment cultiver ?

1. Plantez

Il faut un trou de 80 cm en tous sens pour que cet arbuste ait les meilleures chances de reprise. Ameublissez le fond et les parois et versez une fumure organique bien décomposée, recouverte d'un peu de terre. Placez le sujet, comblez, tassez et arrosez.

2. Taillez

La taille de formation

Les plantations d'automne se font souvent à racines nues; coupez l'extrémité de ces dernières.
Pour la partie aérienne, taillez les rameaux des deux tiers.
L'année suivante, rabattez les nouvelles pousses des deux tiers.

La taille d'entretien

Chaque année, une fois l'hiver passé, coupez la moitié des tiges au ras du sol en laissant les autres se développer. Cette intervention radicale permet d'obtenir des rameaux très colorés.

LES ESPÈCES ET VARIÉTÉS CONSEILLÉES

Cornus alba 'Elegantissima'

Cornus florida 'Cherokee Daybreak'

Cornus sanguinea 'Midwinter Fire'

Cornus stolonifera 'Flaviramea'

3. Multipliez

La séparation des rejets

Cornus stolonifera se reproduit facilement, en février-mars, par séparation des rejets qu'il émet.

L'entretien est facile et réduit au minimum. Chaque printemps, faites un labour superficiel au pied de l'arbuste pour nettoyer le terrain et l'aérer. Paillez pour éviter la levée des mauvaises herbes et maintenir le sol frais.

Le bouturage

Pour les autres cornouillers, bouturez en juillet-août en prélevant des rameaux d'extrémité.

Trempez leur base dans une poudre d'hormones et placez sous châssis à 15-18 °C.

ROSACÉES

Cotonéaster *Cotoneaster sp.*

Certaines espèces adoptent un port étalé et sont parfaites pour servir de couvre-sol ; d'autres, érigées, forment de grands massifs. Le feuillage peut être caduc ou persistant. Presque tous les cotonéasters portent des fruits rouges, décoratifs.

Difficulté ★

Arrosage

Maladies et parasites
Feu bactérien, cochenille, puceron

Hauteur
0,20 à 4 m

Largeur
1,50 à 4 m

Feuillage
Caduc ou persistant, feuilles rondes ou allongées

Exposition
Soleil ou mi-ombre

Résistance au froid
– 15 °C

Sol
Ordinaire, même calcaire

Utilisation
En massif, en haie libre ou taillée, en isolé, en couvre-sol, en bac, en rocaille

Quand tailler ?
Février (caducs) ou avril (persistants)

Quand et comment cultiver ?

1. Plantez

Selon la taille du jeune arbuste, ouvrez un trou de 50 à 80 cm de côté sur autant de profondeur : il doit atteindre au moins le double du volume de la motte. Installez le sujet, comblez tout autour en tassant avec le pied et arrosez copieusement.

2. Taillez

La taille de formation

Au moment de la plantation, réduisez les rameaux du tiers de leur longueur pour favoriser le départ de nouvelles pousses qui viendront épaissir le buisson.
La seconde année, réduisez aussi les rameaux du tiers de leur longueur.

La taille d'entretien

Ces arbustes demandent peu d'entretien, si ce n'est de maintenir propre le sol à leur pied. La fertilisation n'est pas utile et l'arrosage n'est nécessaire qu'en cas de très fortes chaleurs.

Il n'y a guère que les arbustes plantés en haie taillée qui demandent une intervention chaque année au printemps. Pour les autres, maintenez la silhouette équilibrée en coupant les branches qui sortent de la forme, et aérez le centre du buisson.

LES ESPÈCES CONSEILLÉES

Cotonéaster caduc

Cotoneaster horizontalis.

Cotonéasters persistants

Cotoneaster dammeri;

Cotoneaster franchetii;

Cotoneaster lacteus;

Cotoneaster microphyllus.

3. Multipliez

Le bouturage

Le bouturage est délicat. Prélevez des boutures à talon, en juin-juillet pour les espèces caduques, en août-septembre pour les persistantes.

Trempez leur base dans une poudre d'hormones, puis piquez-les dans un mélange de sable et de tourbe, sous châssis, à l'étouffée.

HYDRANGÉACÉES

Deutzia *Deutzia sp.*

Arbustes rustiques, les deutzias portent leurs fleurs au printemps, entre mai et juin. Abondantes, roses, pourpres ou blanches, celles-ci sont parfumées et viennent sur des sujets qui se déclinent en plusieurs espèces, toutes décoratives.

Difficulté ★

Arrosage

Maladies et parasites
Aucun(e)

Hauteur
3 m

Largeur
2 m

Feuillage
Caduc, à bords dentés

Exposition
Soleil ou mi-ombre

Résistance au froid
– 20 °C

Sol
Ordinaire, frais

Utilisation
En massif, en isolé, en haie libre

Quand tailler ?
Après la floraison

Quand et comment cultiver ?

1. Plantez

Mettez votre arbuste en place de préférence en automne, en ouvrant un trou d'environ 60 à 80 cm en tous sens, selon la grosseur de la motte. Une fumure organique bien décomposée dans le fond du trou favorise la reprise. Installez le sujet, comblez, tassez et arrosez.

2. Taillez

La taille de formation

À la plantation, et si le sujet se présente à racines nues, taillez l'extrémité de ces dernières. Raccourcissez ensuite les branches d'un tiers, au-dessus de 2 yeux qui donneront de nouvelles pousses (valable aussi pour les sujets en motte).
La seconde année, taillez seulement les tiges en surnombre, mal dirigées ou grêles.

La taille d'entretien

Lorsque l'arbuste est complètement défleuri, rabattez les branches ayant porté des fleurs d'au moins la moitié de leur longueur, sinon des deux tiers, en fonction de leur vigueur (plus elles sont vigoureuses, moins on les taille). Coupez les tiges les plus âgées au ras du sol.

Le deutzia ne demande pas de soins particuliers, si ce n'est des arrosages lorsqu'il fait très sec, surtout les premières années qui suivent la plantation. Nettoyez le sol au pied de l'arbuste, au printemps, par un labour ou un griffage superficiel.

LES ESPÈCES ET VARIÉTÉS CONSEILLÉES

- *Deutzia crenata* 'Nikko'
- *Deutzia* x *elegantissima*
- *Deutzia gracilis*
- *Deutzia* x *hybrida* 'Mont Rose'
- *Deutzia* x *magnifica*
- *Deutzia scabra* 'Pride of Rochester'

3. Multipliez

Le bouturage

Le bouturage en juin est la méthode la plus rapide et la plus simple. Prélevez des extrémités de pousses semiligneuses, d'une dizaine de centimètres de longueur.

Piquez-les dans un mélange de sable et de tourbe, à l'étouffée sous châssis.

Les espèces très vigoureuses peuvent être bouturées en hiver. Placez alors les boutures en stratification avant de les piquer sous châssis au tout début du printemps.

OLÉACÉES

Forsythia *Forsythia x intermedia*

Lorsqu'il fleurit, le printemps n'est pas loin ! Cet arbuste s'embrase de superbes fleurs jaune d'or, avant même que n'apparaissent les feuilles. Facile à vivre, il fait partie de ces classiques dont un jardin ne peut se passer.

Difficulté ★

Arrosage

Maladies et parasites
Pourridié

Hauteur
3 m

Largeur
2 m

Feuillage
Caduc, vert clair

Exposition
Soleil ou mi-ombre

Résistance au froid
– 15 °C

Sol
Ordinaire, même légèrement calcaire

Utilisation
En haie libre ou taillée, en massif, en isolé, en bac

Quand tailler ?
Après la floraison

Quand et comment cultiver ?

1. Plantez

Dans un massif, ouvrez un trou de 60 à 80 cm de côté sur autant de profondeur. En haie, mieux vaut creuser une tranchée et espacer les arbustes de 80 cm. Après comblement, tassez bien le sol et arrosez en abondance.

2. Taillez

La taille de formation

Elle est surtout utile la première année, car cet arbuste est ensuite rabattu presque entièrement chaque printemps. Raccourcissez les jeunes pousses des deux tiers de leur longucur pour favoriser leur ramification. Épointez les racines si le sujet est planté à racines nues.

La taille d'entretien

Apportez une fumure organique bien décomposée à la plantation. Par la suite, la fertilisation n'est pas nécessaire, sauf en sol très pauvre. En été, arrosez et paillez pour que le terrain reste frais.

Le forsythia supporte très bien les tailles sévères. Aussi n'hésitez pas à rabattre le plus près possible de la souche dès qu'il est défleuri. Les variétés à port pleureur peuvent être taillées un peu moins court, mais pensez à renouveler régulièrement les branches.

LES VARIÉTÉS CONSEILLÉES

Forsythia x *intermedia* 'Boucle d'Or' ou 'Lynwood' ou 'Marée d'Or' ou 'Spring Glory'

3. Multipliez

Le bouturage

Prélevez des boutures en hiver, d'une dizaine de centimètres de longueur, que vous ferez stratifier dans du sable pendant un à trois mois, avant de les piquer dans une terre légère en mars. Plantez l'automne suivant.

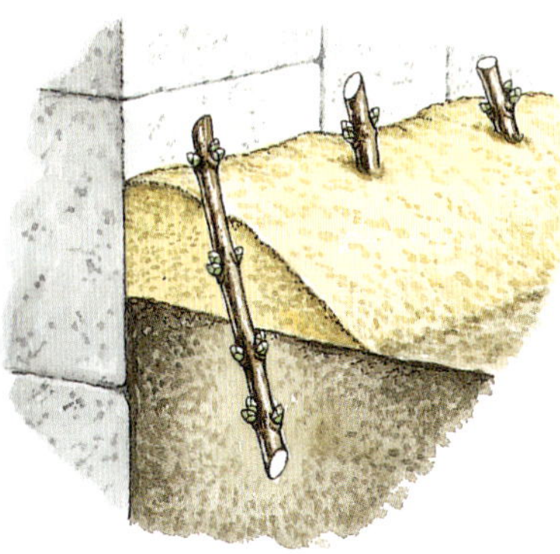

Le forsythia fait partie de ces arbustes, comme le prunus, dont on peut couper les branches lorsque les bourgeons commencent à se colorer, afin de constituer de grands bouquets printaniers pour la maison.

CÉLASTRACÉES

Fusain *Euonymus sp.*

Aux côtés du fusain classique que l'on cultive en haie taillée, il existe d'autres espèces très décoratives, par leur feuillage ou par leurs inflorescences et leur fructification. Découvrez-les, elles ne manquent pas d'intérêt.

Difficulté ★

Arrosage

Maladies et parasites
Oïdium, acarien, cochenille

Hauteur
0,50 à 4 m

Largeur
1 à 2 m

Feuillage
Caduc ou persistant

Exposition
Soleil ou mi-ombre

Résistance au froid
– 20 °C

Sol
Ordinaire, bien drainé

Utilisation
En massif, en isolé, en bac, en haie libre ou taillée

Quand tailler ?
En février-mars (et en septembre pour les haies)

Quand et comment cultiver ?

1. Plantez

Pour une plantation en massif, creusez un trou de 60 à 80 cm de côté sur autant de profondeur. Pour une haie, ouvrez une tranchée de mêmes dimensions et espacez les sujets de 60 cm. Rebouchez en tassant la terre et arrosez copieusement.

2. Taillez

La taille de formation

Pour obtenir un buisson plus dense, coupez les tiges de la moitié de leur longueur lors de la plantation.

L'année suivante, recommencez sur les nouvelles tiges qui auront été émises. Supprimez toutes les pousses mal formées et peu vigoureuses.

La taille d'entretien

Raccourcissez les branches de 20 à 30 cm et supprimez les pousses qui se dirigent vers le centre pour aérer le buisson. De temps en temps, rabattez près de la souche une branche âgée pour renouveler la ramure.

Nettoyez le pied des arbustes par un labour superficiel en février. Cela aère aussi le sol. Arrosez en cas de forte sécheresse les premières années de plantation.
Il n'est pas nécessaire de fertiliser, sauf en cas de terre très pauvre.

LES ESPÈCES ET VARIÉTÉS CONSEILLÉES

Fusains caducs

Euonymus alatus; Euonymus europaeus.

Fusains persistants

Euonymus fortunei 'Harlequin'; *Euonymus japonicus.*

3. Multipliez

Le bouturage

Le bouturage à talon se pratique sur des rameaux latéraux semi-ligneux, en août ou septembre.

Trempez la base des tiges dans une poudre d'hormones et piquez-les sous châssis, dans un mélange de sable et de tourbe.

La greffe

Vous pouvez aussi greffer en écusson les espèces persistantes, en juillet, sur *Euonymus europaeus*.

Mettez bien en évidence les espèces et variétés qui portent des fruits décoratifs. Mais attention aux jeunes enfants qui sont attirés par cette fructification: elle est toxique et entraîne des troubles intestinaux.

FABACÉES

Genêt à balais *Cytisus scoparius*

Cet arbuste produit une profusion de fleurs jaune d'or tout le long de ses tiges. Il est très décoratif au jardin.

Difficulté ★

Arrosage

Maladies et parasites
Acarien, puceron

Hauteur
2 m

Largeur
2 m

Feuillage
Caduc

Exposition
Soleil

Résistance au froid
– 15 °C

Sol
Plutôt sableux, sec

Utilisation
En massif, en isolé, en haie libre, en bac

Quand tailler ?
Après la floraison

Quand et comment cultiver ?

1. Plantez

Il est préférable de planter cet arbuste à l'automne, mais la culture en conteneur autorise la mise en terre pratiquement toute l'année. Ouvrez un trou de 60 à 80 cm en tous sens. Placez l'arbuste de sorte que le haut de la motte se trouve au niveau du sol. Comblez, tassez et arrosez.

2. Taillez

La taille de formation

Pour que la floraison survienne dès la première année de plantation, il est préférable de ne pas tailler; l'arbuste prendra sa forme naturellement. Contentez-vous de supprimer les parties abîmées ou chétives.

La taille d'entretien

Lorsque la floraison est terminée, rabattez les rameaux d'au moins les deux tiers de leur longueur pour provoquer le départ de nouvelles pousses qui fleuriront l'année suivante. Ne laissez pas venir les gousses qui ne font qu'épuiser le pied.

LES VARIÉTÉS CONSEILLÉES

Cytisus scoparius
'Andreanus'
ou 'Burkwoodii'
ou 'Lena'
ou 'Luna'

Après la taille printanière, nettoyez le pied des genêts en enlevant les mauvaises herbes et aérez par un bon griffage. L'arrosage n'est pas nécessaire, car ces arbustes apprécient les sols secs.

3. Multipliez

Le semis

Le semis est possible au printemps, mais les graines sont recouvertes d'un tégument très dur qui demande un trempage dans de l'eau chaude.

Pour que l'effet soit le plus décoratif possible, groupez au moins 3 pieds. Une fois la taille terminée, utilisez les nombreux branchages pour constituer des balais.

Le bouturage

Le bouturage est aussi délicat. Il s'effectue avec des boutures à talon, en juillet-août, à l'étouffée sous châssis dans un mélange de sable et de tourbe.

FABACÉES

Glycine *Wisteria sp.*

Plante grimpante volubile, la glycine produit de longues grappes fleuries et parfumées qui décorent tonnelles et clôtures au cœur du printemps. Réservez-lui un grand espace et un support solide, car elle se montre très expansive et vigoureuse.

Difficulté ★

Arrosage

Maladies et parasites
Cochenille, puceron

Hauteur
15 m

Largeur
10 m

Feuillage
Caduc

Exposition
Soleil

Résistance au froid
– 10 °C

Sol
Ordinaire, dépourvu de calcaire

Utilisation
Habillage de porche, tonnelle, pergola, clôture, tronc, mur

Quand tailler ?
En fin d'hiver

Quand et comment cultiver ?

1. Plantez

Pour favoriser et accélérer la reprise, creusez un trou d'environ 50 cm de côté sur autant de profondeur, en ameublissant bien la terre. Effectuez un apport de matière organique bien décomposée et plantez en tassant. Arrosez, palissez.

2. Taillez

La taille de formation

Cultivée sur un support, la glycine ne nécessite pas de taille de formation. Contentez-vous de supprimer les tiges grêles et palissez les nouvelles pousses. La plante peut aussi être conduite en tige: torsadez ensemble les rameaux pour former un tronc, en vous aidant d'un tuteur; taillez court ensuite.

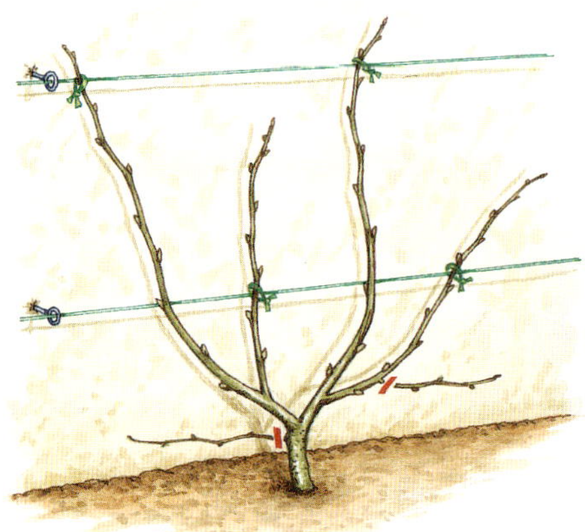

La taille d'entretien

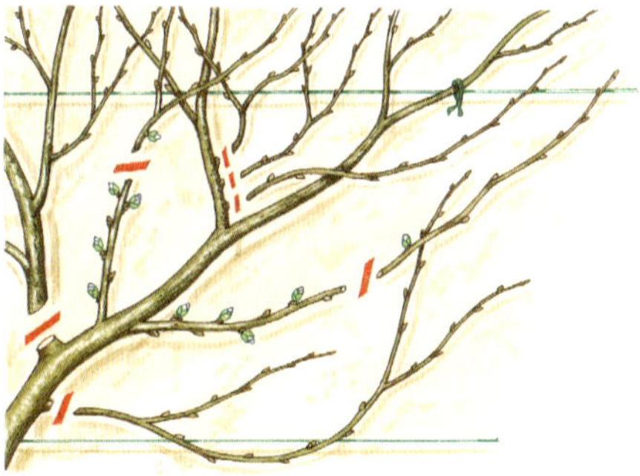

Chaque année, taillez le plus près possible de la charpente les tiges en surnombre et celles qui sont trop vigoureuses. Coupez les tiges portant des boutons à fleurs au-dessus du 4e bouton. Supprimez celles qui en sont dépourvues.

LES ESPÈCES ET VARIÉTÉS CONSEILLÉES

Wisteria floribunda (glycine du Japon) **'Alba'** ou **'Lipstick'** ou **'Pink Ice'** ou **'Royal Purple'** ou **'Violacea Plena'**

Wisteria sinensis (glycine de Chine).

3. Multipliez

La greffe

C'est la meilleure solution pour reproduire fidèlement la variété à multiplier. Elle se réalise sur *Wisteria sinensis* obtenue par marcottage, en incrustation en mars-avril (voir dessins) ou à l'anglaise simple en février-mars.

Apportez de l'engrais organique uniquement dans les terrains pauvres ; sinon, dans un sol trop riche, la floraison est moins abondante. Arrosez durant les étés chauds et secs, surtout les premières années. Entretenez le support, les tiges de la glycine sont capables de tordre des barres métalliques.

Groseillier à fleurs *Ribes sanguineum*

Le groseillier est planté dans le jardin d'ornement pour sa floraison printanière en grappes pendantes roses.

Difficulté ★

Arrosage

Maladies et parasites
Maladie du corail, oïdium, acarien, puceron

Hauteur
2 m

Largeur
2 m

Feuillage
Caduc, feuilles découpées en 5 lobes

Exposition
Soleil ou mi-ombre

Résistance au froid
– 15 °C

Sol
Ordinaire

Utilisation
En haie libre ou taillée, en massif, en isolé, en bac

Quand tailler ?
Après la floraison

Quand et comment cultiver ?

1. Plantez

Ouvrez un trou de plantation de 60 cm de côté sur autant de profondeur. Ameublissez le fond et les parois et placez votre arbuste au centre. Rebouchez en tassant la terre avec le pied et arrosez copieusement.

2. Taillez

La taille de formation

Si le sujet se présente à racines nues, épointez ces dernières lors de la plantation. Sur tous les sujets, rabattez ensuite les rameaux de la moitié de leur longueur.
La deuxième année, après la floraison, taillez les rameaux ayant fleuri d'un tiers de leur longueur, et les nouvelles pousses de moitié.

La taille d'entretien

La floraison passée, rabattez les tiges défleuries d'environ un tiers de leur longueur en coupant au-dessus d'un bourgeon dirigé vers l'extérieur du buisson. Supprimez le vieux bois et les pousses trop grêles.

LES VARIÉTÉS CONSEILLÉES

Ribes sanguineum
'King Edward VII'
ou 'Koja'
ou 'Pulborough Scarlet'
ou 'White Icicle'

Arrosez lorsque le temps est à la sécheresse. Un paillage conserve la fraîcheur du sol et limite la pousse des mauvaises herbes. Au printemps, après la taille, faites un labour superficiel d'entretien.

3. Multipliez

Le bouturage

Bouturez en mars, à partir de pousses terminales d'une vingtaine de centimètres de longueur. Supprimez la majeure partie du feuillage pour limiter l'évaporation.

Piquez directement les tiges dans le sol, en mélangeant à la terre du jardin du sable et de la tourbe.

Cet arbuste reperce assez bien sur le vieux bois. Pour éviter qu'il ne se dégarnisse de la base, rabattez-le sévèrement tous les 5 à 6 ans. Passez un mastic cicatrisant sur les plaies les plus importantes.

GROSSULARIACÉES

Hamamélis *Hamamelis x intermedia*

C'est au cœur de l'hiver, alors que tout est gelé aux alentours, que cet arbuste se plaît à nous offrir sa floraison jaune, parfois orangée. Ses fleurs ont des pétales filiformes qui les font ressembler à des araignées.

Difficulté ★

Arrosage

Maladies et parasites
Aucun(e)

Hauteur
1,50 à 5 m

Largeur
1,50 à 5 m

Feuillage
Caduc, devenant cuivré en automne

Exposition
Soleil ou mi-ombre

Résistance au froid
– 20 °C

Sol
Léger, frais

Utilisation
En massif, en isolé, en haie libre

Quand tailler ?
En mars-avril

Quand et comment cultiver ?

1. Plantez

De préférence en automne, ouvrez un trou de 80 cm de côté sur autant de profondeur. Allégez la terre du jardin avec du sable et de la tourbe si elle est compacte. Placez l'arbuste au centre et comblez en tassant avec le pied. Arrosez.

2. Taillez

La taille de formation

Le printemps qui suit la plantation, courant mars, rabattez les branches de moitié pour favoriser le départ de nouvelles pousses.
Recommencez l'année suivante en coupant toujours au-dessus d'un bourgeon dirigé vers l'extérieur du buisson.

La taille d'entretien

Une fois que la floraison est passée, rabattez les tiges les plus anciennes au-dessus de rameaux secondaires situés plus bas, tout en conservant une silhouette équilibrée. Les nouveaux rameaux nés à la base peuvent être taillés de moitié.

Après la taille, effectuez un labour superficiel du sol pour le nettoyer et l'aérer, puis étalez un paillis pour conserver l'humidité et bloquer la germination des mauvaises herbes. En été, complétez par des arrosages si le temps est sec.

LES VARIÉTÉS CONSEILLÉES

Hamamelis x intermedia 'Arnold Promise'
ou 'Diane'
ou 'Jelena'
ou 'Primavera'

3. Multipliez

Le bouturage

Le bouturage à talon, assez délicat, s'effectue en juillet à partir de rameaux latéraux.

Trempez leur base dans une poudre d'hormones et placez-les à l'étouffée, dans un mélange de sable et de tourbe.

La greffe

Il est aussi possible de greffer en fente sur un semis d'*H. virginiana*, au mois d'août.

Il existe d'autres espèces d'hamamélis, comme Hamamelis mollis, *aux fleurs jaunes très odorantes, haut de 3 à 5 m, ou* H. vernalis, *le « noisetier de la sorcière Ozark », dont un cultivar, 'Purple Seedling', porte de belles fleurs pourpres.*

MALVACÉES

Hibiscus *Hibiscus syriacus*

Grand arbuste ou petit arbre, cet hibiscus ne ressemble à ses cousins tropicaux que par la forme de ses fleurs. Chez nous, on l'appelle aussi « althéa » ou « mauve en arbre ». Ses fleurs en coupe s'épanouissent de juin à octobre.

Difficulté ★

Arrosage

Maladies et parasites
Puceron

Hauteur
3 m

Largeur
2,50 m

Feuillage
Caduc, vert foncé

Exposition
Soleil ou mi-ombre

Résistance au froid
– 15 °C

Sol
Ordinaire, tolère une terre légèrement calcaire

Utilisation
En massif, en isolé, en haie libre

Quand tailler ?
En février-mars

Quand et comment cultiver ?

1. Plantez

De préférence en automne, ouvrez un trou de 80 cm de côté sur autant de profondeur. Versez une fumure organique bien décomposée dans le fond et recouvrez d'un peu de terre avant de placer l'arbuste au centre. Comblez, tassez et arrosez.

2. Taillez

La taille de formation

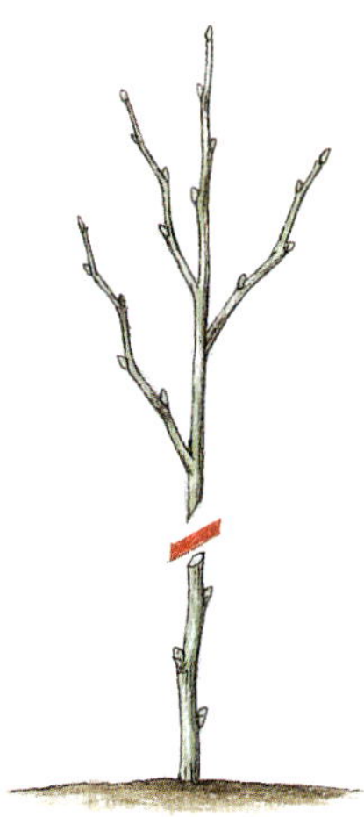

À la plantation, taillez les jeunes tiges à une vingtaine de centimètres au-dessus du sol pour favoriser leur ramification. La deuxième année, rabattez les pousses à 20 cm de leur point de naissance.

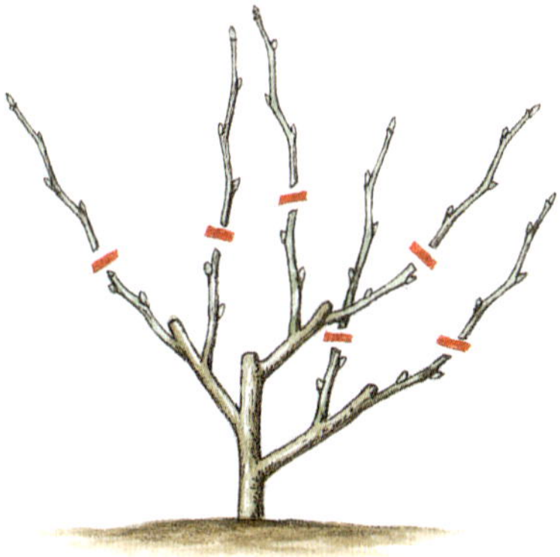

Recommencez l'année suivante pour obtenir un buisson bien dense.

LES VARIÉTÉS CONSEILLÉES

Hibiscus syriacus 'Diana'
ou 'Helena'
ou 'Lavander'
ou 'Chiffon'
ou 'Oiseau Bleu'

La taille d'entretien

Avant le départ de la végétation, taillez les pousses qui ont porté des fleurs l'année précédente, au-dessus de 2 bourgeons qui donneront de nouvelles tiges florifères. Supprimez les plus anciennes branches.

Après la taille, faites un labour superficiel du sol pour le nettoyer et l'aérer. En été, lorsqu'il fait sec, arrosez copieusement ; un paillage de la terre est utile. Plantez les espèces à fleurs doubles en plein soleil.

3. Multipliez

Le bouturage

Il est délicat. En juin, prélevez des pousses latérales, trempez leur base dans une poudre d'hormones puis piquez-les dans du terreau additionné de sable et de tourbe; placez le tout à l'étouffée.

Cet hibiscus peut aussi être conduit sur tige, comme un petit arbre. Il faut alors lui conserver un tronc central en éliminant les pousses latérales, et former une ramure à la hauteur voulue, en procédant comme pour le buisson.

La greffe

Vous pouvez aussi greffer en incrustation (voir dessins), en demi-fente ou à l'anglaise, en avril, sur franc.

HYDRANGÉACÉES

Hortensia *Hydrangea sp.*

Formes, feuilles et fleurs sont très diverses. Certaines espèces développent de gros buissons, tandis que d'autres grimpent sur le tronc des arbres. Les inflorescences sont rondes, plates ou coniques.

Difficulté ★

Arrosage 💧💧

Maladies et parasites
Araignée rouge, cochenille, puceron

Hauteur
1,50 à 8 m

Largeur
1 à 5 m

Feuillage
Caduc

Exposition
Soleil ou mi-ombre

Résistance au froid
– 10 °C

Sol
Humifère, neutre ou acide

Utilisation
En massif, en haie, en potée

Quand tailler ?
En mars-avril et en septembre (fleurs fanées)

Quand et comment cultiver ?

1. Plantez

Ouvrez un trou de 80 cm en tous sens. Si le sol est alcalin, remplacez-le par une terre neutre ou mélangez-lui de la terre de bruyère (la terre de bruyère pure ne convient pas). Tassez et arrosez copieusement suite à la plantation.

2. Taillez

La taille de formation

À la plantation, contentez-vous de supprimer les tiges chétives. Lorsque le jeune arbuste est défleuri, coupez les inflorescences.
L'année suivante, supprimez les tiges qui ont porté des fleurs, au profit de nouvelles pousses issues de la base.

La taille d'entretien

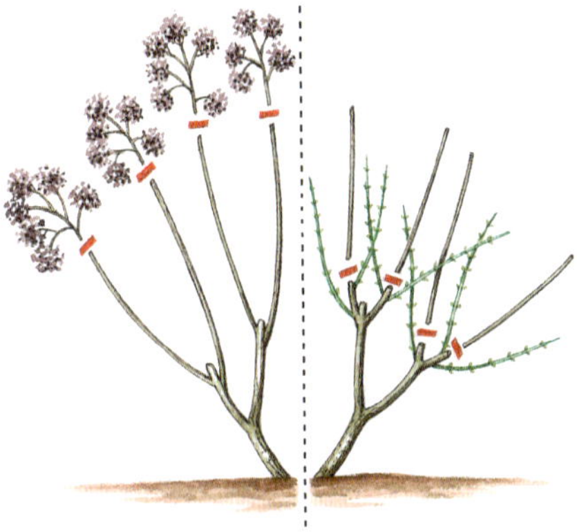

En septembre, coupez simplement les inflorescences fanées. En mars-avril de l'année suivante, rabattez les tiges qui ont fleuri au-dessus de nouvelles pousses. Ne touchez pas aux autres, elles vont fleurir dans l'année. Nettoyez le bois mort.

LES ESPÈCES CONSEILLÉES

Hydrangea macrophylla
Hydrangea paniculata
Hydrangea petiolaris
Hydrangea quercifolia

Le sol doit rester frais, aussi ne le laissez pas sécher, d'autant qu'il sera assez difficile à réhumidifier s'il comporte de la terre de bruyère. L'idéal est d'étaler un paillis au pied de chaque arbuste.

3. Multipliez

Le bouturage

Réalisez des boutures en août, à partir de pousses latérales de l'année.

Piquez-les dans un mélange de sable, de tourbe et de terre de bruyère, sous châssis.

Le marcottage

L'hortensia grimpant peut être multiplié par marcottage au printemps à partir des tiges les plus basses.

La suppression des fleurs fanées donne à l'arbuste un aspect net et assure le développement des nouvelles pousses. Faites sécher ces inflorescences, elles entreront dans la composition de bouquets secs pour la maison.

OLÉACÉES

Jasmin *Jasminum sp.*

Deux espèces sont principalement cultivées. L'une fleurit en hiver, apportant des touches jaunes dans la grisaille ambiante, l'autre s'épanouit en été et embaume de ses fleurs blanches les tonnelles sous lesquelles il fait bon flâner.

Difficulté ★

Arrosage

Maladies et parasites
Puceron

Hauteur
2 à 5 m

Largeur
2 à 4 m

Feuillage
Caduc

Exposition
Soleil ou mi-ombre

Résistance au froid
– 10 °C

Sol
Ordinaire, même légèrement acide

Utilisation
Habillage de mur, tonnelle, pergola, pylône, treillage

Quand tailler ?
En fin de printemps pour le jasmin d'hiver. Peu de taille pour l'espèce à floraison estivale

Quand et comment cultiver ?

1. Plantez

Ouvrez un trou de plantation d'un volume atteignant le double de celui de la motte. Émiettez bien la terre qui servira à reboucher le trou. Placez l'arbuste au centre et recouvrez le pied en tassant bien. Arrosez et palissez les jeunes tiges.

2. Taillez

La taille de formation

La taille de formation ne concerne que le jasmin d'hiver. Après la plantation, taillez la pointe des tiges existantes pour obtenir une division et un épaississement du buisson. Cette coupe facilite aussi la reprise. Palissez les tiges en les répartissant bien sur le support.

La taille d'entretien

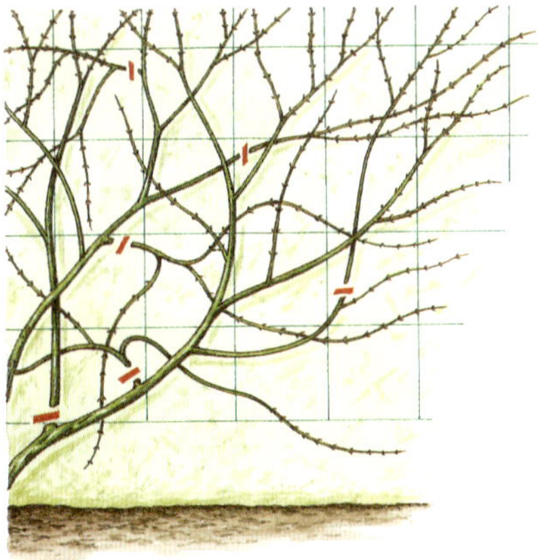

Le jasmin d'hiver se taille après la floraison. Supprimez une partie des rameaux anciens, ceux qui poussent dans tous les sens et s'enchevêtrent. Raccourcissez les pousses trop longues de tous les jasmins d'hiver ou d'été. Équilibrez le palissage pour obtenir une couverture la plus régulière possible.

Par temps très sec, arrosez et paillez pour conserver la fraîcheur du sol. À l'entrée de l'hiver, posez une protection (voile, paillasson) devant le jasmin d'été si vous habitez une région au froid rigoureux. Binez pour maintenir la terre propre.

LES ESPÈCES ET VARIÉTÉS CONSEILLÉES

Jasminum nudiflorum (jasmin d'hiver).

Jasminum officinale* f. *affine (jasmin d'été).
ou **'Argenteovariegatum'**
ou **'Aureum'**

3. Multipliez

Le bouturage

Le bouturage de tiges des jasmins d'hiver et d'été se réalise facilement en juin-juillet avec des pousses d'extrémité de 15 cm de longueur, piquées dans du sable et de la tourbe.

Le greffage du jasmin d'hiver en fente simple ou double sur* Jasminum officinale *se pratique entre mars et avril.

ROSACÉES

Laurier-cerise *Prunus laurocerasus*

Pour avoir une haie dense, toujours verte, isolante, voici un arbuste tout à fait indiqué. Ses feuilles coriaces, vert foncé, luisantes, masquent efficacement une vue inesthétique et protègent des regards ou du bruit.

Difficulté ★

Arrosage

Maladies et parasites
Aucun(e)

Hauteur
5 m

Largeur
3 m

Feuillage
Persistant

Exposition
Soleil ou mi-ombre

Résistance au froid
– 20 °C

Sol
Ordinaire, même calcaire

Utilisation
En haie libre ou taillée, en massif

Quand tailler ?
En mars et juin (formation), en mai et septembre (entretien)

Quand et comment cultiver ?

1. Plantez

Ce grand arbuste se plantant surtout en haie, il est plus simple de creuser une tranchée large de 80 cm et profonde d'autant. Ameublissez le sol et versez une fumure organique recouverte d'un peu de terre avant de placer les arbustes à 80 cm les uns des autres. Rebouchez, tassez et arrosez.

2. Taillez

La taille de formation

Lors de la plantation, réduisez de moitié la longueur des branches pour obtenir le départ de nouvelles pousses. En juin, taillez à nouveau à 80 cm du sol.

Les années suivantes, en mars et en juin, faites de même jusqu'à ce que la haie ait atteint la hauteur et l'épaisseur désirées.

LES ESPÈCES ET VARIÉTÉS CONSEILLÉES

Prunus laurocerasus
'Caucasica' ou 'Herbergii'
ou 'Mount Vernon'
ou 'Rotundifolia'

Prunus lusitanica

La taille d'entretien

En mai et en septembre, coupez les pousses qui déparent la silhouette de la haie. Utilisez un sécateur plutôt qu'une cisaille ou un taille-haie, car les feuilles coupées jaunissent. Les arbustes laissés libres ne sont pas taillés; nettoyez simplement le vieux bois.

Nettoyez le pied de la haie par un labour en fin d'hiver; vous aérerez en même temps le sous-sol. Étalez un paillis pour conserver la fraîcheur de la terre. Les premières années, apportez un engrais organique.

3. Multipliez

Le bouturage

Les boutures reprenant facilement, utilisez cette méthode pour reproduire cet arbuste. Opérez en septembre, à partir de pousses d'extrémité.

Trempez leur base dans une poudre d'hormones et piquez-les dans un mélange de sable et de tourbe, à l'étouffée.

Si votre arbuste a souffert du gel ou s'il se dégarnit de la base, n'hésitez pas à le rabattre sévèrement à 50 cm audessus du sol. Le vieux bois reperce facilement. Il ne vous restera plus qu'à reprendre les opérations de formation.

LAMIACÉES

Lavande *Lavandula angustifolia*

Synonyme de soleil et de chaleur, la lavande est un sous-arbrisseau qui forme une touffe compacte. Elle est utilisée pour décorer des massifs, mais aussi comme haie basse ou en bordure le long d'une allée. Ses fleurs sont mellifères et très odorantes.

Difficulté ★

Arrosage

Maladies et parasites
Aucun(e)

Hauteur
0,50 à 1 m

Largeur
0,60 à 1 m

Feuillage
Persistant, gris argenté

Exposition
Plein soleil

Résistance au froid
– 10 °C

Sol
Pauvre, calcaire, sec

Utilisation
En massif, en bordure, en rocaille

Quand tailler ?
En mars-avril et septembre

Quand et comment cultiver ?

1. Plantez

Ouvrez un trou de 60 cm de largeur et de profondeur, ou au moins du double du volume de la motte. Faites tremper la motte si elle est sèche, puis installez-la au milieu du trou. Rebouchez en tassant la terre et arrosez copieusement.

2. Taillez

La taille de formation

Cet arbuste prend naturellement une forme arrondie. Favorisez le départ des pousses, en coupant tous les rameaux de la moitié de leur longueur lors de la plantation.

En septembre, coupez les tiges qui ont fleuri.

LES ESPÈCES ET VARIÉTÉS CONSEILLÉES

Lavandula angustifolia 'Hidcote Blue' ou 'Rosea'

Lavandula x *intermedia* 'Grosso'

Lavandula stoechas

La taille d'entretien

Elle consiste, en mars-avril, à redonner une forme régulière au buisson en l'égalisant avec un sécateur, ou une cisaille à haie si vous possédez de nombreux pieds. En septembre, après la floraison, vous pouvez couper les tiges défleuries.

Les anciens pieds de lavande se dégarnissent de la base s'ils ne sont pas taillés régulièrement. Vous pouvez tenter une taille de restauration en revenant près de la souche, mais le vieux bois reperce difficilement.

3. Multipliez

Le bouturage

Il est délicat. Il s'effectue en mai, à partir de pousses d'extrémité, piquées dans du sable et placées à l'étouffée sous châssis.

Arrosez uniquement lorsqu'il fait très sec ; mais même alors, la lavande peut très bien se passer d'eau. Nettoyez régulièrement le pied des mauvaises herbes qui pourraient s'immiscer entre les pousses. Récoltez les fleurs pour leur parfum.

Le marcottage

Au printemps, vous pouvez aussi réaliser un marcottage par buttage en relevant la terre tout autour du pied. Détachez ensuite les rameaux qui ont formé des racines.

OLÉACÉES

Lilas *Syringa vulgaris*

Il est difficile de se passer de cet arbuste, tant sa magnifique floraison printanière embaume le jardin. Le coloris de ses fleurs va du blanc immaculé au mauve en passant par le rouge, le rose et le bleu.

Difficulté ★

Arrosage

Maladies et parasites
Acarien, cochenille, otiorhynque, psylle, puceron, thrips

Hauteur
5 à 6 m

Largeur
3 à 4 m

Feuillage
Caduc, feuilles en forme de cœur

Exposition
Soleil ou mi-ombre

Résistance au froid
– 20 °C

Sol
Ordinaire, bien drainé

Utilisation
En haie libre, en massif, en isolé

Quand tailler ?
En mai

Quand et comment cultiver ?

1. Plantez

Creusez un trou de 60 à 80 cm de côté sur autant de profondeur, selon la grosseur de la motte. Cet arbuste peut aussi être planté à racines nues. Ajoutez une fumure organique dans le fond du trou. Placez le sujet, comblez, tassez et arrosez.

2. Taillez

La taille de formation

Si vous plantez un sujet à racines nues, épointez ces dernières puis rabattez les branches de la moitié de leur longueur.
S'il est en motte, ne faites rien jusqu'à la floraison. Vous raccourcirez de moitié les rameaux ayant porté des fleurs, après la défloraison.

La taille d'entretien

Les boutons floraux venant sur les rameaux nés l'année précédente, coupez toutes les branches qui ont porté des fleurs au-dessus d'un jeune bourgeon situé plus bas. Nettoyez l'arbuste du bois mort et des pousses malingres.

Éliminez les drageons, nombreux. Par temps très sec, arrosez car le manque d'eau compromet la floraison suivante, et épandez un paillis. Nettoyez le pied par des binages et des labours superficiels.

LES VARIÉTÉS CONSEILLÉES

Syringa vulgaris 'Charles X'
ou 'Comtesse d'Harcourt'
ou 'Mme Lemoine'
ou 'Président Grévy'

3. Multipliez

Le bouturage

Il se fait à talon, à partir de pousses d'extrémité, entre avril et juin.

Trempez la base des tiges dans une poudre d'hormones et placez-les à l'étouffée.

La greffe

En juin-juillet, vous pouvez aussi greffer une variété en écusson sur *Ligustrum vulgare* (troène), pour obtenir des sujets plus vigoureux.

Le lilas est un arbuste qui émet de nombreux drageons à sa base. Dès leur apparition, supprimez-les car ils épuisent le végétal. Ne les employez pas pour multiplier la plante, vous en auriez encore plus.

BERBÉRIDACÉES

Mahonia *Mahonia aquifolium*

Avec des feuilles larges et pourvues d'épines, le mahonia se pare, au printemps, de grappes de fleurs jaune intense qui laissent ensuite la place à des baies bleu foncé.

Difficulté ★

Arrosage

Maladies et parasites
Oïdium, rouille

Hauteur
2 m

Largeur
2 m

Feuillage
Persistant, coriace, rougissant en automne

Exposition
Soleil, mi-ombre ou ombre

Résistance au froid
– 20 °C

Sol
Ordinaire, même calcaire

Utilisation
En haie libre, en massif, en isolé, en bac

Quand tailler ?
En avril

Quand et comment cultiver ?

1. Plantez

Portez des gants pour planter cet arbuste, car il ne manque pas de piquants ! Creusez un trou de 60 cm de côté sur autant de profondeur et versez une fumure organique bien décomposée avant de placer le sujet. Rebouchez, tassez et arrosez.

2. Taillez

La taille de formation

L'arbuste prend naturellement sa silhouette définitive, mais taillez néanmoins les branches de la moitié de leur longueur lors de la plantation. Vous assurerez une plus grande ramification en taillant les branches du tiers de leur longueur l'année suivante, après la floraison.

La taille d'entretien

Une fois la floraison passée, taillez d'environ un tiers de leur longueur les tiges ayant porté des fleurs. De temps en temps, supprimez aussi les branches âgées pour favoriser le départ de nouvelles pousses afin que la base ne se dégarnisse pas trop.

Arrosez durant les fortes chaleurs et nettoyez le pied par des binages et un bon paillage estival. Cet arbuste est parfois attaqué par l'oïdium, une maladie qui couvre le feuillage d'une pruine blanchâtre. Traitez dès les premiers symptômes.

LES ESPÈCES ET VARIÉTÉS CONSEILLÉES

Mahonia aquifolium 'Apollo'

Mahonia japonica

Mahonia x *media* 'Charity'

Mahonia x *wagneri* 'Undulata'

3. Multipliez

Le semis

Le semis de graines en automne ne reproduit pas toujours fidèlement la plante mère.

Le mahonia a besoin d'espace. Ne le plantez pas trop près de ses voisins: espacez les pieds d'au moins 1,50 m. Pour une haie défensive, un intervalle de 1 m suffit, mais veillez à ce que le pied ne se dégarnisse pas.

Le bouturage

En août-septembre, il s'effectue à partir de pousses prélevées sur des rameaux latéraux. Trempez leur base dans une poudre d'hormones et piquez-les sous châssis à 18-20 °C.

La division

Vous pouvez aussi diviser cette espèce drageonnante au printemps.

MIMOSACÉES

Mimosa *Acacia dealbata*

Avec son parfum enivrant, le mimosa est soit un arbre, certaines espèces dépassant 10 m de hauteur, soit un arbuste, d'autres atteignant difficilement 3 m. Toujours est-il que sa floraison hivernale est spectaculaire.

Difficulté ★★

Arrosage

Maladies et parasites
Cicadelle

Hauteur
3 à 12 m

Largeur
2 à 5 m

Feuillage
Persistant, très fin, gris-vert

Exposition
Plein soleil

Résistance au froid
– 5 °C

Sol
Riche, sans calcaire

Utilisation
En haie libre, en massif, en isolé

Quand tailler ?
Après la floraison

Quand et comment cultiver ?

1. Plantez

Prévoyez un trou d'environ 60 à 80 cm selon la grosseur de la motte. Ameublissez le fond et les parois du trou. Placez un tuteur légèrement décalé par rapport au centre. Installez le sujet, puis rebouchez en tassant la terre avec le pied. Terminez en arrosant.

2. Taillez

La taille de formation

Lors de la plantation, rabattez les jeunes pousses pour obtenir une division des tiges et un épaississement de la touffe. Faites de même la deuxième année, lorsque l'arbuste est complètement défleuri.

La taille d'entretien

Une fois la floraison terminée, raccourcissez de moitié les rameaux ayant porté des fleurs. Coupez au ras du sol les plus vieilles tiges de façon à renouveler la végétation et éviter que l'arbuste ne se dégarnisse de la base.

LES ESPÈCES ET VARIÉTÉS CONSEILLÉES

Acacia dealbata 'Étincelle' ou 'Gaulois Astier' ou 'Mirandole'

Acacia retinodes

Après la taille d'entretien, effectuez un apport d'engrais organique. Dans les sols pauvres, un second apport peut être nécessaire au début de l'été. Arrosez copieusement durant les périodes de sécheresse.

3. Multipliez

Le semis

Le semis est possible au printemps.

La division

On peut aussi pratiquer, à la même époque, la division à partir des rejets qui se forment à la base de la touffe.

La greffe

Si votre terre est plutôt alcaline, greffez sur *Acacia retinodes*, en demi-fente en février-mars (voir dessins), ou par approche entre juin et août.

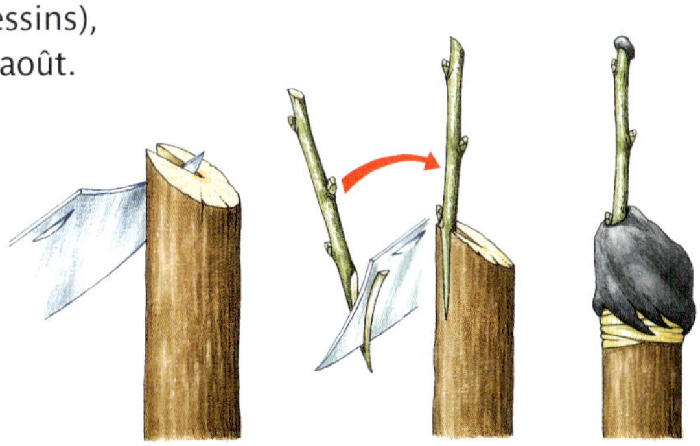

Le mimosa est un arbuste frileux, à réserver aux régions tempérées. Si les gelées risquent d'endommager l'arbuste, enveloppez-le dans un voile d'hivernage. Mais vous risquez alors de ne pas profiter de sa floraison.

RUTACÉES

Oranger du Mexique *Choisya ternata*

Cet arbuste préfère les situations abritées. Au sein d'un massif, il sera protégé, mais vous ne profiterez pas de sa floraison parfumée.

Difficulté ★

Arrosage

Maladies et parasites
Acarien

Hauteur
2 m

Largeur
1,50 m

Feuillage
Persistant, parfumé

Exposition
Plein soleil

Résistance au froid
– 5 °C

Sol
Ordinaire, sans calcaire

Utilisation
En haie libre, en massif, en isolé, en bac

Quand tailler ?
En mars

Quand et comment cultiver ?

1. Plantez

Ouvrez un trou d'environ 60 cm de côté sur autant de profondeur. Ameublissez le fond et les parois. Une fumure organique jetée dans le fond favorise la reprise; recouvrez d'un peu de terre et placez l'arbuste au centre. Rebouchez, tassez et arrosez.

2. Taillez

La taille de formation

Il n'y a pas de taille de formation proprement dite, l'arbuste développant sa forme adulte naturellement, mais vous pouvez encourager la ramification de la ramure en raccourcissant les pousses de moitié à la plantation. Faites de même la deuxième année. Vous obtiendrez un buisson dense, beaucoup plus florifère.

La taille d'entretien

Contentez-vous de maintenir la silhouette équilibrée en taillant les pousses qui déparent la forme et celles qui croissent trop à l'intérieur, pour aérer le buisson. Supprimez le bois mort et les tiges trop grêles.

Nettoyez le pied des mauvaises herbes par un labour superficiel au printemps. Étalez un paillis pour bloquer leur germination et maintenir le sol frais. Arrosez par temps très sec.

LES VARIÉTÉS CONSEILLÉES

Choisya ternata
'Aztec Pearl'
ou 'Goldfinger'
ou 'Sundance'

3. Multipliez

Le bouturage

Il est très facile, choisissez cette méthode. Prélevez des boutures sur les pousses latérales en juillet ou août.

Piquez-les dans un mélange de tourbe et de sable, sous châssis et à l'étouffée. Protégez du froid en hiver.

Il peut arriver que, par temps très froid, l'extrémité des pousses gèle et noircisse. Attendez la fin de l'hiver et coupez les parties atteintes, le reste de l'arbuste n'a sans doute pas été touché.

OLÉACÉES

Osmanthe *Osmanthus* sp.

Proches des houx par leurs feuilles coriaces et garnies de piquants, les osmanthus sont de petits arbustes qui portent des fleurs blanches au printemps ou en automne, selon les espèces, souvent suivies de baies bleu noirâtre.

Difficulté ★

Arrosage

Maladies et parasites
Aucun(e)

Hauteur
1,50 à 4 m

Largeur
2 à 4 m

Feuillage
Persistant, coriace, brillant

Exposition
Mi-ombre ou ombre

Résistance au froid
– 10 °C

Sol
Ordinaire, même calcaire

Utilisation
En haie libre, en massif

Quand tailler ?
Après la floraison

Quand et comment cultiver ?

1. Plantez

Creusez un trou d'environ 60 cm de côté sur autant de profondeur pour un sujet planté en massif ou une tranchée de mêmes dimensions pour une haie. Placez le ou les arbustes et rebouchez en tassant bien la terre. Arrosez copieusement.

2. Taillez

La taille de formation

À la plantation, coupez d'environ un tiers de leur longueur les jeunes rameaux pour les diviser et obtenir une plante plus trapue et bien dense. Renouvelez cette opération l'année suivante, après la floraison.

La taille d'entretien

Elle n'est pas toujours nécessaire, mais lorsqu'une branche nuit à la silhouette générale, n'hésitez pas à la tailler. Pour les sujets plantés en haie, égalisez la forme afin que tous les arbustes aient la même hauteur.

LES ESPÈCES ET VARIÉTÉS CONSEILLÉES

Osmanthus x burkwoodii

Osmanthus delavayi

Osmanthus heterophyllus 'Goshiki' ou 'Purpureus'

Les premiers mois qui suivent la plantation, arrosez copieusement, surtout si le temps est sec. Désherbez au pied pour maintenir le sol propre. En février, faites un labour superficiel pour aérer le sous-sol. Paillez pour conserver une terre fraîche.

3. Multipliez

Le bouturage

Bien qu'il soit très délicat, le bouturage est la méthode la plus rapide pour reproduire cet arbuste.

En août, prélevez des boutures à talon sur des rameaux latéraux, trempez leur base dans une poudre d'hormones et piquez-les sous châssis, à l'étouffée.

Installez votre osmanthe en situation abritée car il craint les grands froids. Un paillis de feuilles sèches ou de paille, en automne, le protégera tout l'hiver.

PASSIFLORACÉES

Passiflore *Passiflora caerulea*

La passiflore est une grimpante aux fleurs curieuses, censées reproduire les symboles de la crucifixion. En climat chaud, elles produisent des fruits comestibles : les maracujas, dont on peut faire de délicieux jus.

Difficulté ★★

Arrosage

Maladies et parasites
Puceron

Hauteur
5 à 10 m

Largeur
3 à 6 m

Feuillage
Persistant sous climat doux

Exposition
Soleil

Résistance au froid
5 °C

Sol
Riche et humifère

Utilisation
Habillage de treillage, tonnelle, pylône, mur, véranda

Quand tailler ?
En automne

Quand et comment cultiver ?

1. Plantez

En dehors de la région méditerranéenne, choisissez un endroit abrité, bien exposé au soleil, pour ouvrir un trou de 50 cm de côté sur autant de profondeur. Placez votre plante au centre et rebouchez en tassant. Arrosez et palissez.

2. Taillez

La taille de formation

Après la plantation, raccourcissez légèrement les pousses pour provoquer le départ de nouvelles tiges qui épaissiront la touffe. Les rameaux, pourvus de vrilles, s'accrochent seuls sur leur support, mais aidez-les à couvrir ce dernier en les plaçant de manière équitable.

La taille d'entretien

Si le climat n'autorise pas la mise à fruits, taillez les rameaux lorsqu'ils sont défleuris en les raccourcissant de la moitié de leur longueur. Rééquilibrez la répartition des branches. Changez les attaches trop anciennes.

La passiflore ne résiste pas au gel. En hiver, recouvrez le pied avec un paillis épais et abritez les branches en posant un voile de protection. Si des tiges sont abîmées par le froid, coupez-les au ras du sol, le pied peut très bien repartir. Arrosez pendant les étés chauds et secs.

LES VARIÉTÉS CONSEILLÉES

Passiflora caerulea 'Constance Elliott'

Passiflora edulis

3. Multipliez

Le semis

Le semis est possible toute l'année à partir de graines mises à tremper 24 heures dans de l'eau tiède.

Il est facile de cultiver une passiflore dans une véranda, en la palissant contre un mur ou sur un treillage servant de séparation. En hiver, ne chauffez pas trop et en été, aérez bien tout en maintenant une atmosphère humide.

Le bouturage

Le bouturage de tronçons de tiges, en mai-juin, placées sous miniserre, à la chaleur (25 °C) et à l'humidité, s'avère plus facile.

ROSACÉES

Photinia *Photinia sp.*

Décoratif toute l'année, cet arbuste est magnifique au printemps, à l'apparition des nouvelles pousses. Tiges et feuilles sont en effet d'un rouge éclatant, virant au vert ensuite. La floraison blanc rosé en début d'été est suivie de baies rouges.

Difficulté ★

Arrosage (2 arrosoirs)

Maladies et parasites
Aucun(e)

Hauteur
1,50 à 4 m

Largeur
1,50 à 3 m

Feuillage
Persistant, vert brillant

Exposition
Plein soleil

Résistance au froid
– 10 °C

Sol
Ordinaire, sans calcaire

Utilisation
En haie libre ou taillée, en massif, en bac

Quand tailler ?
Durant l'été

Quand et comment cultiver ?

1. Plantez

Pour assurer une bonne reprise, creusez un trou d'environ 60 cm en tous sens. Pour une haie, ouvrez une tranchée de mêmes dimensions. Installez le ou les arbustes, rebouchez ensuite en tassant avec le pied. Arrosez copieusement.

2. Taillez

La taille de formation

Pour obtenir une bonne ramification, raccourcissez de moitié les jeunes rameaux lors de la plantation. La deuxième année, faites de même. Pour les haies taillées, procédez de cette façon jusqu'à ce que la hauteur voulue soit atteinte.

La taille d'entretien

Lorsque la floraison est terminée, raccourcissez les rameaux de moitié, de façon à provoquer le départ de nouvelles pousses rouges au printemps suivant. Pour une haie, taillez lorsque les pousses sont devenues vertes.

Labourez au pied en février ou mars pour nettoyer le terrain et aérer le sous-sol. Paillez ensuite afin de conserver un terrain propre et un sol humide. Arrosez abondamment par temps très sec.

LES ESPÈCES ET VARIÉTÉS CONSEILLÉES

Photinia davidiana 'Palette'

Photinia x *fraseri* 'Red Robin'

Photinia serratifolia syn. *P. serrulata*

3. Multipliez

Le bouturage

Il est assez délicat. Prélevez des boutures de 15 centimètres de longueur environ sur des rameaux latéraux semi-aoûtés, en août ou septembre.

Piquez-les sous châssis dans un mélange léger, un peu acide.

Groupez plusieurs arbustes pour obtenir un effet encore plus spectaculaire, en les associant à des espèces à floraison printanière que leur feuillage rouge mettra bien en valeur.

ÉRICACÉES

Rhododendron

Rhododendron sp.

Porteurs de très grosses fleurs au printemps, cet arbuste peut devenir très imposant en vieillissant, mais sa croissance est lente. Donnez-lui un terrain acide, avec un pH compris entre 4 et 6.

Difficulté ★

Arrosage 🚿🚿

Maladies et parasites
tache foliaire, acarien, cicadelle, otiorhynque

Hauteur
0,50 à 10 m

Largeur
1 à 5 m

Feuillage
Persistant

Exposition
Mi-ombre ou ombre

Résistance au froid
– 10 °C

Sol
Acide (terre de bruyère)

Utilisation
En massif, en isolé, en sous-bois

Quand tailler ?
Nettoyage des fleurs fanées

Si votre rhododendron se dégarnit de la base avec l'âge, rabattez les tiges à 30 cm au-dessus du sol.

Quand et comment cultiver ?

1. Plantez

Si votre terrain n'est pas suffisamment acide, ouvrez un trou d'au moins 1 m de côté sur autant de profondeur. Tapissez les parois avec un feutre. Remplissez la fosse de terre de bruyère. Plantez l'arbuste et tassez avant d'arroser copieusement.

2. Taillez

La taille de formation

Les 2 années suivant la plantation, pincez simplement le bourgeon terminal des jeunes rameaux pour favoriser une ramification. Le rhododendron prendra ensuite sa forme naturellement.

La taille d'entretien

Elle se résume à supprimer les fleurs lorsqu'elles sont fanées. Procédez en prenant le bouquet entre vos doigts et en lui faisant faire un quart de tour. Ne supprimez que le bois mort.

Le plus important est de veiller à ce que la terre de bruyère ne s'assèche pas. D'une part, elle serait très difficile à réhumidifier et d'autre part, la sécheresse entraînerait l'avortement des boutons floraux qui se forment au cours de l'été.

LES ESPÈCES ET VARIÉTÉS CONSEILLÉES

Rhododendrons à petit développement

Rhododendron 'Baden-Baden';
ou 'Dora Amateis';
ou 'Ginny Gee' ou 'Glacier'.

Rhododendrons à grand développement

Rhododendron 'Sappho';
Rhododendron ponticum;
Rhododendron yakushimanum.

3. Multipliez

Le bouturage

En mai-septembre, prélevez l'extrémité des rameaux latéraux sur une quinzaine de centimètres de longueur.

Trempez la base des tiges dans une poudre d'hormones puis piquez-les dans des godets remplis de tourbe pure. Placez sous châssis, à l'étouffée.

ROSACÉES

Rosier *Rosa sp.*

Le genre *Rosa* compte plus de 150 espèces et plusieurs centaines de variétés, anciennes ou modernes, qui font de cette fleur la reine des jardins. Tapissants, buissonnants, sarmenteux, les rosiers connaissent des utilisations aussi nombreuses que diverses.

Difficulté ★

Arrosage

Maladies et parasites
Marsonia, oïdium, rouille, acarien, cécidomyie, puceron

Hauteur
0,15 à 8 m

Largeur
0,10 à 5 m

Feuillage
Caduc ou persistant

Exposition
Soleil ou mi-ombre

Résistance au froid
– 20 °C

Sol
Ordinaire, légèrement argileux

Utilisation
En haie libre, en massif, en isolé, en habillage de mur

Quand tailler ?
En mars pour les remontants, après la floraison pour les non-remontants

Quand et comment cultiver ?

1. Plantez

Un rosier à racines nues

Plantez en automne. Coupez l'extrémité des racines pour les rafraîchir et les branches à la moitié de leur longueur. Placez le sujet dans le trou en veillant à ce que le point de greffe ne soit pas enterré lors du rebouchage. Tassez ensuite bien la terre et arrosez copieusement. Si votre terre est plutôt calcaire, effectuez un apport de tourbe brune ou de terre de bruyère avant de reboucher le trou, qui doit être d'environ 60 cm en tous sens. Apportez ensuite un engrais organique lors de la plantation.

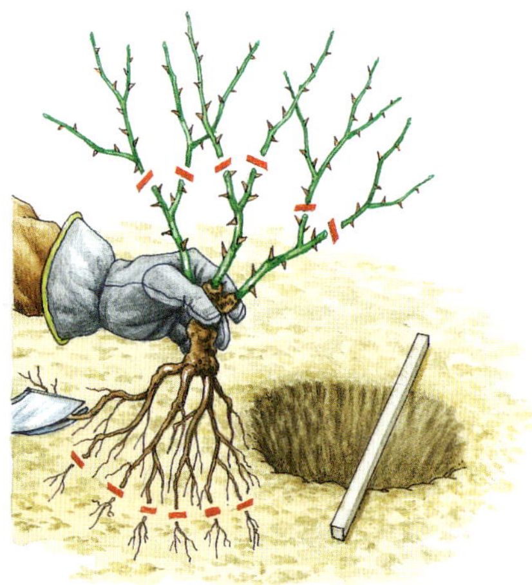

Un rosier en motte

Plantez entre novembre et mars, en dehors des périodes de gel. Placez le rosier au centre du trou, le haut de la motte affleurant le niveau du sol pour que le point de greffe ne soit pas enterré. Rebouchez, tassez la terre et arrosez abondamment.

2. Taillez

Un rosier buisson

La taille d'entretien

La deuxième année suivant la plantation, rabattez les branches en laissant 2 à 3 bourgeons à partir de la base sur les rosiers à faible végétation, 4 ou 5 sur les sujets vigoureux. Taillez toujours sur un œil dirigé vers l'extérieur. Ne conservez que 5 à 6 branches en supprimant les plus anciennes.

Il n'y a pas de taille de formation, le rosier ayant été préparé lors de la plantation.

Un rosier grimpant ou liane

La taille de formation

Au cours de la première année, palissez les pousses au fur et à mesure de leur développement. L'année suivante, réduisez les tiges principales d'un tiers et taillez les pousses latérales entre 2 et 5 yeux selon la vigueur. Continuez ainsi les 2 années suivantes, en palissant les branches presque à l'horizontale, ce qui favorise la ramification.

Les rosiers miniatures et les rosiers couvre-sol ne nécessitent qu'une simple taille de nettoyage: éliminez les tiges anciennes, le bois mort, les pousses grêles. En fin de saison de floraison, vous pouvez rabattre toutes les branches des rosiers buissons à 50 cm audessus du sol pour que le massif conserve un aspect propre.

LES TYPES CONSEILLÉS

Miniatures

Fleurs très petites, à installer dans des potées et des jardinières; hauteur maximale: 40 cm.

Couvre-sol

Longues tiges coureuses, garnies de nombreuses petites fleurs simples ou doubles; étalement: jusqu'à 1,75 m; hauteur: 60 cm.

Buissons à grandes fleurs (hybrides de thé)

Roses généralement uniflores, idéales pour les fleurs coupées; hauteur: jusqu'à 1,50 m.

Buissons à fleurs groupées moyennes (*floribunda*)

Pour massifs et fleurs coupées; vigoureux et florifères; hauteur: jusqu'à 1,50 m.

La taille d'entretien

Lorsque l'arbuste a atteint sa taille adulte, supprimez régulièrement les branches les plus âgées pour favoriser le départ de nouvelles pousses à partir de la base. Taillez les autres comme cela est décrit pour la taille de formation.

Un rosier arbuste (paysage)

Les tailles de formation et d'entretien

La taille de formation consiste simplement à rabattre les branches d'un tiers la première année de plantation. Par la suite, taillez les branches principales des deux tiers et les latérales d'un tiers, au-dessus d'un œil dirigé vers l'extérieur. Supprimez le bois mort.

Sauf pour les rosiers dont les fruits sont décoratifs, supprimez les fleurs (en taillant la tige 2 feuilles plus bas) dès qu'elles sont fanées, de façon à provoquer la remontée de nouveaux boutons. Au printemps, apportez une fumure organique à enfouir par un léger griffage, ou étalez un paillis pour conserver un sol propre. Supprimez les gourmands qui se développent à la base du rosier, en dessous du point de greffe. En hiver, remontez la terre au pied des variétés fragiles pour les protéger des gelées.

3. Multipliez

Le bouturage

Le bouturage d'un rosier est délicat. Il se pratique en septembre sur des rameaux latéraux, aoûtés. Coupez chaque extrémité de la bouture et piquez-la en l'enterrant des deux tiers sous un châssis dans un mélange à parts égales de terre végétale, de tourbe et de terreau de feuilles.

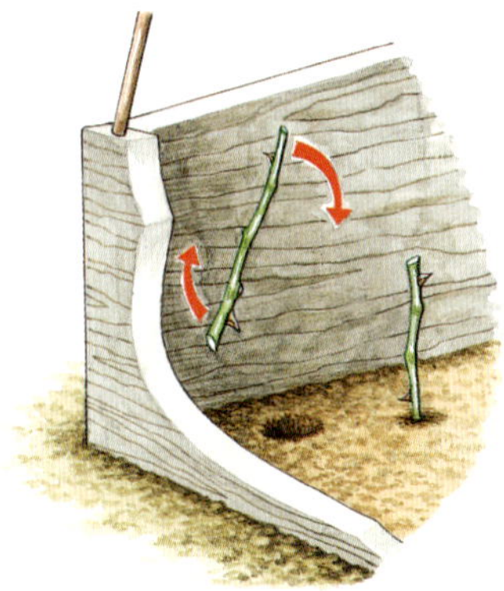

La greffe

Préférez le greffage en écusson, plus rapide. Il a lieu en juillet et août, généralement sur *Rosa canina*. Prélevez le greffon sur un rameau sain et bien formé.

Ligaturez après mise en place, sans trop serrer pour ne pas étrangler le porte-greffe.

LES TYPES CONSEILLÉS

Buissons à fleurs groupées petites (*polyantha*)
Pour massifs et bordures; hauteur: jusqu'à 90 cm.

Paysages
Pour former des haies fleuries ou de très gros massifs; hauteur: jusqu'à 2 m; largeur: 1,50 m.

Grimpants
Pour habiller un mur, une tonnelle, une pergola; hauteur et largeur: 2 à 5 m.

Lianes
À installer au pied d'un arbre ou d'une clôture; longueur: jusqu'à 8 m.

Roses « anglaises »
Ressemblent à des rosiers anciens mais sont remontants; hauteur: jusqu'à 1,50 m.

LAMIACÉES

Sauge de Sibérie

Perovskia atriplicifolia

Le feuillage de ce sous-arbrisseau dégage une odeur de sauge lorsqu'on le froisse. En été, la plante se pare d'innombrables petites fleurs bleues qui naissent en panicules vaporeuses.

Difficulté ★★

Arrosage

Maladies et parasites
Cicadelle, puceron

Hauteur
1,50 m

Largeur
1,50 m

Feuillage
Caduc, argenté, feuilles très découpées

Exposition
Plein soleil

Résistance au froid
– 5 °C

Sol
Plutôt pauvre et sec; tolère le calcaire

Utilisation
En massif, en bordure, en rocaille

Quand tailler ?
En mars

Quand et comment cultiver ?

1. Plantez

Avec une bêche, ouvrez un trou du double du volume de la motte, et d'au moins 40 à 60 cm de côté et de profondeur. Comblez autour de la motte. Tassez bien la terre au pied de la sauge et arrosez copieusement.

2. Taillez

La taille de formation

Lors de la plantation, et si l'arbuste est présenté à racines nues, coupez l'extrémité de ces dernières. Réduisez ensuite d'un tiers la longueur des tiges.
L'année suivante, rabattez sévèrement toutes les branches, au-dessus de bourgeons apparents.

La taille d'entretien

Tous les ans, supprimez la totalité des tiges, en laissant simplement 2 bourgeons au-dessus de la souche. Ce sont ces nouvelles pousses qui porteront les fleurs et la touffe restera ainsi plus compacte.

LES VARIÉTÉS CONSEILLÉES

Perovskia atriplicifolia
'Blue Spire'
ou 'Little Spire'
ou 'Superba'

La sauge de Sibérie ne demande pratiquement aucun soin. Évitez de trop l'arroser, car un excès d'humidité entraîne le pourrissement de ses tiges. Il n'est pas non plus nécessaire de fertiliser. Maintenez le sol propre autour du pied par des binages réguliers.

3. Multipliez

Le bouturage

Il se pratique en mai-juin, à partir de rameaux latéraux. Prélevez des boutures de 10 cm de longueur que vous piquerez dans un mélange de sable et de tourbe, sous châssis.

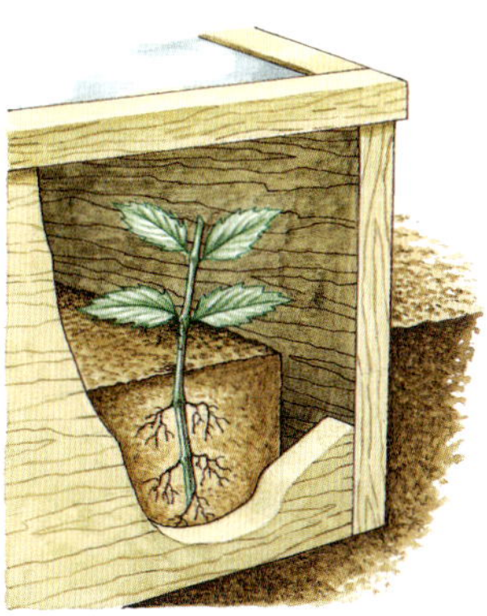

Rempotez lorsque l'enracinement est effectif, avant la mise en place au printemps.

Bien qu'il s'agisse d'une espèce arbustive, la sauge de Sibérie est cultivée comme une plante vivace. Plutôt frileuse, elle demande un emplacement abrité et ensoleillé, et une protection hivernale dans les régions à fortes gelées.

HYDRANGÉACÉES

Seringat *Philadelphus coronarius*

La floraison de cet arbuste dégage un parfum exceptionnel qui embaume l'air du jardin en mai et juin. Très rustique, le seringat pousse partout et demande un minimum de soins. Il a donné naissance à de nombreux hybrides, à fleurs simples ou doubles.

Difficulté ★

Arrosage

Maladies et parasites
Oïdium, puceron

Hauteur
3 m

Largeur
2 m

Feuillage
Caduc, vert foncé

Exposition
Soleil ou mi-ombre

Résistance au froid
– 15 °C

Sol
Ordinaire

Utilisation
En massif, en haie fleurie

Quand tailler ?
Après la floraison

Quand et comment cultiver ?

1. Plantez

Pour assurer la reprise, creusez un trou de plantation d'environ 60 cm de côté et de profondeur. Ameublissez le fond et les parois et installez votre sujet au milieu de la fosse. Rebouchez en tassant la terre avec le pied et arrosez copieusement.

2. Taillez

La taille de formation

À la plantation, et si l'arbuste est présenté à racines nues, taillez l'extrémité de ces dernières pour les rafraîchir. Rabattez ensuite les tiges des deux tiers de leur longueur pour entraîner une ramification.
Laissez le sujet se développer l'année suivante sans le tailler.

La taille d'entretien

Lorsque la floraison est terminée, supprimez les branches qui ont porté des fleurs en les taillant au-dessus de jeunes pousses situées près de la souche. Éliminez les tiges grêles ou qui sont mal dirigées et déparent la silhouette de l'arbuste.

Maintenez le sol propre au pied du sujet en effectuant un labour superficiel au printemps, qui aura aussi pour effet de décompacter et d'aérer la terre. Binez ensuite ou étalez un paillis. Il n'est pas nécessaire de fertiliser, ni d'arroser sauf en cas de très forte sécheresse.

LES VARIÉTÉS CONSEILLÉES

Philadelphus coronarius 'Aureus'

Philadelphus 'Belle Étoile' ou 'Natchez' ou 'Snowbelle'

3. Multipliez

Le bouturage

En juin, prélevez des boutures d'une douzaine de centimètres de longueur à l'extrémité des pousses.

Supprimez une partie du feuillage et piquez les tiges dans un mélange de sable et de tourbe, sous châssis, à l'étouffée. Rempotez avant la mise en place définitive.

Après une dizaine d'années de végétation, il arrive que le seringat se dégarnisse, en émettant peu de nouvelles pousses. Vous n'avez alors pas d'autre solution que de planter un nouveau sujet.

RUTACÉES

Skimmia *Skimmia japonica*

Cet arbuste aux feuilles coriaces porte, en avril et mai, de jolies fleurs blanches qui donnent naissance à des baies rouges persistant tout l'hiver. Pour obtenir cette fructification, plantez au moins un pied mâle et un plant femelle, car l'espèce est dioïque.

Difficulté ★

Arrosage 🚿🚿

Maladies et parasites
Aucun(e)

Hauteur
1 m

Largeur
1 m

Feuillage
Persistant, vert clair brillant

Exposition
Mi-ombre

Résistance au froid
– 10 °C

Sol
Acide (terre de bruyère)

Utilisation
En massif, en bac, en haie basse

Quand tailler ?
En mars

Quand et comment cultiver ?

1. Plantez

Si la terre de votre jardin n'est pas acide, vous devez la remplacer. Creusez une fosse d'au moins 80 cm en tous sens et tapissez les parois avec un feutre. Remplissez le trou de terre de bruyère et installez votre arbuste. Rebouchez en tassant et arrosez.

2. Taillez

La taille de formation

Contentez-vous de supprimer les branches qui auraient pu être endommagées lors de la plantation ou qui sont trop grêles et mal dirigées.

La taille d'entretien

Ne taillez pas cet arbuste qui conserve naturellement une forme arrondie. Coupez simplement les branches cassées ou les nouvelles pousses peu vigoureuses. Un rajeunissement sévère peut être opéré au printemps, mais le départ de pousses de remplacement est aléatoire.

LES VARIÉTÉS CONSEILLÉES

Skimmia japonica
'Fructu Albo'
ou 'Luwian Wanto'
ou 'Robert Fortune'
ou 'Rubella'

Veillez à ce que le sol ne manque pas d'eau, car il est ensuite très difficile de le réhumidifier. Nettoyez les éventuelles mauvaises herbes qui pourraient se développer. Tous les 4 ou 5 ans, renouvelez une partie de la terre de bruyère.

3. Multipliez

Le bouturage

Bien qu'il soit très délicat, le bouturage est le meilleur moyen de reproduire cet arbuste. Prélevez vos boutures sur des rameaux latéraux semi-aoûtés, en septembre.

Trempez leur base dans une poudre d'hormones et piquez-les sous châssis, à l'étouffée.

Associez le skimmia à d'autres végétaux de terre acide, comme les rhododendrons, en le plaçant sur le devant du massif en raison de sa petite taille.

ROSACÉES

Spirée *Spiraea sp.*

Selon les espèces, ces arbustes fleurissent au printemps ou en plein été. Ils se parent de petites fleurs à 5 pétales, réunies en grappes situées aux extrémités des rameaux ou tout le long, recouvrant complètement le feuillage.

Difficulté ★

Arrosage

Maladies et parasites
Oïdium, rouille, cochenille, puceron

Hauteur
1 à 2 m

Largeur
1 à 2 m

Feuillage
Caduc

Exposition
Soleil ou mi-ombre

Résistance au froid
– 15 °C

Sol
Ordinaire, bien drainé

Utilisation
En massif, en haie fleurie, en isolé, en bac

Quand tailler ?
En mars ou après la floraison

Quand et comment cultiver ?

1. Plantez

Ouvrez un trou de plantation de 60 à 80 cm de côté sur autant de profondeur selon la grosseur de la motte ou du sujet, car il peut aussi être planté à racines nues en automne. Ameublissez la terre, installez la spirée, rebouchez et tassez. Arrosez abondamment.

2. Taillez

La taille de formation

À la plantation, rabattez les branches des deux tiers de leur longueur. La deuxième année, taillez les espèces printanières après la floraison: coupez les tiges ayant fleuri au-dessus d'une pousse située plus bas, et raccourcissez de moitié les nouvelles tiges. Pour les espèces à floraison estivale, intervenez en mars: rabattez les tiges près de leur point d'attache en laissant 2 ou 3 bourgeons; ce sont les nouvelles pousses qui porteront des fleurs en été.

La taille d'entretien

Les espèces à floraison printanière se taillent après la floraison. Coupez toutes les tiges ayant porté des fleurs le plus près possible de leur point d'attache. Supprimez toutes les vieilles branches.

LES ESPÈCES ET VARIÉTÉS CONSEILLÉES

Spiraea x *arguta*

Spiraea x *billardii*

Spiraea japonica 'Anthony Waterer' ou 'Golden Princess' ou 'Little Princess'

Spiraea thunbergii

Spiraea x *vanhouttei*

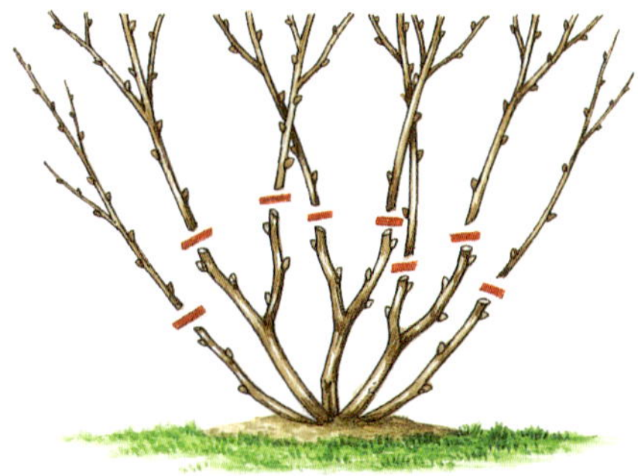

Taillez les spirées estivales en mars, en revenant le plus près possible de la souche, au-dessus de bourgeons dirigés vers l'extérieur; le centre du buisson doit rester bien aéré.

3. Multipliez

La division

Certaines espèces comme *Spiraea thunbergii* peuvent être reproduites par division du buisson entre février et mars.

Au printemps, apportez un engrais organique, à enfouir par un bon griffage ou, mieux, par un labour superficiel qui nettoiera également le sol et l'aérera. Arrosez en été, par temps sec. Paillez au pied du massif.

Le bouturage

Il est plus simple de prélever des boutures de 10 cm sur les rameaux terminaux. Piquez-les dans un mélange de sable et de tourbe, sous châssis, à l'étouffée. Pratiquez entre mai et août.

CAPRIFOLIACÉES

Symphorine *Symphoricarpos sp.*

Si la floraison rosée de cet arbuste offre peu d'intérêt, il n'en va pas de même de sa fructification : les baies sphériques blanches, rose pâle ou rose carminé selon les variétés, sont très spectaculaires tout l'hiver alors que le feuillage a disparu.

Difficulté ★

Arrosage

Maladies et parasites
Aucun(e)

Hauteur
1,50 m

Largeur
2 m

Feuillage
Caduc, vert foncé

Exposition
Soleil ou mi-ombre

Résistance au froid
– 20 °C

Sol
Ordinaire, bien drainé

Utilisation
En haie libre, en massif

Quand tailler ?
En mars

Quand et comment cultiver ?

1. Plantez

Entre novembre et mars, en dehors des périodes de gel, ouvrez un trou de 60 cm de côté et de profondeur. Ameublissez le fond et les parois et placez le sujet au centre avant de reboucher. Tassez bien la terre avec le pied et arrosez copieusement.

2. Taillez

La taille de formation

À la plantation, et si l'arbuste est présenté à racines nues, rafraîchissez ces dernières en taillant leur extrémité. Pour tous les sujets, coupez ensuite les tiges d'environ les deux tiers de leur longueur.
La deuxième année, supprimez les branches ayant fructifié et raccourcissez les nouvelles pousses des deux tiers.

La taille d'entretien

À la fin de l'hiver, coupez les tiges ayant porté des fruits, le plus près possible de la base, au-dessus d'un départ de nouvelle pousse. Supprimez le bois mort, les tiges trop anciennes et dégagez le centre du buisson. Taillez des deux tiers les nouveaux rameaux.

Maintenez le sol propre au pied du sujet en effectuant un labour superficiel au printemps, qui aura aussi pour effet de décompacter et d'aérer la terre. Binez ensuite ou étalez un paillis. Il n'est pas nécessaire de fertiliser, ni d'arroser sauf en cas de très forte sécheresse.

LES ESPÈCES ET VARIÉTÉS CONSEILLÉES

Symphoricarpos albus 'White Edge'

Symphoricarpos x *chenaultii 'Hancock'*

Symphoricarpos x *doorenbosii* 'Mother of Pearl' ou 'White Edge'

Symphoricarpos orbiculatus

3. Multipliez

Le bouturage

À la fin de l'automne, prélevez des boutures d'une quinzaine de centimètres de longueur sur des rameaux latéraux de l'arbuste.

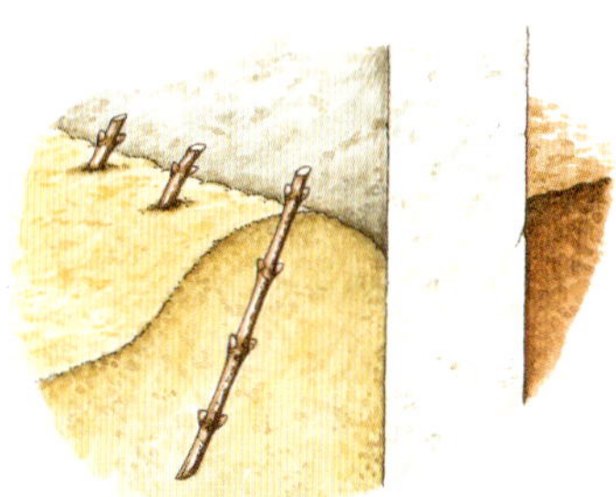

Placez-les en stratification dans du sable, ce au pied d'un mur exposé au nord.

Vous les repiquerez en pleine terre, allégée avec du sable, au printemps.

On peut employer cet arbuste pour constituer des haies, éventuellement taillées. La taille doit alors être légère et réalisée en mars, si l'on veut tout de même obtenir une fructification l'automne suivant.

TAMARICACÉES

Tamaris *Tamarix* sp.

Supportant très bien les embruns, l'air salé et le vent venu du large, le tamaris est un habitué des jardins de bord de mer. On peut toutefois le planter ailleurs, si le sol lui convient, pour admirer sa floraison rose vif qui se développe tout le long de ses rameaux.

Difficulté ★

Arrosage 

Maladies et parasites
Aucun(e)

Hauteur
4 m

Largeur
4 m

Feuillage
Caduc, plumeux

Exposition
Plein soleil

Résistance au froid
– 5 °C

Sol
Sableux, sans calcaire

Utilisation
En haie libre, en massif, en isolé

Quand tailler ?
En mars ou en mai, selon les espèces

Quand et comment cultiver ?

1. Plantez

Ouvrez un trou de 80 cm de côté sur autant de profondeur. Si la terre de votre jardin est lourde, apportez du sable pour l'alléger. Mettez l'arbuste en place et rebouchez le trou. Tassez avec le pied et arrosez abondamment.

2. Taillez

La taille de formation

À la plantation, raccourcissez les branches de la moitié de leur longueur. Si l'arbuste est présenté à racines nues, rafraîchissez ces dernières en coupant leur extrémité.
La deuxième année, raccourcissez des deux tiers les tiges ayant fleuri, en mai pour les sujets à floraison printanière, après la floraison pour les autres.

La taille d'entretien

En mars pour les espèces estivales, après la floraison pour les printanières, réduisez des deux tiers les tiges ayant porté des fleurs. Coupez de moitié les nouvelles pousses. Supprimez le vieux bois et les rameaux secs. Redescendez assez bas pour éviter que l'arbuste ne se dégarnisse de la base.

Voici un sujet qui ne demande aucun soin particulier. Inutile de fertiliser, il vit avec peu de nourriture. Inutile d'arroser, il se plaît en milieu sec. Nettoyez simplement le massif ou le pied de la haie pour éliminer les éventuelles mauvaises herbes.

LES ESPÈCES CONSEILLÉES

Tamarix ramosissima (syn. T. pentandra)

Tamarix tetrandra

3. Multipliez

Le bouturage

Prélevez des boutures herbacées au printemps, ou ligneuses au mois de décembre, d'une quinzaine de centimètres.

Piquez-les dans un support léger, directement en place pour les boutures de printemps, sous abri pour celles d'hiver.

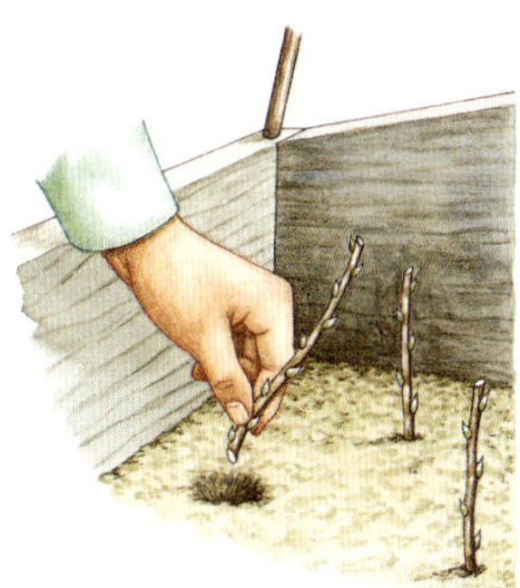

Avec l'âge, les tamaris ont tendance à se dégarnir du pied. Il est donc indispensable de les rabattre assez court chaque année, pour revenir sur le vieux bois sur lequel apparaîtront de nouvelles pousses.

OLÉACÉES

Troène *Ligustrum sp.*

Au même titre que le fusain, le thuya ou le laurier-cerise, le troène est un classique des haies. Il en existe pourtant plusieurs espèces très décoratives qui méritent un meilleur emplacement dans votre jardin.

Difficulté ★

Arrosage

Maladies et parasites
Oïdium, acarien, cochenille, otiorhynque, puceron

Hauteur
1 à 3 m

Largeur
0,50 à 2 m

Feuillage
Caduc ou persistant, selon les espèces

Exposition
Soleil ou mi-ombre

Résistance au froid
– 15 °C

Sol
Ordinaire, tolère le calcaire

Utilisation
En haie libre ou taillée, en massif, en isolé, en bac, en topiaire

Quand tailler ?
En mars, mai et septembre pour les haies

Quand et comment cultiver ?

1. Plantez

Pour une plantation en massif, ouvrez un trou de 60 à 80 cm de côté. Pour une haie, creusez une tranchée de mêmes dimensions. Ameublissez la terre avant de mettre l'arbuste en place. Rebouchez en tassant bien. Arrosez copieusement.

2. Taillez

La taille de formation

Pour un buisson, coupez les tiges de moitié lors de la plantation et l'année suivante. Pour une haie, rabattez les branches à 30 cm du sol à la plantation, puis à 50 cm en mai.

La deuxième année, épointez-les aux deux tiers de leur longueur. Allongez ainsi la taille chaque année, jusqu'à la hauteur désirée.

La taille d'entretien

Sur un buisson, supprimez régulièrement les vieux rameaux en les ramenant sur de jeunes pousses situées plus bas. Pour les haies, taillez deux fois par an les tiges nouvelles pour conserver une forme rectiligne.

LES ESPÈCES ET VARIÉTÉS CONSEILLÉES

Ligustrum delavayanum

Ligustrum japonicum

Ligustrum lucidum 'Tricolor'

Ligustrum ovalifolium

En février, faites un labour superficiel au pied des arbustes pour nettoyer la terre et l'aérer. Étalez un paillis afin de maintenir le sol propre. Les premières années qui suivent la plantation, arrosez par temps très sec.

3. Multipliez

Le bouturage

Le bouturage de tiges est facile. Prélevez des pousses d'extrémité, en juin ou juillet.

Trempez leur base dans une poudre d'hormones et piquez-les dans un mélange de sable et de tourbe. Placez sous châssis.

La greffe

Vous pouvez greffer sur *Ligustrum vulgare*, en fente en avril, ou en écusson en juillet.

Les troènes produisent, en fin de printemps, des fleurs blanches dont certaines sont très parfumées. Sur les sujets non taillés, il s'ensuit une production de baies noires.

SCROPHULARIACÉES

Véronique arbustive *Hebe* sp.

Pourvue de feuilles luisantes et coriaces, elle émet en été de jolies fleurs, délicatement colorées de rose, mauve ou blanc.

Difficulté ★★

Arrosage 💧💧

Maladies et parasites
Oïdium, puceron

Hauteur
0,20 à 2 m

Largeur
0,50 à 1,50 m

Feuillage
Persistant

Exposition
Soleil ou mi-ombre

Résistance au froid
– 10 °C

Sol
Ordinaire, plutôt léger

Utilisation
En bordure, en rocaille, en bac

Quand tailler ?
En mars

Quand et comment cultiver ?

1. Plantez

Ouvrez un trou de plantation d'au moins 60 cm de côté pour les espèces hautes, du double du volume de la motte pour les arbustes nains. Décompactez la terre, mettez le sujet en place et rebouchez en tassant bien. Arrosez copieusement.

2. Taillez

La taille de formation

Lors de la plantation, rabattez les tiges d'un bon tiers de leur longueur pour provoquer le départ de nouvelles ramifications qui viendront épaissir le buisson. Supprimez les branches abîmées ou trop grêles.

La taille d'entretien

Coupez régulièrement les branches les plus âgées de façon à renouveler la ramure et à éviter que la base de l'arbuste ne se dégarnisse. Supprimez aussi le bois mort, les tiges mal formées ou qui manquent de vigueur.

LES ESPÈCES ET VARIÉTÉS CONSEILLÉES

Hebe x *andersonii* 'Variegata'

Hebe armstrongii

Hebe ochracea

Hebe pinguifolia

Avant d'étaler un paillis, nettoyez bien le sol en enlevant les mauvaises herbes et aérez par un griffage ou un labour superficiel. En été, arrosez copieusement, surtout les premières années qui suivent la plantation. En bac, apportez un engrais organique au printemps.

3. Multipliez

Le bouturage

La reproduction par bouturage est facile et rapide. Prélevez les boutures en juillet-août sur des pousses d'extrémité semi-aoûtées.

Piquez les tiges dans un mélange de sable et de tourbe, sous châssis.

Les véroniques arbustives doivent être plantées à l'abri des grands froids et des vents violents. En les installant dans des bacs, vous pourrez les rentrer en véranda durant l'hiver, dans les régions froides.

VITACÉES

Vigne vierge *Parthenocissus sp.*

S'accrochant sur son support au moyen de vrilles ou de ventouses, cette plante grimpante couvre rapidement un mur ou une clôture : les pousses peuvent en effet s'allonger de plusieurs mètres en une seule année.

Difficulté ★

Arrosage

Maladies et parasites
Anthracnose, cicadelle

Hauteur
3 à 20 m

Largeur
3 à 10 m

Feuillage
Caduc

Exposition
Soleil ou mi-ombre

Résistance au froid
– 20 °C

Sol
Ordinaire, même argileux

Utilisation
Habillage de mur, treillage, clôture, tonnelle, pergola, vieil arbre

Quand tailler ?
D'avril à octobre

Quand et comment cultiver ?

1. Plantez

Ouvrez un trou de plantation atteignant au moins le double du volume de la motte. Placez-y votre plante et rebouchez le trou en tassant la terre avec les mains ou le pied pour qu'il n'y ait pas de poche d'air. Arrosez ensuite copieusement.

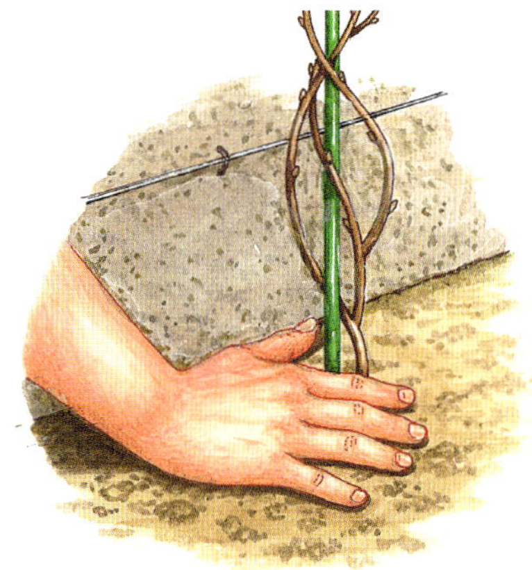

2. Taillez

La taille de formation

Une fois la plantation réalisée, palissez les premières tiges qui s'accrocheront ensuite d'elles-mêmes. Répartissez-les sur le support et coupez leur extrémité pour qu'elles produisent de nombreuses pousses.

La taille d'entretien

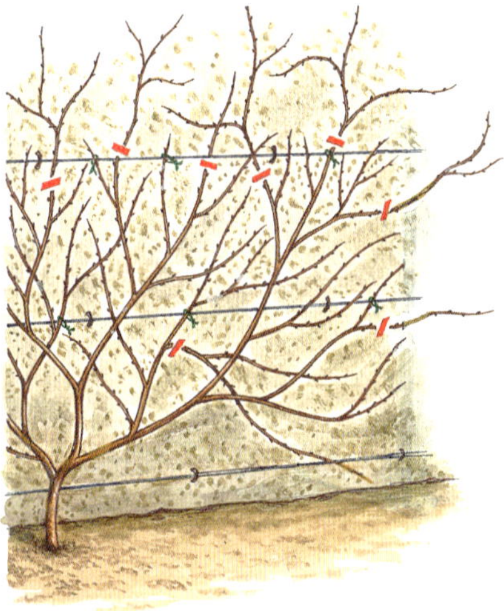

Le développement important de cette grimpante nécessite que l'on réduise la longueur de ses pousses pendant toute la période de végétation. Taillez au sécateur en veillant à assurer une couverture régulière du support.

En raison de sa vigueur et de sa rapidité d'expansion, surveillez régulièrement le développement de la vigne vierge sur le mur de la maison: ses tiges ont tôt fait de boucher les gouttières ou de s'immiscer sous les tuiles du toit et dans les cheminées.

LES ESPÈCES ET VARIÉTÉS CONSEILLÉES

Parthenocissus quinquefolia var. *engelmannii*

Parthenocissus tricuspidata 'Atropurpurea' ou 'Lowii' ou 'Veitchii'

3. Multipliez

La greffe

La greffe en fente simple est possible en mars.

La croissance de la vigne vierge est naturellement soutenue, sans qu'il soit nécessaire de lui apporter un fertilisant. Arrosez uniquement en cas de période de forte sécheresse. Évitez de détacher les rameaux qui se refixeront difficilement seuls.

Le bouturage

Il est préférable, car plus facile. En octobre ou novembre, prélevez des portions de tiges défeuillées et piquez-les dans du sable, sous châssis, à l'abri du gel.

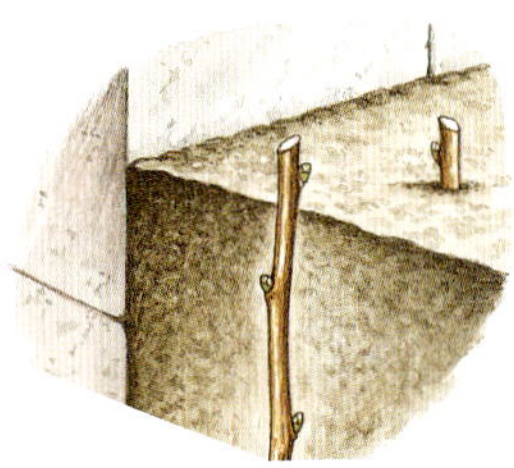

CAPRIFOLIACÉES

Viorne *Viburnum sp.*

Voici un genre très diversifié, qui comporte des arbustes caducs et persistants. La floraison de certains, superbe et parfumée, est suivie d'une production de fruits du plus bel effet. À découvrir absolument.

Difficulté ★

Arrosage

Maladies et parasites
Cochenille, puceron

Hauteur
1 à 4 m

Largeur
1 à 3 m

Feuillage
Caduc ou persistant

Exposition
Soleil ou mi-ombre

Résistance au froid
– 15 °C

Sol
Ordinaire, sans calcaire

Utilisation
En haie libre ou taillée, en massif, en isolé, en bac

Quand tailler ?
En mars ou après la floraison

Quand et comment cultiver ?

1. Plantez

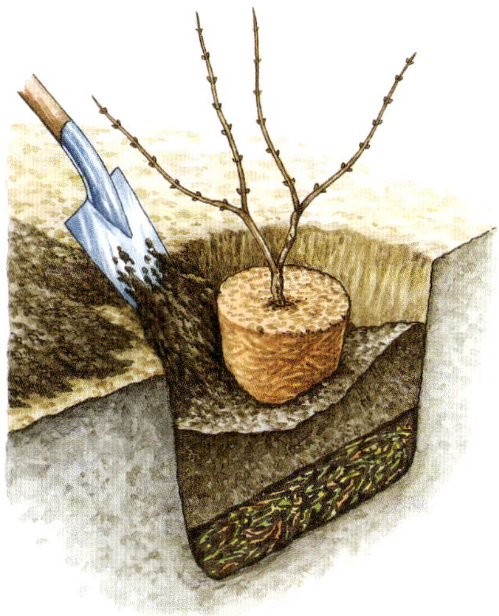

Creusez un trou d'environ 80 cm de côté sur autant de profondeur. Pour une plantation en haie, ouvrez une tranchée de mêmes dimensions. Apportez une fumure organique bien décomposée, recouverte d'un peu de terre. Placez le ou les arbustes, puis comblez en tassant avec le pied. Arrosez abondamment.

2. Taillez

La taille de formation

À la plantation, rabattez les tiges pour obtenir une meilleure ramification et un épaississement du buisson. Vous pouvez faire de même l'année suivante. Pour les haies, taillez tous les arbustes à la même hauteur et augmentez-la chaque année.

La taille d'entretien

Elle consiste à supprimer les branches âgées pour favoriser le départ de nouvelles pousses. Intervenez en mars pour les espèces à floraison hivernale, après la défloraison pour les autres. Taillez les haies en mars, de préférence au sécateur pour ne pas couper les feuilles.

Après l'hiver, nettoyez le pied des arbustes, en massif comme en haie, par un labour superficiel. Apportez un engrais organique riche en potasse. Étalez un paillis qui conservera la fraîcheur du sol, et arrosez par temps sec. Surveillez les attaques de pucerons ; traitez avec un insecticide naturel si besoin.

LES ESPÈCES CONSEILLÉES

- *Viburnum x bodnantense*
- *Viburnum carlesii*
- *Viburnum opulus*
- *Viburnum plicatum*
- *Viburnum rhytidophyllum*
- *Viburnum tinus*

3. Multipliez

Le semis

Il est possible en mars, mais il demande un certain temps.

La grande majorité des viornes sont faciles à cultiver et à entretenir. De plus, elles résistent très bien à la pollution.

Le bouturage

Il est préférable d'utiliser cette méthode, en juin pour les espèces caduques, entre août et septembre pour les persistantes. Prélevez sur des rameaux latéraux des boutures de 15 cm.

Trempez leur base dans une poudre d'hormones et piquez-les sous châssis, dans un mélange de sable et de tourbe, à l'étouffée.

CAPRIFOLIACÉES

Weigélia *Weigela sp.*

Voici un bel arbuste à floraison printanière, qui se pare d'une multitude de fleurs en clochettes tubulaires rouges, roses, blanches ou panachées. Facile à cultiver, il se décline en de nombreux cultivars, tous aussi attrayants les uns que les autres.

Difficulté ★

Arrosage

Maladies et parasites
Tache foliaire, cochenille

Hauteur
1 à 3 m

Largeur
1 à 2 m

Feuillage
Caduc

Exposition
Soleil ou mi-ombre

Résistance au froid
– 15 °C

Sol
Ordinaire, bien drainé

Utilisation
En haie libre, en massif, en isolé, en bac

Quand tailler ?
En juin

Quand et comment cultiver ?

1. Plantez

Ouvrez un trou de plantation de 60 à 80 cm de côté sur autant de profondeur. Ameublissez le fond et les parois et installez l'arbuste au centre. Rebouchez ensuite avec une terre émiettée et tassez avec le pied. Puis arrosez copieusement.

2. Taillez

La taille de formation

Coupez les branches de la moitié de leur longueur lors de la plantation, de façon à favoriser le départ de nouvelles pousses et l'épaississement de la touffe. Faites de même la deuxième année sur les nouvelles pousses. Rabattez celles qui ont fleuri en revenant sur des pousses situées plus bas.

La taille d'entretien

Lorsque la floraison est passée, taillez les tiges ayant porté des fleurs, en revenant au-dessus d'une nouvelle pousse située le plus près possible de l'empattement de la branche que vous coupez. Supprimez les tiges qui manquent de vigueur.

LES VARIÉTÉS CONSEILLÉES

Weigela 'Bristol Ruby'
ou 'Carnaval'
ou 'Nain Rouge'
ou 'Ruby Queen'

Au tout début du printemps, nettoyez le pied des plantes et apportez un engrais organique, enfoui par un bon griffage. Étalez ensuite un paillis pour conserver le sol frais et propre. Arrosez par temps sec, surtout en période de floraison.

3. Multipliez

Le bouturage

Même s'il est délicat, le bouturage est le moyen le plus simple de reproduire le weigélia.

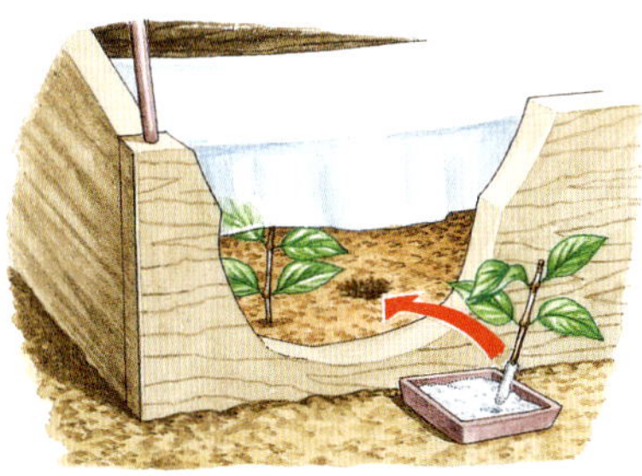

Entre mai et juillet, prélevez des boutures longues de 15 cm sur des rameaux latéraux et trempez leur base dans une poudre d'hormones. Piquez les tiges sous châssis, dans un mélange de sable et de tourbe, à l'étouffée.

Certains weigélias présentent une floraison qui remonte en tout début d'automne. Dans ce cas, effectuez une première taille en rabattant les pousses défleuries de 20 cm, sans toucher aux tiges nées l'année précédente qui porteront les nouvelles fleurs.

Les arbres

FABACÉES

Acacia blanc *Robinia pseudoacacia*

Appelé aussi robinier faux acacia, cet arbre est rustique et résistant à la pollution. Intéressant pour son bois dur, il fleurit en grappes pendantes de 20 cm de longueur, blanches ou roses, très parfumées.

Difficulté ★

Arrosage

Maladies et parasites
Aucun(e)

Hauteur
15 à 25 m

Largeur
10 à 12 m

Feuillage
Caduc

Exposition
Soleil

Résistance au froid
– 20 °C

Sol
Ordinaire, peu calcaire

Utilisation
En isolé, en groupe, en alignement

Quand tailler ?
De novembre à février

Quand et comment cultiver ?

1. Plantez

En automne, creusez une fosse de 1 m en tous sens. Plantez un piquet décalé par rapport au centre du trou. Mettez un engrais organique de fond recouvert de quelques pelletées de terre. Placez l'arbre et comblez avec une terre ameublie. Tassez avec le pied et arrosez abondamment.

2. Taillez

La taille de formation

Les premières années suivant la plantation, coupez les branches qui poussent de façon irrégulière pour redessiner la silhouette. Supprimez les pousses qui se dirigent vers le centre de la ramure.

La taille d'entretien

Supprimez le bois mort, car il casse assez facilement lorsque le vent souffle fort. Utilisez une scie d'élagage et parez les plaies avec une serpette pour qu'elles soient bien nettes. Enduisez-les ensuite avec un mastic cicatrisant.

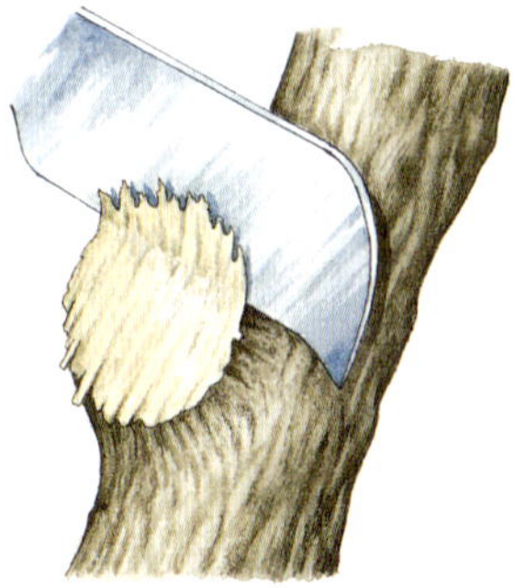

Cet arbre ne demande pas de surveillance particulière. Arrosez durant les 2 années qui suivent sa plantation. Évitez les excès d'engrais, qui favorisent le feuillage au détriment de la floraison. Le robinier est peu attaqué par les insectes et les maladies.

LES ESPÈCES ET VARIÉTÉS CONSEILLÉES

Robinia pseudoacacia
'Bessoniana'
ou 'Frisia'
ou 'Mimosifolia'
ou 'Tortuosa'
ou 'Umbraculifera'

Robinia x *slavinii*
'Casque Rouge'

3. Multipliez

Le semis

Le semis est possible en février dans des godets remplis d'un terreau de semis, placés à un minimum de 15 °C. La levée demande 3 mois.

Le bouturage

On peut également bouturer les racines des jeunes sujets, en novembre. Placez-les verticalement dans du sable sous châssis, hors gel.

La greffe

Les variétés comme 'Umbraculifera' sont à greffer en écusson sur des porte-greffes de 2 à 3 ans au moins, issus de semis. Opérez en mai.

L'acacia blanc est un sujet mellifère qui attire de nombreux insectes butineurs. Les abeilles en font un miel au goût très fin.

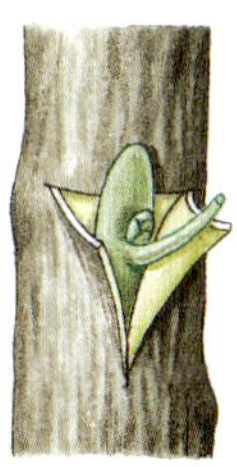

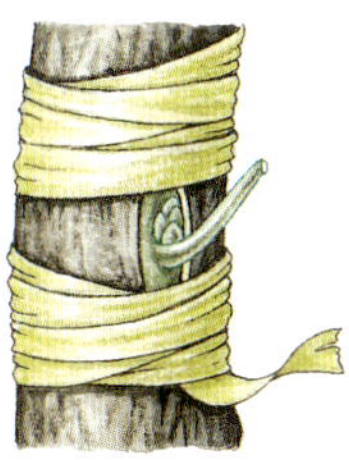

ANACARDIACÉES

Arbre à perruques

Cotinus coggygria

Idéal pour les petits jardins de ville, cet arbre doit son nom à ses inflorescences en panaches duveteux. De taille moyenne, il est décoratif par son feuillage automnal orange à rouge sang.

Difficulté ★

Arrosage

Maladies et parasites
Oïdium

Hauteur
3 à 5 m

Largeur
2 à 4 m

Feuillage
Caduc

Exposition
Soleil

Résistance au froid
– 20 °C

Sol
Ordinaire, même calcaire

Utilisation
En isolé, en groupe, en haie libre

Quand tailler ?
En février-mars

Quand et comment cultiver ?

1. Plantez

En octobre ou novembre, ouvrez un trou de plantation de 80 cm de côté sur autant de profondeur. Si votre jardin est en situation ventée, installez un tuteur puis placez votre arbre et comblez le trou. Tassez avec le pied et arrosez abondamment.

2. Taillez

La taille de formation

Si le sujet est conduit en arbre, avec un tronc très court, taillez en février-mars les pousses qui croissent de façon désordonnée pour donner à la ramure un port arrondi. Vous pouvez aussi former un buisson avec des branches qui partent de la base.

La taille d'entretien

Chaque début de printemps, coupez toutes les pousses nées l'année précédente à 15 ou 20 cm de leur point d'attache sur les branches principales, de façon à obtenir une forme régulière. Dégagez ensuite le centre de la ramure.

Arrosez copieusement les sujets pendant 2 ou 3 années après leur plantation. Par temps sec, les variétés à feuilles pourpres sont sujettes à l'oïdium ; traitez avec un produit soufré.

LES VARIÉTÉS CONSEILLÉES

Cotinus coggygria 'Golden Spirit' ou 'Royal Purple' ou 'Sélection' ou 'Velvet Cloak'

Cotinus 'Flame' ou 'Grace'

3. Multipliez

Le semis

Les graines, mises à stratifier durant un hiver, se sèment en mars ou avril, dans un terreau de semis.

Le bouturage

Le bouturage se pratique au printemps, avec des boutures herbacées. Trempez leur base dans une poudre d'hormones et placez-les en atmosphère très humide; la production de racines nécessite 6 semaines.

Cet arbre portera un feuillage d'autant plus coloré que vous l'installerez en plein soleil. La situation ne doit néanmoins pas être trop brûlante. Une exposition sud est idéale.

Le marcottage

Pour les formes buissonnantes, réalisez des marcottes en couchant et en enterrant les tiges les plus basses. Intervenez au printemps pour un enracinement effectif en automne.

GINKGOACÉES

Arbre aux 40 écus *Ginkgo biloba*

Venu de la lointaine préhistoire, né avant les dinosaures, cet arbre gymnosperme s'apparente donc aux conifères, à la différence près qu'il est caduc et ne porte pas des aiguilles mais des feuilles en forme d'éventail. Sa coloration dorée est superbe en automne.

Difficulté ★★

Arrosage

Maladies et parasites
Aucun(e)

Hauteur
15 à 25 m

Largeur
6 à 10 m

Feuillage
Caduc

Exposition
Soleil ou mi-ombre

Résistance au froid
– 15 à – 20 °C

Sol
Ordinaire, bien drainé; tolère le calcaire

Utilisation
En isolé

Quand tailler ?
De novembre à janvier

Quand et comment cultiver ?

1. Plantez

Creusez une fosse de 1 m de côté sur autant de profondeur. Labourez le fond du trou et placez dedans 1 ou 2 pelletées de fumure organique bien décomposée ou un engrais organique de fond. Plantez un piquet en le décentrant légèrement. Placez l'arbre et comblez la fosse en tassant avec le pied. Arrosez copieusement.

2. Taillez

La taille de formation

Dès la plantation, conservez, parmi les pousses qui se développent au sommet, une flèche qui servira de tronc principal. Ne coupez pas les autres au cas où celle qui a été sélectionnée viendrait à être endommagée. Attachez cette flèche sur le tuteur en laissant les autres libres de se développer.

La taille d'entretien

Coupez les parties desséchées ou malades. Enduisez les plaies avec un mastic cicatrisant.

LES VARIÉTÉS CONSEILLÉES

Ginkgo biloba 'Autumn Gold' ou 'Fastigiata Blagon' ou 'Tremonia'

Mieux vaut ne pas trop tailler cet arbre qui se développe lentement, et dont la cicatrisation est difficile. Arrosez abondamment durant la première année. Par la suite, l'arbre est capable de s'abreuver lui-même. Apportez un engrais organique pour conifères au début de sa croissance, à épandre sur le sol et à enfouir par un labour superficiel ou un bon griffage.

3. Multipliez

Le semis

En février, semez les graines dans une terrine remplie de terreau de semis et placée sous châssis froid, à l'abri des gelées. Recouvrez de quelques millimètres de terreau, tassez. Arrosez en pulvérisant de l'eau à température ambiante. La germination demande plusieurs mois.

Il est bon de placer les graines dans le bac à légumes de votre réfrigérateur quelques semaines avant de les semer.

FABACÉES

Arbre de Judée *Cercis siliquastrum*

Avec ses fleurs rose pourpré qui apparaissent au printemps directement sur le bois, avant les feuilles, cet arbre de petite taille, idéal pour les jardins de ville, est un original. En automne, ses feuilles en forme de cœur prennent un joli ton doré.

Difficulté ★

Arrosage

Maladies et parasites
Psylle

Hauteur
5 à 6 m

Largeur
3 à 4 m

Feuillage
Caduc

Exposition
Soleil ou mi-ombre

Résistance au froid
– 15 à – 20 °C

Sol
Ordinaire, même légèrement calcaire

Utilisation
En isolé, en association avec d'autres petits arbres

Quand tailler ?
De décembre à janvier

Quand et comment cultiver ?

1. Plantez

Entre novembre et février (en dehors des périodes de gel), creusez un trou de 80 cm à 1 m de côté sur autant de profondeur. Placez un tuteur excentré et installez l'arbre. Rebouchez avec une terre émiettée. Tassez et arrosez copieusement.

2. Taillez

La taille de formation

Les premières années suivant la plantation, taillez toutes les pousses qui se développent le long du tronc, en conservant 4 ou 5 branches en haut pour former la charpente. Lorsque le tronc a atteint la hauteur désirée, raccourcissez les branches les plus hautes pour qu'elles se divisent.

La taille d'entretien

Supprimez les parties mortes et les pousses nouvelles se dirigeant vers le centre de la ramure. Conservez les branches verticales qui s'infléchiront d'elles-mêmes en vieillissant.

LES VARIÉTÉS CONSEILLÉES

Cercis siliquastrum 'Album'

Arrosez abondamment durant la première année. Par la suite, l'arbre est capable de s'abreuver lui-même. Apportez un engrais organique pour conifères au début de sa croissance, à épandre sur le sol et à enfouir par un labour superficiel ou un bon griffage.

3. Multipliez

Le semis

En novembre, placez les graines dans le bac à légumes de votre réfrigérateur. En janvier, faites-les tremper dans de l'eau chaude durant une nuit pour ramollir le tégument et favoriser la germination. Semez sur un terreau de semis et placez à la chaleur (18 à 21 °C).

Il est possible de conduire l'arbre de Judée en buisson. Pour cela, coupez la flèche et les branches du jeune sujet assez court, ce qui provoquera le départ de plusieurs branches dès la base pour créer une touffe. Taillez ensuite les pousses chaque année, pour conserver une forme arrondie.

ROSACÉES

Aubépine *Crataegus laevigata*

Un certain temps banni parce que vecteur du feu bactérien, ce petit arbre revient avec des variétés résistantes. Avec ses fleurs printanières et ses fruits, il mérite une place de choix au jardin.

Difficulté ★

Arrosage

Maladies et parasites
Feu bactérien, oïdium, acarien, galéruque, puceron

Hauteur
4 à 8 m

Largeur
3 à 4 m

Feuillage
Caduc

Exposition
Soleil ou mi-ombre

Résistance au froid
– 10 à – 15 °C

Sol
Ordinaire, même calcaire

Utilisation
En isolé, en haie libre ou taillée, en alignement

Quand tailler ?
D'octobre à février

Quand et comment cultiver ?

1. Plantez

Il est possible de planter durant le repos végétatif, mais opérez de préférence en automne. Creusez un trou d'environ 80 cm de côté et de profondeur. Placez dans le fond une bonne fumure organique. Installez l'arbre, puis rebouchez en tassant et arrosez copieusement. Un piquet est utile dans les jardins ventés.

2. Taillez

La taille de formation

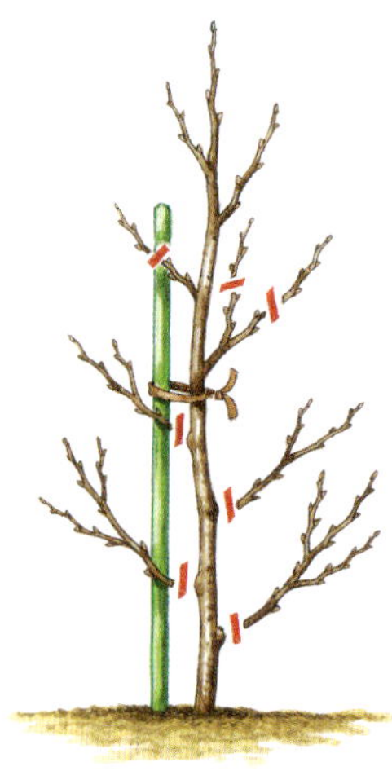

Pour une formation en tige, palissez la flèche au fur et à mesure de son développement et supprimez au ras du tronc toutes les pousses qui apparaissent. Procédez ainsi jusqu'à ce que l'arbre ait atteint la hauteur désirée. Conservez uniquement quelques départs au sommet pour former la charpente.

La taille d'entretien

Chaque année, effectuez un léger élagage pour que l'arbre conserve une silhouette équilibrée. Vous pouvez aussi, de temps en temps, supprimer le vieux bois pour rajeunir la ramure. Passez un mastic cicatrisant sur les plaies importantes.

LES ESPÈCES ET VARIÉTÉS CONSEILLÉES

Crataegus coccinea

Crataegus laevigata 'Crimson Cloud' ou 'Paul's Scarlet' ou 'Rosea Flore Pleno'

Crataegus monogyna

Ce petit arbre ne demande aucun soin particulier. Quelques arrosages les 2 premières années qui suivent la plantation sont cependant nécessaires si le temps est très sec. Bien que les nouvelles variétés soient résistantes, évitez de planter cet arbre dans les régions où sévit encore le feu bactérien.

3. Multipliez

Le semis

Récoltez les fruits avant leur complet mûrissement et extrayez-en les graines que vous placerez dans le bac à légumes de votre réfrigérateur. Prévoyez un grand nombre de graines car la levée est aléatoire. Semez-les en février dans un terreau de semis et placez-les à 15 °C.

L'aubépine est parfois classée parmi les arbustes, car elle peut aussi former de gros buissons denses et défensifs en raison de son bois épineux. Pour cela, il suffit de tailler le sujet nouvellement planté assez court pour favoriser le départ de nombreuses branches.

BIGNONIACÉES

Catalpa *Catalpa bignonioides*

Ce très bel arbre, aux larges feuilles cordiformes, produit en début d'été une abondante floraison constituée de longues grappes blanches, surtout s'il est installé en plein soleil. Après la floraison naissent des fruits en forme de haricots, longs de 20 à 40 cm.

Difficulté ★★

Arrosage

Maladies et parasites
Oïdium, cochenille

Hauteur
8 à 15 m

Largeur
5 à 10 m

Feuillage
Caduc

Exposition
Soleil

Résistance au froid
– 10 à – 15 °C

Sol
Ordinaire, plutôt léger, même calcaire

Utilisation
En isolé, en alignement

Quand tailler ?
De novembre à janvier

Quand et comment cultiver ?

1. Plantez

En automne, creusez un trou d'environ 1 m de côté sur autant de profondeur. Labourez le fond pour le décompacter. Si la terre extraite est lourde et collante, ajoutez du sable pour l'alléger. Mettez un engrais organique de fond puis placez l'arbre au centre du trou avant de reboucher. Tassez bien et arrosez. Installez des haubans pour maintenir l'arbre.

2. Taillez

La taille de formation

Après la plantation, supprimez les pousses qui se développent latéralement sur le tronc. Conservez quelques branches au sommet de la tige qui constitueront la charpente. Taillez ensuite ces dernières pour former la ramure en lui donnant un aspect de parasol.

La taille d'entretien

Durant le repos de la végétation, taillez les pousses qui déparent la silhouette ou qui se dirigent vers le centre de la ramure. Supprimez le bois mort. Pour faciliter la cicatrisation des plaies, enduisez-les de mastic.

LES ESPÈCES ET VARIÉTÉS CONSEILLÉES

Catalpa bignonioides 'Aurea' ou 'Nana'

Catalpa bungei

Si le terrain est pauvre, apportez un engrais organique pour arbres d'ornement, au printemps et en automne, à enfouir par un griffage superficiel du sol ou dans des trous creusés à l'aplomb de la ramure. Surveillez aussi les attaques de cochenilles (traitement avec un insecticide spécifique) et d'oïdium (application d'un produit à base de soufre).

3. Multipliez

Le bouturage

En novembre, prenez des racines de la grosseur d'un doigt, coupez-les en tronçons de 6 à 8 cm et placez-les à plat sur un mélange de sable et de tourbe, à la chaleur (18 à 20 °C).

La greffe

En avril, utilisez un franc de pied (jeune sujet) issu d'un semis de *Catalpa bignonioides*, qui servira de porte-greffe.

Arbre à croissance rapide, le catalpa redoute toutefois les vents forts. Installez-le dans un endroit abrité, mais très ensoleillé. Il convient aux jardins de ville où il résiste bien à la pollution.

PINACÉES

Cèdre *Cedrus* sp.

Trois espèces sont principalement cultivées, toutes aussi majestueuses les unes que les autres. Si elles diffèrent par leur port et leur feuillage, elles se plantent et s'entretiennent de la même façon. Le choix est donc simplement une affaire de goût.

Difficulté ★★

Arrosage

Maladies et parasites
Acarien, chenille processionnaire, cochenille, puceron

Hauteur
1,50 à 35 m

Largeur
2 à 15 m

Feuillage
Persistant

Exposition
Soleil

Résistance au froid
– 20 °C

Sol
Ordinaire ; les cèdres de l'Atlas et du Liban supportent mieux la sécheresse et le calcaire que le cèdre de l'Himalaya

Utilisation
En isolé, les formes naines dans une rocaille

Quand tailler ?
De novembre à janvier, uniquement pour le cèdre de l'Atlas

Quand et comment cultiver ?

1. Plantez

En hiver, en dehors des périodes de gel et de neige, creusez une fosse de 1 m en tous sens en ameublissant le fond par un labour. En prenant garde à ne pas briser la motte, posez l'arbre au centre et rebouchez le trou en tassant avec le pied. Arrosez abondamment et posez des haubans.

Lors de la plantation, évaluez la taille adulte du cèdre pour ne pas l'installer trop près d'une construction.

2. Taillez

La taille de formation

Seul le cèdre de l'Atlas peut subir une taille de formation lorsqu'il est très jeune. S'il développe une double flèche, supprimez la moins vigoureuse. Les quelques années suivantes, épointez les nouvelles pousses pour obtenir une forme plus trapue.

La taille d'entretien se résume à supprimer les rameaux morts.

3. Multipliez

Le semis

Le semis est possible à partir de graines récoltées sur des cônes âgés de 3 ans. Débarrassez ces graines de leurs ailes, puis mettez-les à stratifier durant au moins 3 semaines dans du sable humide placé au froid. Semez en février ou mars, en terrine ou dans des godets placés à 15 °C.

Chaque printemps, au pied des jeunes sujets, effectuez un apport d'engrais organique pour conifères à enfouir par un griffage superficiel, en prenant soin de ne pas endommager les racines. Arrosez aussi en été lorsque le temps est sec. Un paillage peut se révéler utile pour que le sol conserve sa fraîcheur. Surveillez les attaques de pucerons, chenilles et autres acariens.

LES ESPÈCES ET VARIÉTÉS CONSEILLÉES

Cedrus atlantica
(cèdre de l'Atlas)
'Aurea'
ou **'Glauca'**
ou **'Glauca Pendula'**

Cedrus deodara
(cèdre de l'Himalaya) **'Aurea'**
ou **'Feelin Blue'**
ou **'Golden Horizon'**
ou **'Karl Fuchs'**

Cedrus libani
(cèdre du Liban).

La greffe

En septembre, vous pouvez greffer sous écorce en coulé. Prélevez un greffon d'environ 10 cm de longueur que vous insérerez sous l'écorce du porte-greffe dans une fente en T.

Le porte-greffe est un sujet issu d'un semis de *C. deodara*.

CORYLACÉES

Charme commun *Carpinus betulus*

Dédié aux grands jardins, cet arbre peut aussi être conduit en haie taillée, souvent dénommée charmille.

Difficulté ★

Arrosage

Maladies et parasites
Cicadelle

Hauteur
3 à 20 m

Largeur
3 à 10 m

Feuillage
Caduc

Exposition
Soleil et mi-ombre

Résistance au froid
– 15 °C

Sol
Ordinaire, frais, même un peu calcaire

Utilisation
En isolé, en groupe, en haie taillée, en topiaire

Quand tailler ?
Au printemps

Quand et comment cultiver ?

1. Plantez

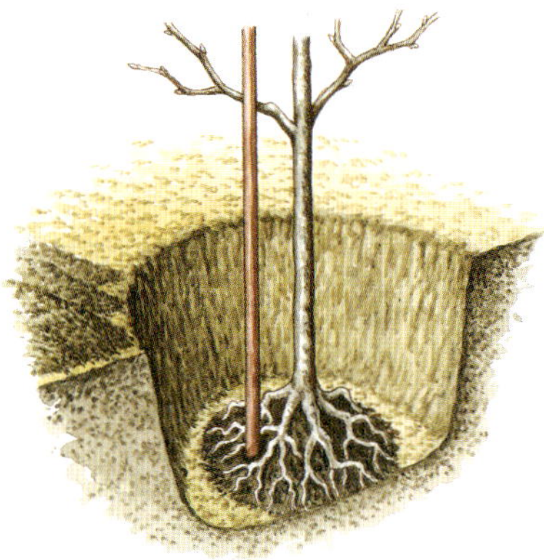

En automne ou en hiver, ouvrez le trou de plantation, de 1 m de côté sur autant de profondeur, quelques semaines avant la mise en place pour que les alternances de gel et de dégel décompactent naturellement la terre. Plantez un tuteur avant d'installer l'arbre au centre de la fosse. Rebouchez, tassez et arrosez.

2. Taillez

La taille de formation

Il n'y a pas de taille de formation proprement dite, l'arbre prenant naturellement son port érigé. Si vous utilisez cette espèce en haie taillée, coupez la flèche lorsqu'elle a atteint la hauteur désirée pour qu'elle épaississe. Raccourcissez également les extrémités des pousses de l'année.

La taille d'entretien

Seules les charmilles sont à tailler au moins une fois par an, en tout début de printemps, pour qu'elles gardent leur densité de feuillage. Si la croissance est forte, taillez une seconde fois en septembre.

LES VARIÉTÉS CONSEILLÉES

Carpinus betulus 'Columnaris' ou 'Fastigiata' ou 'Pendula'

Les premières années qui suivent la plantation, apportez un engrais organique pour arbres et arbustes au pied de chaque sujet en l'enfouissant par un petit labour superficiel qui aura aussi pour effet d'aérer le sous-sol et d'éliminer les éventuelles mauvaises herbes. Arrosez abondamment en cas de sécheresse.

3. Multipliez

Le bouturage

En fin de printemps, prélevez des boutures semi-herbacées de 10 à 15 cm de longueur. Trempez leur base dans une poudre d'hormones pour faciliter la reprise, puis piquez-les dans un mélange léger de sable et de terreau de feuilles.

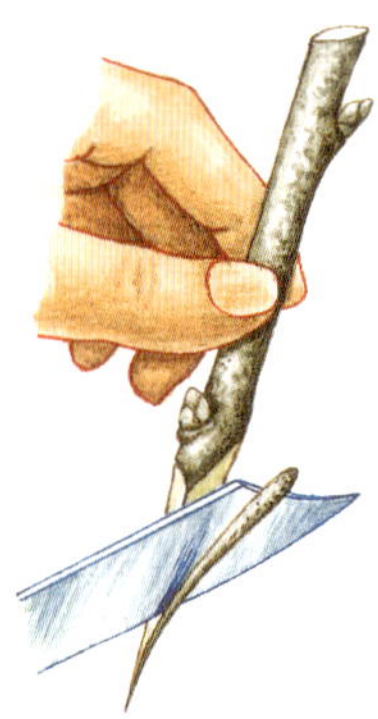

La greffe

Vous pouvez aussi réaliser une greffe en incrustation, en mars, sur un porte-greffe issu d'un semis de charme commun.

Le charme fournit un excellent bois de chauffage. C'est une espèce monoïque, c'est-à-dire qu'il y a sur le même pied des fleurs mâles et des fleurs femelles.

FAGACÉES

Chêne *Quercus sp.*

Cet arbre vit très longtemps, souvent plusieurs siècles. Bien que certaines espèces soient de taille moyenne, il est nécessaire de disposer d'un très grand jardin pour en admirer toute la majesté.

Difficulté ★

Arrosage

Maladies et parasites
Oïdium, galle

Hauteur
10 à 45 m

Largeur
3 à 20 m

Feuillage
Caduc ou persistant, selon les espèces

Exposition
Soleil

Résistance au froid
– 20 °C

Sol
Ordinaire, plutôt sans calcaire

Utilisation
En isolé, en alignement

Quand tailler ?
De novembre à février

Quand et comment cultiver ?

1. Plantez

Creusez une fosse de 1 m de côté au moins sur autant de profondeur. Grattez les flancs du trou et labourez le fond pour décompacter la terre.

La croissance du chêne étant très lente, mieux vaut planter un sujet déjà bien développé. La multiplication s'avère donc inutile.

Installez un tuteur en le décalant légèrement par rapport au centre et jetez dans le fond du trou un engrais organique « spécial plantation ». Positionnez votre arbre au milieu et rebouchez en tassant bien la terre. Formez une cuvette avec le surplus et arrosez copieusement. Attachez ensuite l'arbre au tuteur.

2. Taillez

La taille de formation

Le chêne prend très lentement mais naturellement sa silhouette définitive, aussi la taille de formation n'est-elle guère utile. Toutefois, les années qui suivent la plantation, si vous observez un déséquilibre dans la charpente, vous pouvez le corriger en coupant les rameaux mal dirigés. Supprimez aussi ceux qui se développent sur le tronc.

La taille d'entretien

Elle se résume simplement à éliminer les branches mortes, souvent placées en dessous de la ramure. Le tronc s'allonge, offrant de grands fûts à l'écorce craquelée. Supprimez aussi les pousses qui pourraient se développer à la base du tronc.

Les chênes poussent sans réclamer de soins. Les premières années qui suivent la plantation, arrosez lorsque l'été est très sec et apportez, au printemps, un engrais organique pour arbres et arbustes. Surveillez aussi les attaques d'oïdium sur le feuillage des jeunes sujets. L'apparition de petites galles rondes au revers des feuilles n'est pas dangereuse.

LES ESPÈCES CONSEILLÉES

Quercus cerris (chêne chevelu).

Quercus frainetto (chêne de Hongrie).

Quercus ilex (chêne vert).

Quercus palustris (chêne des marais).

Quercus petraea (chêne rouvre).

Quercus pubescens (chêne pubescent).

Quercus robur (chêne pédonculé).

Quercus rubra (chêne rouge).

Quercus suber (chêne-liège).

CUPRESSACÉES

Cyprès *Cupressus sp.*

Du nord au sud de l'Europe, les cyprès sont utilisés au jardin soit comme sujets isolés au beau milieu d'une pelouse, soit en alignement pour constituer une haie dense, colorée en permanence.

Difficulté ★

Arrosage

Maladies et parasites
Rouille, acarien, cochenille, chenille processionnaire, puceron

Hauteur
6 à 20 m

Largeur
2 à 8 m

Feuillage
Persistant (conifère)

Exposition
Soleil

Résistance au froid
– 15 °C

Sol
Ordinaire, même sec et légèrement calcaire

Utilisation
En isolé, en groupe, en alignement, en haie libre ou taillée

Quand tailler ?
En novembre

Quand et comment cultiver ?

1. Plantez

Plantez entre novembre et mars (privilégiez la fin de l'hiver). Creusez un trou de 1 m de côté sur autant de profondeur. Labourez ou griffez les parois et le fond pour décompacter la terre, puis placez votre conifère au milieu du trou et rebouchez avec de la terre émiettée. Tassez et arrosez. Haubanez ensuite.

2. Taillez

La taille de formation

Elle s'impose uniquement pour le cyprès de l'Arizona ; les autres n'en ont pas besoin. Supprimez la ou les pousses terminales pour n'en conserver qu'une comme flèche. Coupez les branches basses desséchées.

La taille d'entretien

Coupez les rameaux qui dépassent de la silhouette pour que celle-ci conserve une belle régularité conique. Si vous utilisez le cyprès en haie taillée, raccourcissez l'extrémité des pousses de l'année en fin d'automne. On peut aussi intervenir en avril ou mai lorsque la végétation est vigoureuse.

Les cyprès souffrent assez peu de la sécheresse. L'arrosage n'est nécessaire que par temps très sec. Les premières années suivant la plantation, apportez un engrais organique pour conifères au pied de chaque sujet en l'enfouissant par un griffage superficiel. Surveillez les apparitions d'acariens ou de cochenilles pour intervenir sans tarder avec un traitement spécifique.

LES ESPÈCES ET VARIÉTÉS CONSEILLÉES

Cupressus glabra
(cyprès de l'Arizona) **'Conica'** ou ***'Fastigiata'***

Cupressus macrocarpa
(cyprès de Lambert) **'Goldcrest'**

Cupressus sempervirens
(cyprès de Provence) **'Stricta'**

3. Multipliez

Le semis

Le semis est possible en terrine, en début de printemps, sur un support léger, à 15 °C.

Le bouturage

Le bouturage s'effectue en août, à partir d'extrémités de pousses, de 8 à 10 cm de longueur, placées en milieu humide et chaud (20 °C).

La greffe

On multiplie le cyprès de l'Arizona par greffage en fente simple en février-mars, ou sous écorce en coulé en février ou en août (voir dessins). Dans ce cas, le greffon est constitué d'un rameau présentant 2 ou 3 yeux, à glisser sous l'écorce taillée en T comme pour une greffe en écusson.

Si votre terrain est lourd et collant, allégez-le lors de la plantation en incorporant du sable ou de la tourbe, ainsi que des matières organiques. En sol humide, vous risquez de voir s'installer un champignon, le pourridié, qui entraînera la mort de l'arbre sans que vous puissiez intervenir.

FABACÉES

Cytise *Laburnum anagyroides*

Avec ses longues grappes pendantes de fleurs jaune d'or, ce petit arbre est un enchantement pour les yeux au printemps. Placez-le en évidence, en le conduisant sur tige au milieu d'une pelouse, ou en touffe, mêlé à d'autres arbres et arbustes.

Difficulté ★

Arrosage

Maladies et parasites
Rouille, puceron, chenille

Hauteur
3 à 8 m

Largeur
2 à 4 m

Feuillage
Caduc

Exposition
Soleil

Résistance au froid
– 10 à – 15 °C

Sol
Ordinaire, même pauvre et caillouteux

Utilisation
En isolé, en groupe, en haie libre

Quand tailler ?
Après la floraison, en juin

Quand et comment cultiver ?

1. Plantez

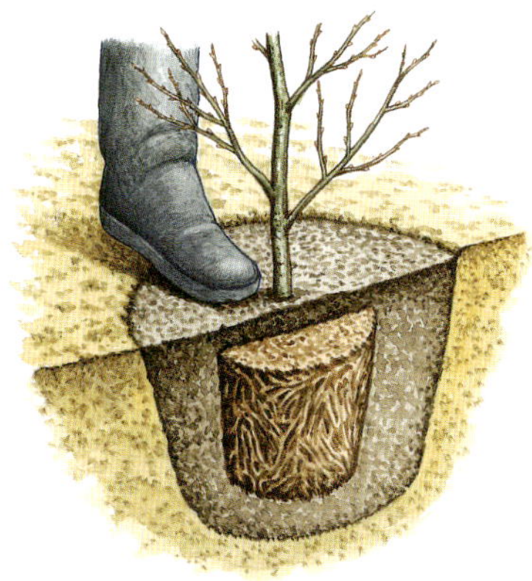

En automne s'il est à racines nues, tout l'hiver s'il est en motte ou en conteneur, plantez le cytise dans un trou de 80 cm à 1 m de côté sur autant de profondeur. Incorporez une fumure organique à la terre de rebouchage. Tassez avec le pied et arrosez. Un tuteurage peut être nécessaire en région ventée.

2. Taillez

La taille de formation

Pour une conduite en tige, les premières années après la plantation, supprimez les pousses naissant sur la tige principale; conservez juste quelques branches supérieures pour former la ramure ; le tronc mesurant 1 à 1,20 m de hauteur.

Si vous préférez une forme en touffe, supprimez la pousse centrale pour obtenir une division dès la base. Conservez 4 ou 5 branches principales au maximum.

LES ESPÈCES ET VARIÉTÉS CONSEILLÉES

Laburnum alpinum (cytise des Alpes).

***Laburnum* x *watereri* 'Vossii'** (cytise 'Pluie d'Or').

La taille d'entretien

Elle intervient lorsque la floraison est terminée. Supprimez environ les deux tiers de la longueur des tiges ayant porté des grappes de fleurs. Sur les buissons, vous pouvez aussi tailler les branches anciennes au ras du sol pour favoriser le départ de nouvelles tiges.

L'arrosage est nécessaire si l'été est très sec. Autrement, l'arbre s'abreuve seul. Les 2 ou 3 années après la plantation, apportez un engrais organique pour arbres. Surveillez les attaques de parasites, notamment de chenilles, pour traiter avant que les dégâts ne soient trop importants.

3. Multipliez

Le semis

Il est possible de semer les graines extraites des gousses, en mars, après les avoir laissées tremper 48 heures dans de l'eau chaude.

Le bouturage

Le bouturage se pratique en fin d'automne, en prélevant des pousses d'extrémité lignifiées d'une vingtaine de centimètres de longueur.

La greffe

Vous pouvez réaliser des greffes en écusson sur des sujets âgés de 2 ans, en juillet. La reprise peut parfois être difficile.

Ne confondez pas ce cytise, que l'on nomme également faux ébénier, avec* Cytisus scoparius*, appelé aussi cytise ou genêt à balais, un arbuste touffu que l'on rencontre dans les terrains sablonneux.

PINACÉES

Épicéa *Picea sp.*

Ce genre qui comprend une quarantaine d'espèces, dont le célèbre sapin de Noël, donne des arbres au feuillage allant du vert sombre au bleu intense, avec un port pyramidal ou conique. Très rustiques, les épicéas ont une croissance rapide.

Difficulté ★

Arrosage

Maladies et parasites
Acarien, chenille processionnaire, cochenille, puceron

Hauteur
1 à 25 m

Largeur
2 à 12 m

Feuillage
Persistant (conifère)

Exposition
Soleil

Résistance au froid
– 20 °C

Sol
Ordinaire; certaines espèces acceptent le calcaire

Utilisation
En isolé, en groupe

Quand tailler ?
Pas de taille

Quand et comment cultiver ?

1. Plantez

La plantation s'effectue durant l'hiver, entre novembre et février, en dehors des périodes de gel et de neige. Ouvrez une fosse d'environ 1 m en tous sens. Ameublissez le fond par un labour.

Placez l'arbre au centre du trou et rebouchez avec une terre allégée. Tassez, arrosez copieusement. Placez ensuite un hauban.

2. Taillez

Qu'elles soient de formation ou d'entretien, les tailles sont inutiles et même déconseillées, car ce conifère prend de lui-même sa forme naturelle. Tout au plus, des coupes de nettoyage des rameaux desséchés peuvent être envisagées de temps en temps.

Les premières années qui suivent la plantation, arrosez durant les périodes de sécheresse. Apportez aussi un engrais organique pour conifères, en avril, à enfouir par un griffage superficiel du sol. Attention aux attaques de pucerons et d'araignées rouges ; traitez sans tarder en cas de besoin.

LES ESPÈCES ET VARIÉTÉS CONSEILLÉES

Picea abies (épicéa commun).

***Picea engelmannii* 'Glauca'** (sapin bleu de l'Arizona).

Picea glauca (épicéa blanc).

Picea omorika (épicéa de Serbie).

Picea pungens (épicéa bleu du Colorado) **'Koster'** (sapin bleu de Koster).

3. Multipliez

Le semis

Placez les graines dans le bac à légumes d'un réfrigérateur pendant tout l'hiver. Semez en mars-avril.

Le bouturage

Le bouturage s'effectue à partir de pousses semi-lignifiées, prélevées en juillet sur des arbres de moins de 6 ans. Placez-les à la chaleur (15 à 20 °C), dans un mélange léger.

La greffe

Deux types de greffes peuvent être employés. La première se réalise en février-mars, en fente simple, avec un greffon prélevé à l'extrémité d'une branche principale, sur un porte-greffe planté dans un pot qui sera mis à la chaleur après greffage.

La seconde a lieu en septembre, sous écorce en coulé. Proche de la greffe en écusson, elle utilise un greffon prélevé en extrémité de branche.

Les Picea sont très proches des Abies par leur port, leur silhouette et même leurs aiguilles. Pour les différencier, il suffit d'arracher une aiguille et de regarder sa base. Si elle comporte un petit lambeau d'écorce, il s'agit d'un* Picea*. Sinon, c'est un Abies. Astuce mnémotechnique:* Picea *= peau (écorce) !

ACÉRACÉES

Érable *Acer sp.*

Certains érables sont petits, d'autres très hauts, il en est des ronds, d'autres élancés, mais tous ont en commun d'être décoratifs par leur feuillage, leur floraison ou leur écorce. Le choix entre les espèces est difficile !

Difficulté ★

Arrosage

Maladies et parasites
Anthracnose, maladie du corail, tache foliaire, acarien, cochenille, cicadelle

Hauteur
3 à 30 m

Largeur
2 à 10 m

Feuillage
Caduc

Exposition
Soleil et mi-ombre

Résistance au froid
– 10 à – 15 °C

Sol
Ordinaire; certains acceptent le calcaire

Utilisation
En isolé, en groupe, en alignement

Quand tailler ?
De novembre à février

Quand et comment cultiver ?

1. Plantez

La majorité des érables se plantent en automne à racines nues. Si vous attendez le printemps, mieux vaut avoir un sujet en motte. Creusez un trou de 1 m de côté et autant de profondeur. Fertilisez, placez un tuteur (indispensable), puis l'arbre. Rebouchez, tassez, arrosez copieusement.

2. Taillez

La taille de formation

Les 4 ou 5 années qui suivent la plantation, supprimez les pousses latérales qui naissent sur le tronc et raccourcissez les branches du sommet pour former la ramure.
Dès la deuxième année, taillez chaque prolongement pour obtenir une division des charpentières.

La taille d'entretien

Elle se résume à supprimer le bois mort et à couper les branches qui déparent la silhouette. Bien que les érables supportent facilement la taille, évitez les trop grosses plaies, car les risques d'implantation de champignons sont importants.

Arrosez régulièrement les sujets nouvellement plantés et épandez un paillage à leur pied les premières années. Apportez, au printemps et en automne, un engrais organique pour arbres d'ornement. Passez un mastic cicatrisant sur les plaies de taille.

LES ESPÈCES CONSEILLÉES

Acer campestre (érable champêtre).

Acer cappadocicum (érable doré).

Acer davidii

Acer griseum

Acer japonicum (érable du Japon).

Acer negundo (érable à feuilles de frêne).

Acer platanoides (érable plane).

Acer pseudoplatanus (érable sycomore).

Acer rubrum (érable rouge).

Acer saccharinum (érable blanc).

3. Multipliez

Le semis

Semez les graines au printemps ou en automne, après les avoir fait tremper 48 heures. Utilisez un terreau de semis et placez à 10-15 °C.

La greffe

La greffe en écusson à œil dormant s'effectue en juillet-août.

Le bouturage

Le bouturage est possible pour *Acer cappadocicum* et *A. negundo*: prélevez des pousses d'extrémité en automne ou au printemps.

Il existe près de 150 espèces d'érables dont certaines sont arbustives. C'est le cas de l'érable japonais (*Acer palmatum*), haut de 3 à 4 m, que l'on rencontre souvent dans les rocailles, où ses feuilles très découpées, rougissent en automne.

CUPRESSACÉES

Faux cyprès *Chamaecyparis* sp.

La ressemblance de son feuillage et, parfois, de son port avec ceux du cyprès *(Cupressus)* a donné à ce conifère son nom commun. Il comprend de nombreuses espèces et variétés, aux coloris et utilisations multiples, la plus connue étant le cyprès de Lawson.

Difficulté ★

Arrosage

Maladies et parasites
Phytophtora, pourridié, chenille processionnaire, cochenille, puceron

Hauteur
6 à 20 m

Largeur
2 à 8 m

Feuillage
Persistant (conifère)

Exposition
Soleil, mi-ombre et ombre

Résistance au froid
– 15 °C

Sol
Ordinaire, bien drainé

Utilisation
En isolé, en haie libre ou taillée

Quand tailler ?
En mai et en septembre

Quand et comment cultiver ?

1. Plantez

La plantation s'effectue entre novembre et mars, en dehors des périodes de gel et de neige. Creusez un trou de 1 m de côté et de profondeur. Placez le sujet au centre. Rebouchez en tassant. Arrosez. Haubanez ou installez un tuteur en biais.

2. Taillez

La taille de formation

L'arbre prend naturellement un port conique. Les premières années, surveillez l'axe central pour qu'il n'y ait qu'une seule flèche. Si une branche secondaire tend à prendre le pas sur la principale, supprimez-la.

La taille d'entretien

Elle n'est pas utile, sauf pour les sujets conduits en haie taillée. Dans ce cas, coupez les jeunes pousses deux fois par an, au printemps et en début d'automne, pour que la clôture végétale garde une belle régularité.

Les premières années qui suivent la plantation, arrosez copieusement, surtout s'il fait très chaud et sec. Binez au pied pour éliminer les mauvaises herbes. Au printemps, effectuez un apport d'engrais organique pour conifères, à enfouir par un griffage superficiel.

LES ESPÈCES ET VARIÉTÉS CONSEILLÉES

Chamaecyparis lawsoniana 'Alumigold' ou 'Columnaris' ou 'Ellwoodii' ou 'Stardust'

Chamaecyparis nootkatensis

3. Multipliez

Le bouturage

Le bouturage s'effectue en septembre, à partir de pousses d'extrémité.

Trempez leur base dans une poudre d'hormones pour accélérer l'émission de racines. Piquez-les dans un mélange de sable et de tourbe, sous miniserre.

La greffe

Il est aussi possible de greffer en fente simple, en février-mars.

Sachez qu'il existe des espèces naines, de 60 cm à 2 m de hauteur, comme* Chamaecyparis obtusa *'Nana Gracilis', de forme globuleuse, idéal pour les rocailles, ou bien encore* C. pisifera *'Filifera', aux branches étalées.

CUPRESSACÉES

Hêtre commun *Fagus sylvatica*

Majestueux, ce très bel arbre mérite une place isolée dans votre jardin pour que l'on puisse en admirer toute la beauté. On apprécie sa rusticité et surtout son feuillage, notamment sur les variétés pourpres ; celui-ci reste une bonne partie de l'hiver sur les branches.

Difficulté ★★

Arrosage

Maladies et parasites
Chancre, mildiou, puceron, cochenille

Hauteur
6 à 40 m

Largeur
6 à 20 m

Feuillage
Caduc (marcescent)

Exposition
Soleil

Résistance au froid
– 20 °C

Sol
Ordinaire, même calcaire

Utilisation
En isolé, en alignement

Quand tailler ?
De novembre à mars

Quand et comment cultiver ?

1. Plantez

Durant l'automne ou l'hiver, creusez une fosse de plantation d'environ 1 m de côté sur autant de profondeur. Grattez les parois et labourez le fond pour décompacter la terre. Placez un tuteur décalé par rapport au centre du trou, puis l'arbre. Rebouchez, tassez et arrosez. Attachez le tronc au tuteur.

2. Taillez

La taille de formation

Lors de la croissance de l'arbre, veillez à conserver une flèche droite en la palissant sur le tuteur. Veillez à supprimer les pousses qui pourraient la concurrencer.

Taillez à leur base ou au tiers de leur longueur les pousses latérales qui se développent sur le tronc ; vous les supprimerez lorsque ce dernier aura atteint la hauteur désirée.

LES VARIÉTÉS CONSEILLÉES

***Fagus sylvatica* 'Atropurpurea'** ou **'Macrophylla'** ou **'Purpurea'** ou **'Purpurea Pendula'** ou **'Tricolor'**

La taille d'entretien

Lorsque la ramure est constituée, supprimez le bois mort, les branches mal formées ou celles qui naissent encore sur le tronc. Passez un mastic cicatrisant sur les plaies pour éviter tout risque d'infection.

Le hêtre supporte difficilement la sécheresse, des arrosages copieux sont nécessaires les premières années suivant la plantation. Un apport d'engrais organique pour arbres d'ornement peut accélérer la croissance parfois assez lente.

3. Multipliez

Le semis

Semez les graines en février après les avoir placées quelque temps dans le bac à légumes de votre réfrigérateur. Placez sous miniserre, à 15 °C.

La greffe

La greffe en incrustation s'effectue en février sur un franc issu de semis. Il est également possible de greffer en fente simple en mars.

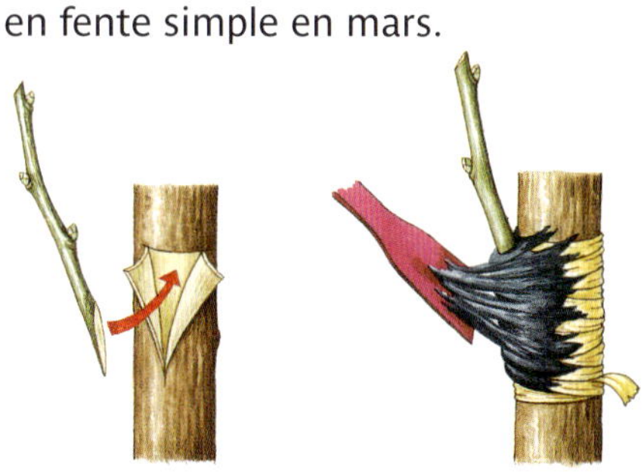

Houx *Ilex aquifolium*

Qui s'y frotte, s'y pique ! Il existe pourtant quelques espèces de houx portant des feuilles non épineuses, très difficiles à trouver dans le commerce. La beauté de ce petit arbre réside dans la couleur de ses fruits blancs, rouges ou noirs qui persistent tout l'hiver.

Difficulté ★

Arrosage

Maladies et parasites
Chenille mineuse, cochenille

Hauteur
6 à 10 m

Largeur
3 à 4 m

Feuillage
Persistant

Exposition
Soleil, mi-ombre et ombre

Résistance au froid
– 10 à – 15 °C

Sol
Ordinaire, plutôt sans calcaire

Utilisation
En isolé, en haie défensive, en groupe

Quand tailler ?
De novembre à mars

Quand et comment cultiver ?

1. Plantez

Le houx se plante pendant le repos de la végétation, entre novembre et mars. Creusez une fosse de 80 cm à 1 m en tous sens. Labourez le fond pour le décompacter. Placez l'arbre au centre, rebouchez en tassant avec le pied. Arrosez, haubanez.

Binez au pied de l'arbre pour maintenir un sol propre et aérer le système racinaire. Arrosez lorsqu'il fait très sec. Un apport d'engrais organique ne se justifie que dans les terres assez pauvres, au moins les premières années de végétation.

2. Taillez

La taille d'entretien

Elle se résume à couper les branches qui déparent la silhouette générale de l'arbre, en éliminant le bois mort. Cette taille ne se pratique que de temps en temps, même si la croissance est parfois assez rapide.

LES VARIÉTÉS CONSEILLÉES

Ilex aquifolium 'Alaska' ou 'Argentea Marginata' ou 'Madame Briot'

Il n'y a pas de taille de formation proprement dite, car il faut laisser l'arbre prendre sa forme naturelle. Contentez-vous de supprimer les éventuels rameaux morts.

3. Multipliez

Le semis

Le semis est possible en mars après que l'on a débarrassé les baies de la pulpe qui les entoure. Semez sur un compost léger.

Le bouturage

Le bouturage s'effectue à partir de pousses latérales bien aoûtées, entre juillet et septembre, sous miniserre à l'étouffée.

La greffe

On peut aussi greffer en écusson à œil dormant en août.

Le houx est une plante dioïque, c'est-à-dire qu'il existe des pieds mâles et des pieds femelles. Pour obtenir des fruits, vous devrez planter un arbre femelle et un sujet mâle à proximité pour qu'il y ait pollinisation.

TAXACÉES

If commun *Taxus baccata*

Pourvu de petites baies rouges, ce conifère de croissance lente porte un feuillage vert foncé très dense. Cette épaisseur lui vaut d'être souvent utilisé en haie ou en forme sculptée. La plante étant dioïque, seuls les pieds femelles portent des fruits.

Difficulté ★

Arrosage

Maladies et parasites
Rouille, cécidomyie, cochenille, puceron

Hauteur
4 à 20 m

Largeur
2 à 10 m

Feuillage
Persistant (conifère)

Exposition
Soleil et mi-ombre

Résistance au froid
– 15 à – 20 °C

Sol
Ordinaire, même calcaire ou sec

Utilisation
En isolé, en haie libre ou taillée, en groupe

Quand tailler ?
En février-mars

Quand et comment cultiver ?

1. Plantez

Le trou de plantation doit atteindre au moins le double du volume de la motte, présentation sous laquelle il est préférable de planter ce conifère. Placez l'arbre, puis rebouchez avec de la terre émiettée et tassez avec le pied. Arrosez copieusement et posez un tuteur en biais.

2. Taillez

La taille de formation

Il n'est pas besoin d'intervenir, l'arbre prenant naturellement sa forme. Si vous le conduisez en haie taillée, étêtez-le pour qu'il développe des ramifications dès la base et s'épaississe. Au fur et à mesure de son développement, vous lui donnerez sa forme définitive.

La taille d'entretien

Pour les formes libres, contentez-vous de couper les pousses qui déparent la silhouette. Pour les haies taillées, raccourcissez les nouvelles pousses au tout début du printemps. Sur les vieux sujets, on peut procéder à une taille de rajeunissement, le bois reperçant assez facilement.

LES ESPÈCES ET VARIÉTÉS CONSEILLÉES

Taxus baccata 'Dovastonii Aurea' ou 'Fastigiata' (if d'Irlande) ou 'Fastigiata Aurea'

Taxus x *media* 'Hillii'

Au printemps, apportez un engrais organique pour conifères, à enfouir par un griffage léger ou un labour superficiel. En été, arrosez abondamment, surtout les jeunes sujets fraîchement plantés. Binez au pied pour aérer et éliminer les mauvaises herbes. Surveillez l'état sanitaire et les attaques de parasites pour traiter en cas de besoin.

3. Multipliez

Le semis

Le semis s'effectue en février après avoir placé les graines pendant 3 mois au réfrigérateur.

La densité de son feuillage, vaut à l'if d'être utilisé pour l'art topiaire. Plantez le sujet au milieu d'une forme construite en fils de fer et palissez les rameaux sur cette armature, au fur et à mesure de leur développement.

Le bouturage

Il est plus rapide de bouturer des pousses d'extrémité. Trempez leur base dans de la poudre d'hormones, puis piquez-les dans du sable et de la tourbe et placez-les en atmosphère chaude et humide.

MAGNOLIACÉES

Magnolia *Magnolia sp.*

Il existe deux types de magnolias : les espèces à feuilles caduques, qui fleurissent au tout début du printemps, et celles qui portent des feuilles persistantes, dont les fleurs parfumées apparaissent entre juin et août.

Difficulté ★

Arrosage

Maladies et parasites
Pourridié, cochenille

Hauteur
2 à 15 m

Largeur
2 à 12 m

Feuillage
Caduc ou persistant, selon les espèces

Exposition
Soleil

Résistance au froid
– 15 à – 30 °C

Sol
Léger, un peu acide pour les caducs, plus lourd et alcalin pour les persistants

Utilisation
En isolé, en groupe, en alignement

Quand tailler ?
Après la floraison pour les caducs, de novembre à février pour les persistants

Quand et comment cultiver ?

1. Plantez

Creusez un trou de 1 m de côté sur autant de profondeur. Pour les espèces qui préfèrent un sol un peu acide, incorporez de la terre de bruyère à celle qui est en place. Installez l'arbre puis rebouchez. Tassez et arrosez. Tuteurez ou haubanez.

2. Taillez

La taille de formation

Elle n'est pas nécessaire pour les espèces à feuilles caduques. Pour les persistantes, supprimez les éventuelles pousses qui pourraient concurrencer la flèche principale. Coupez les branches les plus basses et celles qui déparent la silhouette.

La taille d'entretien

Pour les espèces caduques, coupez chaque pousse ayant porté des fleurs 3 feuilles sous la fleur fanée. De temps en temps, supprimez les plus vieilles branches pour assurer le renouvellement de la ramure. Pour les persistantes, contentez-vous de nettoyer le bois mort.

Arrosez copieusement en été lorsqu'il fait très sec, surtout les espèces à feuilles caduques. On peut aussi arroser le feuillage des espèces persistantes. Les premières années qui suivent la plantation, il est bon de pailler le pied des arbres pour conserver la fraîcheur du sol.

LES ESPÈCES ET VARIÉTÉS CONSEILLÉES

Magnolia grandiflora

Magnolia liliiflora 'Nigra'

Magnolia x *loebneri*

Magnolia x *soulangeana*

Magnolia stellata

3. Multipliez

Le semis

Le semis s'effectue en février après un séjour des graines dans le bac à légumes d'un réfrigérateur. Placez ensuite la terrine à 20 °C. Floraison de 3 à 30 ans plus tard !

Plantez de préférence les espèces à feuilles caduques en automne, entre octobre et début décembre, et les espèces à feuilles persistantes entre février et mars.

La greffe

Les espèces caduques peuvent être greffées sous écorce en coulé sur *Magnolia kobus*, en février-mars. On obtient ainsi des pieds plus vigoureux.

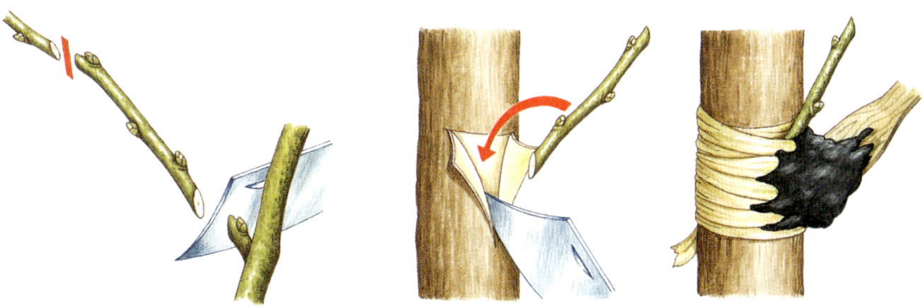

SALICACÉES

Peuplier *Populus sp.*

Poussant très vite, le peuplier est souvent employé pour former de hauts écrans protecteurs contre le vent. Mais certaines espèces constituent des sujets d'ornement qui méritent une place de choix dans votre jardin.

Difficulté ★

Arrosage 💧💧

Maladies et parasites
Rouille

Hauteur
12 à 30 m

Largeur
3 à 10 m

Feuillage
Caduc

Exposition
Soleil

Résistance au froid
– 20 °C

Sol
Ordinaire, frais

Utilisation
En isolé, en alignement, en groupe

Quand tailler ?
De novembre à mars

Quand et comment cultiver ?

1. Plantez

Ouvrez un trou de plantation de 1 m^3 au moins, puis labourez le fond et griffez les parois pour décompacter la terre. Placez le tuteur excentré et l'arbre au milieu. Rebouchez, tassez et arrosez copieusement. Attachez l'arbre au tuteur.

2. Taillez

La taille de formation

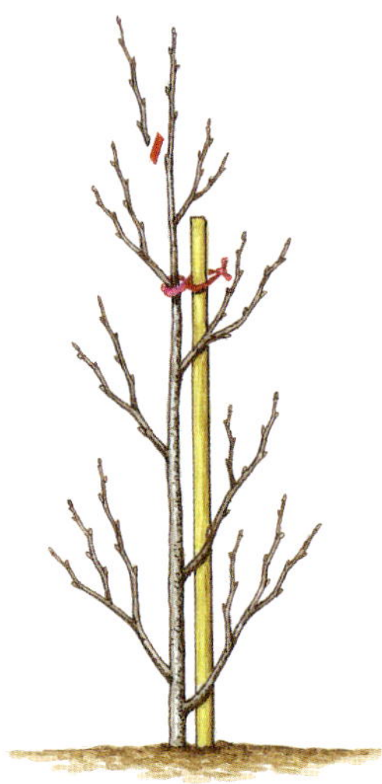

Après la plantation, conservez une flèche centrale en supprimant les pousses qui pourraient venir la concurrencer. Les formes fastigiées, qui développent leurs branches dès la base, ne nécessitent pas de taille de formation spécifique. Pour les autres, supprimez les pousses qui naissent sur le tronc.

La taille d'entretien

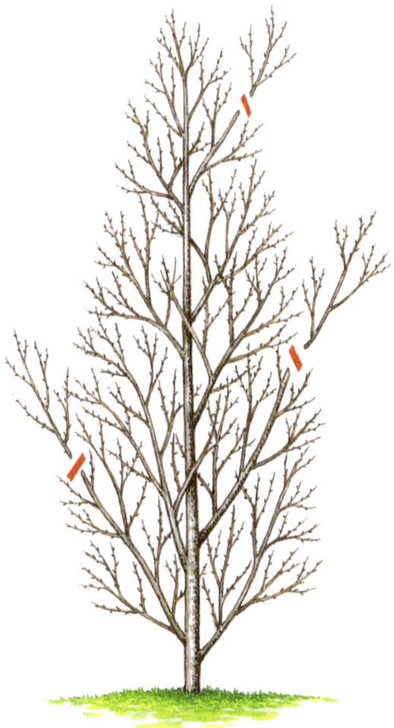

Le peuplier est un arbre qui supporte très bien la taille. Aussi, n'hésitez pas à couper les branches qui déparent la silhouette pour préserver un bon équilibre. Supprimez le bois mort. L'abattage devient nécessaire après 30 ou 40 ans de vie.

LES ESPÈCES ET VARIÉTÉS CONSEILLÉES

***Populus alba* 'Nivea'** (peuplier de Hollande).

***Populus nigra* 'Italica'** (peuplier d'Italie).

Populus tremula (tremble).

Le peuplier est souvent l'hôte des zones humides, aussi apportez-lui beaucoup d'eau lorsqu'il fait très sec. Surveillez les attaques de chenilles qui apprécient son feuillage ; traitez avec un insecticide naturel. Élaguez les branches anciennes qui sont cassantes.

3. Multipliez

Le bouturage

Le bouturage est une opération facile. En février ou mars, prélevez des rameaux de 25 cm de longueur, pourvus de plusieurs bourgeons.

Coupez l'extrémité et piquez la base dans un mélange de sable et de tourbe. L'enracinement est assez rapide.

N'installez pas votre peuplier à proximité de la maison, d'une terrasse ou d'une allée. Ses racines très superficielles auraient vite fait de tout soulever.

PINACÉES

Pin *Pinus sp.*

Il s'agit ici d'une grande famille de conifères au port et aux aiguilles très divers. Les pins trouvent leur place dans un jardin quelle que soit sa situation géographique, car ils apprécient tout autant la chaleur que les rigueurs du froid.

Difficulté ★

Arrosage

Maladies et parasites
Rouille, chenille processionnaire, cochenille, puceron

Hauteur
3 à 30 m

Largeur
2 à 12 m

Feuillage
Persistant (conifère)

Exposition
Soleil

Résistance au froid
– 25 °C

Sol
Léger, même sec ou acide pour certaines espèces

Utilisation
En isolé, en groupe, en alignement

Quand tailler ?
En fin d'hiver

Quand et comment cultiver ?

1. Plantez

Entre novembre et février, ouvrez un trou de plantation d'environ 1 m de côté sur autant de profondeur. Si la terre est lourde, allégez-la avec du sable ou changez-la. Placez l'arbre au centre et rebouchez en tassant. Arrosez. Installez un hauban.

2. Taillez

La taille de formation

Les pins prennent naturellement leur forme. Assurez-vous simplement durant sa croissance que l'arbre possède bien une seule flèche et éliminez au besoin les pousses concurrentes. Supprimez aussi le bois mort.

La taille d'entretien

Mieux vaut éviter de tailler les pins, qui n'émettent pratiquement pas de pousses nouvelles sur le vieux bois. Limitez vos interventions à des élagages réguliers au cours desquels vous couperez les branches mortes, notamment dans le bas du tronc.

Au début du printemps, apportez au pied des jeunes sujets un engrais organique pour conifères, enfoui par un léger griffage. En été, arrosez ces mêmes arbres en cas de sécheresse prolongée. Surveillez les attaques de chenilles processionnaires ; traitez avec *Bacillus thuringiensis*.

3. Multipliez

Le semis

Le semis s'effectue au printemps dans une caissette remplie de terreau de semis et placée en miniserre, à partir de graines que l'on aura mises au froid pendant quelques semaines.

Évitez de planter des groseilliers ou des cassissiers à proximité des pins, car ils ont une maladie commune, la rouille.

La greffe

Il est facile de greffer en fente simple, en mars-avril, sur des semis de *Pinus sylvestris* pour les pins à 2 aiguilles et sur *P. strobus* pour les espèces à 3 ou 5 aiguilles.

LES ESPÈCES ET VARIÉTÉS CONSEILLÉES

Pinus cembra
(pin cembro ou arolle).

Pinus halepensis
(pin d'Alep).

Pinus leucodermis
(pin de Bosnie).

Pinus ssp. nigra
(pin noir d'Autriche).

Pinus nigra ssp. laricio
(pin de Corse).

Pinus pinaster
(pin maritime).

Pinus pinea
(pin parasol).

Pinus strobus
(pin de Weymouth).

Pinus sylvestris
(pin sylvestre).

Pinus wallichiana
(pin de l'Himalaya).

Prunier d'ornement *Prunus* sp.

La famille des pruniers d'ornement réunit des arbres à fleurs, intéressants pour les jardins de taille moyenne.

Difficulté ★

Arrosage

Maladies et parasites
Moniliose, rouille, acarien, puceron

Hauteur
3 à 12 m

Largeur
3 à 6 m

Feuillage
Caduc

Exposition
Soleil

Résistance au froid
– 15 °C

Sol
Ordinaire

Utilisation
En isolé, en groupe, en haie libre

Quand tailler ?
Après la floraison

Quand et comment cultiver ?

1. Plantez

Ouvrez un trou de plantation de 80 cm à 1 m de côté sur autant de profondeur. Décompactez le fond avant de placer un tuteur, légèrement excentré. Installez l'arbre au milieu et rebouchez en tassant bien avec le pied. Arrosez copieusement. Attachez le sujet au tuteur.

2. Taillez

La taille de formation

Les 3 ou 4 premières années après la plantation, coupez les branches basses au ras du tronc, les intermédiaires à 20 cm et palissez la flèche. Lorsque l'arbre a atteint sa hauteur, supprimez la flèche et les pousses situées sur le tronc et équilibrez aussi la charpente.

La taille d'entretien

La floraison terminée, coupez une partie des pousses ayant porté des fleurs pour favoriser la naissance de nouveaux rameaux qui fleuriront l'année suivante. Élaguez les branches mal formées ou mal dirigées pour conserver une belle silhouette.

Les soins à apporter sont classiques : binage au pied pour éliminer les mauvaises herbes, arrosage par temps sec avec paillage du sol pour les jeunes sujets, traitements contre les pucerons au printemps.

LES ESPÈCES ET VARIÉTÉS CONSEILLÉES

Prunus 'Accolade' (prunier à fleurs).

Prunus x *amygdalo-persica* 'Angélique'

Prunus cerasifera 'Atropurpurea'

Prunus maackii 'Amber Beauty'

Prunus padus 'Le Thoureil' (merisier à grappes).

Prunus serrulata x *serrulata* (cerisier à fleurs).

3. Multipliez

Le semis

Le semis est possible en février-mars lorsque l'arbre produit des fruits ; mettez les graines en stratification avant de les semer.

La plupart des espèces de Prunus à feuilles caduques (fruitières et ornementales) ont tendance à produire de la gomme après une taille ou une blessure. Lors de vos interventions d'entretien, enduisez toutes les plaies, même les plus petites, avec un mastic cicatrisant.

Le bouturage

Vous pouvez aussi bouturer des extrémités de pousses en fin d'été, dans du sable et de la tourbe, en les plaçant à la chaleur.

La greffe

Enfin, le greffage s'effectue comme pour les espèces fruitières, au printemps, en écusson (voir dessins) ou en demi-fente.

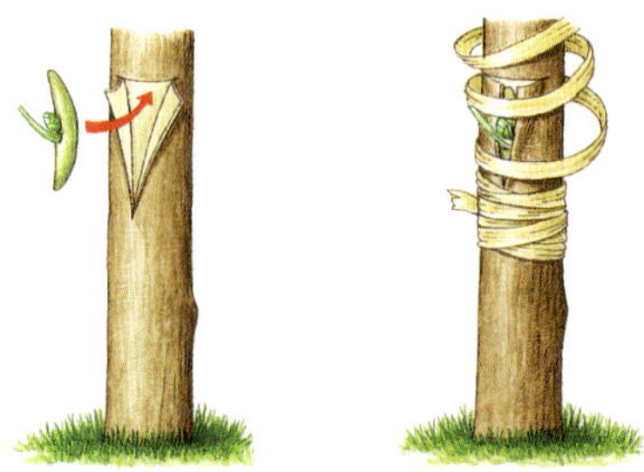

PINACÉES

Sapin *Abies sp.*

Ce genre, qui regroupe une cinquantaine d'espèces, présente des arbres de forme conique assez régulière. Les sapins sont décoratifs à la fois par leurs aiguilles et par leurs cônes dressés. Tous résistent bien à la pollution et aux parasites.

Difficulté ★

Arrosage

Maladies et parasites
Araignée rouge, chenille processionnaire, cochenille, puceron

Hauteur
5 à 30 m

Largeur
3 à 12 m

Feuillage
Persistant (conifères)

Exposition
Soleil et mi-ombre

Résistance au froid
– 20 °C

Sol
Ordinaire; tolère une terre légèrement calcaire

Utilisation
En isolé, en groupe

Quand tailler ?
De novembre à février

Quand et comment cultiver ?

1. Plantez

Durant l'hiver, en dehors des périodes de gel et de neige, ouvrez un trou de plantation d'au moins 1 m de côté sur autant de profondeur. Placez l'arbre au centre en veillant à ne pas briser la motte. Rebouchez, tassez, arrosez abondamment. Placez un hauban ou un tuteur en biais.

2. Taillez

La taille de formation

Ce type de conifère ne se taille pas, car il prend naturellement sa forme. Assurez-vous simplement qu'il ne développe qu'une seule flèche et que l'attache du tuteur n'étrangle pas le tronc au fur et à mesure de son épaississement.

La taille d'entretien

Il n'y a pas de taille d'entretien, sauf à supprimer les branches mortes lorsque l'arbre est âgé. En cas de cassure, passez un mastic cicatrisant pour limiter les écoulements de résine, après avoir nettoyé la plaie.

LES ESPÈCES CONSEILLÉES

Abies concolor
(sapin du Colorado).

Abies koreana
(sapin de Corée).

Abies nordmanniana
(sapin du Caucase).

Abies pinsapo
(sapin d'Espagne).

Les premières années qui suivent la plantation, arrosez copieusement lorsque le temps est très chaud. Binez aussi pour éliminer les mauvaises herbes et aérer le sous-sol. Surveillez les attaques d'araignées rouges.

3. Multipliez

Le semis

Le semis peut être réalisé au printemps, à partir de graines ayant séjourné 3 semaines dans le bac à légumes d'un réfrigérateur.

Cet arbre donne le meilleur de lui-même lorsqu'il est planté en isolé. Si vous installez plusieurs sujets dans votre jardin, espacez-les d'au moins 15 à 20 m pour qu'ils développent sans gêne une forme harmonieuse.

La greffe

Le plus simple est la greffe en fente simple en février-mars.

SALICACÉES

Saule *Salix sp.*

L'image du saule reflétant ses branches pleureuses dans l'eau d'un étang nous est familière. Mais il existe d'autres espèces qui poussent en terrain plus sec et qui sont tout aussi intéressantes. Le genre compte près de 300 membres…

Difficulté ★

Arrosage 💧💧💧

Maladies et parasites
Anthracnose, rouille, tavelure, acarien, cécidomyie, galéruque, tenthrède

Hauteur
4 à 20 m

Largeur
3 à 20 m

Feuillage
Caduc

Exposition
Soleil et mi-ombre

Résistance au froid
– 15 °C

Sol
Plutôt frais et humide, non calcaire

Utilisation
En isolé, en groupe

Quand tailler ?
En fin d'hiver

Quand et comment cultiver ?

1. Plantez

Creusez un trou de plantation d'environ 1 m en tous sens. Après avoir décompacté le fond et les parois, installez un tuteur, en le décalant par rapport au centre. Placez ensuite l'arbre et rebouchez le trou en tassant avec le pied. Attachez le saule au tuteur et arrosez.

2. Taillez

La taille de formation

Les premières années, formez le tronc en supprimant les pousses latérales jusqu'à ce qu'il ait atteint la hauteur que vous désirez.
Coupez ensuite la flèche pour construire la charpente. Taillez régulièrement les nouvelles pousses pour obtenir un maximum de branches.

La taille d'entretien

Le saule supporte très bien les coupes sévères. N'hésitez pas, de temps en temps, à supprimer les branches anciennes le plus près possible du sommet du tronc, voire à étêter complètement l'arbre, pour en faire un « têtard » sur lequel pousseront de nouvelles tiges.

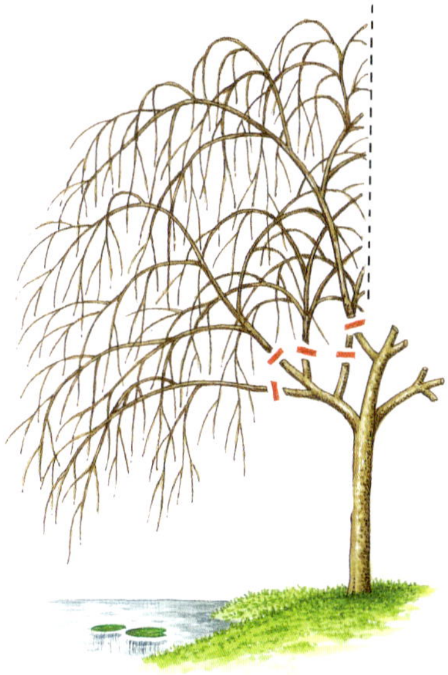

LES ESPÈCES ET VARIÉTÉS CONSEILLÉES

Salix alba (saule blanc).

Salix babylonica 'Crispa'

Salix caprea (saule marsault).

Salix x *sepulcralis* 'Chrysocoma' (saule pleureur).

Même si le saule supporte les sols secs, mieux vaut l'arroser régulièrement quand il n'est pas installé à proximité d'une pièce d'eau. Lorsqu'il est jeune, traitez-le avec un produit cuprique pour éviter la rouille ou l'anthracnose, deux maladies qui touchent le feuillage.

3. Multipliez

Le bouturage

Il suffit bien souvent de planter une portion de branche pour qu'elle s'enracine aussitôt. Le bouturage est donc le moyen le plus simple et rapide pour multiplier le saule. Prélevez des boutures d'une vingtaine de centimètres de longueur, en évitant les extrémités de rameaux.

Si vous aimez tresser l'osier, plantez* Salix viminalis*, l'osier des vanniers, à proximité d'un point d'eau. Ce petit arbre de 5 à 6 m de haut produit des rameaux jaunâtres à verdâtres que l'on utilise pour fabriquer des paniers ou du mobilier, par exemple.

ROSACÉES

Sorbier *Sorbus sp.*

Deux espèces sont principalement intéressantes dans un jardin : le sorbier des oiseleurs et l'alisier produisent des baies blanches, jaunes, orangées ou rouges qui font le régal des oiseaux dès la fin de l'été.

Difficulté ★

Arrosage

Maladies et parasites
Aucun(e)

Hauteur
6 à 15 m

Largeur
4 à 7 m

Feuillage
Caduc

Exposition
Soleil et mi-ombre

Résistance au froid
– 15 °C

Sol
Ordinaire, frais

Utilisation
En isolé, en groupe, en alignement

Quand tailler ?
De novembre à février

Quand et comment cultiver ?

1. Plantez

Installez votre arbre de préférence en automne. Creusez un trou de 80 cm à 1 m en tous sens. Plantez un tuteur, décalé par rapport au centre, puis placez votre arbre. Remplissez le trou avec de la terre meuble. Tassez, attachez le sujet au tuteur et arrosez copieusement.

2. Taillez

La taille de formation

Les 4 ou 5 années qui suivent la plantation, formez le tronc en supprimant les pousses latérales et en taillant celles qui sont placées au sommet pour constituer la charpente. Coupez au-dessus d'un bourgeon dirigé vers l'extérieur.

La taille d'entretien

Contentez-vous de donner à l'arbre un aspect net en coupant les pousses mal orientées. Taillez les branches mortes et les rejets qui apparaissent sur le tronc.

LES ESPÈCES CONSEILLÉES

Sorbus aria (alisier).

Sorbus aucuparia (sorbier des oiseleurs).

Quelques binages au cours de l'année permettent de maintenir le sol propre et d'aérer le sous-sol. Pensez aussi à arroser par temps sec en laissant l'eau couler du tuyau au pied de l'arbre. Ces espèces sont rarement touchées par les maladies et les insectes.

3. Multipliez

Le semis

Le semis s'effectue en automne ou au printemps à partir de graines débarrassées de la pulpe qui les entoure et après passage au froid.

Il existe un autre sorbier,* Sorbus domestica*, le cormier, dont les fruits, d'abord rouges, puis brunâtres, en forme de petites poires de 2 à 3 cm de longueur, se consomment blets. Plantez cette espèce au soleil.

La greffe

On peut aussi greffer en écusson en juillet-août ou à l'anglaise simple en mars-avril (voir dessins).

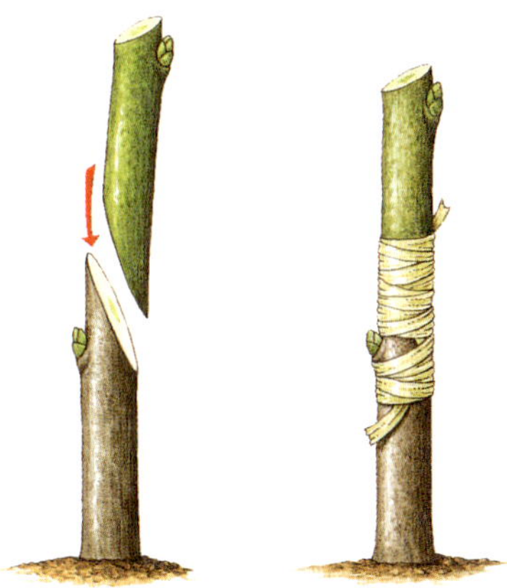

CUPRESSACÉES

Thuya *Thuja sp.*

Le thuya est un beau conifère de forme conique ou colonnaire conseillé pour les jardins de ville, car il résiste très bien à la pollution atmosphérique tout en offrant un bon écran contre le bruit.

Difficulté ★

Arrosage

Maladies et parasites
Rouille, phytophtora, cochenille, puceron

Hauteur
3 à 20 m

Largeur
2 à 6 m

Feuillage
Persistant (conifère)

Exposition
Soleil et mi-ombre

Résistance au froid
– 15 °C

Sol
Ordinaire; Thuja occidentalis et T. plicata *tolèrent le calcaire*

Utilisation
En isolé, en haie, en groupe, en alignement

Quand tailler ?
Au printemps et en automne

Quand et comment cultiver ?

1. Plantez

Entre novembre et décembre, ouvrez un trou de plantation atteignant au moins le double du volume de la motte ou du conteneur. Décompactez le fond et placez le sujet au centre. Rebouchez en tassant avec le pied. Arrosez et placez un hauban ou un piquet en biais.

2. Taillez

La taille de formation

Après la plantation, choisissez l'une des pousses supérieures pour former la flèche. Supprimez celles qui pourraient lui faire concurrence. Laissez l'arbre s'épaissir naturellement. Pour une conduite en haie, coupez la flèche lorsque le sujet a atteint la hauteur voulue.

La taille d'entretien

Lorsque l'arbre est bien formé, contentez-vous de couper les pousses qui déparent la silhouette et de supprimer le bois mort. Pour les haies, effectuez une première coupe au printemps pour supprimer les nouvelles pousses et éventuellement une deuxième en automne.

LES ESPÈCES ET VARIÉTÉS CONSEILLÉES

Thuja occidentalis (thuya du Canada) **'Smaragd'**

Thuja orientalis (thuya d'Orient) **'Pyramidalis Aurea'**

Thuja plicata (thuya de Lobb) **'Atrovirens'**

L'arrosage est nécessaire les premières années qui suivent la plantation, surtout en période de sécheresse. Un paillage du sol est même conseillé. Au printemps, apportez un engrais organique pour conifères, enfoui par griffage du sol.

3. Multipliez

Le bouturage

Le bouturage est une opération très simple, à réaliser en août-septembre. Il suffit de prélever des boutures à talon d'une dizaine de centimètres de longueur.

Il faut ensuite les piquer dans du sable et de la tourbe, sous châssis.

Dans les terrains lourds et compacts, incorporez de la tourbe ou du sable pour alléger le sol et améliorer le drainage. Le thuya n'apprécie pas l'humidité stagnante; cette situation favorise l'apparition du phytophtora, un champignon qui entraîne sa mort.

La greffe

On peut aussi greffer à l'anglaise simple, en mars.

TILIACÉES

Tilleul *Tilia sp.*

Décoratif par son feuillage, cet arbre offre en outre une floraison parfumée en fin de printemps. Son développement est rapide et son ombre agréable. C'est un sujet à planter à proximité d'une aire de repos.

Difficulté ★

Arrosage

Maladies et parasites
Érinose, armilaire, araignée rouge, puceron

Hauteur
10 à 30 m

Largeur
6 à 20 m

Feuillage
Caduc

Exposition
Soleil

Résistance au froid
– 20 °C

Sol
Ordinaire; tolère le calcaire

Utilisation
En isolé, en groupe, en alignement

Quand tailler ?
De novembre à février

Quand et comment cultiver ?

1. Plantez

La fosse de plantation doit mesurer 1 m de côté et de profondeur. Labourez le fond et griffez les parois pour décompacter la terre. Plantez un tuteur excentré puis placez l'arbre. Rebouchez le trou en tassant et attachez le tronc au tuteur. Arrosez.

2. Taillez

La taille de formation

Les premières années qui suivent la plantation, conservez une flèche et taillez des deux tiers de leur longueur les pousses latérales qui naissent sur le tronc.
Lorsque l'arbre a atteint sa hauteur adulte, supprimez les pousses latérales et rabattez les branches du haut pour former la charpente.

La taille d'entretien

Le tilleul supportant très bien les tailles sévères, vous pouvez procéder à des élagages importants pour contenir le volume de la ramure dans des proportions équilibrées, en revenant tous les 5 à 10 ans près du tronc. Passez un mastic cicatrisant sur les plaies.

Les premières années qui suivent la plantation, arrosez et paillez les jeunes sujets. Dans les terrains pauvres, effectuez un apport d'engrais organique pour arbres d'ornement. Surveillez les attaques de pucerons ; traitez avec un insecticide naturel.

LES ESPÈCES CONSEILLÉES

Tilia cordata,
syn. *T. parvifolia* (tilleul à petites feuilles).

Tilia henryana

Tilia platyphyllos,
syn. *T. grandifolia* (tilleul de Hollande).

Tilia tomentosa
(tilleul de Hongrie).

3. Multipliez

La greffe

La méthode la plus simple est le greffage en écusson à œil poussant en avril (voir dessins), ou à œil dormant en août, à partir de greffons prélevés sur des pousses de l'année.

Le tilleul émet facilement des rejets à la base du tronc. Mettez à profit cette particularité pour relever la terre et former une butte. Vous pourrez ensuite prélever des marcottes, à sevrer lorsque des racines se seront développées sur ces rejets.

Le potager

Ail *Allium sativum*

L'ail aime le soleil et les terrains légers, riches, mais pas fraîchement fertilisés, et bien ameublis. Il déteste l'humidité stagnante qui le fait pourrir en terre. L'ail blanc, le plus précoce, ne se garde que jusqu'en décembre, et le rose, lui, se conserve bien.

Difficulté ★

Arrosage Aucun

Maladies et parasites
Rouille

Quand planter ?
En octobre-novembre (ail blanc et violet) ou février-mars (ail rose)

Quand récolter ?
À partir de juin

Quelle production ?
1 tête d'ail par gousse plantée

Quand et comment cultiver ?

1. Plantez

En octobre-novembre pour l'ail blanc ou le violet, en février-mars pour l'ail rose, plantez les gousses en lignes espacées de 20 à 25 cm. Aidez-vous d'un cordeau pour planter droit. Avec les doigts, enfoncez les gousses la pointe vers le haut à 1-2 cm de profondeur, tous les 10 à 12 cm.

En terrain lourd, plantez uniquement au printemps. Faites des lignes en butte et plantez ensuite l'ail en haut du monticule.

2. Un mois après la plantation

Vous pouvez utiliser les gousses d'ail achetées pour la cuisine. Mais prélevez celles destinées à la plantation : une inscription sur leur emballage certifie qu'elles sont indemnes de viroses. Utilisez toujours les gousses les plus charnues situées à la périphérie de la tête d'ail.

Avec une binette, cassez la croûte de terre sèche qui s'est formée en surface autour des jeunes plants. Cette opération, à répéter 2 ou 3 fois, permet également d'éliminer les mauvaises herbes.

3. En juin

Le plus souvent, les feuilles de l'ail se sont couchées naturellement sur le sol et commencent à jaunir. Si elles restent raides, couchez-les en appuyant à leur base avec le pied. Vous pouvez aussi les nouer. La sève se concentre ainsi dans le bulbe. Quelques jours après cette opération, en sol humide, vous pouvez tirer légèrement sur la base des feuilles pour déterrer légèrement le haut du bulbe. Il se conservera mieux par la suite.

LES VARIÉTÉS CONSEILLÉES

Ail rose

'Edenrose'.

Ail violet

'Germidour', pour plantation d'automne uniquement en régions froides.

Ail blanc

'Messidor', pour plantation d'automne en régions à hivers doux.

4. La récolte

Choisissez une journée bien ensoleillée pour récolter. Lorsque les feuilles sont sèches, dès juin, en juillet ou début août, soulevez les bulbes à la fourche-bêche sans les abîmer.

Dans le Midi, l'ail se plante à l'automne quelle que soit sa couleur et se récolte dès juin.

Laissez sécher sur place toute la journée, voire 2 ou 3 jours.

Pour éviter la rouille, ne cultivez pas l'ail 2 ans de suite au même endroit, ni après des légumes de la même famille.

Disposez les têtes d'ail dans des caisses, sur une seule couche. Vous pouvez aussi les lier en bottes ou tresser leur feuillage. Entreposez dans un endroit bien aéré, sec, frais, si possible à une température constante.

OMBELLIFÈRES

Aneth *Anethum graveolens*

Les feuilles d'aneth sont élégantes et très parfumées : leur saveur anisée se marie bien avec les poissons. Cette plante aime les sols secs et bien aérés. Elle se plaît dans les endroits chauds et ensoleillés.

Difficulté ★

Arrosage Aucun

Maladies et parasites
Aucun(e)

Quand semer ?
En avril-mai

Durée de la levée
3 semaines

Quand récolter ?
De mai à octobre (feuilles)
En septembre (graines)

Quand et comment cultiver ?

1. Semez directement en place

En avril ou mai, tracez des sillons de 1 ou 2 cm de profondeur au maximum et distants de 25 à 30 cm. Répartissez les graines au fond en les espaçant suffisamment. Refermez, tassez avec le dos du râteau et arrosez en pluie fine. Maintenez humide jusqu'à l'apparition des premières feuilles, parfois une quinzaine de jours plus tard.

2. Éclaircissez

Environ 3 semaines plus tard, lorsque les jeunes plants ont une dizaine de centimètres de haut, éliminez les plus faibles, pour obtenir un espace de 25 à 30 cm entre les plants d'aneth.

Si vous ne souhaitez pas récolter les graines d'aneth en fin de saison, coupez régulièrement les plants à quelques centimètres du sol lorsqu'ils dépassent une vingtaine de centimètres de haut : vous éviterez ainsi la floraison, concurrente de la production abondante de feuilles.

3. La récolte

À partir de mai, coupez les feuilles à la main ou au couteau au fur et à mesure de vos besoins. Les jeunes feuilles sont les plus parfumées.

LES VARIÉTÉS CONSEILLÉES

'Superdukat'
vigoureux et résistant.

'Bouquet'
feuillage vert sombre et aromatique.

'Hera'
arome puissant.

En septembre, lorsque les fleurs sont devenues brunes, coupez-les avec la tige. Faites-les sécher dans un local bien aéré et conservez les graines dans des boîtes hermétiques à l'abri de l'air.

N'attendez pas trop longtemps pour récolter les graines car elles tombent au sol rapidement.

4. Avant les premières gelées

Fin octobre ou début novembre, arrachez les plans d'aneth. Jetez-les sur le compost en ayant pris soin, s'il y a lieu, d'éliminer les fleurs auparavant pour récupérer les graines.
Vous pouvez également employer les graines récoltées pour le semis du printemps suivant.

OMBELLIFÈRES

Angélique *Angelica archangelica*

L'angélique est une plante volumineuse : elle exige près de 1 m² de terrain pour son bon développement. Offrez-lui une place au soleil dans un terrain profond, léger et riche en matières organiques. Elle restera 2 ans en place.

Difficulté ★

Arrosage 💧💧

Maladies et parasites
Aucun(e)

Quand planter ?
En mars-avril

Quand récolter ?
L'été qui suit la plantation

Quand et comment cultiver ?

1. Plantez

En mars ou avril, dépotez après avoir fait tremper les plants quelques minutes dans une bassine d'eau. Griffez superficiellement la motte et glissez-la dans le trou de plantation de telle façon que le haut de la motte affleure la surface du sol. Laissez 80 cm en tous sens entre les plants.

{ Arrosez régulièrement tout l'été par temps sec. }

Comblez avec la terre enlevée additionnée d'une poignée de compost. Tassez fortement autour du plant avec les deux mains et arrosez abondamment au goulot (le bec de l'arrosoir sans sa pomme).

Un ou deux plants suffiront largement à votre consommation. Inutile de semer, vous pouvez vous procurer de jeunes angéliques en godets dans les jardineries.

2. La récolte

L'ESPÈCE CONSEILLÉE

Seule l'espèce demeure cultivée.

La première année, coupez les feuilles et leurs pétioles selon vos besoins jusqu'à l'épanouissement des fleurs, début juillet.
Les pétioles se consomment confits dans le sucre. Les graines s'utilisent comme celles du céleri.

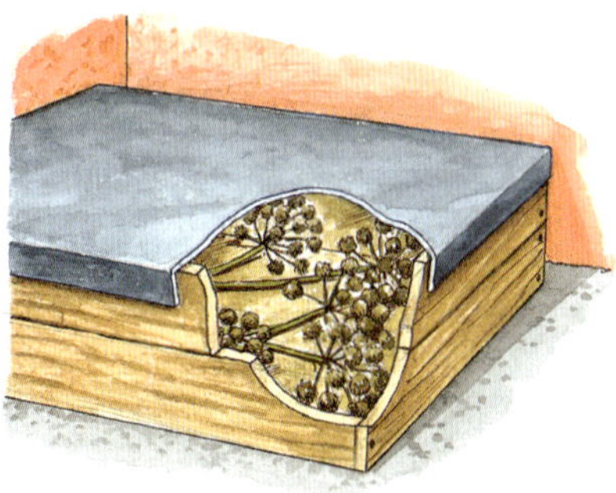

La deuxième année, en septembre, une fois les fleurs devenues brunes, coupez-les avec la tige. Faites-les sécher dans un local bien aéré et conservez-les ensuite dans des boîtes hermétiques à l'abri de l'air.

3. Avant les premières gelées

À la fin du mois d'octobre ou au début du mois de novembre qui suit la plantation, coupez les feuilles sèches de l'angélique au ras du sol.
L'année suivante, à la même période, arrachez tout et jetez sur le compost après avoir ôté toutes les fleurs pour récupérer les graines.

COMPOSÉES

Artichaut *Cynara scolymus*

L'artichaut est un légume vivace : vous le planterez pour 4 ou 5 années de récolte. Il préfère les sols profonds, riches en matières organiques et frais en été. Les différentes variétés se partagent en deux groupes selon leur sensibilité au froid.

Difficulté ★★

Arrosage

Maladies et parasites
Mildiou, oïdium, puceron noir

Quand planter ?
À la fin mars et en avril
En septembre-octobre (Midi et Bretagne)

Quand récolter ?
De juillet à septembre
D'avril à juin (Midi, Bretagne)

Quelle production ?
2 ou 3 artichauts par pied la première année.
Environ 12 artichauts par pied les années suivantes

Quand et comment cultiver ?

1. Plantez

En septembre ou octobre dans les régions à hivers doux (Midi et littoral atlantique), en mars ou avril partout ailleurs, bêchez profondément le sol et apportez 20 kg de compost bien décomposé par mètre carré.

Préparez les œilletons: raccourcissez de moitié les feuilles et épointez les radicelles les plus longues.
Pour favoriser la croissance des racines, vous pouvez les tremper dans du pralin, le même que celui que vous employez pour gainer les racines de rosiers lors de la plantation.

Les artichauts à têtes volumineuses résistent bien au froid et peuvent être cultivés au nord de la Loire, tandis que ceux qui sont plus petits, plus sensibles au froid, ne prospèrent que dans le Midi.

Tous les 70 cm, plantez en lignes 2œilletons, espacés de quelques centimètres, dans de larges trous remplis de fumier ou de compost maison. Arrosez abondamment jusqu'à ce que la terre ne puisse plus absorber l'eau. À partir de juin, arrosez copieusement au moins une fois par semaine si le temps est sec.

Les artichauts se cultivent à partir d'œilletons, jeunes plants qui poussent à la base des artichauts déjà en place. Chaque œilleton comprend au moins 3 feuilles et une portion de racines avec des radicelles blanches.

LES VARIÉTÉS CONSEILLÉES

'Gros vert de Laon'
le plus résistant au froid.

'Violet hâtif de Provence'
recommandé dans le Midi pour sa résistance à la chaleur.

'Vert Globe'
petites pommes vertes et globuleuses, pour le Midi.

2. La récolte

Récoltez les têtes à partir d'avril quant aux plantations d'automne et de juillet à septembre quant aux plantations de printemps. Les écailles centrales sont alors légèrement entrouvertes. Coupez la tige de l'artichaut 10 cm sous la tête.

Les plantations de printemps donneront dès la deuxième année une première récolte au printemps et une seconde fin août-début septembre si vous prenez soin, dès la fin de la première récolte, de couper les tiges productrices au ras du sol et d'arroser régulièrement tout l'été.

L'artichaut est très sensible aux pucerons noirs qui envahissent les feuilles, les tiges et les têtes. En tout début d'attaque, dès le mois de mai, pulvérisez 2 fois, à 8 jours d'intervalle, un insecticide biologique.

3. Avant les premières gelées

Fin octobre, en milieu de journée et par temps sec, coupez au ras du sol les tiges d'artichaut qui ont produit cette année. Raccourcissez de moitié les plus grandes feuilles et liez-les ensemble.

Entourez-les d'un monticule de terre de 20 cm de haut environ, en veillant à ne pas recouvrir le cœur de terre.

Couvrez ensuite le tout d'un voile de forçage ou de feuilles mortes maintenues en place par un filet à mailles plastiques.

Entretenir l'artichaut

L'artichaut reste plusieurs années en place. Chaque printemps, il a besoin d'être soigné.

Dès février, ôtez le voile de forçage ou les feuilles mortes en laissant en place la butte de terre.

En mars ou en avril, ôtez la terre qui entoure l'artichaut. Dégagez délicatement la base de la plante afin de découvrir une partie des racines.

Éliminez, avec un greffoir ou un couteau bien aiguisé, les rejets ou œilletons pour ne conserver que les 2 plus vigoureux par touffe. Avec la griffe, incorporez à la terre une bonne poignée de compost par artichaut.
Les œilletons prélevés pourront ainsi remplacer les artichauts en place la 3e ou la 4e année.

SOLANACÉES

Aubergine *Solanum melongena*

L'aubergine est particulièrement frileuse. Plantez-la au soleil dans un sol profond, fertilisé à l'automne précédent, pas trop sec en été. Au nord de la Loire, la récolte est anecdotique. À planter pour s'amuser !

Difficulté ★★★

Arrosage

Maladies et parasites
Mildiou, oïdium

Quand semer ?
En mars-avril

Durée de la levée
De 7 à 10 jours

Quand récolter ?
De fin juillet à octobre-novembre

Quelle production ?
De 10 à 30 aubergines par pied selon la région

Quand et comment cultiver ?

1. Semez en terrine

En mars-avril, semez dans une terrine de la façon la plus homogène possible. Recouvrez bien les graines d'un demi-centimètre de terreau en l'émiettant à la main.

Tassez avec une planchette et arrosez en pluie fine. Couvrez jusqu'à l'apparition des premières feuilles, 10 à 15 jours plus tard, et placez au chaud (température optimale : 25 °C). Rapprochez d'une source de lumière dès que les feuilles sont visibles.

Vous pouvez placer la terrine sur un radiateur muni d'une tablette afin d'accélérer la germination des graines.

2. Repiquez

1 mois plus tard environ, les plants ont 5 ou 6 feuilles bien développées. Plantez-les sous châssis dans des godets remplis de terreau et de tourbe à parts égales. Ouvrez le châssis durant les heures les plus chaudes de la journée. À la mi-mai, vous pouvez les enlever du châssis.

LES VARIÉTÉS CONSEILLÉES

F1 'Bonica'
précoce, fruits ovoïdes.

F1 'Baluroi'
fruits longs de 25 cm.

'De Barbentane'
plante vigoureuse à longs fruits violet-noir de 30 cm.

F1 'Orlando' et F1 'Picola'
mini-aubergines pour le balcon ou la terrasse.

3. Plantez

Fin avril dans le Midi, vers la mi-mai dans le reste de la France, plantez en lignes les jeunes plants dans des trous remplis de compost ou de terreau et espacés de 30 à 40 cm. Arrosez copieusement.

Plutôt que de semer vos aubergines, vous pouvez les acheter déjà bien développées en godets dans les jardineries. Vous trouverez même des plants greffés plus productifs et surtout plus précoces, mais plus onéreux. L'investissement se justifie surtout au nord de la Loire. Vous les planterez alors entre mai et juin, selon les régions, comme les jeunes plants issus de semis.

{ En été, arrosez au pied des aubergines en évitant de mouiller le feuillage. Un bon paillage est également recommandé. }

Au nord de la Loire, couvrez la plantation d'un tunnel en plastique que vous n'ôterez que début juillet quand les fruits auront environ la grosseur d'un œuf.

Tailler l'aubergine

L'aubergine étant très frileuse, il est impossible de la planter très tôt au jardin. La période propice à sa culture en France est donc restreinte. Dans le Midi et le Sud-Ouest, chaque plant ne pourra produire, dans le meilleur des cas, que 20 à 30 aubergines. Au nord de la Loire, n'espérez pas plus de 10 aubergines par pied. La taille est donc nécessaire pour limiter le nombre de fruits.

Courant juin, lorsque l'aubergine a produit 2 fleurs, coupez l'extrémité de la tige juste au-dessus de cette 2e fleur. Profitez-en pour la tuteurer.

En juillet, le plant d'aubergine a produit des ramifications à partir de la tige principale. Au nord de la Loire, conservez uniquement 2 ou 3 rameaux que vous couperez chacun 1 ou 2 feuilles au-dessus de la 1re fleur épanouie.

Dans le Midi et le Sud-Ouest, conservez 3 ou 4 rameaux secondaires et taillez-les chacun au-dessus de la 2e fleur à partir de la base.

4. La récolte

Depuis la fin juillet jusqu'aux gelées, cueillez les aubergines selon vos besoins, quand elles sont bien colorées et souples sous la pression des doigts, sans être molles.

5. Avant les premières gelées

Arrachez et brûlez ou jetez les pieds d'aubergine, en évitant de les mettre sur le tas de compost car ces restes de végétation sont souvent porteurs de maladies en fin de saison (oïdium).

LABIÉES

Basilic *Ocimum basilicum*

Le basilic aime la chaleur et le soleil : ne le plantez pas avant la fin des gelées dans votre région. Offrez-lui un sol riche en matières organiques et ameubli, et une situation bien abritée, surtout au nord de la Loire. Cette plante annuelle se cultive facilement en pot.

Difficulté ★★

Arrosage

Maladies et parasites
Aucun(e)

Quand semer ?
En avril-mai

Durée de la levée
2 semaines

Quand récolter ?
De juillet à octobre

Quand et comment cultiver ?

1. Semez en terrine

En avril-mai, remplissez une terrine de terreau à semis jusqu'à 1 cm du bord. Arrosez pour bien humidifier le terreau puis répartissez régulièrement les graines de basilic.
Recouvrez de terreau émietté, tassez avec une petite planche et arrosez en pluie fine. Placez dans un endroit frais (autour de 15-16 °C) et bien éclairé. Conservez une bonne humidité jusqu'à l'apparition des premières feuilles, 3 semaines plus tard.

2. Repiquez

Environ 3 ou 4 semaines plus tard, les jeunes basilics ont 3 ou 4 feuilles. Arrachez-les délicatement en les soulevant avec une petite spatule. Choisissez des godets de 8 cm de côté environ, remplis de terreau ordinaire pour y planter immédiatement les plants, un par godet. Tassez fortement autour du plant et arrosez au goulot (bec de l'arrosoir sans sa pomme). Conservez à l'extérieur dans un châssis.

Si vous n'avez ni le temps ni la place nécessaire pour semer vos basilics, vous pouvez les acheter déjà développés en godets dans les jardineries. Vous les planterez alors en avril ou mai comme les jeunes plants issus de semis.

3. Plantez

En avril ou mai, quand les gelées ne sont plus à craindre dans votre région, plantez les jeunes basilics avec leur motte de terre en les espaçant de 20 à 25 cm en tous sens. Arrosez abondamment au goulot immédiatement après la plantation. Ensuite, arrosez au moins une fois par semaine en veillant à ne pas mouiller le feuillage.
1 mois et demi après la plantation, à partir de juillet et durant tout l'été, coupez les tiges florales dès qu'elles apparaissent. Vous stimulerez ainsi la production de feuilles.

LES VARIÉTÉS CONSEILLÉES

'Grand Vert'

'Marseillais'

'À feuilles de laitue'

'À feuillage pourpre'

'Citron'

'Fin Vert Nain Compact' (recommandé pour la culture en pot ou jardinière).

4. La récolte

À partir de juillet, coupez les tiges de basilic 10 cm au minimum au-dessus du sol, selon vos besoins. Vous pouvez également récolter feuille à feuille.

Les feuilles de basilic une fois récoltées se conservent mal en l'état. Consommez-les immédiatement après la cueillette ou hachez-les finement et couvrez-les largement d'huile d'olive.

5. Avant les premières gelées

En octobre, arrachez, récoltez les dernières feuilles et jetez les restes de végétation sur le tas de compost.

CHÉNOPODIACÉES

Bette à cardes (poirée)

Beta vulgaris var. *cicla*

Cette plante est cultivée pour ses larges feuilles et ses côtes charnues. Elle s'accommode de tous les types de terrain mais préfère les sols profonds et riches. Elle déteste la sécheresse.

Difficulté ★

Arrosage (3 arrosoirs)

Maladies et parasites
Limace

Quand semer ?
En avril-mai

Durée de la levée
De 10 à 15 jours

Quand récolter ?
De juillet
à octobre-novembre
En avril-mai

Quelle production ?
4 plantes par mètre linéaire

Quand et comment cultiver ?

1. Semez

Semez en pépinière

En avril ou mai, semez les graines à la volée sur 1 à 2 m^2. Avec un râteau, recouvrez-les de 2 ou 3 cm de terre.

Arrosez abondamment en pluie fine et maintenez bien humide jusqu'à l'apparition des premières feuilles, soit 10 à 15 jours plus tard. Espacez un peu les arrosages par la suite.

Semez directement en place

Pour protéger les plantes des limaces et des escargots, recouvrez-les d'une couche de paillettes de lin ou de films de paillage spécifiques.

Toujours en avril ou mai, tracez des sillons de 2 ou 3 cm de profondeur et espacés de 40 à 50 cm. Déposez 2 ou 3 graines tous les 30 à 40 cm. Refermez et tassez avec le dos du râteau. Arrosez abondamment.

2. Repiquez

Quand les plants semés en pépinière ont 4 ou 5 feuilles, repiquez-les au potager, de préférence le soir. Déposez les jeunes plants tous les 30 à 40 cm sur des lignes espacées de 40 cm. Arrosez abondamment.

LES VARIÉTÉS CONSEILLÉES

'Verte à carde blanche'
races de Bérac, d'Ampuis ou de Nice.

'Blonde à carde blanche'
race de Lyon, résistante à la chaleur.

'Charlotte'
à cardes rouges.

'Bright Yellow'
à cardes jaunes.

Si certains plants éliminés lors de l'éclaircissage sont vigoureux, vous pouvez les repiquer au potager ou dans vos massifs de fleurs, comme ceux semés en pépinière. Pour une bonne reprise, effectuez cette opération immédiatement après l'arrachage.

3. Éclaircissez

Lorsque les plants semés directement au potager ont 4 ou 5 feuilles, éliminez les plus faibles de chaque groupe pour ne garder qu'un plant tous les 30 à 35 cm.

La variété dite « bette épinard » ou « Verte à couper » qui se cultive exactement de la même façon que la bette à cardes. En revanche, ses feuilles sont récoltées au fur et à mesure de la pousse et se consomment à la manière des épinards.

4. La récolte

Dès juillet, cassez au ras du sol les côtes (ou cardes) des feuilles situées à la périphérie : à la main, écartez-les du centre de la bette. Récoltez en fonction de vos besoins, jusqu'aux gelées.

Dès juin et durant tout l'été, arrosez régulièrement les bettes afin que les côtes restent bien tendres. Paillez afin de réduire la fréquence des arrosages.

5. Avant les premières gelées

Dans les régions froides, entourez d'un petit monticule de terre jusqu'au tiers de la hauteur du feuillage et recouvrez de feuilles mortes ou d'un morceau de voile de forçage. Vous pourrez de nouveau récolter au début du printemps prochain.

Dans les régions clémentes, la récolte peut se prolonger tout l'hiver. Coupez alors la bette à la base des feuilles comme une laitue.

Betterave rouge

Beta vulgaris var. *rapacea*

La betterave rouge préfère les terrains profonds et frais en été. Semez-la directement au potager en lui offrant une exposition ensoleillée.

Difficulté ★

Arrosage

Maladies et parasites
Taupin, blaniule

Quand semer ?
D'avril à mi-juin

Durée de la levée
De 10 à 12 jours

Quand récolter ?
De juillet à novembre

Quelle production ?
5 betteraves par mètre

Quand et comment cultiver ?

1. Semez directement en place

En avril, une quinzaine de jours avant le semis, mélangez à la terre en place un engrais organique riche en phosphore et potasse (environ 100 g/m²).

Attendez la fin des gelées printanières pour semer : les jeunes betteraves sont sensibles au froid. Par ailleurs des températures trop basses en début de culture les font fleurir prématurément, l'année même du semis, au détriment des racines charnues que l'on consomme.

Entre avril et mi-juin, tassez légèrement la terre avec le dos du râteau. Tracez des sillons profonds de 1 ou 2 cm et espacés de 30 à 40 cm. Déposez 2 ou 3 graines tous les 20 cm. Avant le semis, traitez le sol avec un produit contre les insectes du sol.

LES VARIÉTÉS CONSEILLÉES

F1 'Red Ace'
croissance rapide, adaptée aux climats chauds.

'De Détroit'
pour les semis précoces.

'Noire d'Égypte'
race Emir, résistante à la montée à graines (production de fleurs au détriment de la racine).

'Crapaudine'
pour conserver l'hiver.

F1 'Red River'
pour conserver l'hiver.

'Moneta'
variété monogerme, une graine ne produisant qu'un seul plant.

Recouvrez de terre et tassez fortement avec le dos du râteau afin que la terre adhère bien aux graines. Arrosez abondamment.

2. Éclaircissez

1 mois et demi plus tard, lorsque les plants ont 4 ou 5 feuilles, éliminez les plus faibles de chaque groupe pour ne garder qu'un plant tous les 25 à 30 cm.

Si certains plants éliminés lors de l'éclaircissage sont vigoureux, vous pouvez les repiquer au potager tout de suite après l'arrachage pour une bonne reprise.

Il existe des graines de betterave en ruban. Il suffit de dérouler au fond du sillon la longueur de ruban nécessaire pour obtenir une disposition régulière des graines.

3. La récolte

Dès juillet, récoltez les betteraves au fur et à mesure de vos besoins. Soulevez délicatement avec la fourche-bêche et tirez en les prenant à la base des feuilles. Coupez les feuilles et jetez-les sur le compost si elles sont saines.

> En cas de fortes chaleurs l'été, arrosez régulièrement les betteraves sinon les racines deviennent dures, fibreuses et perdent leur saveur sucrée. Paillez afin de réduire la fréquence des arrosages.

4. Avant les premières gelées

En octobre, durant une belle journée ensoleillée, arrachez les betteraves encore en place. Laissez-les sécher sur la terre jusqu'au soir. Éliminez le maximum de terre puis coupez les racines fines et les feuilles à un demi-centimètre au-dessus de la racine.

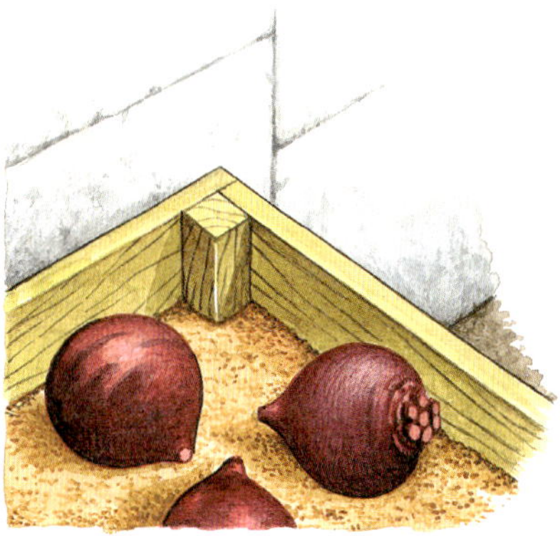

Après les avoir grossièrement nettoyées, entreposez les betteraves en vrac dans une caisse remplie de sable dans un local frais et aéré. Elles se conservent bien et peuvent être consommées jusqu'au printemps suivant.

Cardon *Cynara cardunculus*

Bien que ce soit une plante vivace, le cardon est le plus souvent cultivé comme un légume annuel. Il préfère les sols riches, profonds et frais en été. Choisissez-lui un emplacement bien ensoleillé.

Difficulté ★★★

Arrosage

Maladies et parasites
Mildiou

Quand semer ?
En avril (sous châssis) ou mai (en place)

Durée de la levée
2 semaines

Quand récolter ?
De septembre à mars

Quelle production ?
2 ou 3 cardons suffisent pour une famille de 4 personnes

Quand et comment cultiver ?

1. Semez

Semez en godet

En avril, disposez 3 ou 4 graines par godet et recouvrez-les d'environ 1 cm de terreau. Tassez avec les doigts et arrosez copieusement.

Placez les godets sous châssis et maintenez bien humide jusqu'à l'apparition des premières feuilles.

Semez directement en place

En mai, tracez des sillons de 1 ou 2 cm de profondeur et distants de 1,50 m. Semez par groupe de 4 ou 5 graines, en laissant 80 cm à 1 m entre les groupes. Recouvrez avec du terreau et arrosez copieusement en pluie fine.

Le cardon est un légume très gourmand. Apportez dans chaque trou de plantation une pelletée de fumier de bovin déshydraté.

2. Éclaircissez

3 à 4 semaines après le semis, conservez uniquement le plant le plus vigoureux de chaque godet. Entreposez toujours dans le châssis ouvert.

LES VARIÉTÉS CONSEILLÉES

'Plein blanc inerme'
côtes sans épines blanchissant facilement.

'Vert de Vaulx-en-Velin'
épineux mais se conservant bien.

'Plein blanc inerme'
race Blanco, côtes blanchissant naturellement sans intervention.

De la même façon, ôtez les plants les plus faibles semés directement en place pour ne conserver qu'un cardon tous les mètres.

3. Plantez

Début mai, plantez au potager les jeunes cardons en godets sur des lignes espacées de 1,50 m. Laissez 1 m entre les plants sur le rang. Dans les régions froides, couvrez d'un tunnel plastique jusqu'à ce que les gelées ne soient plus à craindre, c'est-à-dire jusque mi-mai.

Si vous n'avez ni le temps ni la place nécessaire pour semer vos cardons, vous en trouverez de jeunes plants dans les jardineries. Vous les planterez alors à partir de la mi-mai comme ceux qui sont issus de semis.

Blanchir le cardon

Pour rendre les côtes plus tendres, il est conseillé de blanchir les cardons. Comptez 15 jours à 3 semaines pour obtenir un cardon prêt à déguster. Traitez les cardons au fur et à mesure de vos besoins car, une fois blanchis, ils ne se conservent pas longtemps.

Fin septembre, par une journée ensoleillée, lorsque les feuilles sont bien sèches (sans traces de rosée), liez les feuilles en cornet.

Entourez-les de paille ou d'un morceau de plastique noir en laissant dépasser le haut des feuilles. Liez de nouveau. Vérifiez que le cardon est blanchi en écartant délicatement le haut de feuilles.

4. La récolte

En fin d'été, quand les côtes sont bien charnues, récoltez les cardons blanchis ou non au fur et à mesure de vos besoins. Coupez les tiges au ras du sol, à la base des feuilles.

Pour éviter que les côtes des cardons ne deviennent dures et amères, arrosez régulièrement en été, environ 10 litres par plant une fois par semaine. Ajoutez une fois sur deux un engrais organique riche en azote ou du purin d'ortie dilué. Paillez le sol dès juin afin de limiter l'évaporation de l'eau et la prolifération des mauvaises herbes.

Arrachez tous les cardons avec leurs racines et plantez-les dans une caisse de sable à la cave. Vous pouvez les conserver ainsi une partie de l'hiver afin de les consommer au fur et à mesure de vos besoins.

Carotte *Daucus carota*

La carotte aime les climats humides et tempérés, et les sols profondément ameublis, frais et riches en matières organiques. À l'automne précédant le semis, bêchez le sol, désherbez et enfouissez 2 ou 3 kg de compost ou de fumier bien décomposé.

Quand et comment cultiver ?

1. Semez

Semez en ligne

Entre mars et juillet (dès février ou en octobre-novembre, dans le Midi), après avoir affiné la terre à plusieurs reprises, tracez des sillons peu profonds, distants de 25 à 30 cm, le long d'un cordeau. À l'aide d'un semoir à main, répartissez régulièrement les graines dans le fond des sillons.

Refermez les sillons, tassez avec le dos du râteau et arrosez en pluie fine, avec un arrosoir ou un tuyau muni d'une pomme d'arrosage.

N'oubliez pas de repérer le rang où vous venez de semer en plaçant une marque à l'une de ses extrémités.

Difficulté ★★

Arrosage

Maladies et parasites
Mouche de la carotte

Quand semer ?
De mars à juillet
En octobre-novembre ou en février (dans le Midi)

Durée de la levée
De 10 à 20 jours

Quand récolter ?
De juillet à novembre
En avril-mai (dans le Midi)

Quelle production ?
De 1 à 5 kg par mètre linéaire (selon les variétés)

Il existe des graines de carotte en ruban espacées régulièrement. Il suffit alors de déposer ce ruban au fond du sillon et de le refermer comme avec des graines ordinaires.

LES VARIÉTÉS CONSEILLÉES

Semis d'automne

'Mignon' (courte);
'F1 Nectar' (demi-longue);
'F1 Napoli' (demi-longue).

Semis de printemps

'Marché de Paris' (très courte);
'De Hollande' (courte);
'Nantaise améliorée' (demi-longue).

Semis d'été (carottes à conserver)

'De Chantenay' (demi-longue);
'De Meaux' (longue);
'De Colmar' (longue).

Semez à la volée

Entre avril et juillet, après avoir soigneusement affiné et aplani la terre, prenez vos graines dans le creux de la main et répartissez-les sur le sol en décrivant des demi-cercles avec le poignet.

Ratissez afin de recouvrir légèrement les graines semées et arrosez en pluie fine.

Pour vous épargner les dégâts de la mouche de la carotte (et d'autres ennemis), semez les carottes à proximité des poireaux, des oignons, de l'ail ou de l'échalote dont l'odeur forte éloigne ce parasite.

Pour répartir de façon plus homogène les graines de carotte, mélangez-les avec des graines de radis. Ces derniers sortent de terre plus rapidement et marquent le rang. Autre avantage : les radis éloignent les araignées rouges (acariens).

2. Éclaircissez

Environ 3 ou 4 semaines après le semis, les jeunes carottes atteignent 3 ou 4 cm de haut. Éliminez les plants les plus faibles, afin de ne conserver qu'une carotte tous les 5 à 10 cm, selon les variétés et leur grosseur.

3. La récolte

Environ 3 à 6 mois après le semis, selon la date de semis, la région et la variété, récoltez les carottes au fur et à mesurede vos besoins. Plantez verticalement la fourche-bêche à 15 ou 20 cm du rang. Faites levier avec le manche afin de soulever les carottes convoitées. Saisissez ensuite la base des fanes et tirez.

Coupez les fanes tout de suite en les tordant avec les deux mains et jetez-les sur votre tas de compost. Vous pouvez également les utiliser en potage.

4. Avant les premières gelées

Arrachez toutes les carottes non consommées. Choisissez une belle journée ensoleillée afin de les laisser sécher à la surface de la terre avant de les entreposer pour l'hiver. Triez celles qui sont abîmées, rongées ou de petite taille pour les consommer rapidement.

Coupez les fanes au ras du collet et rangez les carottes dans une caisse en alternant une couche de carottes et une couche de sable. Elles se conservent dans un endroit frais, à l'obscurité.

Dans les régions clémentes dotées de sols peu humides en hiver, vous pouvez laisser vos carottes en terre. Coupez les fanes au ras de la terre et couvrez d'une couche de feuilles mortes d'au moins 10 cm d'épaisseur.

Céleri-branche

Apium graveolens var. *dulce*

Le céleri-branche est cultivé pour ses feuilles et surtout leurs nervures charnues, les côtes. Il aime le soleil et apprécie les terrains riches, frais, proches de la neutralité et meubles.

Difficulté ★★★

Arrosage (2 arrosoirs)

Maladies et parasites
Septoriose

Quand semer ?
De mars à mai

Durée de la levée
20 jours

Quand récolter ?
De mi-juillet à octobre (5 mois après le semis environ)

Quelle production ?
3 céleris par mètre linéaire

Quand et comment cultiver ?

1. Semez

Semez en terrine

En mars, dans une terrine remplie de terreau à semis bien humide, semez en vous efforçant d'espacer les graines uniformément.
Tassez avec une planchette de bois et couvrez. Placez au chaud (18 à 20 °C) et à la lumière. Maintenez le terreau humide jusqu'à l'apparition des premières feuilles.

Semez en pépinière

Le semis en pépinière s'effectue de la mi-avril à la mi-mai. Choisissez un terrain abrité, préalablement affiné, aplani et bien humidifié, dont la température optimale est de 15 °C. Délimitez un espace à peine plus grand qu'une terrine à semis en enfonçant à moitié des planches dans la terre. Répartissez les graines avec un semoir à main. Recouvrez d'un peu de terreau émietté : les graines doivent être à peine couvertes.

{ Arrosez régulièrement, surtout en été, pour éviter les à-coups de croissance. }

LES VARIÉTÉS CONSEILLÉES

'Tango'

'Géant doré amélioré' qui blanchit naturellement.

F1 'Daybreak'

Tassez avec le dos du râteau ou une petite planche et arrosez en pluie fine. Maintenez bien humide jusqu'à l'apparition des premières feuilles.

Liez les feuilles de céleri-branche pour les faire blanchir.

2. Repiquez

Plutôt que de semer, vous pouvez acheter en jardinerie de jeunes plants de céleri-branche déjà développés en godets. Vous les planterez entre la mi-avril et la mi-mai, comme les plants issus de semis.

2 mois après le semis, plantez les jeunes plants qui ont 3 ou 4 feuilles en godets ou en pépinière, en les espaçant de 10 cm. Arrosez copieusement après la plantation. Entreposez les godets dans un coin abrité et pas trop ensoleillé du jardin.

3. Plantez

Depuis la mi-avril jusqu'à mai, mettez en place au potager les jeunes plants. Plantez en lignes espacées de 40 cm en laissant 30 cm entre les plants. Remplissez le trou de plantation de compost bien décomposé. Arrosez copieusement.

Blanchir le céleri-branche

Les côtes du céleri-branche se consomment généralement blanchies : elles sont plus tendres et moins amères. Le blanchiment dure 15 jours : le céleri-branche est ensuite prêt à consommer. Certaines variétés, comme 'Géant doré amélioré', blanchissent naturellement.

À partir de la mi-juillet, par une journée ensoleillée, lorsque les feuilles sont bien sèches (sans traces de rosée), liez les feuilles en cornet. Éliminez celles qui sont abîmées.

Entourez-les d'un morceau de carton ondulé ou de plastique noir en laissant dépasser le haut des feuilles. Liez de nouveau.

Vérifiez que le céleri-branche est blanchi en écartant délicatement le haut des feuilles.

4. La récolte

À partir de la mi-juillet, coupez, au fur et à mesure de vos besoins, les céleris-branches au ras du sol, à la base des feuilles. Arrosez si nécessaire.

5. Avant les premières gelées

Dès la mi-octobre, en prévision du froid, entourez les céleris-branches non blanchis d'une épaisse couche de feuilles mortes haute de 30 cm. Cette protection permet d'obtenir leur blanchiment sans aucune autre intervention. Récoltez en fonction de vos besoins.

OMBELLIFÈRES

Céleri-rave *Apium graveolens* var. *rapacea*

Proche cousin du céleri-branche, le céleri-rave aime également le soleil et les terrains riches, profonds et frais. Mais il doit être régulièrement arrosé, surtout en été. Cette plante est cultivée pour sa racine charnue et arrondie consommée en automne et en hiver.

Difficulté ★★★

Arrosage

Maladies et parasites
Mouche du céleri

Quand semer ?
De mi-mars à mi-mai

Durée de la levée
De 10 à 20 jours

Quand récolter ?
De mi-août à octobre (5 mois après le semis environ)

Quelle production ?
3 ou 4 céleris-raves par mètre linéaire

Quand et comment cultiver ?

1. Semez

Semez en terrine

À la mi-mars, disposez régulièrement les graines de céleri-rave dans une terrine remplie de terreau à semis bien humide.

Tassez avec une planchette de bois et couvrez d'une plaque de verre. Placez au chaud (18 à 20 °C) et à la lumière. Maintenez le terreau humide jusqu'à l'apparition des premières feuilles.

Vous pouvez également acheter dans les jardineries de jeunes plants déjà développés en godets. Plantez-les alors en mai, de la même façon que les plants issus de semis.

Semez en pépinière

De la mi-avril à la mi-mai, choisissez un terrain abrité, affiné préalablement, aplani et bien humidifié, dont la température optimale est de 15 °C. Enfoncez à moitié des planches dans la terre pour délimiter un espace à peine plus grand qu'une terrine à semis. Répartissez de façon homogène les graines. Recouvrez d'un peu de terreau émietté : les graines doivent être à peine couvertes.

LES VARIÉTÉS CONSEILLÉES

'Prinz'
précoce et productif.

'Rex'
se conservant très bien.

'Monarch'
résistant à la septoriose.

Tassez avec le dos du râteau ou une petite planche et arrosez en pluie fine. Maintenez bien humide jusqu'à l'apparition des premières feuilles.

2. Repiquez

1 mois et demi après le semis, plantez en pépinière les jeunes plants qui ont 2 feuilles après avoir coupé les petites racines (radicelles). Espacez-les de 10 cm en tous sens. Arrosez copieusement après la plantation.

1 mois après le premier repiquage, plantez de nouveau en pépinière les plants qui ont 4 ou 5 feuilles en coupant les racines auparavant. Laissez 15 cm entre les plants. Arrosez copieusement après la plantation.

3. Plantez

De la fin mai à la fin juin, plantez en lignes espacées de 40 cm en laissant 30 cm entre les plants. Remplissez le trou de plantation de compost bien décomposé. Arrosez copieusement.

Arrosez régulièrement au pied des céleris-raves tout l'été.

4. La récolte

À partir de la mi-août, arrachez les céleris-raves au fur et à mesure de vos besoins. Plantez verticalement la fourche-bêche à 20-30 cm du rang et faites levier pour soulever le plant. Prenez le céleri à la base des feuilles et tirez doucement.

Coupez les feuilles en les tordant et jetez-les sur le compost. Vous pouvez également les employer pour parfumer le potage à la place du céleri-branche.

5. Avant les premières gelées

Vers la mi-octobre, par une journée ensoleillée, arrachez tous les céleris-raves comme expliqué précédemment. Laissez sécher sur le sol pendant une journée.

Les céleris-raves se conservent très bien pendant plusieurs mois, jusqu'en février-mars.

Ôtez les feuilles mais gardez le bourgeon central. Plantez-les avec leur motte sous châssis ou enfouissez-les dans du sable à la cave.

Cerfeuil *Anthriscus cerefolium*

Le cerfeuil déteste la chaleur : semez-le au soleil au début du printemps et à l'automne, à l'ombre en été. Plantez-le en sol riche en matières organiques, frais et plutôt léger. Cette plante annuelle se sème à plusieurs reprises durant la saison pour étaler les récoltes.

Difficulté ★

Arrosage 💧💧💧

Maladies et parasites
Aucun(e)

Quand semer ?
De mars à septembre

Durée de la levée
10 jours

Quand récolter ?
De mai à novembre

LES VARIÉTÉS CONSEILLÉES

'Commun'

'Frisé'

'D'Hiver de Bruxelles'

Dans les régions clémentes, il est possible de conserver du cerfeuil au jardin tout l'hiver. En cas de froid vif, couvrez d'une cloche.

Quand et comment cultiver ?

1. Semez directement en place

Dès mars, tracez des sillons de 1 cm de profondeur. Répartissez les graines au fond en les espaçant. Refermez, tassez avec le dos du râteau et arrosez en pluie fine. Un rang à la fois suffit à un approvisionnement correct. Maintenez humide jusqu'à l'apparition des premières feuilles, 1 semaine plus tard.

Plus il fait chaud et plus le cerfeuil fleurit rapidement. Renouvelez donc le semis tous les 15 jours jusqu'en septembre afin d'étaler les récoltes.

2. La récolte

1 mois et demi après le semis, coupez les feuilles avec un couteau au ras du sol, selon vos besoins. L'apparition de la fleur marque la fin de la récolte des feuilles.

Chicorée *Cichorium endivia*

Les chicorées sont des salades d'arrière-saison, de la fin de l'été au cœur de l'hiver. Il existe deux familles de chicorées : les scaroles, aux feuilles dentelées, et les frisées, à feuilles très découpées. Elles sont sans exigence particulière quant à la qualité du sol.

Difficulté ★

Arrosage 💧💧💧

Maladies et parasites
Limace, escargot

Quand semer ?
En juin-juillet

Durée de la levée
2 ou 3 jours

Quand récolter ?
À partir d'août

Quelle production ?
3 chicorées par mètre linéaire

Quand et comment cultiver ?

1. Semez directement en place

En juin ou juillet, creusez des sillons à peine marqués avec, par exemple, une serfouette et semez les graines de chicorée de manière régulière.

La levée des chicorées doit être très rapide : 2 ou 3 jours, pour limiter les risques de montée à graines (apparition très rapide des fleurs au détriment de la production de feuilles). Les chicorées seront aussi plus tendres.

Ratissez d'une main légère pour recouvrir le sillon. Tassez avec le dos du râteau et arrosez en pluie fine. Maintenez bien humide, à une température de 18 à 20 °C, jusqu'à l'apparition des feuilles.

LES VARIÉTÉS CONSEILLÉES

Chicorées scaroles

'Cornet de Bordeaux'; 'Géante maraîchère' race Margot ou Laos ou Prisca.

Chicorées frisées

'De Ruffec'; 'Wallonne' race Monaco; 'Barundi'.

Chicorées sauvages

'Améliorée Pain de sucre'; 'Rouge de Vérone'; 'Améliorée blonde'.

2. Éclaircissez

10 à 15 jours plus tard, quand les plants ont 5 ou 6 cm de haut, éliminez les plus faibles pour ne garder qu'un plant tous les 25 à 30 cm.

3. Plantez

Si vous n'avez pas assez de temps pour semer vos chicorées, vous pouvez en acheter de jeunes plants en godets dans les jardineries, à planter alors courant juillet.

En juillet, plantez les jeunes chicorées peu développées (6 à 8 cm de haut) sur des lignes espacées de 25 à 30 cm. Le collet (la base des feuilles) ne doit pas être enterré : on dit alors qu'il est libre ou flottant.

4. La récolte

Une dizaine de jours avant la récolte, placez sur le cœur des chicorées bien développées une cloche opaque ou un grand pot de terre cuite renversé (dont vous aurez obturé le trou). Cette opération est à réaliser au cours d'une journée ensoleillée, lorsque les feuilles sont bien sèches.

Lorsque les feuilles du cœur de la chicorée ont blanchi, coupez avec un couteau au ras du sol. Ôtez les feuilles périphériques et jetez-les sur le tas de compost.

Arrosez régulièrement en été pour éviter que les feuilles ne deviennent dures et amères.

5. Avant les premières gelées

Vous pouvez prolonger la récolte durant une partie de l'hiver s'il reste des chicorées en place. Recouvrez d'une bonne couche de feuilles mortes pour favoriser le blanchiment.

Cultiver des chicorées sauvages *Cichorium intybus*

Les chicorées sauvages sont des cousines des chicorées frisées et scaroles. Résistantes au froid, elles peuvent rester au potager tout l'hiver. La récolte a lieu en deux temps : à l'automne et en hiver.

De mai à août, répartissez régulièrement les graines dans des sillons peu profonds, espacés de 25 cm. Ratissez d'une main légère pour recouvrir et tassez avec le dos du râteau. Arrosez en pluie fine et maintenez bien humide jusqu'à l'apparition des premières feuilles.

Huit à 10 jours plus tard, éliminez les plants les plus faibles pour ne garder qu'une chicorée sauvage tous les 10 à 15 cm.

En septembre ou octobre, récoltez une première fois en coupant au ras du sol. Renouvelez l'opération en hiver (février à mars), vous récolterez alors de petites « pommes » un peu amères et rougeoyantes.

Chou brocoli *Brassica oleracea* var. *italica*

Le chou brocoli apprécie les terres riches en matières organiques bien décomposées : un mois avant la plantation, incorporez à la terre 5 kg de fumier bien décomposé par mètre carré et un engrais organique complet. Attention, le chou brocoli redoute les gelées.

Quand et comment cultiver ?

1. Semez en pépinière

En mai ou juin, bêchez 1 m^2 de terrain et émiettez finement la terre. Semez à la volée de manière régulière. Enterrez légèrement les graines en ratissant.

Tassez avec le dos du râteau et arrosez en pluie fine. Maintenez humide jusqu'à l'apparition des premières feuilles, une quinzaine de jours plus tard.

Si vous n'avez ni le temps ni la place nécessaire pour semer vos choux brocolis, vous en trouverez des plants déjà développés en godets dans les jardineries. Vous les planterez alors dans la seconde quinzaine de juillet comme les jeunes plants issus de semis.

Difficulté ★★

Arrosage (2 arrosoirs)

Maladies et parasites
Mouche du chou, noctuelle du chou, piéride du chou

Quand semer ?
En mai-juin

Durée de la levée
De 6 à 10 jours

Quand récolter ?
De mars à mai

Quelle production ?
Un plant donne une pomme pesant 300 à 400 g

LES VARIÉTÉS CONSEILLÉES

F1 'Marathon'

F1 'Marcus'

à pommes vertes.

F1 'Boris'

à pommes blanches.

'Violet de Sicile'

pommes vertes puis violette.

2. Repiquez

4 semaines environ après le semis, arrachez délicatement les jeunes plants et plantez-les immédiatement, toujours en pépinière, en les espaçant de 10 cm en tous sens. Veillez à les enfouir jusqu'à la base des premières feuilles.

3. Plantez

Fin juillet, mettez en place les jeunes choux brocolis qui ont de 4 à 6 feuilles. Arrachez-les en les soulevant avec la pelle-plantoir. Sélectionnez les plants vigoureux dont le cœur est intact.

Au potager, disposez vos plants en les espaçant de 60 à 70 cm en tous sens. Enterrez-les jusqu'aux premières feuilles. Tassez fortement la terre autour de chaque plant et arrosez ensuite abondamment.

Arrosez régulièrement après la plantation jusqu'à ce que les jeunes choux brocolis reprennent leur croissance.

4. Avant les premières gelées

Fin octobre, découpez une motte de terre autour de chaque chou brocoli en enfonçant verticalement la bêche de part et d'autre de la plante. Soulevez en faisant levier avec la bêche.

Plantez-les sous châssis pour l'hiver. Recouvrez la vitre du châssis de paillassons en cas de grands froids.

Fin février, arrachez les choux brocolis avec leur motte de terre et plantez-les de nouveau au potager en les espaçant de 60 à 70 cm en tous sens.

Les choux brocolis ne peuvent passer l'hiver dehors que dans les régions à hivers doux (Midi, régions littorales…). Ailleurs, ils devront être protégés.

5. La récolte

Au printemps suivant, de mars à mai, coupez, avec quelques centimètres de tige, les boutons floraux bien serrés de l'extrémité de la tige.

Laissez le plant de chou brocoli en place : des fleurs secondaires, nettement plus petites, apparaissent une fois la tige principale étêtée. Elles se consomment de la même manière que celles de la première récolte.
Au-delà de mai, arrachez tous les plants, même ceux non consommés : ils s'épanouissent très vite en cette saison.

CRUCIFÈRES

Chou de Bruxelles

Brassica oleracea var. gemmifera

Le chou de Bruxelles apprécie les sols légers, profonds, pas trop secs en été ni trop riches en azote. Il préfère les emplacements bien dégagés. Il craint la chaleur et supporte le froid jusqu'à – 15 °C.

Difficulté ★

Arrosage

Maladies et parasites
Altise

Quand semer ?
En avril-mai
Début septembre (Midi)

Durée de la levée
De 6 à 10 jours

Quand récolter ?
D'octobre à avril

Quelle production ?
Une quarantaine de petits choux par pied

Quand et comment cultiver ?

1. Semez en pépinière

En avril ou mai, semez, à la volée, en espaçant les graines de 3 ou 4 cm. Dans le Midi, décalez le semis à début septembre pour une récolte en mars ou avril.
Recouvrez de terreau émietté et tassez avec le dos du râteau. Arrosez en pluie fine. Conservez le sol bien humide jusqu'à l'apparition des premières feuilles, soit 1 bonne semaine.

2. Repiquez

Les altises peuvent entièrement dévorer les jeunes plants. Arrosez fréquemment en mouillant le feuillage afin de les éloigner.

3 semaines après le semis, dès que les jeunes choux ont 2 ou 3 feuilles, arrachez et repiquez, toujours en pépinière, en espaçant les plants de 10 cm et en les enterrant de quelques centimètres.
Cette opération est conseillée en région ventée car elle fortifie les racines des jeunes choux.

3. Plantez

1 mois et demi après le semis environ, les choux ont 5 ou 6 feuilles bien développées. Arrachez les jeunes plants et éliminez les plants « borgnes », ceux dont l'extrémité de la tige est déformée ou endommagée. Plantez en lignes distantes de 50 à 60 cm et laissez autant d'espace entre les jeunes plants sur le rang. Enterrez la base de la tige jusqu'aux premières feuilles afin d'obtenir un enracinement fort.

LES VARIÉTÉS CONSEILLÉES

F1 'Nautic', F1 'Davlin',
pour récolter à l'automne.

'Sanda', F1 'Igor', F1 'Diablo',
pour récolter tout l'hiver.

4. La récolte

Entre octobre (semis d'avril) et mars (jusqu'en avril dans le Midi), repérez les choux ayant environ 3 cm de diamètre. Saisissez les petites pommes accrochées le long de la tige entre 2 doigts et inclinez-les brusquement sur le côté pour les détacher.

Si vous ne pouvez pas semer vos choux de Bruxelles, vous pourrez en trouver de jeunes plants dans les jardineries. Vous les planterez alors de mai à juillet, de la même façon que les plants issus de semis.

Éliminez en même temps les feuilles jaunies en les tirant vers le bas. Lorsque tous les petits choux d'un plant sont récoltés, arrachez-le et brûlez-le. Vous pouvez l'incorporer au compost s'il ne porte pas de traces de maladies ou de parasites.

Chou chinois *Brassica pekinensis*

Le chou chinois se partage en deux familles : le Pé tsaï, en forme de ballon de rugby, aux feuilles frisées, et le Pak choi, aux feuilles lisses, aux nervures charnues ressemblant à la bette à cardes (ou poirée). Il préfère les terrains riches et bien aérés, frais en été.

Difficulté ★

Arrosage (3 arrosoirs)

Maladies et parasites
Mouche du chou

Quand semer ?
De mi-juillet à mi-août

Durée de la levée
De 5 à 10 jours

Quand récolter ?
À partir de fin septembre (70 à 80 jours après le semis)

Quelle production ?
3 ou 4 choux (pouvant peser jusqu'à 2 kg chacun) par mètre linéaire

Quand et comment cultiver ?

1. Semez directement en place

De la mi-juillet à la mi-août, tracez des sillons distants de 30 à 35 cm. Semez 3 ou 4 graines par paquet, en laissant 25 à 30 cm entre les groupes. Recouvrez les graines et arrosez en pluie fine. Maintenez le sol bien humide jusqu'à l'apparition des premières feuilles, soit environ 1 semaine plus tard.

Dans le Midi, attendez la seconde quinzaine d'août pour semer le chou chinois.

2. Éclaircissez

Une dizaine de jours plus tard, ôtez les plants les plus faibles de chaque groupe pour n'en conserver qu'un.

Abritez du soleil les jeunes plants pendant 3 ou 4 semaines après le semis pour éviter les montées à graines (production de fleurs qui empêche la formation d'une pomme de feuilles).

3. La récolte

De fin septembre et jusqu'aux gelées, récoltez les choux chinois au fur et à mesure de vos besoins : coupez-les au ras du sol.

Arrosez régulièrement jusqu'à la récolte, sinon les choux chinois fleurissent au lieu de former une pomme de feuilles.

LES VARIÉTÉS CONSEILLÉES

F1 'Chorus'
chou de type Pé tsaï à récolter à l'automne.

F1 'Vert Mei Quing Choi'
chou de type Pak choi, vigoureux et résistant à la chaleur.

4. Avant les premières gelées

Dans le Midi, la récolte peut se prolonger tout l'hiver. Disposez alors une bonne couche de feuilles mortes autour des choux chinois.

CRUCIFÈRES

Chou-fleur *brassica oleracea var. botrytis*

Le chou-fleur, comme tous les choux, aime les sols fertiles, riches en matières organiques et déteste la sécheresse. Bonne fumure au printemps, paillage de compost et arrosages suivis sont les gages d'une belle récolte !

Difficulté ★★

Arrosage

Maladies et parasites
Pigeon, limace, altise, mouche du chou, piéride du chou

Quand semer ?
De mars à juin

Durée de la levée
De 6 à 8 jours

Quand récolter ?
De juillet à novembre

Quelle production ?
Un chou-fleur de 800 g à 1 kg par pied

Quand et comment cultiver ?

1. Semez en pépinière

De mars à juin, semez à la volée. Recouvrez légèrement les graines. Tassez avec le dos du râteau et arrosez en pluie fine. Maintenez humide jusqu'à l'apparition des premières feuilles, 10 jours plus tard.

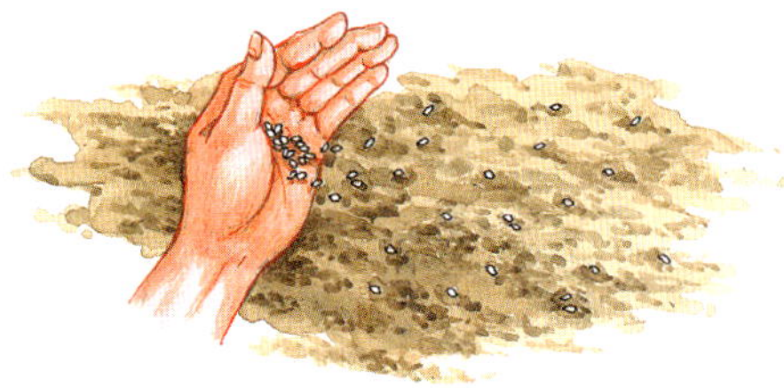

2. Repiquez

1 mois après le semis environ, arrachez délicatement les jeunes plants qui ont 2 ou 3 feuilles, et plantez-les immédiatement, toujours en pépinière, en les espaçant de 10 cm en tous sens. Enterrez jusqu'à la base des premières feuilles.

3. Plantez

Environ 1 mois et demi après le semis, à partir de la mi-mai, dès que les jeunes choux-fleurs ont 4 à 6 feuilles, arrachez-les en les soulevant avec la pelle-plantoir. Sélectionnez les plants vigoureux dont le bourgeon terminal est intact.

Au potager, disposez vos plants tous les 60 cm sur la ligne. Laissez 70 cm entre les lignes. Enterrez quelques centimètres de la base des feuilles, tassez fortement autour du plant et arrosez abondamment.

LES VARIÉTÉS CONSEILLÉES

'Merveille de toutes saisons'
très rustique.

F1 'Cassius', F1 'Boris', F1 'Thabor'
qui supportent bien les chaleurs l'été.

F1 'Belot'
résistant au froid.

Il existe également des variétés à pommes violettes, vert clair ou orange.

Les jardineries proposent à la vente des plants de choux-fleurs déjà développés en godets. Il faut alors les planter dans la seconde quinzaine de mai comme les jeunes plants issus de semis.

4. Un mois après la plantation

Vers la fin juin, lorsque les jeunes choux-fleurs atteignent une dizaine de centimètres de diamètre, cassez la nervure principale des feuilles entourant la fleur pour la protéger du soleil.

Arrosez régulièrement tout l'été : le chou-fleur supporte mal l'arrosage par à-coups. Paillez avec une bonne couche de compost mûr pour conserver plus longtemps l'humidité et satisfaire l'appétit de vos choux-fleurs.

5. La récolte

À partir de juillet, soit environ 3 mois après la plantation, coupez les choux-fleurs en boutons bien serrés, avec quelques centimètres de tige.

Arrachez la plante, la récolte est terminée. Jetez les restes de culture sur le tas de compost s'ils sont sains. Sinon, brûlez-les.

En été, le chou-fleur se développe mieux dans les régions humides. Dans le Midi, on décale la culture de quelques mois : semis en mai-juin, plantation en juillet ou en août ; la récolte a lieu au printemps suivant. Dans les régions à climat doux, vous pouvez adopter ces dates de culture si vous souhaitez déguster des choux-fleurs au printemps.

Chou frisé (chou vert)

Brassica oleracea var. *acephala*

Le chou frisé ne forme pas de pomme : ce sont ses grandes feuilles que l'on consomme. Très résistante au froid, il aime les sols profonds et riches, craint la sécheresse et tolère une ombre légère.

Quand et comment cultiver ?

1. Semez en pépinière

Entre avril et juin, semez clair et à la volée, à raison d'un sachet de graines environ pour 1 m^2. Répartissez les graines de façon homogène. Ratissez pour les recouvrir légèrement, tassez avec le dos du râteau et arrosez en pluie fine.

2. Éclaircissez

3 semaines plus tard, ôtez, à la main, les plants les plus faibles pour ne conserver qu'un chou frisé tous les 5 cm.

Difficulté ★★

Arrosage (2 arrosoirs)

Maladies et parasites
Piéride du chou, mouche du chou, noctuelle du chou

Quand semer ?
D'avril à juin

Durée de la levée
5 jours

Quand récolter ?
De fin octobre à mars

Quelle production ?
3 choux par mètre linéaire

LES VARIÉTÉS CONSEILLÉES

F1 'Reflex'
rustique et d'excellente qualité gustative.

3. Plantez

1 mois et demi après le semis, arrachez délicatement les plants bien développés, qui ont 4 à 6 feuilles, et plantez-les immédiatement au potager. Enterrez-les jusqu'à la base des feuilles.

Il est possible d'acheter des plants de choux frisés déjà développés en godets dans les jardineries, surtout dans le nord de la France. Vous les planterez entre la mi-juin et la mi-juillet comme les jeunes plants issus de semis.

Disposez les jeunes choux en lignes espacées de 50 cm, en laissant 40 à 50 cm entre eux. Enterrez les plants jusqu'à la base des feuilles. Tassez ensuite fortement autour et arrosez abondamment.

4. La récolte

Arrosez régulièrement au pied des choux frisés tout l'été et couvrez le sol avec de la paille ou de la paillette de lin pour conserver plus longtemps l'humidité.

De fin octobre à mars, cueillez les feuilles à partir de la base de la plante, en les tirant d'un coup sec vers le bas. Il semblerait que les premières gelées rendent les feuilles plus tendres.

5. Au printemps suivant

En mars ou avril, laissez le chou frisé développer sa tige florale. Coupez les boutons floraux bien fermés pour les consommer et jetez le reste.

Chou pommé *Brassica oleracea var. capitata*

Chou de Milan aux feuilles gaufrées ou frisées, toujours vertes, ou chou cabus aux feuilles lisses, vertes ou rouges, le chou pommé aime les sols riches, profonds et pas trop secs en été. Les choux cabus résistent mieux au froid.

Quand et comment cultiver ?

1. Semez

Semez en pépinière

De la mi-mars à la mi-juin et de la mi-août à la mi-septembre, en fonction des variétés et la date de récolte souhaitée, semez clair, à raison d'un sachet de graines environ pour 1 m^2 en répartissant celles-ci uniformément. Recouvrez en ratissant d'une main légère.

Les choux pommés se cultivent pratiquement toute l'année. Semez-les au printemps (mars ou avril) pour une récolte au début de l'été et à l'automne, de mai à juin pour une récolte en automne et en hiver, et de la mi-août à septembre pour une récolte au printemps prochain.

Tassez avec le dos du râteau et arrosez en pluie fine. Maintenez bien humide jusqu'à l'apparition de jeunes feuilles, 1 semaine plus tard.

Difficulté ★★

Arrosage 🚿🚿

Maladies et parasites
Piéride du chou, mouche du chou, noctuelle du chou, bactériose

Quand semer ?
De mi-mars à mi-avril
De mi-mai à mi-juin
De mi-août à mi-septembre

Durée de la levée
5 jours

Quand récolter ?
En toute saison selon la période de semis

Quelle production ?
Une pomme de 1 à 1,5 kg par pied

LES VARIÉTÉS CONSEILLÉES

Récoltes printanières

'Roi des Précoces'; F1 'Elisa'.

Récoltes d'été et d'automne

'Cœur de bœuf moyen de la Halle'; F1 'Tête de pierre'; F1 'Caïd'; F1 'Shelta'.

Récoltes hivernales

F1 'Renton'; F1 'Impala'.

Semez sous châssis

En février ou début mars, semez les graines de choux pommés de manière régulière. Recouvrez de 1 ou 2 cm de terreau, tassez et arrosez en pluie fine. Maintenez ensuite le châssis fermé jusqu'à l'apparition des premières feuilles.

2. Repiquez

1 mois environ après le semis, en pépinière ou sous châssis, à l'aide d'une petite spatule en bois, arrachez délicatement les plants qui ont 2 ou 3 feuilles et plantez-les en pépinière, en pleine terre. Espacez-les de 10 cm en tous sens. Enterrez-les jusqu'à la base des feuilles.

Pour les semis de la mi-mai à la mi-juin (récolte d'hiver), cette opération de repiquage n'est pas obligatoire. Toutefois, elle renforce l'enracinement de la plante: le chou est mieux alimenté et mieux accroché au sol.

3. Plantez

Environ 1 mois après le repiquage, lorsque les plants ont 4 à 6 feuilles, arrachez délicatement les jeunes choux. Avec un plantoir conique, plantez-les au potager, immédiatement après l'arrachage. Disposez-les tous les 40 à 50 cm, en lignes espacées de 50 à 60 cm. Enterrez-les jusqu'aux premières feuilles sous 1 ou 2 cm de terre. Tassez ensuite fortement autour et arrosez abondamment.

Arrosez régulièrement au pied tout l'été et couvrez le sol avec de la paille ou de la paillette de lin pour conserver plus longtemps l'humidité.

Il est possible de trouver des choux pommés déjà développés en godets dans les jardineries. Choisissez alors des plants dont le bourgeon central, au cœur des feuilles, est en bon état : on parle de plant non borgne. Vous les planterez aux mêmes périodes que les jeunes plants issus de semis.

4. La récolte

La saison de récolte varie en fonction de la période de semis. 4 à 6 mois après le semis, récoltez au fur et à mesure de vos besoins en coupant la courte tige du chou au ras du sol (sous la pomme).

CRUCIFÈRES

Chou-rave *Brassica oleracea* var. *gongyloides*

C'est la courte tige charnue du chou-rave que l'on consomme et non ses feuilles. Ce chou prospère bien en terres fraîches et riches. Il déteste la sécheresse. Choisissez-lui au potager un emplacement bénéficiant d'une exposition ensoleillée.

Difficulté ★

Arrosage (3 arrosoirs)

Maladies et parasites
Piéride du chou, mouche du chou, noctuelle du chou, bactériose

Quand planter ?
De mars à juin

Durée de la levée
De 6 à 10 jours

Quand récolter ?
De juin à septembre

Quelle production ?
Un chou-rave de 500 g par pied

Quand et comment cultiver ?

1. Semez directement en place

De mars à juin, semez quelques graines tous les mois afin d'étaler vos récoltes. Répartissez régulièrement les graines dans des sillons de 1 cm de profondeur et espacés de 30 à 40 cm. Fermez les sillons au râteau, tassez et arrosez en pluie fine.

2. Éclaircissez

Environ 4 ou 5 semaines plus tard, lorsque les choux-raves ont 3 ou 4 feuilles, éliminez les plants les plus faibles pour ne garder qu'un chou-rave tous les 25 à 30 cm.

Arrosez régulièrement en été pour éviter que les choux-raves ne deviennent filandreux. Couvrez la terre alentour avec de la paillette de lin afin de limiter l'évaporation et conserver plus longtemps l'humidité.

Les variétés hâtives peuvent se semer jusqu'à la mi-juillet dans les régions aux automnes doux.

3. Deux mois après le semis

Afin de maintenir le chou-rave, ramenez un peu de terre en butte autour de la base de la tige qui commence à grossir.

LES VARIÉTÉS CONSEILLÉES

F1 'Korist'

précoce, à chair blanche, saveur fine.

F1 'Violet Kolibri'

très décoratif.

4. La récolte

Selon les variétés, la récolte a lieu 3 ou 4 mois après le semis.
À partir de juin, arrachez les choux-raves au fur et à mesure de vos besoins lorsqu'ils ont 10 cm de diamètre environ.

Ciboule *Allium fistulorum* et ciboulette *Allium schœnoprasum*

La ciboule et la ciboulette, toutes deux vivaces, aiment les sols fertiles, pas trop humides et le soleil, mais tolèrent un peu d'ombre.

Difficulté ★

Arrosage

Maladies et parasites
Aucun(e)

Quand semer ?
En mars-avril

Durée de la levée
12 jours

Quand récolter ?
D'avril à novembre

LES VARIÉTÉS CONSEILLÉES

Ciboule
'Blanche'; 'Rouge commune'; 'Toga'.

Ciboulette
'Commune'; 'Civette ; 'Staro'; 'Polycross'.

La ciboule possède un renflement charnu à la base de ses feuilles plus volumineuses et plus longues que celles de la ciboulette.

Quand et comment cultiver ?

1. Semez directement en place

En mars ou avril, tracez des sillons de 1 ou 2 cm de profondeur. Répartissez les graines au fond en les espaçant suffisamment. Refermez, tassez avec le dos du râteau et arrosez en pluie fine. Un rang à la fois suffit à un approvisionnement correct. Maintenez humide jusqu'à l'apparition des premières feuilles, 15 jours plus tard.

2. La récolte

Dans le courant de l'été la première année, dès avril les années suivantes, coupez les feuilles avec un couteau au ras du sol, selon vos besoins.

Concombre *Cucumis sativus*

Comme toutes les cucurbitacées, le concombre aime les sols riches et meubles. Il craint le froid et une grande humidité. Toutefois il apprécie des arrosages réguliers en été. Réservez-lui une bonne exposition, un emplacement chaud.

Quand et comment cultiver ?

1. Semez directement au potager

À la mi-mai, au nord de la Loire, en avril dans le Midi, plantez en lignes des piquets de 1,50 m de haut, tous les 2 m. Fixez un filet à mailles plastiques de 10 cm de large sur ces piquets. Laissez 1 m entre les rangs.

Guidez les jeunes concombres vers leur support au début de leur culture. Ensuite ils s'y accrochent tout seuls avec leurs vrilles.

Tous les 50 à 60 cm, creusez des trous de 15 à 20 cm de diamètre et autant de profondeur remplis de compost bien décomposé. Semez 3 à 5 graines dans chaque trou ainsi préparé. Recouvrez de terreau émietté, tassez et arrosez en pluie fine. Attention, les graines ne peuvent pas germer en-dessous de 16 °C.

Difficulté ★

Arrosage (3 arrosoirs)

Maladies et parasites
Anthracnose, mildiou, oïdium, acarien, puceron

Quand semer ?
D'avril à juin

Durée de la levée
6 jours

Quand récolter ?
De juillet à octobre

Quelle production ?
Une huitaine de concombres par pied

LES VARIÉTÉS CONSEILLÉES

F1 'Incas'
sans amertume et bien résistant aux maladies.

F1 'Kenia'
récolte abondante et régulière, résiste bien aux maladies.

Bio 'Marketmore'
pour le jardin.

2. Éclaircissez

Environ 2 ou 3 semaines plus tard, lorsque les jeunes plants ont 2 à 3 feuilles bien développées, éliminez dans chaque groupe les plants les moins vigoureux pour n'en conserver que 1 ou 2.

Arrosez copieusement durant tout l'été et paillez avec de la paillette de lin (ou tout autre matériau à votre disposition) pour garder la terre humide plus longtemps après les arrosages et pour préserver les concombres des salissures de terre.

Tailler le concombre

La taille permet d'accélérer la maturité des concombres en limitant la production. C'est indispensable au nord de la Loire.

Coupez la tige principale au-dessus de la 3e ou 4e feuille.

Après cette première taille, 3 ou 4 branches se développent. Coupez-les au-dessus de la 2e ou 3e feuille.

Taillez de la même façon toutes les ramifications qui se succéderont durant la saison.

3. La récolte

Environ 3 ou 4 mois plus tard, à partir de juillet, cueillez les concombres lorsque leur extrémité s'arrondit et que leur teinte pâlit. N'attendez pas qu'ils jaunissent car ils deviennent amers.

Concombre et cornichon sont issus de la même plante. Mais chacun a été amélioré au fil des années selon des critères différents aboutissant aujourd'hui à des variétés complètement distinctes au niveau du goût.

4. Avant les premières gelées

En octobre, arrachez les plants et brûlez-les ou jetez-les, mais pas sur le tas de compost : ils sont très souvent porteurs de maladies en fin de saison.

OMBELLIFÈRES

Coriandre *Coriandrum sativum*

La coriandre, annuelle, prospère dans les terres légères, chaudes et bien aérées, si possible riches en matières organiques, même calcaires. Offrez-lui un emplacement bien ensoleillé et abrité. On consomme ses feuilles fraîches et ses graines séchées.

Difficulté ★

Arrosage Aucun

Maladies et parasites
Aucun(e)

Quand semer ?
En avril

Durée de la levée
2 à 3 semaines

Quand récolter ?
En juillet (feuilles) ou en août (graines)

Quand et comment cultiver ?

1. Semez directement en place

En avril, tracez des sillons de 1-2 cm de profondeur, distants de 30 à 40 cm. Répartissez les graines de coriandre au fond en les espaçant bien. Refermez, tassez avec le dos du râteau et arrosez en pluie fine. Maintenez humide jusqu'à l'apparition des premières feuilles, parfois 3 semaines plus tard seulement.

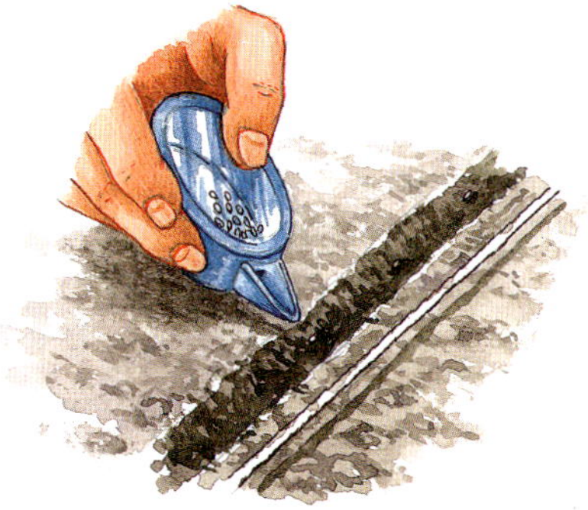

Dans le Midi, il est possible de semer en septembre. La coriandre fleurit alors plus tôt et est généralement plus hautes.

2. Éclaircissez

1 mois et demi plus tard, lorsque les jeunes plants ont 4 ou 5 feuilles, éliminez les plus faibles, pour n'en garder qu'un tous les 20 cm.

3. La récolte

Depuis le début de l'été et jusqu'à l'épanouissement des fleurs (en août), coupez les feuilles au fur et à mesure de vos besoins.

En août, par une belle journée ensoleillée, lorsque les fleurs ont changé de couleur et sont presque sèches, arrachez tout et coupez les fleurs avec la tige. Faites-les sécher dans un local bien aéré puis conservez les graines un an au maximum dans des boîtes hermétiques à l'abri de l'air. Vous pouvez jeter les restes de végétation sur le compost.

Dans les régions ventées, plantez de part et d'autre du rang des branchages ramifiés pour soutenir les fleurs hautes.

LES VARIÉTÉS CONSEILLÉES

'Commune'

'Lemon'
arome citron pour culture en pot.

Cornichon *Cucumis sativus*

Le cornichon se consomme, encore jeune, confit dans le vinaigre. Il apprécie les terrains riches et meubles. Il craint le froid associé à une grande humidité. Cependant, il apprécie des arrosages réguliers en été. Réservez-lui un emplacement chaud.

Difficulté ★

Arrosage (3 arrosoirs)

Maladies et parasites
Anthracnose, mildiou, oïdium, mouche des semis, acarien

Quand semer ?
D'avril à juin

Durée de la levée
6 jours

Quand récolter ?
De juillet à octobre

Quelle production ?
4 pieds suffisent pour l'approvisionnement de l'année

Quand et comment cultiver ?

1. Semez directement en place

À partir de la mi-mai, au nord de la Loire, en avril dans le Midi, préparez des trous de 40 cm de diamètre, profonds de 30 cm et espacés de 80 cm. Placez au fond une couche de fumier et comblez avec la terre du jardin. Semez, dans chaque trou ainsi préparé, 3 à 5 graines de cornichon. Recouvrez de terreau émietté, tassez et arrosez en pluie fine. Les graines ont besoin d'une température minimale de 18 °C pour germer.

2. Éclaircissez

Concombre et cornichon sont issus de la même plante. Mais chacun a été amélioré au fil des années selon des critères différents aboutissant aujourd'hui à des variétés distinctes au niveau du goût.

Environ 2 ou 3 semaines plus tard, les jeunes plants ont 2 ou 3 feuilles bien développées. Éliminez dans chaque groupe les plants les moins vigoureux pour n'en conserver que 1 ou 2.

Paillez avec de la paillette de lin (ou tout autre matériau à votre disposition) pour que la terre reste humide plus longtemps après les arrosages et pour préserver les cornichons des salissures de terre.

Arrosez copieusement les plants de cornichon durant tout l'été.

LES VARIÉTÉS CONSEILLÉES

'Vert petit de Paris'
variété traditionnelle à fruit court et épineux.

F1 'Odys', F1 'Parker',
résiste bien aux maladies.

F1 'Parigyno'
très productif et résistant aux maladies.

3. La récolte

3 mois plus tard, à partir de juillet, cueillez les cornichons de la grosseur d'un doigt et mesurent entre 5 et 10 cm de long selon les variétés. Prévoyez un passage quotidien entre les rangs car ils grossissent vite.

4. Avant les premières gelées

En octobre, arrachez les plants de cornichon et brûlez-les ou jetez-les. Ne les incorporez pas au tas de compost car il est rare qu'ils soient indemnes de maladies en fin de saison.

Dans les régions ventées, plantez de part et d'autre du rang des branchages ramifiés pour soutenir les fleurs hautes.

Courgette *Cucurbita pepo*

La courgette est sensible aux baisses de température et aux gelées printanières. Ne la plantez pas trop tôt. Choisissez-lui un emplacement bien ensoleillé. Elle aime les terres légères, riches en matières organiques et fraîches en été.

Difficulté ★

Arrosage

Maladies et parasites
Oïdium, acariens (par très grosses chaleurs)

Quand semer ?
D'avril à mai

Durée de la levée
De 6 à 8 jours

Quand récolter ?
De juillet à septembre

Quelle production ?
Une dizaine de courgettes par pied

Quand et comment cultiver ?

1. Semez

Semez en godet

En avril, au nord de la Loire, remplissez des godets de terreau à semis. Déposez 2 ou 3 graines par godet, à 1 cm de profondeur. Tassez avec les doigts.

Placez sous châssis, à une température optimale, pour la germination, de 14 °C, et arrosez en pluie fine. Maintenez bien humide jusqu'à l'apparition des premières feuilles, 15 jours plus tard.

Semez directement en place

En mai, au nord de la Loire, en avril dans le Midi, préparez des poquets de 15 à 20 cm de côté et autant de profondeur remplis de compost et espacés de 1 m en tous sens.

Dans ces poquets, semez 2 ou 3 graines à 1 cm de profondeur. Tassez puis arrosez en pluie fine. Maintenez le sol humide jusqu'à l'apparition des premières feuilles une quinzaine de jours plus tard.

LES VARIÉTÉS CONSEILLÉES

F1 'Diamant'
pécoce et d'excellente qualité gustative.

'De Nice à fruit rond'
appréciée dans le Midi.

F1 'Parthénon'
pour les conditions climatiques difficiles.

2. Éclaircissez

15 jours après le semis, sélectionnez dans chaque godet le plant le plus vigoureux et arrachez les autres. Laissez les godets dans le châssis ouvert.

15 jours après le semis au potager, éliminez les plants les plus faibles de chaque groupe et conservez un seul plant vigoureux tous les mètres.

Si vous n'avez ni le temps ni la place nécessaire pour semer vos courgettes, vous pouvez les acheter déjà développées en godets dans les jardineries. Vous les planterez alors en avril ou mai, selon la région.

3. Plantez

En mai, 3 ou 4 semaines après le semis, plantez au potager les jeunes courgettes dans des trous de 15 à 20 cm de côté et autant de profondeur, remplis de compost. Espacez-les de 1 m en tous sens.

Dès la formation des fruits, arrosez copieusement durant tout l'été sans mouiller les feuilles. Paillez pour garder la terre humide plus longtemps après les arrosages et éviter les invasions de mauvaises herbes en début de culture.

4. La récolte

Quand les courgettes atteignent 15 à 20 cm pour les variétés longues et 8 à 10 cm de diamètre pour les variétés rondes, récoltez-les en coupant le pédoncule, partie charnue et épineuse qui rattache le fruit à la plante.
Les courgettes grossissent vite : passez tous les 2 jours pour récolter celles qui sont mûres.

Les fleurs de courgette femelles se reconnaissent facilement au léger renflement de leur pédoncule.

5. Avant les premières gelées

En octobre, arrachez les restes de végétation. Brûlez-les ou jetez-les. Ne les incorporez pas au tas de compost car, en fin de saison, ils sont porteurs de maladies (oïdium).

Échalote *Allium escalonicum*

L'échalote se plaît au soleil, dans une terre bien ameublie et drainée. Elle tend à pourrir en terrain humide. L'échalote ordinaire, grise, petite est très parfumée, quand l'échalote-oignon, plus grosse, est un peu moins goûteuse mais de meilleure conservation.

Quand et comment cultiver ?

1. Plantez

En novembre dans le Midi, de février à mars ailleurs, bêchez le terrain en profondeur, désherbez et affinez soigneusement la terre.
Enfoncez les caïeux (petit bulbe de l'échalote) la pointe vers le haut avec les doigts, à 2 cm de profondeur. Espacez-les de 10 à 15 cm sur des rangs distants de 25 à 30 cm.

En terrain lourd, formez des rangs en butte de terre.

2. Un mois avant la récolte

En mars ou en mai, en fonction de la période de plantation, dès que les échalotes sont formées, dégagez délicatement la terre qui recouvre le haut des caïeux.

Difficulté ★

Arrosage Aucun

Maladies et parasites
Botrytis (ou pourriture grise), mildiou, mouche de l'oignon

Quand planter ?
En février-mars
En novembre (Midi)

Quand récolter ?
En juin-juillet
En avril-mai (Midi)

Quelle production ?
1,5 à 2 kg par m²

Faites la chasse aux mauvaises herbes autour des échalotes durant toute la culture.

LES VARIÉTÉS CONSEILLÉES

'Griselle'
bulbe gris, très goûteux.

'Jermor'
indemne de virus pour plantation d'automne ou de printemps.

F1 'Ambition'
échalote-oignon d'excellente qualité gustative.

3. La récolte

En avril-mai ou en juin-juillet, les feuilles jaunissent et sèchent. Par temps sec, soulevez les échalotes avec la fourche-bêche et tirez doucement à la base des feuilles.

Laissez les échalotes sécher 1 ou 2 jours sur place.

Les feuilles des échalotes se cassent facilement. Il est donc parfois difficile de les conserver en botte.

Débarrassez les échalotes d'un maximum de terre, coupez les feuilles à 1 cm environ des caïeux (ou bulbes) et étalez-les dans des cageots entreposés dans un endroit frais, hors gel et sec.

Endive *Cichorium intybus*

L'endive est une chicorée 'Witloof'. Elle produit une racine charnue que l'on « force » à l'obscurité en hiver et qui forme une pomme blanche et allongée, le chicon ou endive. Elle aime les sols un peu lourds (argileux) et fertiles, si possible non caillouteux.

Quand et comment cultiver ?

1. Semez directement en place

En mai ou juin, après une préparation fine de la terre, griffez le sol pour former des sillons peu profonds, espacés de 30 cm. Disposez les graines le long des sillons en les espaçant régulièrement. Ratissez légèrement et arrosez en pluie fine. Maintenez humide jusqu'à l'apparition des premières feuilles.

{ Arrosez régulièrement dès le semis et pendant toute la durée de la culture au jardin. }

2. Éclaircissez

De 15 à 20 jours plus tard, les jeunes plants ont 2 ou 3 feuilles. Éliminez les plus faibles et ceux qui sont dégénérés (pétioles rouges, feuilles très découpées…) pour ne garder qu'une endive tous les 12 à 15 cm.

Difficulté ★★★

Arrosage (2 arrosoirs)

Maladies et parasites
Mildiou, oïdium (ou blanc), rouille, puceron

Quand semer ?
En mai-juin

Durée de la levée
6 jours

Quand récolter ?
D'octobre à mars

Quelle production ?
200 endives par m² lors du forçage

LES VARIÉTÉS CONSEILLÉES

F1 'Béa', F1 'Zoom', F1 'Topscore'
pour forçage avec ou sans couverture de terre.

F1 'Totem', F1 'Metafora'
pour une culture traditionnelle, c'est-à-dire avec couverture de terre.

F1 'Monroe'
colorée de rouge.

3. Avant les premières gelées

D'octobre à la mi-décembre, au fur et à mesure de vos besoins, arrachez les racines d'endives en plantant la fourche-bêche parallèlement au rang, à 15 ou 20 cm de distance. Soulevez en faisant levier avec le manche.

Laissez sécher les racines d'endives sur place même s'il fait froid. C'est indispensable pour assurer la maturité du bourgeon qui formera le chicon. Éliminez les racines trop petites, de diamètre inférieur à 4 cm, ou fourchues.

1 semaine plus tard, « habillez » les racines : avec une serpette, coupez les feuilles en cône à 2-3 cm du collet, et la racine en biseau à 18-20 cm sous le point d'insertion des feuilles.

Forcer l'endive

Pour former le chicon, blanc et allongé, la racine est cultivée à l'obscurité après arrachage. Deux méthodes sont possibles : au jardin (culture traditionnelle) ou à la cave. Seules les variétés ne nécessitant pas de couverture de terre peuvent se forcer à la cave : c'est en général précisé sur le sachet de graines.

Au jardin

Creusez une tranchée de 50 cm de profondeur sur 1 m de large, d'une longueur suffisante pour contenir toutes les racines à forcer. Bêchez le fond de la tranchée pour ameublir la terre. Rangez les racines verticalement les unes contre les autres en plaçant le haut des racines au même niveau. Recouvrez de terreau sur 20 cm de hauteur. Arrosez pour faire pénétrer le terreau entre les racines. Placez au-dessus une couche de paille de 25 à 30 cm d'épaisseur puis des planches.

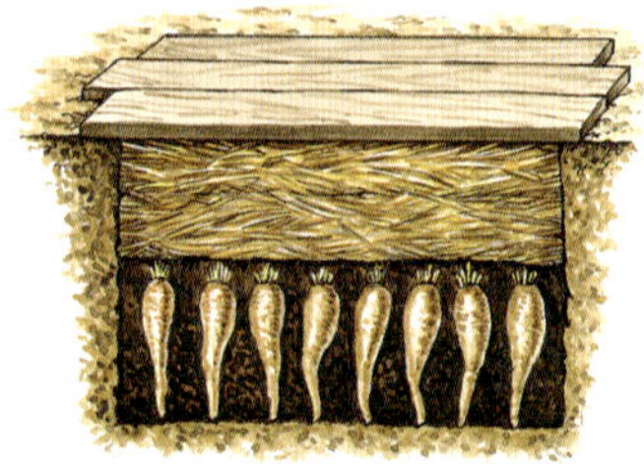

À la cave

La température de la cave doit être de 10-12 °C. Rangez les racines verticalement, les unes à côté des autres, dans des caisses étanches de 20 cm de hauteur. Recouvrez de tourbe et arrosez copieusement pour qu'elle pénètre bien entre les racines. Maintenez la tourbe humide durant toute la période du forçage.

4. La récolte

6 semaines après le début du forçage, les chicons blancs mesurent de 15 à 20 cm de long. Cassez-les au niveau du collet en tirant d'un coup sec vers le bas.

Lorsque toutes les endives d'une tranchée sont récoltées, ôtez la paille et jetez les restes de racines sur le tas de compost. Rebouchez la tranchée libérée.

CHÉNOPODIACÉES

Épinard *Spinacia oleracea*

L'épinard redoute la chaleur : réservez-lui un emplacement peu ensoleillé en été. Dans les régions chaudes, ne le semez pas trop tôt. Il préfère les sols lourds et argileux, riches en matières organiques et frais. Attention aux terrains trop acides.

Difficulté ★

Arrosage
(semis de printemps)

Maladies et parasites
Mildiou, mouche des semis

Quand semer ?
En mars-avril
De mi-août à mi-septembre

Durée de la levée
10 jours

Quand récolter ?
En mai-juin
(semis de printemps)
De novembre à mars
(semis d'automne)

Quelle production ?
2 kg/m²

Quand et comment cultiver ?

1. Semez directement en place

De la mi-août à la mi-septembre, bêchez le sol et incorporez à la terre 50 g d'engrais organique complet par mètre carré.

Tassez la terre avec le dos du râteau , car l'épinard n'aime pas les sols trop ameublis.

Vous pouvez aussi semer des épinards en mars-avril, pour une récolte plus courte, en mai-juin. Mais ne semez pas en été : sous l'effet de la chaleur, les graines fleurissent au lieu de produire des feuilles.

Tracez des sillons de 1 cm de profondeur, espacés de 25 cm. Disposez vos graines régulièrement. Ratissez légèrement et tassez de nouveau. Arrosez en pluie fine et maintenez humide jusqu'à l'apparition des premières feuilles.

2. Éclaircissez

Une vingtaine de jours plus tard, éliminez les plants à 3 ou 4 feuilles les plus faibles de chaque groupe pour n'en garder qu'un tous les 10 cm.

Si les plants que vous éliminez sont suffisamment développés, vous pouvez les consommer en salade : ce sont des jeunes pousses d'épinard.

LES VARIÉTÉS CONSEILLÉES

Semis de printemps

F1 'Swan'; F1 'Palco'.

Semis d'automne

'Géant d'hiver'; 'Monstrueux de Viroflay'; F1 'Galaxy'; F1 'Pelican'.

3. La récolte

2 mois et demi environ après le semis, les épinards ont 6 ou 7 feuilles. Commencez la récolte en coupant, à la main ou au couteau, le pétiole des feuilles les plus développées à la base.

4. Au printemps suivant

En mars, lorsque vous avez besoin du terrain pour les cultures de printemps, arrachez les derniers épinards pour les consommer.

Les épinards ne doivent pas être cultivés au même endroit avant 3 ou 4 ans.

COMPOSÉES

Estragon *Artemisia dracunculus*

L'estragon est vivace, mais frileux. Il aime les sols légers et perméables, et le soleil. L'humidité le rend plus sensible au froid. L'ensemble des tiges sèche en hiver. Les nouvelles sont produites, au printemps, par la souche conservée dans le sol.

Difficulté ★

Arrosage Aucun

Maladies et parasites
Rouille

Quand planter ?
En mars-avril

Quand récolter ?
De mai jusqu'aux gelées

Quand et comment cultiver ?

1. Plantez

En mars ou avril, dépotez après avoir fait tremper les plants quelques minutes dans une bassine d'eau. Griffez superficiellement la motte et glissez-la dans le trou de plantation : le haut de la motte doit affleurer la surface du sol. Laissez 50 cm en tous sens entre les plants d'estragon.

Comblez avec la terre enlevée additionnée d'une poignée de compost. Tassez fortement autour du plant avec les deux mains et arrosez abondamment au goulot (le bec de l'arrosoir sans sa pomme).

En sol lourd et humide en hiver, étalez une couche de graviers au fond du trou de plantation.

2. La récolte

À partir de mai jusqu'aux gelées, c'est-à-dire jusqu'en octobre ou novembre selon les régions, récoltez l'estragon au fur et à mesure de vos besoins. Prenez soin de couper les tiges au sécateur 10 cm au-dessus du sol au minimum.

En début d'été, coupez les tiges qui portent des fleurs avant leur épanouissement.

LES VARIÉTÉS CONSEILLÉES

'De Russie'

très résistant au froid.

'Français'

arôme plus marqué.

3. Avant les premières gelées

Tous les 3 ou 4 ans, en mars, divisez la touffe d'estragon : déterrez la motte des racines et coupez au couteau en 2 ou 3 morceaux avec au moins 4 ou 5 départs de tige. Plantez immédiatement.

Fin octobre ou début novembre, coupez toutes les tiges au ras du sol et couvrez avec une couche de feuilles mortes de 6 à 8 cm d'épaisseur. Maintenez le tout avec un filet à mailles plastique bordé de grosses pierres par exemple.

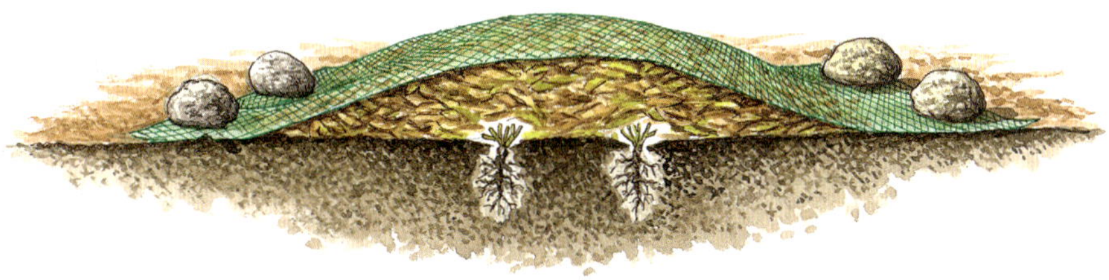

OMBELLIFÈRES

Fenouil bulbeux

Fœniculum vulgare var. dulce

Proche parent de l'aneth, le fenouil bulbeux aime les terrains argilo-sablonneux, riches en matières organiques. Il préfère les sols à tendance calcaire.

Difficulté ★★

Arrosage

Maladies et parasites
Limace, escargot

Quand semer ?
De mars à début août

Durée de la levée
10 jours

Quand récolter ?
De juin à octobre

Quelle production ?
4 ou 5 fenouils par mètre linéaire

Quand et comment cultiver ?

1. Semez

Semez en pépinière

En mars-avril, après avoir soigneusement affiné et aplani la terre, prenez vos graines dans le creux de la main et répartissez-les sur le sol en décrivant des demi-cercles avec le poignet.

Recouvrez les graines avec environ 1 cm de terreau bien émietté. Tassez avec le dos du râteau et arrosez en pluie fine. Maintenez humide jusqu'à l'apparition des premières feuilles, environ 15 jours plus tard.

Dans le Midi, le semis a lieu de la mi-juillet à la fin août. On récolte alors le fenouil en hiver, de décembre à mars.

Semez directement en place

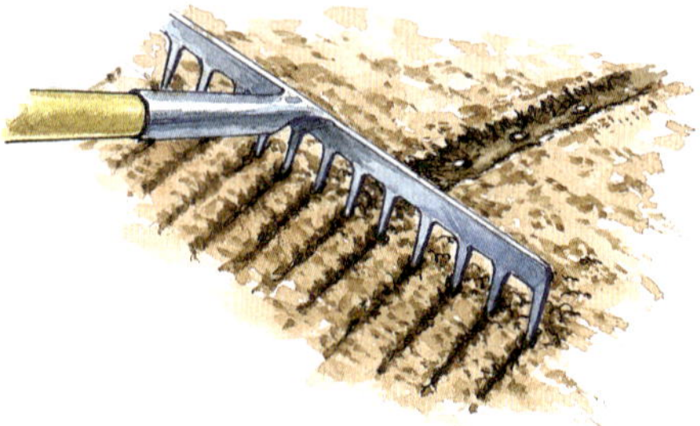

D'avril à début août, dans un endroit chaud et abrité du vent, tracez des sillons d'environ 1 cm de profondeur et espacés de 35 à 40 cm. Déposez les graines de manière régulière en les espaçant.
Refermez le sillon avec le râteau, tassez et arrosez en pluie fine jusqu'à l'apparition des premières feuilles, parfois une dizaine de jours plus tard.

LES VARIÉTÉS CONSEILLÉES

F1 'Rondo'
pour toutes saisons.

F1 'Archimède'
pour les régions méridionales.

'Fino'
pour les semis précoces.

F1 'Selma'
résiste à la montée à graines (floraison précoce sans formation du bulbe).

2. Plantez

Environ 6 ou 7 semaines après le semis en pépinière, lorsque les plants ont 10 cm de haut, arrachez-les délicatement et plantez-les directement au potager en les espaçant de 30 cm. Laissez 35 cm entre les rangs.

Vous pouvez également acheter dans les jardineries des plants de fenouil déjà développés en godets. Vous les planterez alors en mai-juin (juillet-août si vous habitez le Midi) comme les jeunes plants issus de semis.

3. Éclaircissez

Environ 6 ou 7 semaines après le semis au potager, les jeunes fenouils ont de 12 à 15 cm de haut. Éliminez les plus faibles pour ne garder qu'un plant tous les 25 cm.

4. Quinze jours avant la récolte

Lorsque la base des feuilles commence à grossir, buttez les pieds pour les faire blanchir : avec une serfouette, ramenez de la terre autour du pied en deux fois, jusqu'à ce que la butte atteigne 15 à 20 cm de haut.

{ Arrosez copieusement tout l'été pour éviter la montée à graines : le fenouil produit alors des fleurs au détriment du développement de la partie consommable, les pétioles. }

5. La récolte

Environ 3 mois et demi après le semis, à partir de la mi-juin, récoltez au fur et à mesure de vos besoins. Soulevez délicatement le fenouil avec la fourche-bêche et tirez sur la base des feuilles pour arracher le bulbe.

6. Avant les premières gelées

S'il vous reste des fenouils, arrachez-les avec leur motte de terre avant les premiers froids. Enfouissez-les jusqu'à la base des feuilles dans du sable ou de la tourbe, et entreposez à la cave. Ils peuvent se conserver ainsi 2 mois.

Fraisier *Fragaria*

La famille des fraisiers se partage en deux groupes : les petits fruits (fraisier des quatre saisons ou fraisier des bois), et les gros fruits. Tous les fraisiers aiment les terres riches, meubles et fraîches en été, mais pas trop calcaires.

Quand et comment cultiver ?

1. Plantez

En septembre, environ 15 jours avant la plantation, bêchez en profondeur, désherbez et apportez 8 à 10 kg de compost bien décomposé par mètre carré ainsi qu'un engrais organique complet. Creusez des trous tous les 25 cm sur des lignes espacées de 35 à 40 cm.

Dans chaque trou, disposez un fraisier en allongeant verticalement les racines. Le collet, point de jonction entre les feuilles et les racines, doit affleurer la surface du sol.

Étalez bien les racines dans toutes les directions. Refermez le trou avec la terre en place. Tassez fortement et arrosez lorsque les fraisiers sont plantés.

Difficulté ★★

Arrosage

Maladies et parasites
Oïdium (ou blanc du fraisier), mildiou, botrytis (ou pourriture grise), tarsonème

Quand planter ?
En mars
En septembre-octobre

Durée de la levée
De 15 à 20 jours

Quand récolter ?
De mai à octobre (petits fruits)
En juin et, parfois, en septembre (gros fruits)

Quelle production ?
Une vingtaine de fraisiers suffisent à 4 personnes

Vous pouvez également planter des fraisiers un peu plus tard, à l'automne (octobre) ou au tout début du printemps (mars). Ils se présentent alors en godets. Le déroulement de la plantation est à peu près identique si ce n'est que l'on conserve la motte de terre autour des racines.

LES VARIÉTÉS CONSEILLÉES

Fraisiers des quatre saisons

'Fresca'; 'Ruegen'; 'Tentation'; 'Yellow Wonder'.

Fraisiers à gros fruits

'Angelina'; 'Ciflorette'; 'Surprise des Halles'; 'Madame Moutot'; 'Gorella'; 'Sengana'; 'Anaïs ; 'Charlotte'; 'Gariguette'.

Arrosez en été seulement s'il fait très sec. Les excès d'eau à l'approche de la récolte encouragent les attaques de botrytis (pourriture grise).

Vous obtiendrez une récolte satisfaisante pendant 3 ans. Ensuite il faudra arracher les fraisiers en place et planter de nouveaux plants ailleurs dans le jardin. Attendez 3 ou 4 ans avant de cultiver des fraisiers au même endroit.

Selon la variété choisie, vous récolterez des fraises en mai-juin seulement (fraisiers à gros fruits non remontants), 3 semaines durant environ ; en juin-juillet, puis de fin août à début octobre (fraisiers à gros fruits remontants) ; de juin à octobre (fraisiers des quatre saisons).

2. Au printemps suivant

En mars ou avril, désherbez soigneusement les fraisiers. Binez et mélangez une bonne poignée de compost par fraisier à la terre en place. Recouvrez le sol de 6 à 8 cm de paillettes de lin ou d'aiguilles de pin pour éloigner les limaces et escargots, et conserver l'humidité.

En mai, avant que les premières fraises ne soient bien rouges, étalez un filet de protection contre les oiseaux. Posez des pierres sur les bords afin de le maintenir.

En juin, coupez les stolons, longues tiges vigoureuses rampantes munies au bout d'un toupet de feuilles. Ils épuisent la plante.

3. La récolte

Les fraises se cueillent lorsqu'elles sont bien rouges, à partir de mai jusqu'à octobre, selon les variétés. Récoltez plutôt le matin car les fraises sont plus sucrées. Coupez leur queue entre les ongles du pouce et de l'index.

Cultiver le fraisier des quatre saisons

De fin juillet à début août, faites tremper les graines dans de l'eau tiède durant 48 heures.

Dans une terrine remplie de terreau à semis, répartissez régulièrement les graines.

Recouvrez d'une fine couche de terreau bien émietté, tassez avec une petite planche et arrosez en pluie fine. Entreposez dans un endroit ombragé et abrité. Maintenez bien humide durant une quinzaine de jours, jusqu'à l'apparition des premières feuilles.

1 mois et demi plus tard environ, lorsque les jeunes fraisiers ont 3 ou 4 feuilles, repiquez-les en pépinière en les disposant à 15 cm les uns des autres.

À la fin septembre ou en octobre, les jeunes plants ont de 6 à 8 feuilles. Plantez-les à leur emplacement définitif en les espaçant de 30 cm en tous sens. Il est possible d'attendre le printemps pour les planter.
Entretenez ensuite vos fraisiers des quatre saisons de la même façon que les fraisiers à gros fruits.

Haricot *Phaseolus vulgaris*

Les haricots aiment les terres légères, ni trop calcaires, ni trop humides. Ce sont des légumineuses, capables de se nourrir à partir de l'azote de l'air contenu dans le sol : ils n'ont pas besoin d'apport d'engrais organique au semis.

Difficulté ★

Arrosage

Maladies et parasites
Anthracnose, graisse, mosaïque, bruche

Quand semer ?
D'avril à août (har. verts)
D'avril à juin (har. à écosser)

Durée de la levée
De 5 à 8 jours

Quand récolter ?
De juillet à octobre (har. verts)
D'août à octobre (grains demi-secs)
En septembre-octobre (grains secs pour la conservation)

Quelle production ?
Très variable selon les variétés et les dates de récolte

Quand et comment cultiver ?

1. Semez

Semez les haricots nains

De début avril à fin août dans le Midi, de fin avril à fin juillet dans l'Ouest, de la mi-mai à la mi-juillet dans les autres régions, faites tremper les graines dans de l'eau à température ambiante la veille du semis.

Le long du cordeau, creusez des sillons de 2 ou 3 cm de profondeur et déposez une graine tous les 3 ou 4 cm. Espacez les lignes de 40 à 50 cm. Refermez le sillon au râteau et tassez avec le dos du râteau. Arrosez en pluie fine.

Semez les haricots à rames (grimpants)

Semez les haricots à rames (mange-tout ou à écosser) en lignes jumelées, parallèles et distantes de 70 à 80 cm.

2. Quinze jours après la levée

Lorsque les haricots nains ou à rames atteignent 15 cm, binez et buttez la terre jusqu'aux 2 premières feuilles.

Tous les 30 à 40 cm, plantez des rames (en noisetier, châtaignier, bambou, etc.) de 2-3 m de haut sur le côté extérieur des lignes de haricots grimpants. Inclinez-les vers l'intérieur et liez-les au sommet, deux par deux. Consolidez en attachant en haut une barre transversale.

LES VARIÉTÉS CONSEILLÉES

Haricots à filets nains
'Filet sans fil'; 'Aiguillon'; 'Triomphe de Farcy'; 'Delinel'; 'Sansoucy'; 'Calypso'.

Haricots mangetout nains
'Améthyst'; 'Contender'; 'Castandel'; 'Primel'; 'Artemis'; 'Fructidor'.

Haricots à écosser nains
'Mogex'; 'Lingot amélioré'; 'Soissons nain à gros pied'; 'Chevrier vert'; 'Cocagne'; 'Hidalgo'.

Haricots mangetout à rames
'Sombra'; 'Carminat'; 'Ramdor'.

Haricots à écosser à rames
'Coco blanc'; 'Soissons vert'; 'Bigourdan'.

La culture des haricots à écosser s'effectue 3 ou 4 mois avant la récolte pour obtenir soit des grains frais à consommer rapidement soit des grains secs à conserver. Ne les semez pas trop tard afin qu'ils arrivent à maturité avant les premiers froids dans votre région : pas après le 15 juin au nord de la Loire et au plus tard fin juin dans les régions plus clémentes.

Si la terre est sèche au moment du semis, mouillez bien le futur emplacement des haricots. Par la suite, arrosez abondamment tout l'été s'il fait sec, en évitant de mouiller le feuillage.

3. La récolte

2 mois et demi après le semis, commencez la récolte de haricots verts. Les haricots filets, ceux qui produisent des fils, se récoltent lorsqu'ils ont environ 12 à 15 cm de long, avant la formation des grains (les gousses ne sont pas bosselées). Passez dans les rangs de haricots tous les 2 ou 3 jours à partir de la première récolte afin de les cueillir à point. Comptez 2 à 3 semaines de récolte d'affilée.

Afin d'éviter l'arrachage des haricots nains lors de la récolte, utilisez les deux mains : l'une pour maintenir la plante et l'autre pour couper le pédoncule de la gousse en tirant dessus.

Cueillez les haricots mangetout lorsqu'ils ont de 12 à 15 cm de long. Jusqu'à la formation des grains, ils gardent toutes leurs qualités gustatives (gousses bosselées). Comptez 1 mois de récolte.

3 mois environ après le semis, récoltez les haricots à écosser lorsque les grains sont bien formés et que les gousses, encore vertes, s'ouvrent facilement. Consommez-les rapidement.

Quand le temps est sec, cueillez une à une les gousses des haricots grimpants à écosser dès qu'elles sont sèches.

Récoltez, par temps sec toujours, les haricots à écosser nains dont les gousses sont sèches en arrachant la plante entière.

4. Après la récolte

Une fois la récolte achevée, arrachez et brûlez les restes de végétation.

La mention « convient à la congélation » que l'on trouve sur certains paquets de graines de haricots vous indique que la récolte est groupée sur une quinzaine de jours. Il ne s'agit pas forcément des variétés au meilleur goût après congélation.

Conserver les haricots secs

Étalez les gousses sans les écosser dans des cageots entreposés dans un endroit sec, afin qu'elles achèvent leur séchage.

Liez les haricots à écosser nains en bottes et suspendez-les dans un endroit sec pour leur assurer une bonne conservation.

Le haricot peut être nain ou grimpant. On en consomme les gousses vertes avant maturité des grains lorsque ce sont des haricots verts, ou les grains quand il s'agit de haricots à écosser.

Laitue *Lactuca sativa*

Il existe deux familles de laitues : les laitues pommées dont les feuilles du cœur très serrées forment une « pomme », et les laitues à couper que l'on récolte feuille à feuille. Toutes aiment les sols riches en matières organiques.

Quand et comment cultiver ?

1. Semez

Semez en caissette

En janvier, remplissez une terrine de terreau à semis jusqu'à 1 cm du bord. Répartissez régulièrement les graines de laitue de printemps. Recouvrez de terreau émietté, tassez avec une planchette et arrosez en pluie fine. Maintenez à une température optimale de 15 °C.

Semez en pépinière

De début avril à début septembre, dans un coin abrité du jardin, semez à la volée en répartissant les graines de façon homogène. Prenez-les en main et décrivez un mouvement semi-circulaire sur de la zone à semer en lâchant petit à petit les graines.

Recouvrez de terreau émietté, tassez et arrosez en pluie fine. Maintenez bien humide jusqu'à l'apparition des premières feuilles qui doit être la plus rapide possible (de 6 à 8 jours).

Difficulté ★

Arrosage (3 arrosoirs)

Maladies et parasites
Fonte des semis, botrytis (ou pourriture grise), acarien, noctuelle, puceron des racines

Quand semer ?
De janvier à début septembre (température supérieure à 10 °C)

Durée de la levée
De 6 à 8 jours

Quand récolter ?
De mars à octobre

Quelle production ?
5 laitues par mètre linéaire

LES VARIÉTÉS CONSEILLÉES

Semis de janvier à mars

'Laura' (batavia); 'Dorée de printemps' (batavia); 'Blonde de Paris' (batavia); 'Reine de mai de pleine terre' (pommée); 'Justyna' (pommée); 'Red Salad Bowl' (à couper); 'Green Salad Bowl' (à couper).

Semis d'avril à mai

'Blonde à bord rouge' (batavia); 'Blonde de Paris' (batavia); 'Reine des Glaces' (batavia); 'Nadine' (pommée); 'Divina' (pommée); 'Grosse blonde paresseuse' (pommée); 'Verte maraîchère' (romaine); 'Blonde maraîchère' (romaine); 'Lollo Rossa' (à couper); 'Feuille de Chêne blonde' (à couper).

Semis de juin à juillet

'118' (batavia); 'Marsala' (batavia); 'Kinemontepas' (pommée); 'Appia' (pommée); 'Kraganer Sommer' (pommée); 'Flammes' (pommée).

Semis d'août à septembre

'Brune d'Hiver' (pommée); 'Val d'Orge' (pommée) ; 'Merveille d'Hiver' (pommée); 'Rougette de Montpellier' (pommée).

Semez directement en place

De mi-avril à début septembre, semez 1 graine tous les 3 à 5 cm dans des sillons peu profonds, espacés de 25 cm. Refermez le sillon, tassez avec le dos du râteau et arrosez abondamment en pluie fine.
Maintenez une bonne humidité jusqu'à l'apparition des premières feuilles qui doit être la plus rapide possible (8 jours).

On peut récolter des laitues toute l'année. Il est important d'adapter la variété de laitue choisie à la saison. De janvier à mars, choisissez des variétés dites de printemps, qui aiment la fraîcheur et l'humidité.
À partir d'avril, optez pour les variétés d'été qui supportent bien la chaleur. De mi-juillet à début septembre, privilégiez des laitues d'hiver, résistantes au froid.

2. Éclaircissez

Que le semis soit en caissette, en pépinière ou en place, éliminez les laitues à 2-3 feuilles (soit 3 cm de haut) les plus faibles, afin de n'en conserver qu'un plant tous les 25 cm en pleine terre et tous les 5 cm en caissette et en pépinière.

3. Repiquez

3 semaines à 1 mois après le semis, les jeunes laitues semées en caissette ou en pépinière ont 4 ou 5 feuilles. Arrachez-les délicatement.

À l'aide du cordeau, plantez en lignes avec un plantoir conique en veillant à ne pas enterrer la base des feuilles : c'est une plantation à « collet flottant ». Répartissez les plants tous les 25 cm sur des lignes distantes de 30 cm.
Tassez autour de chaque plant et arrosez abondamment après la plantation.

Si vous manquez de temps pour le semis, vous trouverez à partir de mars ou avril des plants de laitues dans les jardineries et auprès des maraîchers sur les marchés. Plantez-les en lignes en les espaçant de 25 cm jusque mi-septembre.

4. La récolte

Lorsque la « pomme » est bien formée, coupez la laitue au ras du sol. Profitez de la fraîcheur du matin pour récolter : les feuilles seront plus fermes.

Arrosez régulièrement et copieusement afin d'éviter le flétrissement et la montée à graines précoce (production de fleurs l'année du semis au détriment des feuilles).

Cultiver des laitues à couper

Contrairement aux autres laitues, les laitues à couper ne forment pas de « pommes ». Elles se consomment lorsque les feuilles sont très jeunes ou feuille à feuille. Elles produisent du printemps à l'automne.

En février, remplissez le châssis de terreau à semis. Répartissez régulièrement les graines, à la volée, dans un coin. Émiettez un peu de terreau dessus et tassez avec une petite planche. Arrosez en pluie fine.

Récoltez 1 mois plus tard en coupant les jeunes feuilles au ras du sol, au fur et à mesure de vos besoins.

À partir d'avril jusqu'à mi-août, tracez des sillons peu profonds au potager et semez en lignes espacées de 25 cm. Recouvrez de terreau émietté, tassez avec le dos du râteau et arrosez en pluie fine.

Une quinzaine de jours plus tard, éliminez les plants les plus faibles (à consommer en salade) pour ne conserver qu'une laitue tous les 20 cm.

1 mois après le semis, commencez les récoltes en coupant les feuilles les plus développées au ras de la tige.

Laurier-sauce *Laurus nobilis*

Le laurier, véritable arbuste, n'est pas exigeant sur la qualité du sol, mais il est frileux. Dans les régions autres que le Midi et l'Ouest atlantique, plantez-le en bac ou dans un emplacement abrité des vents froids et bien ensoleillé.

Difficulté ★

Arrosage Aucun

Maladies et parasites
Puceron

Quand planter ?
En mars-avril
En octobre

Quand récolter ?
Toute l'année

Quand et comment cultiver ?

1. Plantez

Procurez-vous un laurier-sauce en conteneur en mars-avril ou en octobre ; un seul suffit largement à un approvisionnement correct. Faites un trou de plantation deux fois plus large que le conteneur et d'une profondeur identique à sa hauteur. Dépotez après avoir fait tremper le laurier quelques minutes dans de l'eau. Griffez superficiellement la motte. Placez-la au centre du trou et ajustez la profondeur de plantation de telle sorte que le haut de la motte affleure la surface du sol.

Comblez avec la terre enlevée additionnée d'une poignée de compost. Tassez et arrosez abondamment au goulot (le bec de l'arrosoir sans sa pomme). Arrosez régulièrement, une fois par semaine environ, durant le premier été.

Taillez au printemps si nécessaire pour donner une forme particulière à votre laurier ou pour le maintenir dans des proportions convenables.

LES VARIÉTÉS CONSEILLÉES

Le laurier-sauce commun *(Laurus nobilis)*
convient le mieux à la cuisine.

2. La récolte

De mars aux premières gelées, cueillez feuille à feuille selon vos besoins pour la cuisine. Les feuilles fraîches ont plus de saveur. Choisissez des feuilles vert sombre, un peu rigides. Les feuilles plus tendres, donc plus jeunes, ont moins de parfum. La première année, évitez de récolter plus d'un quart environ du feuillage afin de ne pas trop affaiblir l'arbuste nouvellement planté.

3. Avant les premières gelées

Dans les régions très froides, protégez le sol au pied du laurier avec une couche de paille de 6 à 8 cm d'épaisseur. Enveloppez son feuillage dans un voile d'hivernage lié avec une ficelle enroulée en spirale.

Mâche *Valerianella locusta*

La mâche est la salade de la « mauvaise saison » : semée en été, elle se récolte en automne ; semée en début d'automne, elle produira tout l'hiver. Elle aime les terrains fermes : ne bêchez pas l'emplacement du semis, griffez en surface et tassez avec le pied.

Quand et comment cultiver ?

1. Semez

Semez en ligne

De la mi-juillet à fin septembre, tracez des sillons peu profonds et répartissez régulièrement les graines. Refermez et tassez fermement avec le dos du râteau. Arrosez en pluie fine. Maintenez humide jusqu'à l'apparition des premières feuilles, de 7 à 20 jours plus tard.

Semez à la volée

Semez la mâche à la volée : décrivez un mouvement semi-circulaire du poignet sur de la zone à semer en libérant progressivement les graines. Répartissez-les de façon homogène.

Griffez légèrement la terre avec le râteau pour enterrer les graines. Tassez avec le dos du râteau pour affermir le sol et arrosez en pluie fine.

Difficulté ★★

Arrosage

Maladies et parasites
Mildiou (grosses chaleurs), limace et escargot

Quand semer ?
De mi-juillet à fin septembre

Durée de la levée
8 jours

Quand récolter ?
De septembre à mars

Quelle production ?
Un sachet de graines suffit pour une famille de 4 personnes

LES VARIÉTÉS CONSEILLÉES

Récolte à l'automne
'À grosse graine'; 'Agate'; 'Gala'; 'Valentin'.

Récolte tout l'hiver
'Verte de Cambrai'; 'Verte de Louviers'; 'Granon'; 'Médaillon'.

Récolte toute l'année
'Match'.

2. Éclaircissez

1 mois après le semis, les jeunes mâches possèdent 3 ou 4 feuilles. Éliminez les plus faibles pour conserver un jeune plant tous les 10 cm.

Arrosez fréquemment les semis d'été. Pour maintenir le sol bien humide le temps de la levée, vous pouvez couvrir avec un paillage, les tontes de gazon, des feuilles de chou, etc.

3. La récolte

De septembre à mars, selon la date de semis, coupez les rosettes de mâche au ras du sol, au fur et à mesure de vos besoins.

4. Avant les premières gelées

Dans les régions froides, couvrez les plants d'une couche de feuilles mortes ou d'un voile de forçage.

Au printemps suivant, s'il reste des mâches en place, enfouissez-les lors du bêchage. En se décomposant dans le sol, elles l'enrichiront.

Maïs doux *Zea mays*

Le maïs aime les sols fertiles riches en matières organiques, légèrement acides et humides en été. Réservez-lui un emplacement ensoleillé et abrité des vents. Ne semez pas le maïs doux trop tôt car il est frileux.

Quand et comment cultiver ?

1. Semez directement en place

Lors du bêchage, incorporez au sol 4 ou 5 kg de compost par mètre carré ou un engrais organique complet pour le potager : respectez les doses préconisées sur l'emballage.

De mai à la mi-juin, lorsque les gelées ne sont plus à craindre dans votre région, semez le maïs directement au potager, par groupes de 3 ou 4 graines (semis en poquets) dans des trous profonds de 2 cm et espacés de 40 cm.

Tassez fortement avec le dos du râteau et arrosez en pluie fine. Maintenez bien humide jusqu'à l'apparition des premières feuilles, une douzaine de jours plus tard.

Difficulté ★★

Arrosage

Maladies et parasites
Pyrale

Quand semer ?
De mai à mi-juin

Durée de la levée
De 10 à 12 jours

Quand récolter ?
En août-septembre

Quelle production ?
De 4 à 6 épis par pied

Pour faciliter la pollinisation des épis (fécondation croisée nécessaire au développement des grains), cultivez les maïs sur 2 rangs espacés de 50 à 60 cm.

LES VARIÉTÉS CONSEILLÉES

'Golden Bontam'
épis longs de 20 cm.

F1 'Shaman's Blue'
grains bleu-violet.

F1 'Dobosz'
petits épis de 6 à 8 cm, à confire au vinaigre.

2. Éclaircissez

1 mois après le semis, les jeunes maïs ont 10 cm de haut. Éliminez les plus faibles de chaque groupe pour n'en garder qu'un seul.

3. Un mois et demi après le semis

Lorsque les maïs ont 20 cm de haut, buttez-les en ramenant la terre en butte jusqu'à la base des tiges.

Lorsque les fleurs mâles, sorte de plumeau beige au sommet de la tige qui contient le pollen, sont épanouies, secouez les maïs pour favoriser le contact entre le pollen et les fleurs femelles situées plus bas sur la tige et qui formeront les épis.

Traditionnellement, dans sa région d'origine (Amérique latine) le maïs était cultivé à proximité des courges. Celles-ci maintiennent le terrain frais tandis qu'il leur apporte de l'ombre en plein été.

4. La récolte

3 mois après le semis, en été ou en début d'automne selon la date du semis, écartez l'enveloppe de l'épi encore verte et testez la maturité des grains : ils doivent être bien formés, lisses, tendres sous la pression de l'ongle et d'un blanc laiteux.

Maintenez la tige d'une main. Écartez doucement l'épi à récolter de la tige : il se casse facilement à sa base.

Consommez les épis rapidement : après la récolte, le sucre contenu dans les grains se transforme en amidon et ces derniers deviennent pâteux.

5. Avant les premières gelées

Lorsque la récolte est terminée, arrachez les maïs. S'ils sont sains, débitez-les en tronçons, puis incorporez-les au tas de compost.
S'ils portent des traces de maladie, brûlez-les : leurs cendres, riches en potasse, peuvent être incorporées au pied des arbres fruitiers.

Melon *Cucumis melo*

La culture du melon est difficile au nord de la Loire : il a besoin de chaleur pour mûrir. Choisissez-lui un emplacement ensoleillé et abrité. N'hésitez pas à ameublir la terre en profondeur et à l'enrichir d'une bonne dose de compost avant plantation.

Difficulté ★★★

Arrosage

Maladies et parasites
Anthracnose, oïdium (blanc), puceron, tétranyque, nuile rouge, fusariose

Quand semer ?
En avril-mai

Durée de la levée
De 6 à 8 jours

Quand récolter ?
En août-septembre

Quelle production ?
De 4 à 6 melons par pied

Quand et comment cultiver ?

1. Semez

Semez en godet

En avril, remplissez des godets de 8 cm de diamètre, ou de 8 cm de côté, d'un mélange de terre de jardin et de terreau, en proportions équivalentes. Avec le doigt, enfoncez 3 ou 4 graines dans chaque godet, à 1-2 cm de profondeur. Tassez et arrosez en pluie fine.
Placez les godets derrière une fenêtre bien éclairée, dans une serre ou une véranda. La température optimale pour une germination rapide est de 20 °C. Maintenez bien humide jusqu'à l'apparition des premières feuilles 1 semaine plus tard environ.

Semez directement en place

Dès le début du mois d'avril dans le Midi, début mai dans le Sud-Ouest et à la mi-mai dans les autres régions, creusez des trous de 40 cm de côté et de profondeur, distants de 80 cm en tous sens. Remplissez ces trous avec un mélange de fumier décomposé et de terreau à parts égales, additionné d'engrais organique complet.

Avec le doigt, enfoncez 5 ou 6 graines dans les trous, à 1 ou 2 cm de profondeur. Tassez et arrosez abondamment, en pluie fine. Conservez bien humide jusqu'à l'apparition des premières feuilles une bonne dizaine de jours plus tard.

LES VARIÉTÉS CONSEILLÉES

- F1 'Cézanne'
- F1 'Robinson'
- F1 'Figaro'
- Cantaloup 'Charentais'
- 'Jaune canari'
- 'Best Jumbo'
- 'Petit gris de Rennes'
- 'Sucrin de Tours'

2. Éclaircissez

Une quinzaine de jours après le semis, les premières feuilles (cotylédons) sont bien étalées dans les godets maintenus au chaud, ou en terre. Éliminez les plants les plus faibles pour ne garder qu'un jeune melon par godet ou par groupe (en pleine terre).
Maintenez les godets toujours au chaud dans un endroit bien éclairé.

3. Repiquez

Environ 1 mois plus tard, les plants en godets ont 4-5 feuilles bien développées. Plantez-les à leur place définitive dans des trous distants de 80 cm en tous sens dans un mélange de terre de jardin moitié compost. Arrosez au moins une fois par semaine en été. Stoppez les arrosages 15 jours avant la période de maturité.

Si vous n'avez pas eu le temps de semer vos melons, vous pouvez les acheter déjà bien développés en godets dans les jardineries. Vous les planterez alors en mai-juin, selon les régions, comme les jeunes plants issus de semis.

Tailler le melon

En raison de sa faible résistance au froid, le melon est tardivement installé au jardin, particulièrement au nord de la Loire. Seules ses ramifications de 3e niveau sont porteuses de fleurs femelles susceptibles de devenir fruit. La taille permet de hâter l'apparition de ces fleurs et donc la production de fruits qui bénéficient de bonnes conditions de maturation par la suite.

Courant juin, quand le plant a 3 ou 4 feuilles, coupez-le au-dessus de la 2e feuille à partir de la base. Supprimez les cotylédons (feuilles charnues et arrondies qui sont apparues en premier).

Une quinzaine de jours plus tard, 2 rameaux se sont développés latéralement. Coupez l'extrémité de ces 2 tiges (de 1er niveau) au-dessus de la 3e feuille.

Par la suite, coupez tous les rameaux latéraux (de 2e niveau) au-dessus de la 3e ou de la 4e feuille.

Lorsque les premiers fruits ont la taille d'une noix, conservez un seul melon par ramification (de 3e niveau) et coupez ces rameaux de 1 à 3 feuilles au-dessus du fruit.
Conservez seulement 4 à 6 melons par plante.

4. La récolte

À la fin du mois d'août, les melons arrivent à maturité. Glissez sous chacun d'entre eux un morceau de planche ou un cageot afin de les isoler du sol humide.
Changez régulièrement les fruits de position pour que toutes les faces reçoivent un maximum de soleil.

Cueillez lorsque le melon jaunit, perd sa pilosité et exhale un parfum sucré : les feuilles à proximité du pédoncule du fruit flétrissent et une crevasse se forme au point d'attache du pédoncule avec le melon. Utilisez un sécateur pour couper le pédoncule.

5. Avant les premières gelées

Arrachez tous les restes de culture pour les brûler. Vous pouvez également les jeter, mais pas sur le tas de compost car ces restes de végétation sont souvent porteurs de maladies en fin de saison (oïdium).

Menthe *Mentha*

La menthe, vivace, apprécie les terres fertiles, fraîches, voire humides et meubles. Elle préfère une ombre légère. Méfiez-vous, elle peut devenir envahissante avec ses tiges souterraines rampantes. Elle disparaît complètement en hiver.

Difficulté ★

Arrosage

Maladies et parasites
Aucun(e)

Quand planter ?
En mars-avril

Quand récolter ?
De mai à octobre

Quand et comment cultiver ?

1. Plantez

En mars-avril, dépotez les jeunes menthes à la motte bien détrempée. Défaites superficiellement la motte avec les doigts et placez-la au centre du trou de plantation. Enterrez légèrement la base des tiges. Laissez de 30 à 40 cm entre les menthes.

Comblez avec la terre enlevée additionnée d'une poignée de compost. Tassez fortement et arrosez abondamment au goulot (le bec de l'arrosoir sans sa pomme).

Pour éviter toute invasion, cultivez les menthes dans de grands pots de terre cuite (30 cm de diamètre) que vous enterrerez à l'endroit choisi en laissant dépasser le bord de 1 ou 2 cm au-dessus de la terre.

2. La récolte

Depuis mai jusqu'aux gelées, coupez les tiges de 12 à 15 cm au-dessus du sol au minimum, là où se trouvent les feuilles les plus jeunes et les plus parfumées de la plante.

En juin ou en juillet, suite à la floraison, coupez les tiges de 15 à 20 cm au-dessus du sol afin d'encourager une nouvelle production de feuilles.

LES ESPÈCES CONSEILLÉES

Menthe poivrée et verte
les plus parfumées pour la maison.

Mentha* x *piperata* et *viridis

3. Avant les premières gelées

Fin octobre ou début novembre, coupez toutes les tiges au ras du sol et couvrez de 2 pelletées de compost décomposé.

Tous les 2 ou 3 ans, bouturez pour renouveler vos menthes. Au printemps, coupez des extrémités de tiges de 15 cm et faites-les tremper dans de l'eau jusqu'à ce que des racines apparaissent. 3 semaines plus tard environ, plantez d'abord en pot, puis en pleine terre.

Navet *Brassica rapa*

Le navet se cultive du printemps à l'automne et se déguste presque toute l'année. Il se plaît partout pourvu que le sol soit un peu humide en été et ameubli en profondeur. Il préfère un emplacement un peu ombragé dans les régions très ensoleillées en été.

Difficulté ★

Arrosage

Maladies et parasites
Hernie du chou, rouille blanche, altise, ver du navet

Quand semer ?
De mi-mars à fin avril
En août

Durée de la levée
De 5 ou 6 jours

Quand récolter ?
En mai-juin
(semis de printemps)
En novembre (semis d'été)

Quelle production ?
1 kg par mètre linéaire

Quand et comment cultiver ?

1. Semez directement en place

De la mi-mars à la fin avril (récolte de printemps), en août (récolte d'hiver), creusez avec la serfouette des lignes de 2 ou 3 cm de profondeur espacées de 25 cm. Répartissez régulièrement les graines en vous aidant d'un semoir à main.

Recouvrez de 1 cm de terreau émietté. Puis refermez le sillon avec le râteau, tassez fortement et arrosez en pluie fine.

Arrosez souvent les pieds pour entretenir la fraîcheur et repousser les altises.

Les navets craignent les fortes chaleurs. Évitez de semer entre mai et juillet : vous obtiendriez des racines dures et filandreuses.

2. Éclaircissez

Une vingtaine de jours après le semis, les jeunes plants ont 2 feuilles. Éliminez les plus faibles pour ne conserver qu'un plant tous les 10 à 20 cm en fonction de la grosseur de la variété cultivée.

LES VARIÉTÉS CONSEILLÉES

Pour le printemps

'De Milan rouge'; 'Demi-long de Croissy'.

Pour l'automne

'Blanc dur d'hiver'; 'Jaune boule d'or'.

Indifférents à la saison

'De Nancy à collet rouge'; 'Des Vertus Marteau'; F1 'Primera'; F1 'Plessis'.

3. La récolte

En mai-juin, arrachez les navets lorsqu'ils ont entre 3 et 6 cm de diamètre : soulevez avec la fourche-bêche puis tirez doucement sur la base des feuilles.

Début novembre, les navets ont entre 8 et 10 cm de diamètre environ. Par une journée ensoleillée, arrachez tous les navets comme indiqué ci-dessus. Laissez-les sécher sur la terre une journée.

Éliminez ensuite le maximum de terre et coupez les feuilles un demi-centimètre au-dessus de la racine. Placez-les en vrac dans une caisse remplie de sable. Entreposez dans un local frais et aéré.

Oignon *Allium cepa*

L'oignon se contente de tous les types de sols, légers et n'ayant pas reçu de fumures (compost ou fumier) récentes. Il aime le soleil et la chaleur. Plus il a chaud et plus sa saveur sera douce.

Difficulté ★

Arrosage Aucun

Maladies et parasites
Charbon de l'oignon, rouille, mildiou, graisse, mouche de l'oignon

Quand semer ?
En mars-avril (oignons de couleur)
De mi-août à mi-septembre (oignons blancs)

Durée de la levée
De 15 à 25 jours

Quand récolter ?
D'avril à juin (oignons blancs)
En juillet-août (oignons de couleur)

Quelle production ?
De 5 à 10 oignons par mètre linéaire

Les oignons semés sont plus tardifs que les oignons issus de petits bulbes mais leur conservation est excellente. En revanche, les oignons issus de bulbes sont très gros.

Quand et comment cultiver ?

1. Semez directement en place

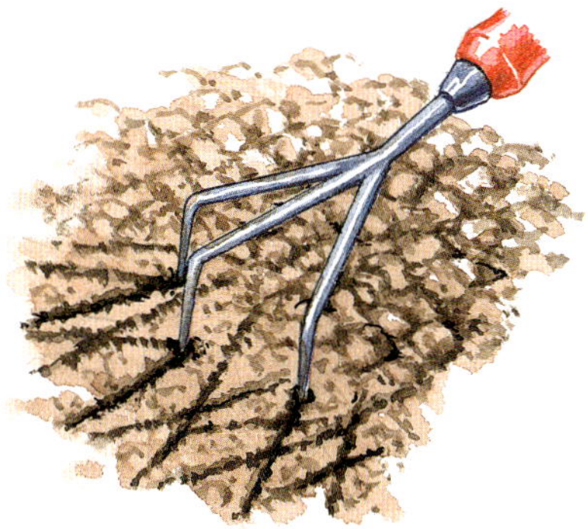

En mars-avril, bêchez et affinez la terre à la griffe puis au râteau. Tracez des sillons peu profonds distants de 20 à 25 cm.

Répartissez régulièrement les graines d'oignon de couleur le long du sillon, à raison d'une graine tous les centimètres environ.

Recouvrez et tassez fortement avec le dos du râteau. Arrosez en pluie fine et maintenez humide jusqu'à l'apparition des premières feuilles filiformes, 3 ou 4 semaines plus tard.

2. Plantez

Au lieu de semer, début mars, vous pouvez planter des petits bulbes achetés dans le commerce. Disposez-les dans un terrain préparé comme indiqué pour le semis, espacés de 15 cm, en lignes distantes de 25 à 30 cm. Avec les doigts, enfoncez les bulbes dans la terre : les pointes, vers le haut, doivent affleurer la surface.

LES VARIÉTÉS CONSEILLÉES

Oignons blancs

'De Barletta'; 'De Rebouillon'; 'De Paris'; 'De Vaugirard'; 'Printanier parisien'.

Oignons de couleur

F1 'Hyfort'; 'Espagnol' (jaunes); ' Jaune Paille des vertus'; 'Rouge de Florence' (rond); 'Rouge de Florence Simiane' (long).

3. Éclaircissez

1 mois et demi après le semis, les jeunes plants atteignent 8-10 cm de haut. Éliminez les plus faibles, ne garder qu'un oignon tous les 15 cm.

Achetez uniquement des oignons à planter certifiés indemnes de viroses. Une étiquette sur le filet portant la marque SOC (Service officiel de contrôle) vous le garantit.

4. La récolte

En juillet ou en août, le feuillage commençant à sécher, soulevez les bulbes avec la fourche-bêche plantée verticalement au large de la ligne pour ne pas abîmer les oignons. Terminez l'arrachage si nécessaire en tirant doucement à la base des feuilles. Laissez sécher sur place toute la journée, à 2-3 jours.

Réunissez 6-8 oignons pour confectionner des bottes à suspendre dans un local frais, sec, aéré et, hors gel. Vous pouvez aussi les disposer dans des cageots, une seule couche par cageot. Les oignons de couleur se conservent tout l'hiver.

Cultiver l'oignon blanc

Les oignons blancs se sèment l'été et se récoltent au printemps suivant. Ils se consomment encore blancs avant maturité complète. Si vous souhaitez de petits oignons à confire avec vos cornichons, vous pouvez les semer au printemps seulement, mais les oignons grossissent alors peu.

De la mi-août dans le Midi à la mi-septembre partout ailleurs, semez régulièrement les oignons à la volée, en pépinière.

Ratissez délicatement pour recouvrir légèrement les graines. Tassez fortement et arrosez en pluie fine.

À la fin du mois d'octobre, les jeunes oignons atteignent de 6 à 8 cm de haut. Repiquez-les au potager en lignes espacées de 20 cm, en laissant 10 cm entre les plants sur le rang.

Dès que les oignons ont de 3 à 5 cm de diamètre et que leur feuillage est encore vert, arrachez en tirant doucement à la base des feuilles.

Origan *Origanum vulgare*

L'origan, ou marjolaine, est une plante aromatique vivace. Il aime les terrains fertiles et meubles, à tendance calcaire. Il supporte très bien sécheresse et froid. Offrez-lui une place au soleil. Il produit en été des fleurs blanches, roses ou pourpres.

Quand et comment cultiver ?

Difficulté ★

Arrosage Aucun

Maladies et parasites
Aucun(e)

Quand semer ?
D'avril à juin

Durée de la levée
2-3 semaines

Quand récolter ?
De juillet à septembre

1. Semez en pépinière

D'avril à juin, répartissez régulièrement quelques graines d'origan dans un coin de la pépinière. Recouvrez à peine, tassez avec le dos du râteau et arrosez en pluie fine.
Maintenez humide jusqu'à l'apparition des premières feuilles, près de 3 semaines plus tard parfois.

2. Plantez

1 mois et demi plus tard, lorsque les jeunes plants ont 4 ou 5 feuilles, arrachez-les délicatement en les soulevant avec le plantoir. Plantez-les au potager en les espaçant de 30 cm en tous sens.

En sol lourd et humide en hiver, étalez au fond du trou de plantation une couche de graviers de 6 à 8 cm d'épaisseur.

LES VARIÉTÉS CONSEILLÉES

Toutes les variétés peuvent être utilisées pour la cuisine.

3. La récolte

De juillet à septembre, coupez les tiges, fleuries ou non, de 12 à 15 cm au-dessus du sol, au fur et à mesure des besoins.

Avant l'hiver, coupez toutes les tiges d'origan à 10-15 cm du sol.

Coupez les tiges fleuries en début d'épanouissement à quelques centimètres du sol pour conserver de l'origan tout l'hiver. Faites-les sécher la tête en bas, à l'ombre, dans un endroit bien aéré. Entreposez ensuite dans des boîtes hermétiques.

Oseille *Rumex acetosa var. hortensis*

L'oseille est un légume vivace, que vous mettrez en place pour plusieurs années. Elle préfère un peu d'ombre en été. Les terrains frais, riches et légers la voient prospérer. En terre sèche, elle sera plus acide.

Quand et comment cultiver ?

1. Semez directement en place

Entre les mois de mars et juin, délimitez un espace de 2 m^2 environ dans votre potager. Répartissez les graines de façon homogène en décrivant des demi-cercles avec le poignet, tout en laissant glisser les graines entre vos doigts.

{ Vous pouvez également semer l'oseille sur un rang en bordure du potager. }

Recouvrez de 1 cm de terreau, tassez avec le dos du râteau et arrosez en pluie fine.
Maintenez humide jusqu'à l'apparition des premières feuilles une dizaine de jours plus tard.
Environ 3 semaines plus tard, les plants ont 4 ou 5 feuilles. Procédez à un éclaircissage : éliminez les plants les plus faibles pour n'en conserver qu'un tous les 20 cm.

Difficulté ★

Arrosage

Maladies et parasites
Rouille, limace, escargot

Quand semer ?
De mars à juin

Durée de la levée
10 jours

Quand récolter ?
À partir du mois de juin qui suit le semis ou la plantation (de printemps ou d'automne)
De mai à octobre les années suivantes

Quelle production ?
Un sachet de graines suffit largement aux besoins d'une famille de 4 personnes

Pour récolter plus rapidement ou si vous manquez de temps pour semer, achetez des plants d'oseille en godets. La technique et la période de plantation sont identiques à celles des jeunes oseilles issues des semis. Mais vous pouvez aussi les planter à l'automne, en octobre-novembre.

LES VARIÉTÉS CONSEILLÉES

'Large de Belleville'
très productive avec de grandes feuilles d'un vert franc.

2. La récolte

Tous les ans, de mai à octobre, coupez au ras du sol et avec un couteau les feuilles les plus développées situées à la périphérie.

Chaque printemps, l'oseille appréciera un bon paillage avec du terreau.

3. Au printemps

Entre mars et avril, tous les 3 ans, déterrez chaque plant avec la motte de terre qui entoure les racines : enfoncez la fourche-bêche verticalement, à proximité, et faites levier avec le manche.

Coupez la motte en 2 ou 3 morceaux avec un couteau de jardin : chaque portion de plante doit comporter des feuilles et des racines.

Plantez immédiatement et séparément chaque morceau en les espaçant de 20 cm sur la ligne.

Panais *Pastinaca sativa*

Le panais, sorte de longue carotte blanche, fait partie de ces légumes que l'on redécouvre. Il sert surtout à parfumer les pot-au-feu mais peut se consommer cru. Il aime les terres profondes, riches et fraîches, et le soleil.

Quand et comment cultiver ?

1. Semez directement en place

Entre mars et juin ou autour de la fin septembre dans le Midi et en Bretagne, au potager, bêchez la terre en profondeur pour bien l'ameublir. Tracez des sillons de 1 cm de profondeur, espacés de 30 à 40 cm. Répartissez les graines de façon homogène au fond des sillons.

Recouvrez de terre finement émiettée, tassez avec le dos du râteau et arrosez délicatement en pluie. Maintenez humide jusqu'à l'apparition des premières feuilles une quinzaine de jours plus tard.

2. Éclaircissez

1 mois plus tard, lorsque les plants ont 3 ou 4 feuilles, éliminez les plus faibles : conservez un panais vigoureux tous les 15 cm.

Difficulté ★

Arrosage Aucun

Maladies et parasites
Mildiou et oïdium (ou blanc, sans incidence sur la récolte)

Quand semer ?
De mars à juin
En septembre (Ouest atlantique et Midi)

Durée de la levée
De 12 à 15 jours

Quand récolter ?
De juillet à octobre (semis de printemps)
En mars-avril (semis d'automne)

Quelle production ?
6 ou 7 panais par mètre linéaire

LES VARIÉTÉS CONSEILLÉES

'Demi-long de Guernesey'
productif et rustique.

F1 'Gladiator'
vigoureux, résiste
à la pourriture du collet.

3. La récolte

De juillet à octobre ou en mars-avril dans le Midi et en Bretagne, arrachez les panais au fur et à mesure de vos besoins. Plantez verticalement la fourche-bêche à 20 cm du rang et soulevez délicatement les panais.

En novembre, par une journée ensoleillée, vous pouvez arracher tous les panais de la même façon que précédemment. Laissez-les sécher sur la terre une journée.

Éliminez le maximum de terre, supprimez les feuilles et conservez les panais en vrac dans une caisse remplie de sable placée dans un local frais et aéré.

Persil *Petroselinum crispum*

Le persil est une plante bisannuelle : il produit des feuilles la première année, des feuilles et des fleurs la seconde avant de mourir. Il s'accommode de presque tous les terrains sauf s'ils sont très argileux ou acides. Un peu d'ombre en été lui sera bénéfique.

Quand et comment cultiver ?

1. Semez directement en place

De mars à août, semez en lignes espacées de 25 à 30 cm. Répartissez régulièrement les graines en les espaçant bien : c'est un semis clair. Recouvrez de terreau, tassez avec le dos du râteau et maintenez une bonne humidité jusqu'à l'apparition des premières feuilles, parfois 1 mois plus tard.

La veille du semis, faites tremper les graines dans de l'eau à température ambiante pour accélérer la germination.

2. La récolte

2 mois et demi après le semis, coupez les feuilles avec un couteau au ras du sol, au fur et à mesure de vos besoins.

Difficulté ★

Arrosage (3 arrosoirs)

Maladies et parasites
Aucun(e)

Quand semer ?
De mars à août

Durée de la levée
3 à 4 semaines

Quand récolter ?
De mai jusqu'aux gelées

LES VARIÉTÉS CONSEILLÉES

'Géant Simple d'Italie'

'Commun Simple' ou 'Commun Plat'

Frisé 'grüne Perle'

Frisé 'Lisette'

Afin de poursuivre vos récoltes de persil le plus longtemps possible, dès la fin octobre, protégez quelques belles touffes sous un voile de forçage – une cloche transparente (verre ou plastique).

SOLANACÉES

Piment et poivron

Capsicum annuum

Le piment et le poivron sont des plantes frileuses. Ils aiment les sols riches en matières organiques, légers et toujours un peu humides en été. Réservez-leur une exposition ensoleillée.

Difficulté ★★★

Arrosage (3 arrosoirs)

Maladies et parasites
Mildiou

Quand semer ?
En mars

Durée de la levée
De 8 à 15 jours

Quand récolter ?
De juillet à octobre

Quelle production ?
De 10 à 12 piments ou poivrons par pied

Quand et comment cultiver ?

1. Semez en terrine

En mars, semez de manière homogène dans une terrine. Recouvrez les graines d'un demi-centimètre de terreau en l'émiettant à la main.

Tassez avec une planchette et arrosez en pluie fine. Puis placez au chaud, à une température d'environ 25 °C, sur un radiateur par exemple. Couvrez jusqu'à l'apparition des premières feuilles, de 10 à 15 jours plus tard. Rapprochez d'une source de lumière dès que les feuilles sont visibles.

Dans le sud de la France, vous pouvez semer directement en ligne au potager en avril-mai. 1 mois plus tard, éliminez les plants les plus faibles pour ne conserver qu'un piment ou poivron tous les 15 à 20 cm.

2. Repiquez

1 mois et demi plus tard environ, les plants ont 5 ou 6 feuilles bien développées. Plantez-les individuellement dans des godets remplis de terreau et de tourbe à parts égales. Conservez-les sous châssis. Pensez à ouvrir le châssis durant les heures les plus chaudes de la journée, dès que la température dépasse 15 °C. À la mi-mai, vous pouvez les laisser à l'air libre, en dehors du châssis.

LES VARIÉTÉS CONSEILLÉES

Piment

'De Cayenne', F1 'Nour', 'Sucette de Provence'.

Poivron

'Doux d'Espagne', 'Doux long des Landes', F1 'Sonar', F1 'Lamuyo', F1 'Lussac', 'Carré doux d'Amérique', 'Petit Marseillais', 'Corno di Toro rouge'.

Vous pouvez acheter des plants de piments ou de poivrons déjà bien développés en godets dans les jardineries. Plantez-les alors en juin, comme les jeunes plants issus de semis.

3. Plantez

En juin, plantez les jeunes piments ou poivrons au potager, à l'endroit le plus ensoleillé. Mettez-les dans des trous remplis de compost ou de terreau et espacés de 50 cm en tous sens. Arrosez copieusement.

Arrosez régulièrement en été au pied des piments et poivrons en évitant de mouiller le feuillage. Un bon paillage est aussi conseillé.

4. La récolte

À partir de juillet, récoltez les piments lorsqu'ils sont bien colorés. Les poivrons peuvent se cueillir dès qu'ils ont atteint leur taille définitive quelle que soit leur couleur, verte ou colorée.

5. Avant les premières gelées

Arrachez tout, récoltez les derniers fruits et brûlez les plants. Ces restes de végétation sont souvent porteurs de maladies en fin de saison (oïdium), ne les jetez pas sur le tas de compost.

Tailler le piment et le poivron

Piments et poivrons étant très frileux, la période propice à leur culture, en dehors du Midi, est restreinte. La taille permet de limiter le nombre de fruits à la quantité qui pourra raisonnablement mûrir durant ce court séjour au jardin. Dans le sud de la France, cette taille n'est pas nécessaire.

Dans le courant de l'été, lorsqu'une bonne douzaine de fruits sont formés, coupez les branches une feuille au-dessus de chaque fruit. Le piment ou le poivron se consacrera alors au mûrissement des fruits en place.

Poireau *Allium porrum*

Le poireau se cultive et se récolte en toute saison. Il préfère les sols riches en matières organiques, bien ameublis en profondeur et légèrement humide en été : incorporez 5 kg/m² de fumier ou de compost décomposé avant plantation. Il apprécie le soleil.

Quand et comment cultiver ?

1. Semez

Semez au chaud

De la mi-janvier à la mi-février, semez les poireaux en godets ou en terrine dans un mélange de terre du jardin, de terreau et de tourbe à parts égales. Recouvrez légèrement les graines avec du terreau émietté et arrosez en pluie. Placez au chaud (à une température optimale de 18 °C).

Maintenez humide jusqu'à l'apparition des premières feuilles filiformes, 3 bonnes semaines plus tard. Rapprochez alors de la lumière, par exemple près d'une fenêtre.

Difficulté ★

Arrosage 💧💧💧

Maladies et parasites
Mildiou, rouille, teigne du poireau, mouche de l'oignon

Quand semer ?
De mi-janvier à mi-septembre

Durée de la levée
De 15 à 20 jours

Quand récolter ?
Toute l'année selon la date de semis

Quelle production ?
De 6 à 10 poireaux par mètre linéaire

LES VARIÉTÉS CONSEILLÉES

Semis de mi-janvier à mi-février

F1 'Regaton'; F1 'Carlton', F1 'Roxton'.

Semis de mi-février à fin mars

'Géant précoce' race Major; 'Saint-Victor'; 'Jaune gros du Poitou'.

Semis d'avril à mai

'Bleu de Solaise'; 'De Carentan'; 'Géant d'hiver'; 'Malabar'.

Semis d'août-septembre

'Blaugruner Winter' race Lenor; F1 'Harston'; F1 'Bluebell'; 'Tenor'.

Semez en châssis

Autour de la mi-septembre, sous châssis, semez dans le même mélange que précédemment : répartissez régulièrement les graines. Recouvrez en ratissant d'une main légère, tassez et arrosez en pluie.

Semez en pépinière

De la mi-février à juillet, répartissez de façon homogène les graines de poireau en vous aidant d'un semoir à main. Recouvrez en ratissant d'une main légère et arrosez en pluie. À partir de mai, choisissez des variétés bien résistantes au froid : elles passeront l'hiver au potager.

Semez directement en place

Autour de la mi-août, semez en lignes espacées de 20 cm. Répartissez régulièrement les graines sur 1 ou 2 m^2 de terrain, ratissez pour recouvrir, tassez et arrosez abondamment en pluie fine. Veillez à maintenir humide jusqu'à l'apparition des premières feuilles, 20 jours plus tard. La récolte aura lieu au printemps suivant (poireaux dits « baguettes » ou « crayons »).

Ayez la main légère pour vos semis : sachez que 10 g de graines permettent d'obtenir entre 600 et 700 plants. De quoi faire une indigestion à la récolte !

2. Éclaircissez

Début octobre, les jeunes poireaux semés directement au potager en août atteignent une dizaine de centimètres de haut. Éliminez les plus faibles pour ne conserver qu'un plant tous les 15 cm.

3. Plantez

Environ 3 mois après le semis, arrachez délicatement les poireaux semés en pépinière : faites levier avec le manche de la fourche-bêche pour soulever les plants.
Avec un couteau ou un greffoir, raccourcissez les racines de la moitié de leur longueur et coupez le tiers supérieur des feuilles. Les jardiniers parlent d'« habiller » le poireau !

Plutôt que de semer, vous pouvez acheter de jeunes poireaux fraîchement arrachés. On en trouve souvent sur les marchés, en bottes de 50 ou de 100. Vous les planterez comme des plants issus de semis.

Au potager, faites des trous au plantoir conique et enterrez les jeunes poireaux « habillés » jusqu'à la naissance des feuilles vertes. Laissez 15 cm entre 2 poireaux sur la ligne et espacez les rangs de 30 à 40 cm.
Tassez bien la terre autour des plants. Lorsque la plantation est terminée, arrosez au pied de chaque poireau au « goulot » (bec de l'arrosoir non muni de pomme).

4. La récolte

À tout moment de l'année, entre 5 et 8 mois après le semis, récoltez les poireaux au fur et à mesure de vos besoins. Plantez verticalement la fourche-bêche à 15 cm du plant. Faites levier avec le manche tout en tirant le poireau à la base des feuilles.

Coupez sur place les extrémités des feuilles vertes en leur appliquant une torsion. Incorporez-les tout de suite au tas de compost.

5. Avant les premières gelées

Fin octobre, entourez les poireaux encore en place d'une couche de feuilles mortes jusqu'à 15-20 cm d'épaisseur pour permettre l'arrachage par temps de gel. Récoltez tout l'hiver au fur et à mesure de vos besoins.

Pois *Pisum sativum*

Les pois aiment les sols légers, bien travaillés et pas trop secs en été. Ils n'apprécient pas les terrains très calcaires ou très acides et se plaisent davantage dans des lieux ensoleillés.

Quand et comment cultiver ?

1. Semez directement en place

De février à juin en toute région et en octobre-novembre dans les régions à hivers doux (Midi, Ouest atlantique), préparez à la serfouette des sillons de 5 cm de profondeur et espacés de 40 cm.

Pour accélérer la germination, faites tremper vos graines quelques heures dans de l'eau tiède le jour même ou la veille. Jetez toutes les graines qui flottent à l'issue de ce trempage : elles ne germeront pas.
Disposez une graine tous les 5 cm au fond du sillon. Refermez et tassez fortement avec le râteau.

Difficulté ★★

Arrosage

Maladies et parasites
Oïdium (ou blanc), mosaïque, puceron vert, teigne du pois, sitone du pois

Quand semer ?
De février à juin
En octobre-novembre (régions à hiver doux)

Durée de la levée
10 jours

Quand récolter ?
De juin à octobre (semis de printemps)
En février-mars (semis d'automne)

Quelle production ?
Une dizaine de gousses par pied

Attention aux semis précoces : ils sont souvent picorés par les oiseaux qui n'ont pas grand-chose à manger dans la nature à cette époque. Protégez-les en disposant des branchages enchevêtrés ou un filet sur vos semis.

LES VARIÉTÉS CONSEILLÉES

Les pois à grains ronds s'emploient pour les premiers semis ou les semis d'automne. Les pois à grains ridés sont plus résistants à la chaleur.

Petits pois à rames

'Express à longue cosse'; 'Roi des conserves'; 'Serpette Guilloteaux'; 'Téléphone à rames'; 'Jof'.

Petits pois nains

'Dorian'; 'Petit provençal'; 'Proval'; 'Prince Albert'; 'Merveille d'Amérique'; 'Karina'; 'Merveille de Kelvedon'.

Pois mangetout

'Carouby de Maussane'; 'Caroubel'; 'Delikata'; 'Bamby'; 'Norly'; 'Corne de Bélier'.

2. Un mois et demi après le semis

Quand les jeunes pois ont 5 feuilles, soit une vingtaine de centimètres de haut, remontez la terre sur l'ensemble du rang afin de former une butte d'une dizaine de centimètres de haut.

Plantez entre les jeunes pois des branchages secs et bien ramifiés de 0,80 à 1 m de haut pour les variétés naines et de 2 m de haut pour les variétés à rames.

3. La récolte

3 mois et demi à 4 mois après le semis, les gousses encore vertes, bien bosselées par les grains, sont bonnes à récolter : coupez leur pédoncule entre les ongles du pouce et de l'index. Les gousses les plus basses arrivent à maturité les premières. La récolte se déroule en 2 ou 3 vagues successives pour un même semis, tous les 2 à 4 jours.

Pour récolter plus précocement, vous pouvez couper l'extrémité des tiges des pois nains au-dessus du 5e ou 7e groupe de fleurs.

On consomme la gousse entière (5 cm de long) des variétés mangetout, cueillez-les au tout début de la formation des grains : les gousses sont bien vertes et plates. Opérez de la même façon que précédemment.

Arrosez en été et paillez avec des tontes de gazon séchées ou des paillettes de lin.

4. Après la récolte

Arrachez les restes de végétation des pois que vous jeterez sur le tas de compost s'ils ne présentent pas de symptômes de maladies. Sinon brûlez-les.

Les pois se mangent écossés, les grains encore verts (petits pois), ou entiers avec la gousse (pois mangetout).

SOLANACÉES

Pomme de terre *Solanum tuberosum*

La pomme de terre aime les climats humides et frais mais doit être plantée après les gelées. Elle préfère les terrains plutôt acides, profondément travaillés et riches : incorporez à l'automne précédent 3 kg/m² de fumier décomposé.

Difficulté ★★

Arrosage Aucun

Maladies et parasites
Mildiou et doryphore

Quand planter ?
De janvier à avril selon les régions

Quand récolter ?
D'avril à septembre selon les variétés et la date de plantation

Quelle production ?
Entre 1 et 2 kg par pied

Quand et comment cultiver ?

1. Plantez

De janvier à mars dans le Midi, de février à mars dans l'Ouest atlantique, et vers la mi-avril partout ailleurs, quand la terre atteint une température de 10 °C, creusez avec la houe ou la bêche des sillons de 15 cm de profondeur, espacés de 40 à 60 cm selon la précocité de la variété (les variétés les plus précoces sont plantées de façon plus serrée).

Calez au fond des sillons les tubercules germés, les germes vers le haut, en les espaçant de 35 à 40 cm, selon la précocité de la variété. Recouvrez délicatement en ramenant la terre avec le râteau. Ne tassez pas.

Dans le Midi, dans des endroits bien abrités et bien exposés, on plante des pommes de terre (variétés hâtives) en août pour récolter en hiver.

2. Trois semaines après la plantation

Binez les pommes de terre et ôtez les jeunes mauvaises herbes qui ont envahi les rangs de pommes de terre.

3. Buttez

Environ 6 semaines après la plantation, les plants de pommes de terre atteignent une quinzaine de centimètres de haut : binez de nouveau et ramenez la terre en butte au pied des pommes de terre.

Lorsque les plants de pommes de terre ont atteint 25 cm de haut, binez en remontant la terre de manière à former une butte d'une vingtaine de centimètres de haut.

Les pommes de terre sont sensibles au mildiou : traitez préventivement avec de la bouillie bordelaise avant le second buttage, puis tous les 15 jours jusqu'à la mi-juillet si le temps est très humide.

LES VARIÉTÉS CONSEILLÉES

Variétés précoces

'Belle de Fontenay'; 'Sirtema'; 'Jeannette'; 'Amandine'; 'Manon'.

Variétés demi-précoces

'Agata'; 'Bintje'; 'Victoria ; 'Mona Lisa'; 'Charlotte'.

Variétés tardives

'Nicola'; 'Franceline'; 'Ratte'; 'Institut de Beauvais'; 'Kennebec'.

Faire germer les semences de pommes de terre

Les pommes de terre se cultivent à partir de petits tubercules appelés semences de pomme de terre, sélectionnés lors de la récolte précédente ou achetés (une mention sur l'étiquette les certifie indemnes de viroses). Il est possible de les planter en l'état, mais pour avancer la récolte, surtout au nord de la Loire, les tubercules sont plantés déjà germés. Vous pouvez acheter vos semences de pommes de terre déjà germées, mais également les faire germer vous-même.

1 mois avant la date prévue pour la plantation, rangez les tubercules-semences dans des cageots, sur une seule couche et en les alignant. Placez à la lumière dans un local frais, à environ 10 °C.

1 mois plus tard, sélectionnez pour la plantation les tubercules fermes, non fripés, portant des germes courts et dressés (pas plus de 1 cm de haut).

4. La récolte

Dès que les feuilles et les tiges jaunissent, les pommes de terre peuvent être récoltées. Par une journée ensoleillée et sèche, soulevez délicatement la terre autour de chaque pied de pomme de terre en plaçant le croc ou la fourche-bêche sur le côté du rang. Retirez à la main les tubercules de la motte de terre soulevée et laissez-les sécher sur le côté du rang pendant une journée.

Une fois sèches, débarrassez les pommes de terre d'un maximum de terre. Jetez celles qui sont vertes et consommez rapidement celles que vous avez abîmées en récoltant avec le croc. Rangez les tubercules sains dans des cageots, sur plusieurs couches, et couvrez. Entreposez les cageots superposés les uns sur les autres dans un local obscur, frais et bien aéré, dont la température est comprise entre 5 et 8 °C.

5. Durant l'hiver

Surveillez les pommes de terre conservées et ôtez les germes dès leur apparition. Éliminez les tubercules qui verdissent.

Vers la mi-décembre, saupoudrez les pommes de terre avec un produit anti-germe en veillant à ce que le traitement atteigne bien tous les tubercules. Avant de traiter, sélectionnez et éloignez, éventuellement, les tubercules que vous conserverez pour les planter au printemps prochain.

Potiron *Cucurbita maxima* et autres courges *Cucurbita pepo*

Les courges sont sensibles aux températures basses. Choisissez un emplacement ensoleillé et un terrain riche en matières organiques.

Difficulté ★

Arrosage

Maladies et parasites
Oïdium, mosaïque, acarien, puceron

Quand semer ?
En avril-mai

Durée de la levée
9 ou 10 jours

Quand récolter ?
En septembre-octobre

Quelle production ?
Très variable selon les variétés

LES VARIÉTÉS CONSEILLÉES

Potiron

'Atlantic Giant'; 'Rouge vif d'Étampes'; 'Potimarron Red Kuri'.

Courge

'Musquée d'Hiver de Provence'; 'Halloween'.

Quand et comment cultiver ?

1. Semez directement en place

À la mi-mai au nord de la Loire, en avril dans le Midi, préparez des trous de 15 à 20 cm de diamètre et 50 cm de profondeur. Espacez-les de 2,50 à 3 m en tous sens. Remplissez d'une couche de 30 cm de fumier et recouvrez de 20 cm de terreau. Déposez 5 ou 6 graines dans chaque trou en les enfonçant de 1 ou 2 cm.
Tassez et arrosez en pluie fine, une fois vos semis terminés.
Gardez humide jusqu'à l'apparition des premières feuilles une dizaine de jours plus tard.

2. Éclaircissez

Environ 2 ou 3 semaines après le semis, les cotylédons des potirons (premières feuilles très charnues) sont bien déployés. Sélectionnez les 2 plants les plus vigoureux de chaque groupe et arrachez les autres.

Tailler le potiron

Le potiron, comme toutes les courges, est une plante frileuse. La période propice à sa culture est donc restreinte, surtout au nord de la Loire. La taille permet de faire apparaître plus rapidement les fleurs femelles (celles qui produisent les potirons) et de limiter le nombre de fruits à 1 ou 5 potirons par plant selon la variété et la région.

Courant juin, lorsque le potiron a de 3 à 5 feuilles, coupez l'extrémité de la tige au-dessus de la 2e feuille à partir de la base.

Courant juillet, lorsque les jeunes potirons ont 2 ramifications comportant 8 à 10 feuilles, coupez l'extrémité de chacune d'elles au-dessus de la 5e ou 6e feuille à partir de leur base.

Dans le courant de l'été, lorsque les fruits sont formés et ont la grosseur d'un melon, coupez l'extrémité des rameaux qui les portent au-dessus de la 2e feuille en partant du fruit.
S'il y a plusieurs fruits sur un même rameau, conservez uniquement celui qui est le plus proche de la base du rameau.

Arrosez régulièrement durant tout l'été sans mouiller les feuilles. Paillez avec de la paillette de lin, ou tout autre matériau à votre disposition, pour garder la terre humide plus longtemps après les arrosages, éviter les invasions de mauvaises herbes en début de culture et isoler les potirons du contact humide de la terre. Arrêtez les arrosages à l'approche de la récolte.

Vous pouvez acheter dans les jardineries des plants de potirons déjà développés en godets. Choisissez des plantes ayant moins de 5 feuilles. Vous les planterez en avril ou mai selon la région, dans des trous de 15 à 20 cm de diamètre et autant de profondeur, remplis de compost.

3. La récolte

En octobre, avant les premières gelées, la peau des potirons se ternit, et les feuilles jaunissent et sèchent : coupez les pédoncules des potirons avec un couteau désinfecté à l'alcool à brûler : gardez le maximum de pédoncule avec le fruit.

Posez délicatement les potirons dans un endroit sec et chaud, sur un muret au soleil par exemple. Manipulez-les avec beaucoup de précautions : le moindre choc les meurtrit et ensuite ils ne se conservent pas.

Éliminez le plus vite possible les feuilles atteintes par l'oïdium pour éviter la contamination.

Entreposez-les sans les entasser dans un endroit sec, aéré, dont la température est comprise entre 10 et 16 °C. Placez-les sur des tasseaux de bois pour permettre le passage de l'air en dessous. Une fois entamé, le potiron se conserve dans le bac à légumes du réfrigérateur.

Après la récolte, arrachez les restes de végétation des potirons. Brûlez-les ou jetez-les. Ne les incorporez pas au tas de compost car ils sont porteurs de maladies en fin de saison (oïdium).

Ne cultivez pas de potiron au même endroit au potager avant 2 ou 3 ans.

Radis *Raphanus sativus*

C'est le légume le plus facile et le plus rapide à produire. Peu exigeant, il préfère toutefois un sol frais en été (toujours un peu humide), ni léger, ni lourd. Il existe des variétés de tailles et couleurs variées (blanc, noir, violet...), plus ou moins piquantes.

Quand et comment cultiver ?

1. Semez

Semez en ligne

Entre mars et septembre, affinez la terre à plusieurs reprises, à 15 jours d'intervalle. Tracez un sillon le long du cordeau, de 2 ou 3 cm de profondeur. Répartissez régulièrement les graines dans le fond du sillon. Laissez 15 cm entre les rangs de radis. Refermez le sillon avec la griffe, tassez avec le dos et arrosez en pluie fine.
Maintenez humide jusqu'à l'apparition des premières feuilles 4 ou 5 jours plus tard.

Durant toute la culture, surtout en été, arrosez copieusement pour éviter que les radis n'aient un goût trop piquant et ne deviennent fibreux, vous les protégerez aussi des altises.

Difficulté ★

Arrosage

Maladies et parasites
Fonte des semis, altise, mouche du chou

Quand semer ?
De mars à septembre

Durée de la levée
3 ou 4 jours

Quand récolter ?
D'avril à octobre selon les variétés et la date du semis

Quelle production ?
Environ 3-4 belles bottes par sachet de graines

LES VARIÉTÉS CONSEILLÉES

Radis de tous les mois

'Flamboyant'; 'Pernot clair'; 'Gaudry'; 'Cerise'; 'De Dix-huit jours'; 'National'; F1 'Clipo'; F1 'Diablus'; F1 'Mirabeau'.

Radis d'été et d'automne

'De 5 semaines rose' (de Pâques) ; 'Misato red' ; F1 'Oshin'.

Radis d'hiver

'Noir gros long d'hiver'; 'Rose d'hiver de Chine'; 'Violet de Gournay'.

Semez à la volée

Durant la même période, après avoir soigneusement affiné la terre, prenez les graines dans le creux de la main et répartissez-les sur le sol en décrivant des demi-cercles avec le poignet.

Après avoir semé toutes les graines, griffez la terre afin de les enfouir assez profondément. Si les graines ne sont pas assez enterrées, vous obtiendrez des radis coudés hors sol. Émiettez ensuite un peu de terreau, tassez avec le dos du râteau et arrosez en pluie fine.

2. La récolte

Environ 3 ou 4 semaines après le semis pour les radis roses, 2 mois après pour les radis d'été, arrachez les radis qui ont de 1 cm (radis roses) à 5 cm (radis asiatiques) de diamètre maximum, selon les variétés, en tirant à la base des feuilles.
Si votre semis est un peu dense, la place libérée par la première récolte permettra aux radis toujours en place de bien se développer.

Ne jetez pas les fanes de radis sur le compost, conservez-les pour préparer des potages.

Cultiver des radis d'hiver

De juin à août, tracez des sillons de 2-3 cm de profondeur, distants de 30 cm. Répartissez régulièrement les graines, une tous les 12 à 15 cm. Émiettez un peu de terreau dessus et tassez avec le dos du râteau. Arrosez en pluie fine.

Avant les premières gelées, 4 mois après le semis, par une journée ensoleillée et sèche d'octobre, arrachez les radis en les soulevant à la fourche-bêche, puis en tirant sur la base des feuilles. Laissez sécher sur place pendant une journée.

Débarrassez les radis d'un maximum de terre, coupez les fanes (à consommer en potage plutôt qu'à jeter sur le compost) et entreposez les radis en vrac dans des caisses remplies de sable dans un local hors gel, bien aéré et frais (8 à 10 °C).

POLYGONACÉES

Rhubarbe *Rheum rhaponticum*

La rhubarbe est une plante vivace dont on consomme le pétiole charnu, à la saveur acide, en légume ou en dessert. Cette plante prospère surtout au soleil, dans les terrains pas trop calcaires, riches et toujours un peu humides en été.

Difficulté ★★★

Arrosage

Maladies et parasites
Limace, escargot

Quand planter ?
En mars-avril
En septembre-octobre

Quand récolter ?
En mai-juin
En septembre-octobre

Quelle production ?
Un seul pied suffit à la consommation d'une famille de 4 personnes.
Pour les confitures, prévoir 3 ou 4 pieds

Quand et comment cultiver ?

1. Plantez

En mars-avril ou en septembre-octobre, creusez des trous de 20 à 30 cm de diamètre et de profondeur, espacés de 1 m en tous sens. Étalez au fond une couche de 8 à 10 cm de fumier bien décomposé ou de compost. Placez votre rhubarbe achetée en pot de telle façon que ses bourgeons qui commencent à poindre affleurent la surface de la terre.

Préférez les rhubarbes déjà bien développées présentées en pots de 12 à 15 cm de diamètre, plutôt que les plants en godets (qui sont très lents à se développer).

2. Chaque année

En avril, apportez environ 50 g d'engrais organique complet en granulés par mètre carré ou paillez avec de 6 à 8 cm de compost bien décomposé après un désherbage soigneux.

LES VARIÉTÉS CONSEILLÉES

Rhubarbe à côtes rouges
'Goliath' : très productive, chair verte.
'Valentine' : chair rouge.

En juin, coupez au ras du sol les tiges florales qui commencent à apparaître au cœur des feuilles. Éliminez-les bien avant leur épanouissement car elles réduisent la durée de vie de la rhubarbe.

Diviser la rhubarbe

Un plant de rhubarbe produira de nombreuses années si vous lui prodiguez un minimum d'entretien. Divisez-la tous les 4 ou 5 ans afin de lui conserver sa vigueur.

En mars ou avril, les bourgeons de la rhubarbe émergent de la terre. Découpez la terre autour de la rhubarbe en plantant la bêche verticalement à 15 cm du plant.

Avec la bêche ou une fourche-bêche, soulevez la motte de terre contenant la souche de rhubarbe.

Coupez la motte en morceaux avec un couteau fort : chaque morceau doit comporter au moins 3 bourgeons visibles. Plantez immédiatement une portion à l'emplacement requis en procédant comme plus haut. Donnez les morceaux de rhubarbe en surnombre.

3. La récolte

En mai-juin et en septembre-octobre, coupez au ras du sol les pétioles des feuilles. Laissez en place les feuilles les plus petites au centre de la touffe.

N'emportez à la cuisine que la partie comestible, les pétioles : coupez le limbe de la feuille et jetez-le sur le tas de compost.

Il est possible de semer la rhubarbe en avril-mai ou en août-septembre en pépinière (plantation au printemps ou à l'automne de l'année suivante). La première récolte se fait alors attendre 2 ou 3 ans.

Romarin *Rosmarinus officinalis*

Bien que d'origine méditerranéenne, le romarin, petit arbuste vivace, prospère en pleine terre partout en France. Il préfère les terres légères, perméables et légèrement calcaires. Plantez-le dans un endroit très ensoleillé.

Quand et comment cultiver ?

1. Plantez

De mars à octobre, procurez-vous un romarin en godet ou en petit conteneur. Un seul plant de romarin suffit à bon approvisionnement. Faites un trou de plantation assez profond pour enfouir toute la motte.
Dépotez la motte bien détrempée et griffez-la superficiellement. Placez-la au centre du trou, comblez avec la terre du jardin et arrosez au goulot (bec de l'arrosoir sans sa pomme).

Arrosez régulièrement, une fois par semaine environ, au cours du premier été. C'est inutile les années suivantes.

Difficulté ★

Arrosage Aucun

Maladies et parasites
Aucun(e)

Quand planter ?
En mars-avril
En septembre-octobre

Quand récolter ?
De mars jusqu'aux gelées

LA VARIÉTÉ CONSEILLÉE

Romarin officinal

2. La récolte

Dès le mois de mars et jusqu'aux premières gelées, coupez avec des ciseaux ou un sécateur quelques extrémités de tiges nécessaires à votre consommation, au fur et à mesure de vos besoins.

Taillez après la floraison pour éliminer les fleurs fanées et stimuler aussi la production de nouveaux rameaux.

3. Avant les premières gelées

Dans les régions très froides, couvrez le sol au pied du romarin d'une couche de feuilles mortes de 6 à 8 cm d'épaisseur.

Roqueette *Eruca sativa*

La roquette peut être récoltée de mars jusqu'aux gelées, et même en hiver dans les régions au climat doux. Elle est souvent mélangée avec d'autres salades et se distingue par sa saveur prononcée et piquante. Elle aime les terrains frais et profonds.

Difficulté ★

Arrosage 

Maladies et parasites
Aucun(e)

Quand semer ?
D'avril à août
En septembre-octobre

Durée de la levée
De 10 à 15 jours

Quand récolter ?
De juin à novembre
En mars-avril

LA VARIÉTÉ CONSEILLÉE

Roquette cultivée et sauvage très résistante au froid.

Quand et comment cultiver ?

1. Semez directement en place

D'avril à août ou entre septembre et octobre, tracez des sillons de 1 cm de profondeur et distants de 20 cm. Semez en espaçant les graines régulièrement. Refermez et tassez avec le dos du râteau. Arrosez en pluie fine et maintenez toujours humide. Comptez 10 à 15 jours avant de voir apparaître les premières feuilles.

2. La récolte

Quand les feuilles ont 15 cm de haut, soit environ 6 semaines après les premiers semis (effectués d'avril à août), ou en mars-avril suivant le semis d'automne (à condition de les protéger en hiver par des châssis), coupez les feuilles au ras du sol selon vos besoins.

Salsifis *Tragopogon porrifolius* et scorsonère *Scorzonera hispanica*

Ces deux plantes produisent de longues racines, blanc jaunâtre (salsifis) ou noirâtres (scorsonère).

Difficulté ★

Arrosage

Maladies et parasites
Rouille blanche, oiseau (graines)

Quand semer ?
De fin mars à fin avril (salsifis)
En juillet-août (scorsonère)

Durée de la levée
De 6 à 10 jours

Quand récolter ?
D'octobre à mars (salsifis)
D'octobre à mars la 2e année de culture (scorsonère)

Quelle production ?
10 racines par mètre linéaire

Quand et comment cultiver ?

1. Semez directement en place

Le salsifis se sème à la fin mars ou en avril pour une récolte l'hiver suivant, et la scorsonère de juillet à fin août (récolte le deuxième hiver après le semis). Avec la serfouette, creusez des sillons de 2 ou 3 cm de profondeur et espacés de 25 cm. Répartissez régulièrement les graines au fond en vous aidant d'un semoir à main.

Recouvrez de terreau, tassez fortement et arrosez en pluie fine. Conservez une bonne humidité jusqu'à l'apparition des premières feuilles une dizaine de jours plus tard, voire davantage parfois pour la scorsonère.

Les graines de salsifis sont très prisées des oiseaux. Recouvrez le semis d'un filet pour les protéger.

2. Éclaircissez

Environ 3 ou 4 semaines après le semis, dès que les jeunes plants sont faciles à arracher, éliminez les plus faibles pour ne conserver qu'un plant tous les 10 cm.
Coupez la tige florale dès qu'elle pointe au cœur des feuilles.

Pour éviter les attaques de rouille blanche, arrosez souvent les jeunes plants, surtout s'il fait très chaud.

LES VARIÉTÉS CONSEILLÉES

Salsifis

'Mammouth', 'Blanc amélioré'.

Scorsonère

'Géante noire de Russie', 'Enorma'.

3. La récolte

D'octobre à mars, selon vos besoins, soulevez les salsifis ou scorsonères : plantez verticalement la fourche-bêche à 15 cm du rang et faites levier avec le manche. Terminez l'arrachage en tirant à la base des feuilles.

4. Avant les premières gelées

Vers la fin octobre, coupez les feuilles au ras du sol et couvrez de feuilles mortes afin que la terre ne gèle pas alentour : la récolte sera ainsi possible même en période de grands froids.

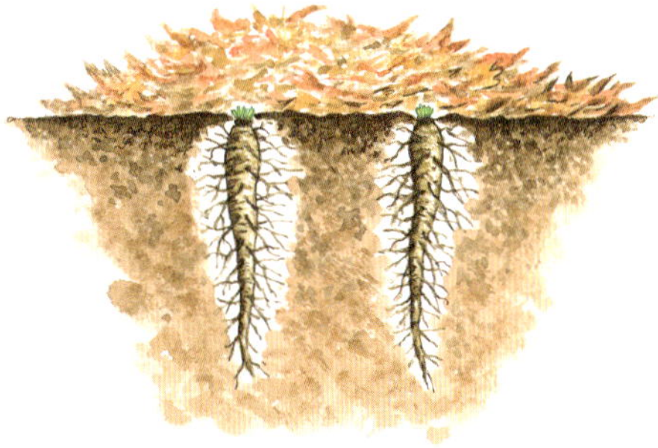

Ces plantes aiment les sols profonds et un peu humides en été. Le salsifis, bien qu'annuel, résiste très bien au froid. La scorsonère, vivace, exige une exposition chaude et ensoleillée. Vous pouvez conserver les salsifis et scorsonères en jauge. Arrachez toutes les racines avant les premières gelées et rangez-les dans des caisses remplies de sable. Stockez-les à la cave au frais.

LABIÉES

Sarriette *Satureja montana*

Choisissez plutôt la sarriette vivace qui peut rester en place pendant plusieurs années. Elle préfère les sols secs, même légèrement calcaires et craint l'humidité. Plantez-la au soleil dans un endroit bien chaud, surtout au nord de la Loire.

Difficulté ★

Arrosage Aucun

Maladies et parasites
Aucun(e)

Quand planter ?
En mars-avril
En octobre

Quand récolter ?
De juin à octobre

LA VARIÉTÉ CONSEILLÉE
Sarriette vivace

Quand et comment cultiver ?

1. Plantez

En mars-avril ou en octobre, procurez-vous une sarriette en godet ou déjà développée en petit conteneur. Une seule vous suffira. Faites tremper la sarriette dans de l'eau avant de dépoter. Défaites la motte avec les doigts et plantez à l'aide d'une houlette. Tassez fortement et arrosez au goulot (bec de l'arrosoir sans sa pomme).

Taillez après la floraison, en août ou septembre, pour éliminer les fleurs fanées et stimuler la production de nouveaux rameaux.

2. La récolte

De juin jusqu'aux premières gelées, selon vos besoins, coupez à la main quelques extrémités de tiges nécessaires à votre consommation.

Il existe une variété très proche mais qui est annuelle. Semez-la en ligne en avril ou mai et récoltez aux mêmes périodes.

Arrosez régulièrement, une fois par semaine environ, durant le premier été. C'est inutile les années suivantes.

Sauge *Salvia officinalis*

La sauge, vivace à feuillage persistant, préfère les terrains chauds et légèrement calcaires. Elle redoute l'humidité hivernale qui la rend plus sensible au froid. Placez-la au soleil dans un endroit bien chaud, surtout au nord de la Loire.

Quand et comment cultiver ?

Difficulté ★

Arrosage Aucun

Maladies et parasites
Aucun(e)

Quand semer ?
En mars-avril

Durée de la levée
De mai à octobre

LA VARIÉTÉ CONSEILLÉE

Sauge officinale

1. Plantez

En mars ou en avril, procurez-vous des sauges en godets. Faites tremper les godets dans de l'eau avant de dépoter. Défaites la motte avec les doigts et plantez à l'aide d'une houlette. Tassez fortement et arrosez au goulot (bec de l'arrosoir sans sa pomme). Laissez de 30 à 40 cm en tous sens entre les sauges.

Il est indispensable d'arroser régulièrement le premier été, une fois par semaine environ. C'est inutile les années suivantes.

Chaque automne, taillez toutes les tiges de 12 à 15 cm au-dessus du sol. Au printemps, tous les 3 ou 4 ans, divisez. En été, supprimez les fleurs fanées.

2. La récolte

De mai jusqu'aux gelées, coupez à la main quelques extrémités de tiges en fonction de vos besoins.

La sauge officinale a la particularité de repousser certains parasites comme la piéride du chou.

LABIÉES

Thym *Thymus vulgaris*

Le thym, petit arbuste de la garrigue, pousse partout en France pourvu que le sol soit sec et chaud : plantez-le en plein soleil, surtout au nord de la Loire. Il déteste les excès d'humidité.

Difficulté ★

Arrosage Aucun

Maladies et parasites
Aucun(e)

Quand planter ?
En mars-avril

Quand récolter ?
De mai jusqu'aux gelées

LES VARIÉTÉS CONSEILLÉES

'De Provence'

'D'Hiver'

'Serpolet'

'Ordinaire'

x 'Citriodorus'
parfum citron

Chaque printemps, taillez toutes les tiges 5 cm au-dessus du sol. À la même période, tous les 3 ou 4 ans, divisez le plant de thym.

Quand et comment cultiver ?

1. Plantez

En mars ou avril, procurez-vous des thyms en godets. Faites tremper les godets dans de l'eau avant de dépoter. Griffez la motte et plantez à l'aide du plantoir. Tassez fortement et arrosez au goulot (bec de l'arrosoir sans sa pomme). Laissez de 20 à 30 cm en tous sens entre les plants de thym. Arrosez une fois par semaine le premier été uniquement.

2. La récolte

De mai jusqu'aux gelées, cueillez à la main quelques extrémités de tiges au fur et à mesure de vos besoins.
Si vous souhaitez conserver du thym pour l'hiver, coupez les tiges en tout début de floraison. Suspendez-les en bottes la tête en bas dans un endroit bien aéré, à l'ombre. Quand les tiges sont sèches, placez-les dans des boîtes hermétiques.

Tomate *Lycopersicon esculentum*

La tomate aime la chaleur et le soleil. Plantez-la au potager, seulement après les premières gelées, en sol léger, riche et frais en été. Apportez-lui au moins 2-3 kg de compost par mètre carré lors de la préparation du sol.

Difficulté ★★★

Arrosage

Maladies et parasites
Mildiou

Quand semer ?
En mars-avril

Durée de la levée
1 semaine

Quand récolter ?
De juillet-août (selon les variétés et les régions) jusqu'aux gelées

Quelle production ?
De 3 à 5 kg de tomates par plant selon les régions et les variétés

Quand et comment cultiver ?

1. Semez

Semez en terrine

En mars (régions clémentes) ou avril, remplissez une terrine de terreau à semis jusqu'à 1,50 cm du bord. Arrosez pour bien humidifier le terreau.

Répartissez les graines sur le terreau, vous les recouvrirez d'une couche de terreau tamisé d'un demi-centimètre environ.

Tassez légèrement avec une planchette en bois, arrosez en pluie fine, couvrez et maintenez le terreau humide jusqu'à l'apparition des premières feuilles. Placez au chaud (18 à 20 °C) et à la lumière.

LES VARIÉTÉS CONSEILLÉES

Pour manger crues

F1 'Fandango' (bonne résistance au mildiou);
F1 'Fournaise'; 'Saint-Pierre';
F1 'Estiva'; F1 'Previa' (résistante au mildiou);
F1 'Myriade'; F1 'Vanessa'.

À cuire

'Marmande'; 'Cœur de bœuf rose'; 'Cœur de bœuf' (énorme); 'Des Andes' (allongée); F1 'Pyros'.

Pour l'apéritif

Tomate poire (existe en jaune et en rouge); 'Délice du jardinier' (plus grosse et plus savoureuse); 'Groseille': nombreux petits fruits rouges ou jaunes.

Semez sous châssis

En mars (régions clémentes) ou avril, remplissez le coffre du châssis d'un mélange composé à parts égales de terreau, de tourbe et de sable. Aplanissez la surface. Arrosez pour bien l'humidifier.

Répartissez de façon homogène les graines sur une petite partie du châssis (à peine plus grande qu'une terrine). Tassez et maintenez bien humide jusqu'à l'apparition des premières feuilles, châssis fermé. Entrouvrez ensuite durant les heures les plus chaudes, mais couvrez avec un paillasson pour la nuit.

2. Repiquez

Environ 3 ou 4 semaines plus tard, sélectionnez les jeunes plants les plus développés qui ont environ 4 feuilles. Plantez-les dans des godets de 8 cm de diamètre, ou 8 cm de côté, remplis d'un mélange de terreau (2/3) et de tourbe (1/3). Enterrez les plants jusqu'aux premières feuilles et tassez fortement autour. Arrosez généreusement et placez vos godets sous châssis. Entrouvrez-le aux heures les plus chaudes de la journée.

Les tomates cerises n'ont pas besoin de taille car elles sont très vigoureuses.

3. Plantez

À la fin avril ou en mai, dès que les gelées ne sont plus à craindre, installez un tuteur de 1,50 m de hauteur environ pour chaque plant : disposez-les en quinconce et en les espaçant de 70 à 80 cm en tous sens.

Faites tremper vos godets quelques minutes dans une bassine d'eau.

Ôtez le godet, posez le plant au fond du trou : la base de la tige doit être enterrée sur quelques centimètres. Comblez avec la terre en tassant légèrement.

Si vous n'avez ni le temps ni la place nécessaire pour semer vos tomates, vous pouvez les acheter déjà développées en godets dans les jardineries. Vous les planterez alors à la fin avril ou en mai comme les jeunes plants issus de semis.

Façonnez à la main une petite cuvette autour du plant. Enfoncez verticalement une vieille tuile du côté des vents dominants afin de protéger le jeune plant. Arrosez abondamment, même s'il pleut.

De 10 à 15 jours après la plantation, attachez vos tomates au tuteur sous chaque bouquet de fleurs, au fur et à mesure de leur croissance. Pour ne pas étrangler les tiges, décrivez un huit avec votre lien autour de la tige et du tuteur.

Pulvérisez de la bouillie bordelaise sur les feuilles des tomates afin de prévenir toute attaque de mildiou. Traitez une fois en mai et une fois en juin.

Tailler la tomate

La plupart des variétés sont capables de pousser indéfiniment : on dit qu'elles ont un port indéterminé. Naturellement, elles pousseront au détriment de la production de fruits. Il faut donc tailler les tomates entre mai et juillet.

Coupez la tige principale au-dessus du 2e bouquet de fleurs formé. De nouvelles ramifications apparaissent au point d'attache des feuilles sur la tige principale : conservez celle qui se trouve le plus haut et coupez-la au-dessus du 2e bouquet de fleurs formé. Éliminez toutes les autres ramifications (plus basses) dès leur apparition.

En juin-juillet, inspectez environ une fois par semaine vos plants de tomates : éliminez à plusieurs reprises toutes les jeunes pousses qui naissent au point d'attache des feuilles sur toutes les tiges conservées.

La taille est inutile pour les variétés à port déterminé (elles arrêtent de croître à un moment donné de leur développement) et pour les variétés à petits fruits très vigoureuses (tomates cerises, tomates poires, tomates groseilles).

4. La récolte

En juillet-août, cueillez les tomates au fur et à mesure de leur mûrissement. Bien colorées, elles se détachent facilement au niveau du renflement de leur queue.

Les tomates n'aiment pas les arrosages par à-coups. Arrosez abondamment et régulièrement tout l'été au pied des plants en évitant de mouiller le feuillage. Un système de goutte-à-goutte est recommandé. Pour économiser l'eau, couvrez le sol au pied des tomates avec de l'herbe sèche, de la tourbe ou de la paillette de lin (une couche de 5-6 cm au moins).

5. Avant les premières gelées

En octobre, arrachez et brûlez les restes de végétation. S'il vous reste des tomates encore vertes, étalez-les, sur une seule couche, dans des cageots placés au soleil, derrière une vitre. Elles continueront à mûrir chez vous.

COMPOSÉES

Topinambour *Helianthus tuberosus*

Le topinambour s'adapte à tous les terrains, même pauvres et calcaires, s'ils ne sont pas trop humides. Il tolère le froid et la sécheresse. Il prospère au soleil comme à l'ombre légère. Placez-le dans un lieu abrité des vents car il peut atteindre 2 m de haut.

Difficulté ★

Arrosage Aucun

Maladies et parasites
Rouille, rongeurs

Quand planter ?
En mars et mi-avril

Durée de la levée
3 semaines

Quand récolter ?
De novembre à février

Quelle production ?
3 tubercules par mètre linéaire

Quand et comment cultiver ?

1. Plantez

De mars à la mi-avril, disposez les tubercules sur le sol en lignes espacées de 70 cm. Laissez 40 cm entre les tubercules sur le rang.

À l'emplacement de chaque tubercule, creusez un trou de 8 à 10 cm de profondeur. Déposez le tubercule couché, recouvrez de terre fine et tassez légèrement.

Au printemps suivant, lorsque vous bêcherez l'emplacement des topinambours, prenez bien soin d'éliminer tous les tubercules non consommés pour éviter toute invasion ultérieure.

2. La récolte

Dès que les feuilles se dessèchent, de novembre à février, selon vos besoins, soulevez les topinambours en faisant levier avec la fourche-bêche. Terminez l'arrachage en tirant à la base des feuilles. Consommez rapidement vos topinambours car ils ne se conservent pas en dehors de la terre.

LES VARIÉTÉS CONSEILLÉES

'Patate'
à la forme bien régulière.

'Fuseau'
tubercules allongés et de couleur rosée.

3. Avant les premières gelées

Vers la fin octobre, placez une couche de feuilles mortes de 6 à 8 cm d'épaisseur autour du plant pour que la terre ne gèle pas : la récolte pourra ainsi se poursuivre même en période de grand froid.

Le verger

Abricotier *Prunus armeniaca*

L'abricotier résiste aux grands froids (jusqu'à – 20 voire – 30 °C), mais ses bourgeons précoces et ses fleurs sont très sensibles aux gelées printanières. Plantez-le en exposition ensoleillée. Il n'aime pas les sols argileux, ni ceux qui sont compacts et trop humides.

Difficulté ★★

Arrosage

Maladies et parasites
Moniliose, coryneum, mouche des fruits

Quand planter ?
De novembre à fin mars

Quand tailler ?
De novembre à fin mars (arbres de plein vent); en février-mars et après la récolte (palmettes)

Quand récolter ?
De juillet à août

Distance de plantation
7 m (tiges et demi-tiges); 5 m (basses-tiges et palmettes)

Floraison
De fin février à fin mars

Quand et comment cultiver l'abricotier de plein vent ?

1. Plantez

un abricotier à racines nues

3 mois avant la plantation
Creusez un trou de 1 m de côté et 80 cm de profondeur pour ameublir le sol. Enfoncez un tuteur (de la hauteur du tronc augmentée de 1 m) au fond du trou. Incorporez un engrais organique de fond à la terre extraite. Rebouchez sans tasser.

À la plantation
Creusez un trou légèrement plus volumineux que les racines et formez un dôme au fond. Coupez les racines blessées et l'extrémité des autres. Raccourcissez les 6 branches charpentières d'un tiers. Coupez tous les autres rameaux au-dessus du 2e bourgeon à partir de leur base. Trempez ensuite les racines dans un mélange de terre de jardin et d'eau ayant la consistance d'une boue épaisse (pralin).

Quelle forme choisir ?

Au sud de la Loire, optez pour des arbres de plein vent déjà formés (**tige**, **demi-tige** ou **basse tige**) ayant au moins 6 branches charpentières.

arbre tige : 1,50 à 2 m

arbre demi-tige : 1 à 1,50 m

arbre basse-tige : 30 à 80 cm

Au nord de la Loire et dans les régions à gelées printanières fréquentes, préférez les palmettes placées en espalier le long d'un mur bien exposé (orienté au sud-est ou au sud-ouest) et surmonté d'un auvent.

Attention ! Vous devrez former vous-même votre **palmette à la diable** à partir d'un scion (jeune arbre fruitier greffé de l'année précédente, ne présentant qu'une tige verticale).

scion

bourrelet de greffe

Placez un bâton bien rectiligne en travers du trou : le bourrelet de greffe doit se trouver au-dessus. Rajoutez de la terre si nécessaire. Étalez les racines autour du dôme. Rebouchez sans tasser au pied. Aménagez une petite cuvette, puis arrosez. Attachez le tronc au tuteur.

LES VARIÉTÉS CONSEILLÉES

Les incontournables

'Bergeron'; 'Doucœur'; 'Luizet'; 'Rouge Tardif Delbard'; 'Royal'.

À redécouvrir

'Ampuis'; 'Paviot'; 'Pêche de Nancy'; 'Polonais'; 'Rouge du Roussillon'.

un abricotier en conteneur

Préparez le sol comme pour un abricotier à racines nues. Au moment de planter, plongez le conteneur dans l'eau, puis dépotez. Creusez un trou légèrement plus important que la motte. Posez celle-ci au fond: sa surface supérieure doit être au niveau du sol. Rebouchez puis tassez la terre autour de la motte à l'aide d'un bâton. Aménagez une cuvette et arrosez. Taillez la ramure de la même façon que précédemment.

2. Taillez

Après la coupe d'une branche de section importante (plus de 3 à 5 cm de diamètre), ayez soin de bien lisser la plaie à la serpette et de la recouvrir largement d'un baume cicatrisant. Vous permettrez ainsi une bonne cicatrisation et vous éviterez la formation de gomme (sécrétion visqueuse).

Tous les 3 ou 4 ans, raccourcissez de 10 à 15 cm les extrémités des ramifications. Supprimez les branches mortes, celles qui deviennent improductives et celles qui se dirigent vers l'intérieur de l'arbre.

3. Entretenez

Maintenez le sol indemne de mauvaises herbes, surtout lorsque les arbres sont jeunes. Opérez manuellement en les arrachant ou en les binant, et pas trop en profondeur pour les espèces à racines superficielles. Vous pouvez également couvrir le pied des arbres avec un mulch de tonte de gazon ou du BRF, ou encore de l'écorce de pin.

Quand et comment cultiver l'abricotier en palmette à la diable ?

1. Plantez

3 mois avant la plantation

Installez contre le mur une armature confectionnée à partir de matériaux achetés en jardinerie : fers plats à sceller dans le mur, fil de fer et lattes de 1,5 cm x 1,5 cm à poser tous les 10 cm. Creusez à l'aplomb une tranchée de 60 cm de large et de profondeur sur la longueur souhaitée. Incorporez un engrais organique complet spécial arbres fruitiers à la terre extraite. Rebouchez sans tasser.

À la plantation

Creusez à 30 cm environ du mur un trou d'un volume juste supérieur à celui des racines du scion. Plantez de la même façon que pour un arbre de plein vent, selon la présentation de votre scion. Inclinez-le légèrement vers l'armature. Taillez la tige principale à 30 cm du sol, audessus du 2e bourgeon bien visible à partir de la base et situé sur le côté.

2. Taillez

1 an après la plantation

À la fin de l'hiver, coupez les deux tiers des 2 branches charpentières (il s'agit de celles de plus fort diamètre). Taillez les autres au-dessus du 2e bourgeon bien visible à partir de la base.

Les années suivantes, continuez de former votre palmette en taillant aux deux tiers toutes les plus grosses ramifications obtenues jusqu'à couvrir toute la surface du mur.

Reconnaître les organes de l'abricotier

Les organes de l'abricotier ont pour origine un bourgeon (œil) à bois qui évoluera différemment selon la quantité de sève reçue à la belle saison.

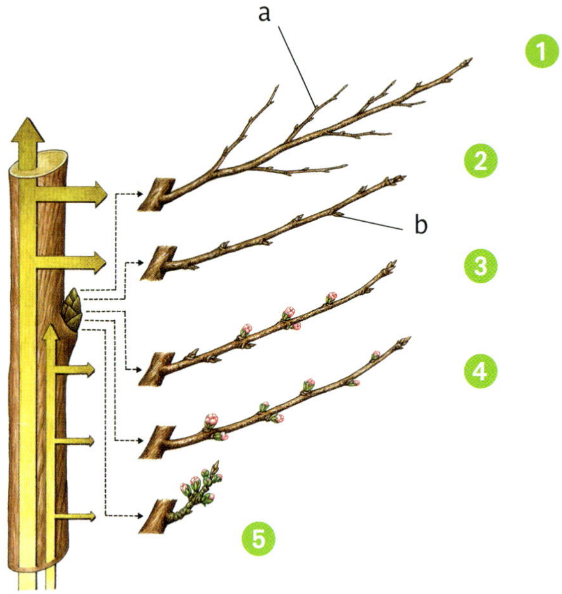

1 Le gourmand
Rameau à bois très vigoureux portant dès la première année des ramifications (a).

2 Le rameau à bois
Il ne porte que des **bourgeons** (yeux) **à bois** (b), pointus et fins, d'où partiront, l'été suivant, d'autres ramifications. S'il est de vigueur moyenne, une taille appropriée le transformera en rameau fertile. S'il est de forte vigueur et porte dès la première année des ramifications, c'est un gourmand.

3 Le rameau mixte
Il porte des **bourgeons** (yeux) **à bois**, allongés et pointus, qui assureront son remplacement, et des **boutons à fleur,** globuleux et arrondis, qui fourniront des fruits. Ces différents types de bourgeons peuvent être isolés ou groupés par 2 ou 3 : on parle alors de bourgeons doubles ou triples. Un même point d'insertion peut même porter à la fois des bourgeons à bois et des boutons à fleur.

4 La branche chiffonne
Elle mesure entre 15 et 30 cm. Elle porte de gros bourgeons arrondis, les **boutons à fleur**, et se termine par un **bourgeon à bois**.

5 Le bouquet de mai
Il est un peu comme une branche chiffonne très courte, de 2 à 5 cm de longueur, pas plus, portant 5 à 6 **boutons à fleur** et un **bourgeon** (œil) **à bois** à l'extrémité.

Chaque année

En février

Lorsque l'on commence à apercevoir les pétales roses, taillez tous les rameaux à bois au-dessus du 4ᵉ ou 5ᵉ bourgeon à partir de leur base.

Repérez les branches chiffonnes (elles ne portent que des boutons à fleur) et laissez-les intactes.

Coupez les rameaux mixtes au-dessus du 5ᵉ ou 6ᵉ bouton à fleur à partir de leur base. Conservez 2 bourgeons à bois par rameau le plus près possible de la branche charpentière.

Sur les rameaux comportant des bouquets de mai, conservez-en au maximum 3.

Éliminez les rameaux dégarnis, portant de moins en moins de boutons à fleur à cette période. Conservez à la base de la ramification un rameau à bois. Coupez-le au-dessus du 2ᵉ bourgeon à bois situé le plus près possible de la branche charpentière.

De fin avril à début mai
Lorsque les fruits d'une branche productive ont la grosseur d'une noix, coupez-la au-dessus du 3e ou 5e groupe de fruits. Ne coupez pas les 2 rameaux situés à sa base et attachez-les aux lattes : ils la remplaceront l'année suivante. Gardez un seul fruit par groupe (le plus gros et le mieux formé): éliminez les autres. Coupez au-dessus de la 3e ou 4e feuille à partir de leur base les rameaux qui poussent au même endroit que les fruits. Supprimez toutes les autres pousses.

Après la récolte
Coupez la branche qui a produit des fruits, juste au-dessus du second rameau à partir de la base. Attachez sur les lattes au fur et à mesure de leur allongement les 2 rameaux de la base qui viendront la remplacer.

3. Entretenez

En mars, effectuez au pied de la palmette un labour léger, à la fourche-bêche pour ne pas blesser les racines en surface. Incorporez ensuite un engrais organique complet spécial arbres fruitiers et du fumier déshydraté.

En cours de végétation, attachez les branches à l'armature en donnant à votre abricotier une forme en éventail.

Pour lutter contre les maladies, pulvérisez une bouillie à base de cuivre (bouillie bordelaise), en automne juste avant la chute des feuilles et fin février, juste avant le gonflement des bourgeons. Récoltez les fruits momifiés restés accrochés sur les branches. La décoction de prêle est également efficace.
Plusieurs pulvérisations successives dès la formation des fruits d'une infusion d'absinthe feront fuir les parasites.

En début de floraison, si les nuits sont fraîches ou que des gelées matinales soient à craindre, installez devant les palmettes un rideau (toile de jute) que vous pourrez tirer le soir.

4. La récolte

Cueillez les abricots lorsqu'ils deviennent souples au toucher et bien colorés. Opérez tous les 2 ou 3 jours, avant leur complète maturité, pour éviter qu'ils ne se rident et que leur chair ne devienne cotonneuse. Vous les conserverez pendant 15 à 20 jours à une température d'environ 3 °C.

ACTINIDIACÉES

Actinidia *Actinidia chinensis* (kiwi) ou *Actinidia arguta* (kiwaï)

L'actinidia est un arbuste grimpant à feuilles caduques. Plantez-le en situation mi-ombragée, exposé à l'est ou à l'ouest, dans un sol meuble, profond, frais, humifère et non calcaire. Il est très résistant au froid (jusqu'à – 15 °C), mais ses jeunes bourgeons gèlent à – 4 °C.

Difficulté ★★★

Arrosage

Maladies et parasites
Aucun(e)

Quand planter ?
De novembre à mars

Quand tailler ?
De décembre à février ; en juillet et août

Quand récolter ?
De fin octobre à début novembre au nord de la Loire ; plus tôt dans le Midi

Distance de plantation
De 4 à 5 m

Floraison
2e quinzaine de mai

Quand et comment cultiver ?

1. Plantez

2 mois avant la plantation
Si vous plantez plus de 2 actinidias, creusez sur toute la longueur de votre future plantation une tranchée de 60 cm de largeur et de profondeur.
Si vous plantez seulement 2 actinidias, creusez le long du mur choisi 2 trous de 60 cm en tous sens.
Incorporez un engrais organique complet spécial petits fruits à la terre extraite. Rebouchez sans tasser.

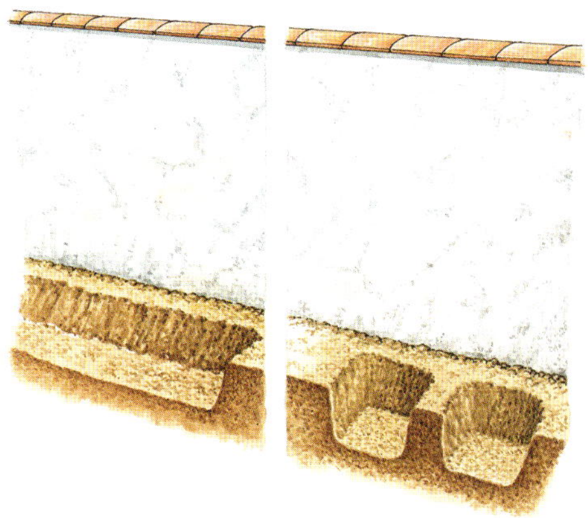

À la plantation
Installez contre le mur choisi une armature confectionnée à partir de matériaux achetés en jardinerie: fers plats à sceller dans le mur et fils de fer ou treillage prêt à poser.

Les fleurs mâles (pollen) et les fleurs femelles (qui donneront les fruits) apparaissent sur des pieds distincts: l'actinidia est dioïque. Pour avoir des fruits, il faut au moins un actinidia à fleurs mâles et un à fleurs femelles. Certaines variétés dites « autofertiles », portent des fleurs mâles et femelles sur le même pied, comme 'Tomuri'.

Quelle forme choisir ?

Vous trouverez ces deux actinidias commercialisés en conteneurs, composés de 2 à 3 branches tuteurées. Ils sont le plus souvent vendus par couple. Si vous avez suffisamment de place, vous pouvez planter 3 ou 4 pieds femelles de variétés différentes: un seul pied mâle suffira à assurer leur pollinisation.

La forme la plus facile à conduire pour débuter est la **palmette à la diable**, plantée contre un mur.

Plongez le conteneur dans l'eau, puis dépotez. Creusez un trou légèrement plus important que la motte. Posez celle-ci au fond: sa surface supérieure doit être au niveau du sol. Rebouchez, puis tassez bien en aménageant une cuvette de terre et arrosez. Raccourcissez de moitié les branches et attachez-les en éventail.

2. Taillez

L'année suivant la plantation

En février, raccourcissez toutes les branches de moitié. Attachez-les en éventail sur votre support, afin de couvrir un maximum de surface.

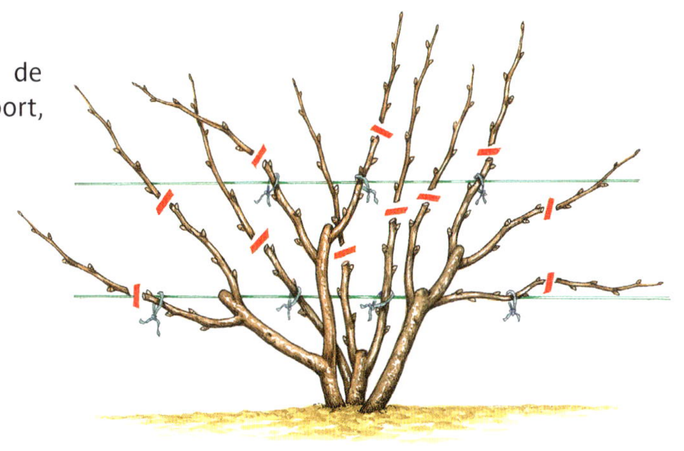

LES VARIÉTÉS CONSEILLÉES

Les incontournables

'Hayward' (kiwi); 'Tomuri' (kiwi – variété autofertile); 'Issai' (kiwaï).

À redécouvrir (kiwi)

'Abbot'; 'Bruno'; 'Monty'.

2 ans après la plantation

De décembre à février, raccourcissez les branches charpentières à 50 cm de long environ. Taillez leurs ramifications à 50 cm de long aussi. Coupez les jeunes rameaux issus de ces ramifications au-dessus du 4e ou 5e bourgeon à partir de leur base. Attachez les branches au support.

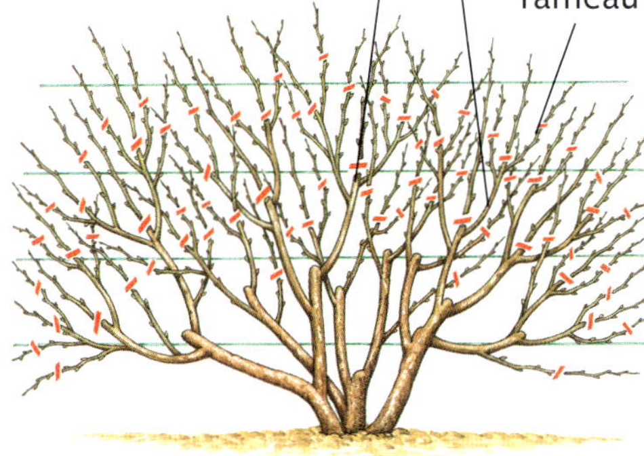

Chaque année

En février

Juste avant le démarrage de la végétation, taillez les rameaux ayant porté des fruits l'automne précédent après le 2e bourgeon (œil) qui suit l'emplacement du dernier fruit.

La taille des actinidias à fleurs mâles (qui ne portent pas de fruits) consiste à éliminer les branches qui se croisent, qui sont abîmées ou malades, ou qui poussent vers le centre de la palmette. Conservez les rameaux secondaires (ceux de plus faible diamètre) qui portent les fleurs. Tous les 3 à 4 ans, éliminez une branche charpentière âgée et sélectionnez un gourmand vigoureux de la base que vous conserverez pour la remplacer.

Début juillet

Coupez les rameaux porteurs de kiwis au-dessus de la 4e feuille après le dernier groupe de fruits.

Supprimez les rameaux très vigoureux qui partent de la base, sauf les mieux placés pour remplacer des branches charpentières improductives.

En août

Coupez au-dessus de la 2e feuille à partir de leur base, les rameaux ayant poussé à l'extrémité des branches taillées en juillet.

Tous les trois à quatre ans
De décembre à février
Rajeunissez les rameaux porteurs de fruits en les coupant au-dessus du 2e bourgeon à partir de leur base.

Vous pouvez également les supprimer pour les remplacer par de jeunes rameaux qui se sont développés l'été précédent (écorce claire). Coupez alors ces rameaux de remplacement au-dessus du 6e ou 7e bourgeon à partir de leur base.

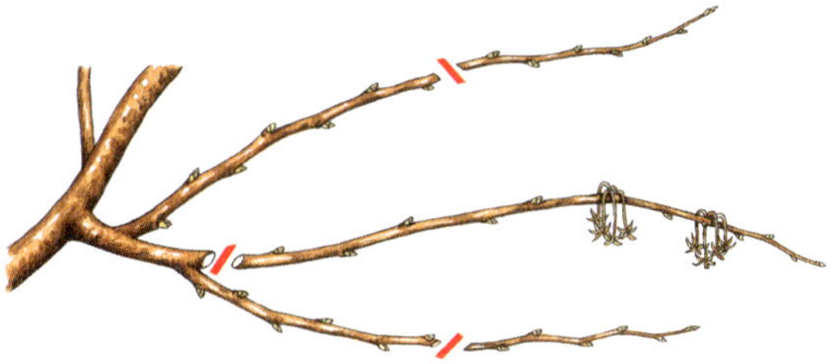

3. Entretenez

Au printemps, enfouissez 100 g/m² d'un engrais organique complet spécial arbres fruitiers, par un griffage léger pour ne pas blesser les racines superficielles.

En été, arrosez fréquemment pour maintenir la terre toujours légèrement humide autour des racines superficielles des actinidias.

Pour éviter la croissance des mauvaises herbes, couvrez le sol au pied des actinidias d'une bonne couche de fumier en cours de décomposition, ou de paille. Opérez après un désherbage soigneux. L'humidité entretenue au pied par ce paillage sera bénéfique aux racines superficielles.

4. La récolte

De la fin octobre au début novembre au nord de la Loire et plus tôt dans le Sud, lorsque les fruits deviennent souples au toucher, saisissez-les par le bas et tirez doucement : ils se détachent sans effort de leur pédoncule. Laissez ce dernier pour faciliter la taille en février l'année suivante.

5. La conservation

Posez les kiwis sur des clayettes, dans un local frais avec un taux d'humidité de 90 % : ils se conserveront ainsi au moins 2 mois.

L'actinidia n'est sujet ni aux maladies ni aux parasites. Toutefois, un manque de fer ou un excès de calcaire dans le sol peuvent provoquer le jaunissement du feuillage (ou chlorose). En saison, maintenez le sol propre au pied des touffes ou des rangées par des binages légers ou en couvrant par un paillage permanent au pied. De plus, l'humidité permanente entretenue au pied sera des plus bénéfique aux racines superficielles. Employez du fumier en cours de décomposition, de la paille, du mulch de tonte de gazon, de l'écorce, ou, plus d'actualité, du BRF.

Agrumes *Citrus*

Sur tout le pourtour méditerranéen, les agrumes se cultivent en plein air, exposés au sud-est. Dans les autres régions, plantez-les en bac pour les rentrer à l'abri du froid dès la mi-octobre. Tous apprécient les sols légers, sableux et perméables.

Quand et comment cultiver un agrume en plein air ?

1. Plantez

3 mois avant la plantation
Creusez un trou de 80 cm pour ameublir le sol. Incorporez un engrais de fond organique spécial agrumes à la terre extraite. Rebouchez sans tasser.

À la plantation
Creusez un trou légèrement plus important que le conteneur. Plongez ce dernier dans l'eau et dépotez. Posez la motte au fond du trou. Vérifiez avec un bâton bien rectiligne que sa surface supérieure se trouve au niveau du sol. Rebouchez en tassant bien avec un bâton.
Aménagez une cuvette et arrosez.

Difficulté ★★

Arrosage 💧💧💧

Maladies et parasites
Tristeza (maladie à virus), gommose, puceron, cochenille, mouche méditerranéenne des fruits, araignée rouge

Quand semer ?
Toute l'année, mais de préférence de novembre à fin mars

Quand tailler ?
Après la récolte

Quand récolter ?
De novembre à mai selon les espèces

Distance de plantation
7 m (arbres de plein vent) ; 6 m (touffes)

Floraison
En avril et juin (jusqu'en automne pour le citronnier)

Utilisez un baume cicatrisant pour combattre la gommose. Il n'existe pas de traitement contre la tristeza, luttez contre les pucerons et désinfectez les outils de taille.

Quelle forme choisir ?

Les agrumes s'achètent surtout en conteneur.

arbre basse-tige

arbre demi-tige

Vous trouverez à l'achat les agrumes sous forme d'arbres déjà formés en **basse-tige** ou en **demi-tige**, et possédant au moins de 6 à 8 branches charpentières.

touffe

Vous pouvez également opter pour des plantes plus jeunes en **touffes** de 6 à 8 branches de fort diamètre qui formeront les charpentières.

Quelle que soit la forme de l'arbre planté (touffe ou plein vent), raccourcissez l'extrémité des branches charpentières d'un tiers de leur longueur.

Si vous plantez un arbre demi-tige, enfoncez un tuteur en biais, incliné dans le sens opposé aux vents dominants, pour maintenir le tronc la première année.

2. Entretenez

En mars, effectuez au pied des plantations un labour léger à la fourche-bêche et incorporez à la terre un engrais organique complet spécial agrumes et du fumier déshydraté (veillez à respecter les quantités préconisées sur les emballages).

Maintenez le sol indemne de mauvaises herbes, surtout lorsque les arbres sont jeunes, aussi bien aux pieds des formes de plein-vent qu'aux pieds des lignes de palmettes en espaliers ou contre-espaliers. Opérez manuellement en les arrachant ou en les binant, et pas trop en profondeur pour les espèces à racines superficielles. Vous pouvez également couvrir le pied des arbres avec un mulch de tonte de gazon ou du BRF, ou encore de l'écorce de pin.

LES VARIÉTÉS CONSEILLÉES

Les incontournables

Cédratier: 'Cédrat de Corse'.

Citronnier: 'Eureka', 'Santa Teresa'.

Clémentinier: 'Corsica 1 et 2', 'Caffin', 'Nour'.

Limettier: 'Mexican', 'Tahiti', 'Rangpur'.

Mandarinier: 'de Blida', 'Satsuma'.

Oranger: 'Maltaise' (blonde), 'Jaffa' (blonde), 'Washington Navel' (navel).

Pomelo: 'Star Ruby'.

Préférez le kumquat classique (***Kumquat fortunella***).

Il n'existe qu'une seule espèce de **bigaradier** (orange amère).

À découvrir

Cédratier : 'Diamante'.

Citronnier : 'de Meyer', 'Lisbonne', 'Mentonnais'.

Oranger : 'Navelate' (navel), 'Valencia Late' (blonde), 'Double Fine' (sanguine).

Pomelo : 'Duncan'.

3. La récolte

Quand les fruits sont bien colorés et parfumés, prenez-les dans le creux de la main et tirez légèrement : ils se détachent facilement avec une partie de leur pédoncule. Récoltez au fur et à mesure de vos besoins.

Récoltez les bigarades de novembre à mars, les cédrats de juillet à août, les citrons en hiver, les clémentines et les mandarines en septembre, les kumquats de novembre à mai, les limes de mars à avril et de septembre à octobre, les oranges « navel » de novembre à février, « blondes » en février-mars, « sanguines » de fin janvier à mars, les pomelos dès le mois de mars.

Pour lutter contre les pucerons et les araignées rouges, utilisez du purin d'ortie (répulsif), ou un traitement à la pyréthrine. Éliminez les mouches méditerranéennes des fruits avec des pièges à phéromones, et plusieurs pulvérisations successives dès la formation des fruits d'une infusion d'absinthe. En février, traitez préventivement les cochenilles avec de l'huile de neem ou des huiles blanches à base d'huile de colza, de même en saison en cas d'attaque.

Quand et comment cultiver un agrume en bac ?

1. Plantez

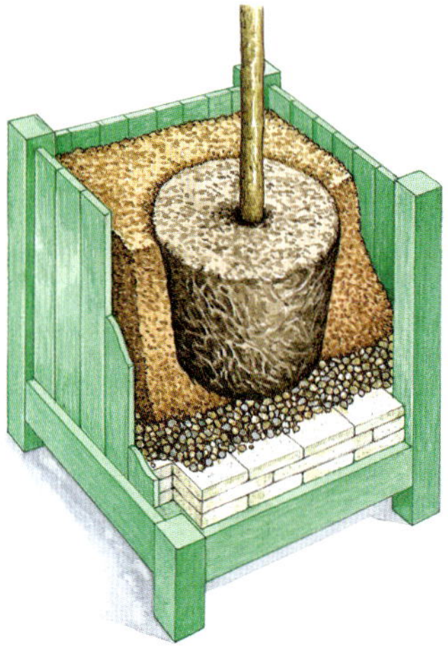

Choisissez un bac en terre cuite ou une caisse en bois. Pour la seconde, empilez au fond 2 ou 3 rangées de carreaux de plâtre. Quel que soit le contenant, étalez au fond sur 6 à 8 cm des morceaux de pots cassés ou des billes d'argile. Préparez un mélange composé à parts égales de terre de jardin, de terreau de feuilles et de sable de rivière, enrichi de fumier de vache déshydraté. Étalez un peu de mélange au fond pour que la surface de la motte se trouve quelques centimètres en dessous des bords. Comblez les vides de ce mélange, tassez et arrosez abondamment.

2. Taillez

Juste après la récolte, supprimez les branches mortes, celles qui poussent vers le centre de l'arbre. Coupez les branches devenues peu productives au-dessus de leur première jeune ramification en partant de la base. Raccourcissez l'extrémité des autres branches afin de maintenir la forme sphérique de la ramure.

Tout au long de l'année, coupez à ras les gourmands. N'en conservez que quelques-uns, bien placés, qui remplaceront une branche charpentière devenue improductive. N'oubliez pas d'enduire les plaies de coupe importantes d'un mastic cicatrisant.

3. Entretenez

Chaque année

En hiver, dès que les premières gelées sont à craindre, rentrez les bacs dans un local clair, à une température de 6 à 8 °C maximum. Arrosez une fois tous les 15 jours afin que la terre ne se dessèche pas.

Chaque année, mélangez à la terre de surface du bac un engrais organique complet spécial agrumes en respectant les quantités préconisées sur l'emballage. Procédez en trois fois:
– la moitié avant la floraison ;
– un quart avant la chute naturelle des fruits en juin ;
– un quart en septembre.

Tous les 4 à 5 ans

En mars, rempotez les jeunes agrumes dans un mélange identique à celui de la plantation, dans un contenant légèrement plus grand que la motte. Lorsque le tronc de votre agrume atteint 8 à 10 cm de diamètre, ne rempotez plus que tous les 10 ans.

Sachez que les agrumes risquent d'être détruits à partir de – 6 °C et que la récolte des fruits est compromise dès 1 ou 2 °C.
Dans les régions à risques, la récolte s'effectue souvent à l'intérieur du local d'hivernage.

4. La récolte

Lorsque les fruits sont bien colorés et parfumés, prenez-les dans le creux de la main et tirez légèrement : ils se détachent facilement avec une partie de leur pédoncule. Récoltez au fur et à mesure de vos besoins.

ROSACÉES

Amandier *Prunus dulcis*

L'amandier apprécie le plein soleil, les sols calcaires, secs, profonds et très perméables. Ses fleurs craignent les gelées (dès – 2 °C). Au sud de la Loire, préférez les arbres de plein vent. Ailleurs, cultivez l'amandier en espalier, à l'abri d'un mur bien exposé.

Difficulté ★★

Arrosage

Maladies et parasites
Oïdium (ou blanc), chancre du pêcher, moniliose, coryneum, tavelure, puceron vert, noir, farineux, cigarier, araignée rouge

Quand planter ?
De novembre à mars

Quand tailler ?
De novembre à fin mars (arbres de plein vent); de février à mars, et après la récolte (palmettes)

Quand récolter ?
En juillet-août (fruits verts) ; du 15 septembre à fin octobre (fruits secs, selon les variétés)

Distance de plantation
De 3,50 à 4 m (arbres de plein vent) ; de 4 à 5 m (palmettes)

Floraison
De fin février à mars-avril

Quand et comment cultiver l'amandier de plein vent ?

1. Plantez

un amandier à racines nues

3 mois avant la plantation

Creusez un trou de 1 m de côté et 80 cm de profondeur. Enfoncez un tuteur (de la hauteur du tronc augmentée de 1 m) au fond du trou. Incorporez un engrais organique de fond spécial arbres fruitiers à la terre extraite. Rebouchez sans tasser.

À la plantation

Creusez un trou légèrement supérieur aux racines de l'arbre. Coupez celles qui sont blessées et raccourcissez les autres racines de quelques centimètres. Trempez-les dans un mélange de terre de jardin et d'eau ayant la consistance d'une boue épaisse (pralin).

LES VARIÉTÉS CONSEILLÉES

Les incontournables

'Aï'; 'All In One'; 'Ferraduel'; 'Lauranne'.

À redécouvrir

'Ferragnes'; 'Marcona'; 'Marijo'; 'Texas'.

Pour lutter contre le chancre du pêcher, la moniliose, le coryneum, et la tavelure, traitez à la chute des feuilles et au printemps à la bouillie bordelaise. Vous pouvez également recourir à la décoction de prêle. Concernant l'oïdium (blanc), traitez avec un fongicide à base de soufre.

Le purin d'ortie (répulsif), et le traitement à la pyréthrine vous aideront à combattre pucerons et cigariers. Pour les araignées rouges, traitez avec un fongicide à base de soufre ou avec des pulvérisations de purin d'ortie ou de savon noir dilué.

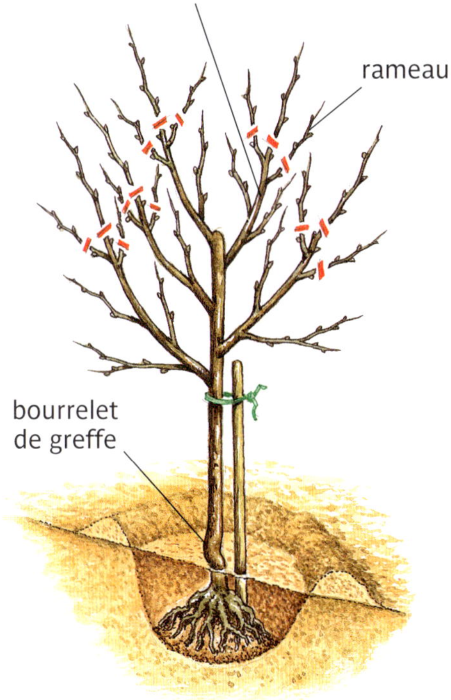

Coupez d'un tiers les branches charpentières, au-dessus d'un bourgeon tourné vers l'extérieur de la ramure. Coupez les jeunes rameaux situés sur les 20-25 cm en dessous de ces coupes au-dessus du 1er bourgeon à partir de leur base.

Vérifiez à l'aide d'un bâton bien rectiligne placé en travers du trou que le bourrelet de greffe se trouve au-dessus. Rajoutez de la terre si nécessaire. Formez un petit dôme et étalez les racines autour. Rebouchez sans tasser au pied. Aménagez une petite cuvette puis arrosez. Attachez le tronc au tuteur.

Quelle forme choisir ?

arbre demi-tige

Au sud de la Loire, optez pour un **arbre demi-tige** possédant déjà au minimum 5 branches charpentières.

scion

Au nord de la Loire, cultivez l'amandier en **palmette à la diable** plantée en espalier (appuyée contre un mur). Vous devrez alors former vous-même votre amandier à partir d'un scion.

un amandier en conteneur

Préparez le sol comme pour un amandier à racines nues. Au moment de planter, plongez le conteneur dans l'eau, puis dépotez. Creusez un trou légèrement plus volumineux que la motte. Posez celle-ci au fond: sa surface supérieure doit être au niveau du sol. Rebouchez en tassant bien. Aménagez une cuvette de terre et arrosez. Taillez les branches comme précédemment. Enfoncez à côté un tuteur, incliné dans le sens opposé aux vents dominants, pour y attacher le tronc la première année.

2. Taillez

Tous les 3 ans, supprimez les branches mortes, celles devenant improductives et les gourmands. Taillez les branches charpentières au-dessus de jeunes rameaux situés le plus près possible du cœur de l'arbre.

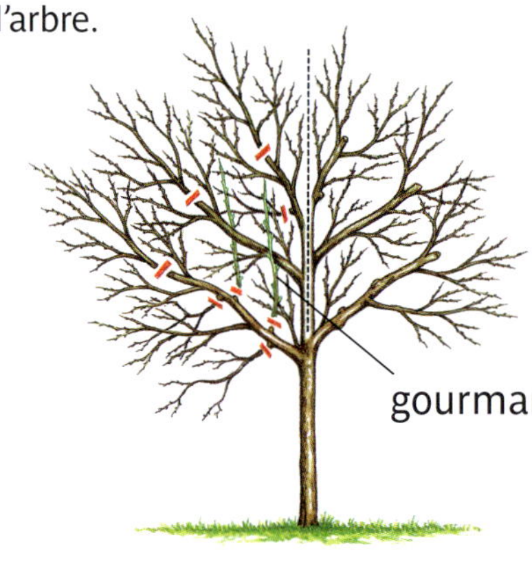

3. Entretenez

Maintenez le sol indemne de mauvaises herbes, surtout lorsque les arbres sont jeunes. Opérez manuellement en les arrachant ou en les binant, et pas trop en profondeur pour les espèces à racines superficielles. Vous pouvez également couvrir le pied des arbres avec un mulch de tonte de gazon ou du BRF, ou encore de l'écorce de pin.

Quand et comment cultiver l'amandier en palmette à la diable ?

1. Plantez

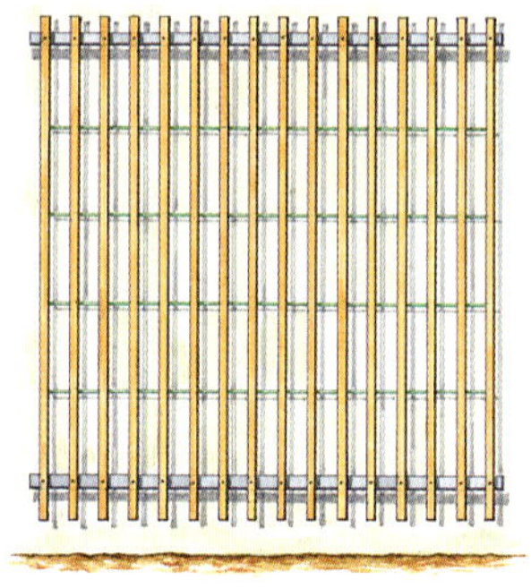

3 mois avant la plantation
Installez contre le mur choisi une armature confectionnée à partir de fers plats à sceller dans le mur, fil de fer et lattes de 1,5 cm x 1,5 cm à poser tous les 10 cm (en vente en jardinerie).
Creusez à l'aplomb une tranchée de 60 cm de largeur et de profondeur sur la longueur de votre future plantation. Incorporez à la terre extraite un engrais organique complet spécial arbres fruitiers. Rebouchez sans tasser.

À la plantation
Creusez à 30-40 cm du mur un trou légèrement plus volumineux que les racines du scion. Procédez exactement de la même façon que pour un arbre de plein vent. Inclinez-le légèrement afin de diriger ses branches vers l'armature.
Taillez le scion à 30 cm du sol, au-dessus du 2e bourgeon bien visible à partir de la base tourné sur le côté.

Reconnaître les organes de l'amandier

Les organes de l'amandier ont pour origine un bourgeon (œil) à bois qui évoluera différemment selon la quantité de sève reçue à la belle saison.

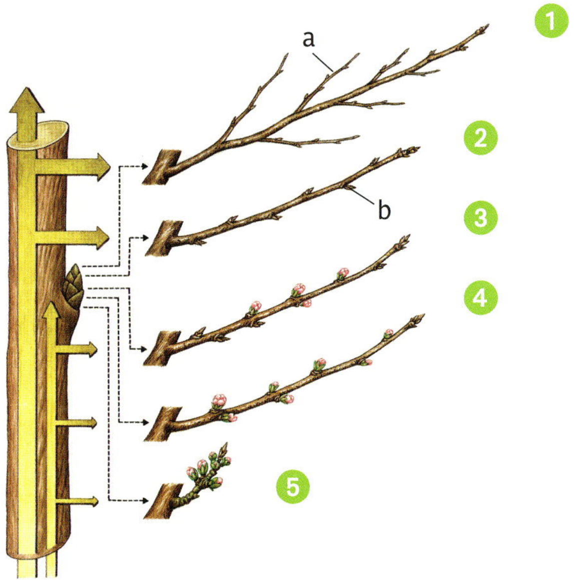

❶ **Le gourmand**

Rameau à bois très vigoureux portant dès la première année des ramifications (a).

❷ **Le rameau à bois**

Il ne porte que des **bourgeons** (yeux) **à bois** (b), pointus et fins, d'où partiront, l'été suivant, d'autres ramifications. S'il est de vigueur moyenne, une taille appropriée le transformera en rameau fertile. S'il est de forte vigueur et porte dès la première année des ramifications, c'est un gourmand.

❸ **Le rameau mixte**

Il porte des **bourgeons** (yeux) **à bois**, allongés et pointus, qui assureront son remplacement, et des **boutons à fleur,** globuleux et arrondis, qui fourniront des fruits. Ces différents types de bourgeons peuvent être isolés ou groupés par 2 ou 3 : on parle alors de bourgeons doubles ou triples. Un même point d'insertion peut même porter à la fois des bourgeons à bois et des boutons à fleur.

❹ **La branche chiffonne**

Elle mesure entre 15 et 30 cm. Elle porte de gros bourgeons arrondis, les **boutons à fleur**, et se termine par un **bourgeon à bois**.

❺ **Le bouquet de mai**

Il est un peu comme une branche chiffonne très courte, de 2 à 5 cm de longueur, pas plus, portant 5 à 6 **boutons à fleur** et un **bourgeon** (œil) **à bois** à l'extrémité.

2. Taillez

1 an après la plantation

À la fin de l'hiver

Coupez les deux tiers des 2 branches charpentières qui se sont développées. Taillez les autres rameaux au-dessus du 2e bourgeon bien visible à partir de leur base.

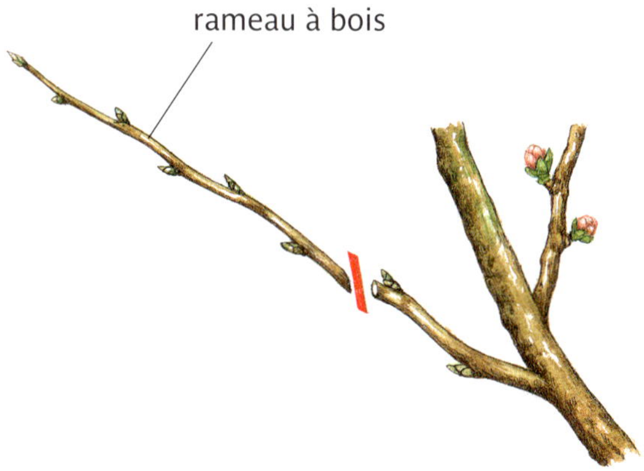

Chaque année

En février ou mars

Lorsque l'on commence à apercevoir des pétales roses à l'extrémité du bouton entrouvert (stade « bouton rose »), coupez tous les rameaux à bois au-dessus du 2e bourgeon bien visible à partir de leur base.

Coupez également les rameaux portant des fleurs, au-dessus du 4e ou du 5e groupe de fleurs en partant de la base. Conservez 1 ou 2 bourgeons à bois par rameau (situés le plus près possible de la branche charpentière).

De fin avril à début mai
Lorsque les fruits d'une branche productive grossissent, taillez son extrémité au-dessus de la 3e ou 4e feuille et attachez les deux rameaux proches de sa base aux lattes. Ne gardez qu'une dizaine de fruits par rameau (éclaircissage). Coupez les rameaux qui poussent au même endroit que les fruits au-dessus de la 3e ou 4e feuille à partir de leur base. Supprimez les pousses qui ne portent pas de fruits.

Après la récolte
Coupez la branche qui a produit des fruits juste au-dessus du second jeune rameau le plus proche de la charpentière, afin que ces deux rameaux, qui remplaceront la branche coupée l'année suivante, prennent de la vigueur.

3. Entretenez

En mars, effectuez au pied de la palmette un labour léger, à la fourche-bêche pour ne pas blesser les racines en surface. Incorporez en même temps un engrais organique complet spécial arbres fruitiers (respectez les doses préconisées sur les emballages) et du fumier déshydraté.

En cours de végétation, attachez les branches à l'armature en donnant une forme en éventail à l'arbre. Ne coudez les branches qu'en pleine journée au soleil, lorsque la sève est en mouvement, pour éviter de les casser.

Au printemps, dès le début de leur floraison, installez devant les amandiers en palmette un rideau que vous pourrez tirer le soir afin de les protéger des gelées matinales.

4. La récolte

La récolte est possible dès la deuxième année qui suit la plantation, entre juillet et août (fruits verts). Pour une consommation immédiate, cueillez les amandes à la main, avant leur maturité, quand elles sont encore d'un vert vif.

5. La conservation

Si vous souhaitez conserver les fruits, attendez que l'écale (enveloppe charnue vert-gris qui enveloppe la coque) s'entrouvre, vers la mi-septembre à la fin octobre. Par temps sec, étalez des toiles sous l'amandier et secouez les branches pour faire tomber les amandes mûres.

Étalez les fruits dans des cageots (une seule couche par cageot). Faites-les sécher pendant quelques jours. Séparez ensuite écale et coque. Déposez les amandes dans des paniers et conservez-les dans un local frais et bien aéré.

GROSSULARIACÉES

Cassissier *Ribes nigrum*

Arbuste vigoureux de 1 à 1,50 m de hauteur, aux feuilles caduques, le cassissier préfère une terre souple, aérée, riche en humus, mais tolère tous les sols. Il redoute chaleur, sécheresse et humidité. Plantez-le au soleil dans le Nord, à la mi-ombre dans le Sud.

Difficulté ★★★

Arrosage

Maladies et parasites
Oïdium (blanc), rouille du cassis, anthracnose du groseillier, puceron jaune ou vert du cassissier, phytopte du groseillier

Quand planter ?
De novembre à mars (racines nues) ; toute l'année (conteneur)

Quand tailler ?
En février

Quand récolter ?
De fin juin à mi-juillet

Distance de plantation
De 1 à 1,50 m sur le rang ; de 2,50 à 3 m entre les rangs

Floraison
En avril

Quand et comment cultiver ?

1. Plantez

un cassissier à racines nues

2 mois avant la plantation
Creusez une tranchée de 60 cm de large et autant de profondeur ou des trous individuels de 60 cm en tous sens selon le nombre de cassissiers à planter. Incorporez un engrais organique complet spécial petits fruits à la terre extraite. Rebouchez sans tasser.

À la plantation
Creusez un trou légèrement supérieur aux racines de l'arbre. Coupez celles qui sont blessées et raccourcissez les autres de quelques centimètres. Trempez-les dans un mélange de terre de jardin et d'eau ayant la consistance d'une boue épaisse (pralin).

Quelle forme choisir ?

Le cassissier est le plus souvent vendu en **touffe buissonnante** de 3 à 4 branches, à racines nues ou en conteneur.

Creusez un trou d'un volume légèrement supérieur à celui des racines. Coupez les racines blessées et raccourcissez les autres de quelques centimètres. Taillez chaque branche de la touffe au-dessus du 2e bourgeon (œil) à partir de la base. Trempez les racines dans un mélange de terre de jardin et d'eau ayant la consistance d'une boue épaisse (pralin).

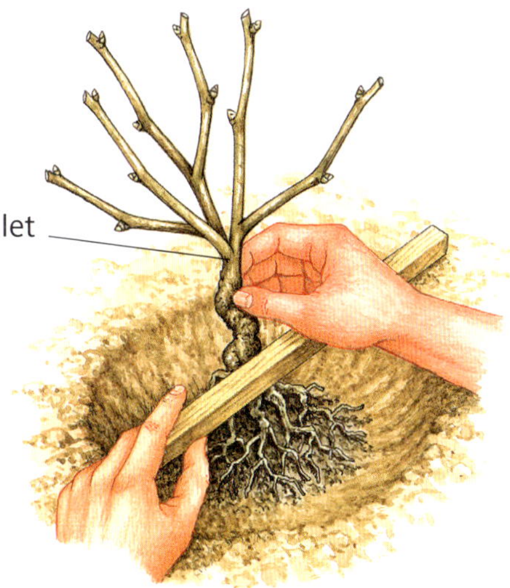

Placez un bâton bien rectiligne en travers du trou : le point de départ des branches (le collet) doit être au-dessus. Formez un petit dôme au fond du trou sur lequel vous étalerez les racines. Rebouchez sans tasser au pied, en aménageant une petite cuvette, puis arrosez.

LES VARIÉTÉS CONSEILLÉES

Les incontournables

'Black Down'; 'Delbard Robusta'; 'Géant de Boskoop'; 'Noir de Bourgogne'.

À redécouvrir

'Andega'; 'Bigno'; 'Black Reward'; 'Cadou'; 'Royal de Naples'.

un cassissier en conteneur

Au moment de planter (toute l'année en dehors des périodes de gel), plongez le conteneur dans l'eau, puis dépotez. Creusez un trou légèrement plus important que la motte. Posez celle-ci au fond : sa surface supérieure doit être au niveau du sol. Rebouchez en tassant bien. Aménagez une cuvette et arrosez. Taillez comme pour un cassissier à racines nues.

Comme pour un cassissier à racines nues, il est important pour un arbuste en conteneur de creuser un trou à l'emplacement choisi 2 mois avant la plantation, afin d'ameublir le terrain.

Traitez l'oïdium (blanc) avec un fongicide à base de soufre, la rouille et l'anthracnose avec un traitement à la bouillie bordelaise, au purin d'ortie ou de décoction de prêle. Le purin d'ortie (répulsif), et le traitement à la pyréthrine vous aideront à combattre les pucerons. Pour les phytoptes et les araignées jaunes, traitez avec un fongicide à base de soufre ou avec des pulvérisations de purin d'ortie ou de savon noir dilué.

2. Taillez

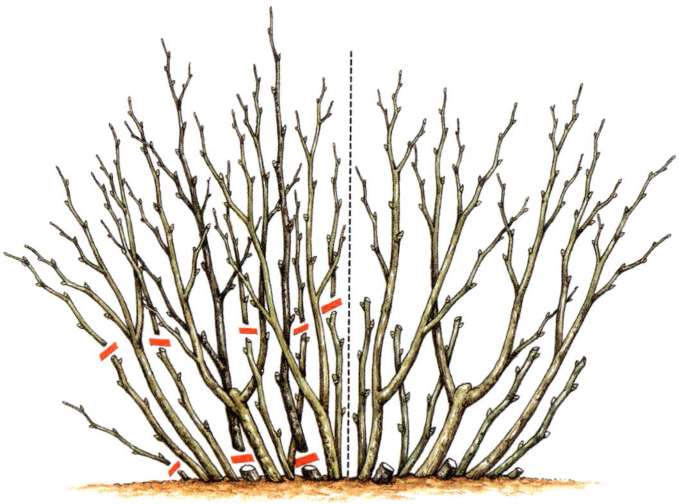

Chaque année, supprimez au ras du sol les branches mortes, trop faibles, enchevêtrées, et les plus âgées (celles qui ne produisent plus de fruits) : conservez toujours une quinzaine de branches susceptibles de produire des fruits. Sélectionnez à la base quelques jeunes branches vigoureuses et raccourcissez-les de moitié : elles remplaceront celles que vous éliminerez les années suivantes.

3. Entretenez

En mars, remuez délicatement la terre, sans endommager les racines très superficielles, à l'aide d'une griffe. Enfouissez un engrais organique complet spécial petits fruits. Ne bêchez pas autour des cassissiers.

En avril ou mai, après un désherbage soigneux, étalez au pied des cassissiers une couche de 6 à 8 cm d'épaisseur de la paille ou de fumier en cours de décomposition. L'humidité permanente ainsi entretenue au pied des arbustes sera bénéfique aux racines superficielles.

4. La récolte

Les fruits sont mûrs lorsqu'ils sont bien noirs. Récoltez-les par temps sec. Pincez le petit rameau qui relie la grappe à la branche entre vos ongles pour le couper. Placez votre main sous la grappe pour la retenir.
Pour certaines variétés, tous les grains d'une même grappe n'arrivent pas à maturité en même temps, il vous faudra alors les récolter délicatement grain par grain.

Le cassis n'est pas très savoureux en frais. Vous l'utiliserez en jus, sirop, liqueur, sorbet ou confiture.

ROSACÉES

Cerisier *Prunus cerasus, Prunus avium*

Le cerisier se plaît partout en France, jusqu'à 1 000 m d'altitude, en sols silico-argileux, profonds, frais, perméables et non calcaires. En sol lourd, les fruits risquent l'éclatement après une pluie abondante. Toutes les expositions conviennent.

Difficulté ★★

Arrosage

Maladies et parasites
Chancre bactérien, gommose, moniliose, coryneum et gnomonia, puceron noir, cochenille du mûrier, mouche de la cerise, araignées rouge et jaune

Quand planter ?
De novembre à fin mars

Quand tailler ?
De novembre à fin mars

Quand récolter ?
De mai à début août (selon les variétés et les régions)

Distance de plantation
7 m (tiges et demi-tiges); de 5 à 6 m (basses-tiges)

Floraison
De mars à avril

Quand et comment cultiver ?

1. Plantez

un cerisier à racines nues

3 mois avant la plantation
Creusez un trou de 1 m de côté et 80 cm de profondeur pour ameublir le sol. Enfoncez un tuteur (de la hauteur du tronc augmentée de 1 m) au fond du trou. Incorporez un engrais organique complet spécial arbres fruitiers à la terre extraite. Rebouchez sans tasser.

Quelle forme choisir ?

arbre tige

Vous trouverez, dans la plupart des points de vente de jardinage, des cerisiers de plein vent formés en **tige** (dessin 1), **demi-tige** ou **basse-tige**, possédant 3 ou 6 branches charpentières (celles de plus fort diamètre) selon leur âge.

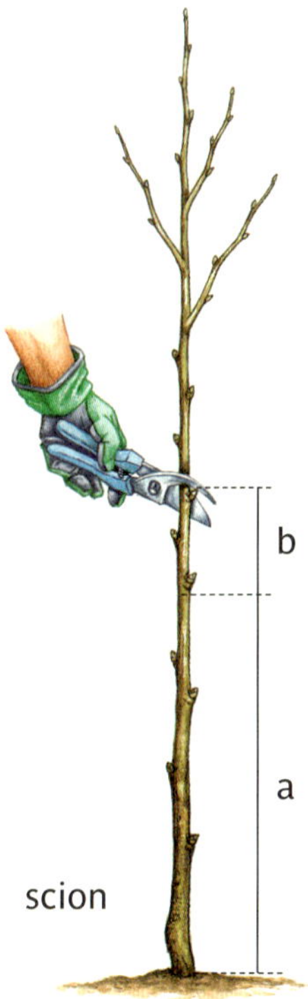

scion

Attention, si vous achetez un scion, vous devrez le former en cerisier **basse-tige**.
Après la plantation du scion, il vous faudra le tailler à une hauteur de 50 cm (a), hauteur de tronc d'un arbre basse-tige, augmentée de celle de 3 bourgeons (b); ceux-ci formeront la ramure.

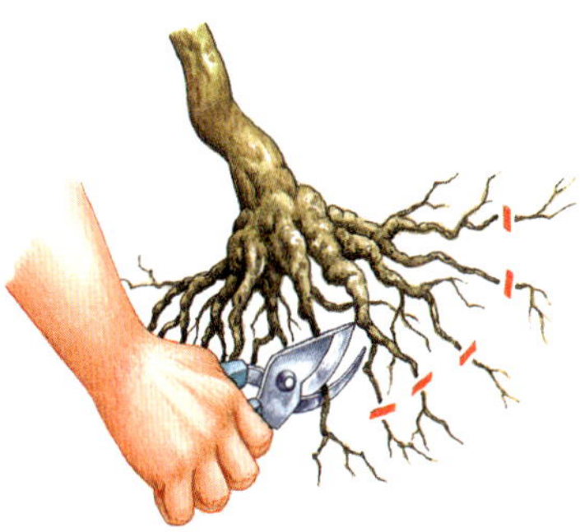

À la plantation
Creusez un trou d'un volume légèrement supérieur à celui des racines. Coupez celles qui sont cassées ou blessées et raccourcissez les autres de quelques centimètres afin de permettre la formation de radicelles.

LES QUATRE TYPES DE CERISES

Les bigarreaux
chair sucrée et ferme.

Les guignes
chair sucrée et molle.

Les cerises vraies
chair sucrée et acide à la fois.

Les guignes
chair acide à jus clair ou coloré.

Le purin d'ortie (répulsif), et le traitement à la pyréthrine vous aideront à combattre les pucerons. Traitez les cochenilles en février préventivement et en saison en cas d'attaque avec de l'huile de neem ou des huiles blanches à base d'huile de colza. Pour les mouches de la cerise, effectuez un traitement d'hiver avec ces mêmes huiles. Vous pouvez également en saison, avoir recours aux pièges à phéromones ou à plusieurs pulvérisations successives dès la formation des fruits d'une infusion d'absinthe. Concernant les araignées rouges, traitez avec un fongicide à base de soufre ou avec des pulvérisations de purin d'ortie ou de savon noir dilué.

LES VARIÉTÉS CONSEILLÉES

Les incontournables

Bigarreau: 'Délice de Malicorne'; 'Géant d'Hedelfingen'; 'Hâtif Burlat'; 'Hâtif Delbard'; 'Marmotte'; 'Moreau'; 'Reverchon'.

Guigne: 'Early Rivers'.

À découvrir

Bigarreau: 'Cœur de Pigeon'; 'Esperen'; 'Jaboulay'; 'Napoléon'; 'Rainier'; 'Stark Hardy Giant'; 'Starkrimson'; 'Van'.

Guigne: 'Précoce de la Marche'.

Cerise vraie: 'Allegria Delbard'; 'Anglaise Hâtive'; 'Belle Magnifique'; 'Royale'.

Griotte: 'Griotella'; 'Griotte du Nord'; 'Kelleriis'; 'Montmorency'.

Si l'arbre ne comporte que 3 branches charpentières, vous les raccourcissez d'un tiers.

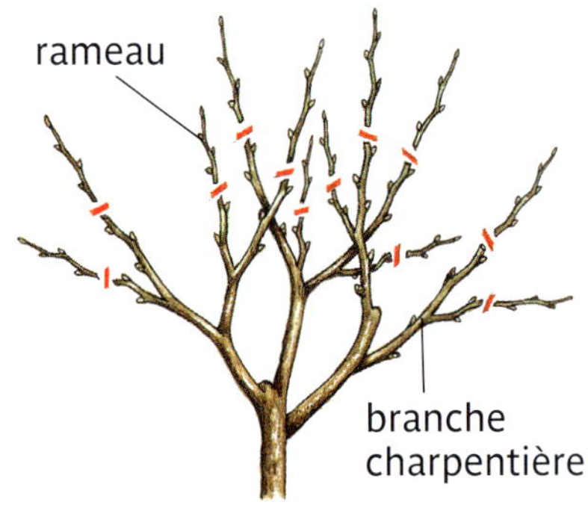

S'il possède 6 branches charpentières, raccourcissez-les d'un tiers et coupez les rameaux qu'elles comportent au-dessus du 2e bourgeon visible à partir de leur base.

Trempez les racines dans du pralin. Vérifiez à l'aide d'un bâton bien rectiligne placé en travers du trou que le bourrelet de greffe se trouve au-dessus. Rajoutez de la terre si nécessaire. Formez un petit dôme et étalez les racines autour.
Rebouchez sans tasser au pied. Aménagez une petite cuvette puis arrosez. Attachez le tronc au tuteur.

un cerisier en conteneur

Préparez le sol comme pour un cerisier à racines nues. Au moment de planter, plongez le conteneur dans l'eau, puis dépotez. Creusez un trou un peu plus important que la motte. Posez celle-ci au fond : sa surface supérieure doit être au niveau du sol. Rebouchez en tassant bien. Aménagez une cuvette et arrosez. Taillez les branches comme précédemment.

N'oubliez pas de lisser les plaies de coupe importantes (de plus de 3 à 5 cm de diamètre) à la serpette, en retirant tout le bois haché. Badigeonnez-les toutes avec un mastic cicatrisant.

2. Taillez

Tous les 4 ou 5 ans, de préférence au début du mois de novembre, coupez toutes les branches mortes. Raccourcissez les branches les plus hautes en les taillant juste au-dessus d'un jeune rameau ou d'un bourgeon bien formé.

Traitez les maladies (moniliose, coryneum, chancre bactérien, gnomonia) à la chute des feuilles et au printemps à la bouillie bordelaise. La décoction de prêle est également efficace.

3. Entretenez

Maintenez le sol indemne de mauvaises herbes, surtout lorsque les arbres sont jeunes. Opérez manuellement en les arrachant ou en les binant, et pas trop en profondeur pour les espèces à racines superficielles. Vous pouvez également couvrir le pied des arbres avec un mulch de tonte de gazon ou du BRF, ou encore de l'écorce de pin.

4. La récolte

Cueillez les cerises, de préférence par temps sec, quand elles sont bien colorées. Tirez doucement sur leur pédoncule au point d'attache sur le rameau : il se détache facilement.

MORACÉES

Figuier *Ficus carica*

Le figuier produit des fruits en abondance dans le Midi et le Sud-Ouest. Ailleurs, vous pouvez le cultiver, sans attendre de récolte spectaculaire, dans des zones bénéficiant d'un microclimat, notamment le long du littoral atlantique.

Difficulté ★★

Arrosage

Maladies et parasites
Mouche de la figue, cochenille

Quand planter ?
De novembre à fin mars

Quand tailler ?
En mars

Quand récolter ?
De juillet à août (figues-fleurs); de septembre à octobre (figues d'automne)

Distance de plantation
De 5 à 6 m

Floraison
En juillet

Plantez-le en situation ensoleillée et abritée des vents froids. Il prospère dans n'importe quel sol, sauf acide.

Quand et comment cultiver ?

1. Plantez

un figuier à racines nues

3 mois avant la plantation

Creusez un trou de 80 cm en tous sens pour ameublir le sol en profondeur. Incorporez ensuite un engrais organique complet spécial arbres fruitiers à la terre extraite. Rebouchez sans tasser.

Quelle forme choisir ?

La forme de figuier la plus simple à conduire est la **touffe**. Le jeune arbre est vendu avec 2 à 3 branches charpentières, soit à racines nues, soit en conteneur.

Certaines variétés (bifères) produisent 2 récoltes par an :
– les figues-fleurs, dites aussi « figues d'été », qui apparaissent en été (juillet) ne seront mûres que l'été suivant. Elles ne tolèrent pas les températures inférieures à – 4 °C et ne survivront pas à l'hiver sans protection au nord de la Loire.
– les figues d'automne apparaissent aussi en été, après les figues-fleurs, et mûrissent en automne (de septembre à octobre).

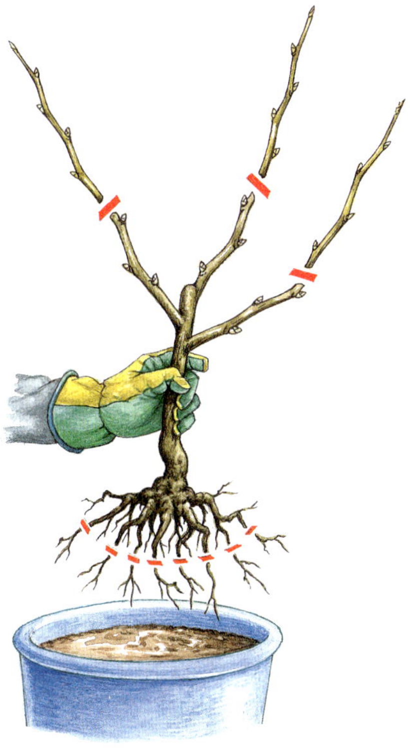

À la plantation
Creusez un trou d'un volume légèrement supérieur à celui des racines du figuier. Coupez les racines cassées ou blessées et raccourcissez les autres de quelques centimètres. Taillez les 2 ou 3 branches au-dessus du 3e bourgeon à partir de leur base.
Trempez les racines dans du pralin afin d'assurer une meilleure reprise de l'arbre.

LES VARIÉTÉS CONSEILLÉES

Les incontournables

'Bellone'; 'Blanche d'Argenteuil'; 'Blanche de Versailles'; 'Dauphine Violette'; 'Marseillaise'; 'Noir de Caromb'; 'Parisienne'; 'Violette d'Argenteuil'.

À redécouvrir

'Barbillonne'; 'Blanquette'; 'Bourjassotte'; 'Buissonne'; 'Col de Dame'; 'Grosse Rouge de Bordeaux'.

Vérifiez à l'aide d'un bâton bien rectiligne que le bourrelet de greffe se trouve au-dessus du niveau du sol. Rajoutez de la terre si nécessaire. Formez un petit dôme et étalez les racines autour. Rebouchez sans tasser avec le pied, en aménageant une petite cuvette, puis arrosez.

un figuier en conteneur

Préparez le sol comme précédemment. Au moment de planter, plongez le conteneur dans l'eau, puis dépotez. Creusez un trou légèrement plus volumineux que la motte. Posez celle-ci au fond: sa surface supérieure doit être au niveau du sol. Rebouchez en tassant bien. Aménagez une cuvette et arrosez.
Taillez les branches comme pour un figuier à racines nues.

2. Taillez

1 an après la plantation

En mars, taillez votre jeune figuier afin d'obtenir 10 à 12 branches charpentières. Parmi les rameaux apparus à la base, sélectionnez les plus vigoureux: ne les taillez pas. Éliminez les rameaux plus faibles. Coupez toutes les autres branches au-dessus du 3e bourgeon à partir de leur base.

N'oubliez pas d'enduire les plus grosses plaies de coupe (plus de 3 cm de diamètre) d'un mastic cicatrisant.

Les années suivantes

En mars, lorsque les risques de gelées ne sont plus à craindre, supprimez au ras du sol les rameaux âgés qui ne produisent plus de figues, tout en prenant soin de conserver une dizaine de branches. Éliminez le bois mort et les rameaux trop faibles.

3. Entretenez

En mars, remuez la terre au pied du figuier, à l'aide d'une griffe ou par un léger bêchage à la fourche-bêche, puis enfouissez un engrais organique complet spécial arbres fruitiers.

Effectuez un traitement d'hiver avec de l'huile de neem ou des huiles blanches à base d'huile de colza contre la mouche de la figue. Vous pouvez également en saison, avoir recours à des pièges à phéromones, ou à plusieurs pulvérisations successives dès la formation des fruits d'une infusion d'absinthe. Pour la cochenille, traitez en février préventivement et en saison en cas d'attaque avec de l'huile de neem ou des huiles blanches à base d'huile de colza.

Maintenez le sol indemne de mauvaises herbes, surtout lorsque les arbres sont jeunes. Opérez manuellement en les arrachant ou en les binant, et pas trop en profondeur pour les espèces à racines superficielles. Vous pouvez également couvrir le pied des arbres avec un mulch de tonte de gazon ou du BRF, ou encore de l'écorce de pin.

De fin novembre à début décembre

Au nord de la Loire, pour protéger les jeunes figues-fleurs, liez les branches entre elles et entourez-les avec des paillassons.

Étalez au pied du figuier de la paille ou des feuilles mortes, recouvertes par du voile d'hivernage.

4. La récolte

Les figues-fleurs restent vertes : cueillez-les lorsqu'elles sont molles au toucher. Prenez-les au creux de la main et tournez délicatement : elles se détachent toutes seules.

À maturité, les figues d'automne deviennent molles au toucher et virent du vert mat au jaune doré, ou au violet bleuté selon les variétés. Cueillez-les comme les figues-fleurs. Les figues sont des fruits fragiles: traitez-les avec délicatesse et ne les entassez pas dans un panier.

Framboisier *Rubus idaeus*

Vous pouvez planter le framboisier partout en France car sa floraison tardive le met à l'abri des gelées. En revanche, il ne supporte ni la chaleur ni la sécheresse. Plantez-le en situation mi-ombragée, dans une terre légère, plutôt acide (pH de 6,5) et riche en humus.

Quand et comment cultiver ?

1. Plantez

un framboisier à racines nues

3 mois avant la plantation
Creusez une tranchée et incorporez au fond un engrais organique complet. Posez les armatures nécessaires au palissage de la forme choisie.

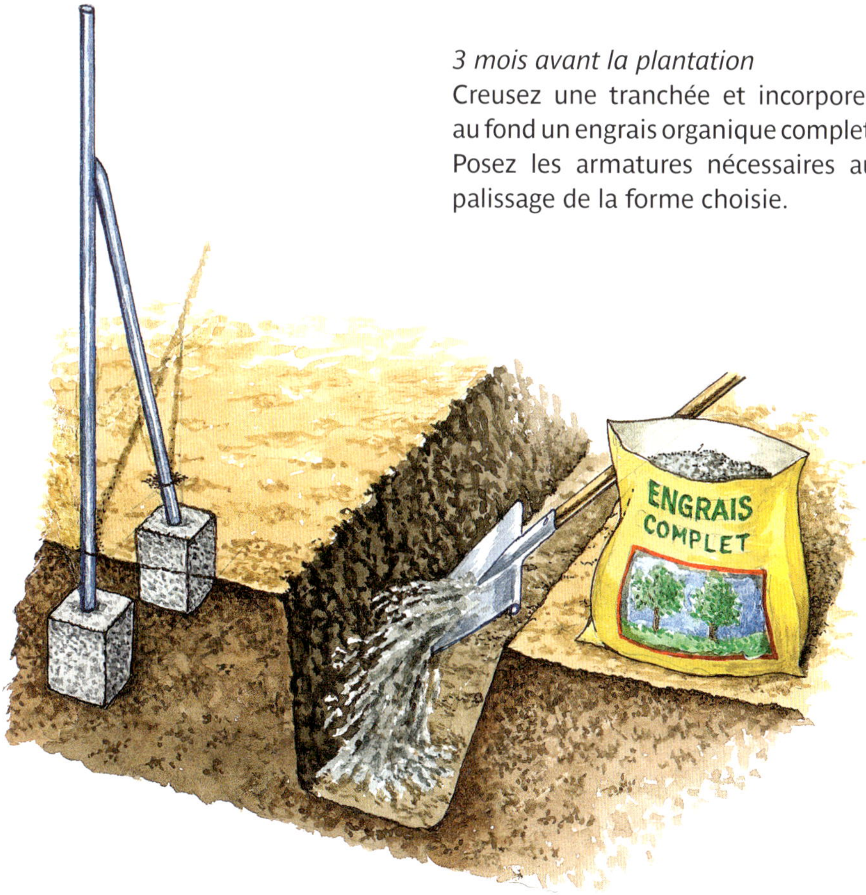

Difficulté ★

Arrosage 💧💧💧

Maladies et parasites
Brûlure des dards (didymella), oïdium (blanc), anthracnose, pourriture grise (botrytis), cécidomyie, ver des framboises, araignée jaune

Quand semer ?
De novembre à fin février

Quand tailler ?
En juin-juillet et/ou septembre

Quand récolter ?
En juin-juillet et/ou septembre

Distance de plantation
De 1 à 1,50 m sur le rang et 2 m entre les rangs

Floraison
En mai pour les non remontants; en mai et en juillet pour les remontants

LES TYPES DE FRAMBOISIERS

Les « non remontants »
Ils produisent des fruits en juin-juillet, sur les pousses de l'année précédente.

Les « remontants »
Ils produisent des fruits en juin-juillet et en septembre.

À la plantation
Coupez les extrémités des racines (habillage), éliminez celles qui sont mortes ou blessées par l'arrachage. Trempez-les dans un mélange fertilisant de terre et d'eau (pralin).

Plantez un ou deux jeunes plants côte à côte. Répartissez bien les racines en tous sens et enterrez la tige jusqu'au 3e ou 4e bourgeon bien visible à partir de la base. Taillez toutes les tiges à 30 cm du sol et au-dessus d'un bourgeon bien visible.

Vous pouvez acheter vos jeunes plants à racines nues, à planter pendant le repos de la végétation, de novembre à fin février, ou bien en conteneur, à planter toute l'année, à condition d'assurer un bon suivi de l'arrosage.

un framboisier en conteneur

Plongez le conteneur dans l'eau puis dépotez. Creusez un trou légèrement plus gros que la motte. Posez celle-ci au fond: sa surface supérieure doit être au niveau du sol. Rebouchez le trou en tassant.
Aménagez une cuvette de terre et arrosez. Taillez ensuite chaque canne à 30 cm du sol, au-dessus d'un bourgeon bien visible.

Quelle forme choisir ?

Optez pour des formes simples à cultiver, faciles d'accès pour la taille et la récolte.

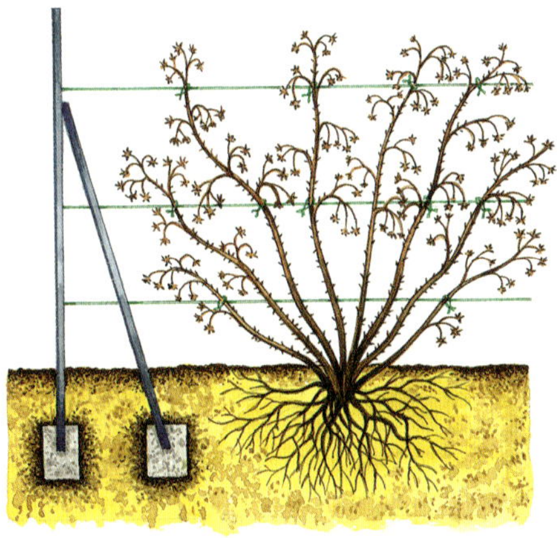

La touffe palissée en éventail est la forme la plus employée, soit en espalier contre un mur, soit en contre-espalier. Elle occupe un minimum de place. Les cannes (ou tiges) sont palissées en éventail sur une armature composée de 3 fils de fer horizontaux, tendus respectivement à 15 cm, 30-40 cm et 50-60 cm du sol, entre deux piquets de fer avec une jambe de force.

La touffe palissée à la méthode hollandaise est plus encombrante, mais rend les fruits plus accessibles. Palissez les cannes qui porteront des fruits sur 2 lignes de fils de fer tendues parallèlement à 40-50 cm du sol et espacées de 50 cm de chaque côté de la ligne de plantation. Laissez croître librement les pousses de l'année au centre. Vous pouvez également palisser d'un côté les pousses de l'année et de l'autre les cannes fructifères. La cueillette s'effectuera ainsi d'un seul côté.

LES VARIÉTÉS CONSEILLÉES

Les incontournables

Non remontantes:
'Lloyd George'; 'Magnific Delbard'; 'Mailing Promise'; 'Meeker'.

Remontantes :
'Belle de Malicorne'; 'Fallgold'; 'September'; 'Zéva'.

À redécouvrir

Non remontantes: 'Capitou'; 'Faro'; 'Flavi'; 'Frida'; 'Golden Queen'; 'Meco'; 'Nootka'; 'Schoenemann'; 'Sucrée de Metz'; 'Wawi'; 'Willamette'.

Remontantes: 'Bois Blanc'; 'Héritage'.

2. Taillez

un framboisier non remontant

Chaque année, en juillet (après la récolte), coupez au ras du sol les cannes qui ont produit des framboises.

Si vous n'avez pas taillé directement après la récolte, vous pouvez éliminer les cannes qui ont produit des fruits au début du printemps suivant, lorsqu'elles sont sèches: il suffit de les casser au niveau du sol.

un framboisier remontant

En septembre (après la seconde récolte), supprimez les cannes sèches ayant fructifié en juin-juillet en les cassant à leur base. Supprimez les extrémités des cannes qui ont produit la récolte d'automne.

3. Entretenez

Chaque année, au printemps, avant le démarrage de la végétation, apportez à vos framboisiers un engrais organique complet spécial petits fruits. Soulevez les 5 premiers centimètres de terre autour de vos framboisiers à la fourche-bêche pour l'enfouir.

Durant toute la belle saison, maintenez le sol propre au pied des touffes par des binages légers. Limitez les opérations de désherbage en étalant au pied des framboisiers du fumier en cours de décomposition ou de la paille. Le sol restera propre jusqu'en fin de saison.

Au cours du printemps, lorsque les fruits commencent à se colorer, protégez vos framboisiers des oiseaux en les recouvrant d'un filet de protection à mailles en plastique. Maintenez le filet au sol avec des pierres.

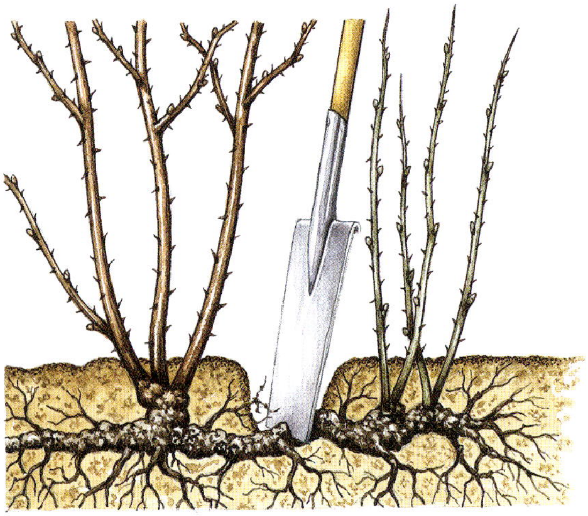

Entre décembre et février, vous pouvez diviser vos framboisiers pour en planter ailleurs. Sélectionnez des tiges vigoureuses, soulevez-les en coupant la tige souterraine qui les relie aux autres framboisiers avec le tranchant de la bêche. Plantez rapidement de la même façon qu'un plant acheté à racines nues.

Traitez la didymella, l'anthracnose, et la pourriture grise (Botrytis) à la chute des feuilles et au printemps à la bouillie bordelaise. Traitez l'oïdium (blanc) avec un fongicide à base de soufre.
Luttez contre les cécidomyies et les vers des framboises en effectuant un traitement d'hiver avec de l'huile de neem ou des huiles blanches à base d'huile de colza. Vous pouvez également avoir recours à plusieurs pulvérisations successives dès la formation des fruits d'une infusion d'absinthe.

4. La récolte

Cueillez les framboises en tirant délicatement sur le fruit du bout des doigts: la pulpe se détache facilement du cône blanc à l'intérieur. La maturité étant échelonnée, passez tous les 3 ou 4 jours pour récolter.

Si vous souhaitez transporter vos framboises, coupez le pédoncule au ciseau afin de conserver le cône blanc à l'intérieur : il limite les risques d'écrasement.

Groseillier à grappes *Ribes rubrum*

Le groseillier à grappes préfère les sols silico-argileux, souples et frais. Il redoute la chaleur, la sécheresse et l'humidité.

Difficulté ★

Arrosage 🚿🚿🚿

Maladies et parasites
Oïdium (blanc), rouille du groseillier, anthracnose du groseillier, puceron jaune ou vert, tenthrède et phalène, phytopte du groseillier, araignées rouge et jaune

Quand planter ?
De novembre à fin mars (racines nues); toute l'année (conteneur)

Quand tailler ?
En février

Quand récolter ?
De fin juin à fin juillet

Distance de plantation
De 1 à 1,50 m sur le même rang; de 2,50 à 3m entre 2 rangs

Floraison
De mars à avril

Quand et comment cultiver ?

1. Plantez

un groseillier à grappes à racines nues

2 mois avant la plantation
Pour planter plusieurs groseilliers en ligne, creusez une tranchée de 60 cm de largeur et de profondeur sur la longueur souhaitée. Incorporez un engrais organique complet à la terre extraite. Rebouchez ensuite sans tasser.

LES VARIÉTÉS CONSEILLÉES

Les incontournables

'Gloire des Sablons'; 'Jonkheer Van Tets'; 'Red Lake'; 'Versaillaise Blanche'.

À redécouvrir

'Cocagne'; 'Géant Noir'; 'Junifer'; 'Rondom'; 'Rose de Champagne'; 'Stanza'.

Quelle forme choisir ?

Le groseillier à grappes se cultive en **touffe buissonnante**. Vous le trouverez le plus souvent en touffe comptant de 3 à 4 branches, vendue à racines nues ou en conteneur.

Pour planter un seul groseillier à grappes, creusez un trou individuel de 60 cm en tous sens.

À la plantation

Creusez un trou légèrement plus volumineux que les racines de l'arbuste. Coupez celles qui sont cassées ou blessées et raccourcissez les autres de quelques centimètres. Trempez-les dans un mélange de terre de jardin et d'eau (pralin) afin d'assurer une meilleure reprise de l'arbuste.

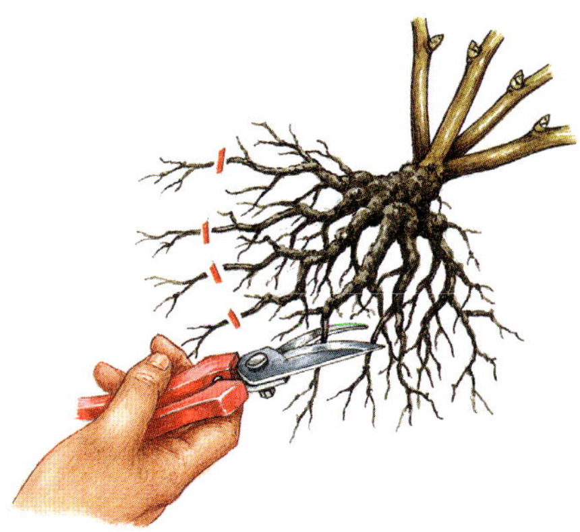

Taillez chaque branche au-dessus du 2e bourgeon à partir de la base afin de provoquer l'apparition de nouvelles branches et d'obtenir ainsi une touffe bien ramifiée.

Vérifiez à l'aide d'un bâton bien rectiligne posé en travers du trou que les traces de terre demeurées à la base de l'arbuste après l'arrachage se trouvent au niveau du sol. Formez un petit dôme et étalez les racines autour. Rebouchez sans tasser avec le pied, en aménageant une petite cuvette, puis arrosez.

un groseillier à grappes en conteneur

Préparez le sol comme précédemment. Au moment de planter, plongez le conteneur dans l'eau, puis dépotez. Creusez un trou légèrement plus volumineux que la motte. Posez celle-ci au fond: sa surface supérieure doit affleurer le niveau su sol. Rebouchez en tassant bien la terre avec un bâton. Aménagez une cuvette et arrosez.
Taillez les branches de l'arbuste comme pour un groseillier à racines nues.

Après la plantation d'un groseillier à grappes en conteneur, il est important d'assurer un bon suivi de l'arrosage, surtout au cours du premier été.

2. Taillez

Tous les ans, coupez au ras du sol les branches les plus âgées pour ne garder qu'une dizaine de rameaux en production.
Sélectionnez à la base quelques tiges vigoureuses qui viendront remplacer des branches que vous éliminerez dans 1 ou 2 ans et raccourcissez-les de moitié. Supprimez les tiges trop faibles, enchevêtrées et le bois mort.

3. Entretenez

En mars, remuez la terre à l'aide d'une griffe en enfouissant un engrais organique complet spécial petits fruits. Le labour est déconseillé au pied de l'arbuste à cause de ses racines superficielles.

Après le désherbage, étalez au pied une bonne couche (6-8 cm d'épaisseur) de fumier en cours de décomposition ou de la paille. Maintenez-la toute l'année.

Dès qu'elles commencent à se colorer, protégez vos grappes des oiseaux en couvrant les groseilliers avec des filets à maille plastique que vous maintiendrez en place avec des pierres ou des briques.
En saison, maintenez le sol propre au pied des touffes ou des rangées par des binages légers ou en couvrant par un paillage permanent au pied. De plus, l'humidité permanente entretenue au pied sera des plus bénéfique aux racines superficielles. Employez du fumier en cours de décomposition, de la paille, du mulch de tonte de gazon, de l'écorce, ou, plus d'actualité, du BRF.

4. La récolte

Lorsque tous les grains d'une grappe ont pris de belles couleurs (rouge, rosé ou jaune doré), récoltez-la en pinçant son pédoncule du bout des ongles, la grappe reposant au creux de votre main pour éviter qu'elle ne tombe.

Traitez l'oïdium (blanc) avec un fongicide à base de soufre, la rouille et l'anthracnose avec un traitement à la bouillie bordelaise, de purin d'ortie ou de décoction de prêle.
Le purin d'ortie (répulsif), et le traitement à la pyréthrine vous aideront à combattre les pucerons, tenthrèdes et phalènes. Pour les araignées rouges et jaunes, traitez avec un fongicide à base de soufre ou avec des pulvérisations de purin d'ortie ou de savon noir dilué.

ÉBÉNACÉES

Kaki ou plaqueminier *Diospyros kaki*

Le kaki, très rustique, résiste à des températures descendant jusqu'à – 15 ou – 20 °C. Vous pouvez donc le planter partout. Toutefois, ses fruits ont besoin de chaleur à l'automne. Plantez-le au soleil, dans un sol profond, bien drainé et non calcaire.

Difficulté ★★

Arrosage

Maladies et parasites
Maladie du collet, cochenille farineuse, mouche des fruits

Quand planter ?
De novembre à mars

Quand tailler ?
De novembre à fin février

Quand récolter ?
De novembre à début décembre

Distance de plantation
7 m

Floraison
De mai à juin

Arrachez et brûlez pour lutter contre la maladie du collet (provoquée par une bactérie).
Vous pouvez combattre la cochenille farineuse préventivement en février et en saison en cas d'attaque avec de l'huile de neem ou des huiles blanches à base d'huile de colza. Effectuez un traitement d'hiver avec ces mêmes huiles pour lutter contre la mouche des fruits. Ayez recours en saison, aux pièges à phéromones, ou à plusieurs pulvérisations successives d'une infusion d'absinthe dès la formation des fruits.

Quand et comment cultiver ?

1. Plantez

un kaki à racines nues

3 mois avant la plantation
Creusez un trou de 1 m de côté et 80 cm de profondeur pour ameublir le sol. Enfoncez un tuteur (de la hauteur du tronc augmentée de 1 m) au fond du trou. Incorporez un engrais organique complet spécial arbres fruitiers à la terre extraite. Rebouchez sans tasser.

À la plantation
Creusez un trou légèrement plus volumineux que les racines. Supprimez celles qui sont cassées ou blessées et raccourcissez les autres…
Taillez les 6 branches charpentières d'un tiers de leur longueur. Coupez tous les autres rameaux au-dessus du 2e bourgeon à partir de leur base.

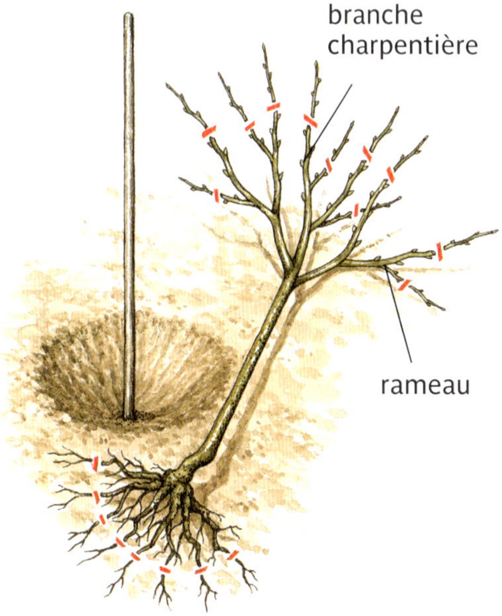

Trempez les racines dans du pralin afin d'assurer une meilleure reprise de l'arbre.

Vérifiez à l'aide d'un bâton bien rectiligne que le bourrelet de greffe à la base du tronc se trouve au-dessus du sol.
Rajoutez de la terre si nécessaire. Formez un petit dôme et étalez les racines autour. Rebouchez sans tasser avec le pied, en aménageant une petite cuvette, puis arrosez. Attachez le tronc au tuteur.

LES VARIÉTÉS CONSEILLÉES

Les incontournables

'Fuyu'; 'Hachiya'.

À redécouvrir

'Costata'; 'Izu'; 'Jiro'; 'Muscat'; 'Nishimura Wase'.

Quelle forme choisir?

Le kaki se cultive en arbre de plein vent **tige** ou **demi-tige**. Vous pourrez l'acheter à racines nues ou en conteneur.

un kaki en conteneur

Préparez le sol comme précédemment. Au moment de la plantation, plongez le conteneur dans l'eau, puis dépotez.

Creusez un trou légèrement plus volumineux que la motte. Posez celle-ci au fond: sa surface supérieure doit affleurer le sol. Rebouchez en tassant bien. Aménagez une cuvette et arrosez.

Taillez les branches de la même façon que pour un kaki à racines nues.

2. Taillez

Tous les 3 ou 4 ans, du mois de novembre jusqu'à la fin février, supprimez les branches mortes ainsi que celles qui poussent vers le centre de l'arbre. Raccourcissez de moitié les branches que vous conservez.

Lissez avec une serpette bien aiguisée les plus grosses plaies de coupe (plus de 3 cm de diamètre), puis badigeonnez-les d'un produit cicatrisant.

3. Entretenez

Maintenez le sol indemne de mauvaises herbes, surtout lorsque les arbres sont jeunes, aussi bien aux pieds des formes de plein-vent qu'aux pieds des lignes de palmettes en espaliers ou contre-espaliers. Opérez manuellement en les arrachant ou en les binant, et pas trop en profondeur pour les espèces à racines superficielles. Vous pouvez également couvrir le pied des arbres avec un mulch de tonte de gazon ou du BRF, ou encore de l'écorce de pin.

4. La récolte et la conservation

Entre novembre et décembre, cueillez vos kakis lorsqu'ils prennent une teinte orange. Les variétés « modernes » se consomment sans délai.

Les anciennes variétés de kaki ont une chair astringente. Gardez les fruits pendant 2 à 3 semaines sur un lit de paille dans un endroit frais afin qu'ils deviennent consommables, c'est-à-dire blets: alors seulement la pulpe se ramollit et devient sucrée.

Si vous récoltez vos kakis avec la portion de rameau qui les porte, vous pourrez les conserver jusqu'à Noël. Ils se friperont un peu mais leur goût n'en sera pas altéré.

Noisetier *Corylus avellana*

Le noisetier se plaît jusqu'à 1 500 m d'altitude. Il supporte le froid jusqu'à – 20 °C, mais ses chatons sont détruits dès – 8 °C. Choisissez-lui un emplacement aéré et si possible ensoleillé. Il préfère les sols acides et frais, mais peut s'adapter à tous les terrains.

Difficulté ★

Arrosage

Maladies et parasites
Anthracnose, balanin des noisettes, puceron vert, phytopte du noisetier

Quand planter ?
De novembre à fin mars

Quand tailler ?
De février à fin mars

Quand récolter ?
De fin août à fin octobre

Distance de plantation
5 m

Floraison
À partir de fin janvier (fleurs mâles); de début février à fin mars (fleurs femelles)

Quand et comment cultiver ?

1. Plantez

un noisetier à racines nues

3 mois avant la plantation
Creusez un trou de 80 cm en tous sens pour ameublir le sol en profondeur. Incorporez ensuite un engrais organique complet spécial arbres fruitiers à la terre extraite. Rebouchez sans tasser.

Un même noisetier porte des fleurs mâles (chatons) et des fleurs femelles (glomérules rougeâtres). Sur un même arbre, la pollinisation des fleurs femelles par les fleurs mâles est cependant insuffisante pour garantir une bonne récolte car leur épanouissement respectif est légèrement décalé dans le temps. Il est donc conseillé de planter au moins deux noisetiers de variétés différentes pour obtenir des noisettes en abondance.

Quelle forme choisir ?

Le noisetier se cultive en **touffe buissonnante**. On le trouve dans le commerce en touffe de 3 à 5 branches, à racines nues ou en conteneur.

LES VARIÉTÉS CONSEILLÉES

Les incontournables

'Bergeri'; 'Fertile de Coutard'; 'Merveille de Bollwiller'; 'Segorbe'.

À redécouvrir

'Aveline de Piémont'; 'Butler'; 'Cosford'; 'Ennis'; 'Impériale de Trébizonde'; 'Longue d'Espagne'; 'Noisetier pourpre'.

À la plantation

Creusez un trou légèrement plus volumineux que les racines de l'arbuste. Coupez celles qui sont blessées et raccourcissez les autres.

Trempez-les dans du pralin afin d'assurer une meilleure reprise de l'arbuste.

Raccourcissez les branches charpentières d'un tiers.

Placez un bâton rectiligne en travers du trou pour matérialiser le niveau de la terre: le point d'insertion des racines doit affleurer le niveau du sol. Rajoutez de la terre si nécessaire. Formez un petit dôme et étalez les racines autour. Rebouchez en tassant bien. Aménagez une petite cuvette et arrosez.

un noisetier en conteneur

Préparez le sol comme précédemment. Au moment de planter, plongez le conteneur dans l'eau, puis dépotez. Creusez un trou légèrement plus volumineux que la motte. Posez celle-ci au fond du trou: sa surface supérieure doit affleurer le sol. Rebouchez en tassant bien. Aménagez une cuvette et arrosez.
Taillez de la même façon que pour un noisetier à racines nues.

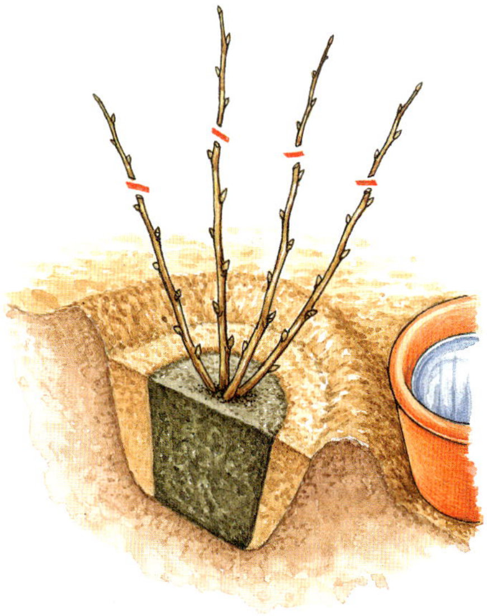

2. Taillez

Tous les 5 ans, supprimez les grosses branches devenant improductives afin de conserver 10 branches vigoureuses et productives par noisetier. Éliminez les gourmands (rameaux presque verticaux) au centre de la touffe, les branches qui se croisent et celles trop faibles de la base.
N'oubliez pas d'enduire les plus grosses plaies de coupe (plus de 3 cm de diamètre) d'un mastic cicatrisant.

3. Entretenez

Chaque printemps, effectuez un labour à la fourche-bêche au pied de votre noisetier, en incorporant un engrais organique complet spécial arbres fruitiers.

En saison, maintenez le sol propre au pied des touffes ou des rangées par des binages légers ou en couvrant par un paillage permanent au pied. De plus, l'humidité permanente entretenue au pied sera des plus bénéfique aux racines superficielles. Employez du fumier en cours de décomposition, de la paille, du mulch de tonte de gazon, de l'écorce, ou, plus d'actualité, du BRF.

4. La récolte

Pour une consommation immédiate, cueillez les noisettes à partir de la fin août. Détachez-les délicatement de l'arbre avec leur cupule verte au fur et à mesure de vos besoins.

En raison de la floraison décalée sur le même pied des fleurs femelles et mâles, il est indispensable de planter plusieurs variétés afin d'assurer une bonne fécondation et d'obtenir une bonne récolte.

5. La conservation

Pour conserver les noisettes 2 à 3 mois, récoltez-les lorsqu'elles sont sèches (entre septembre et octobre selon les variétés): leur cupule est brune et elles s'en détachent facilement. Faites-les sécher 1 à 2 semaines à l'air libre, à l'abri du soleil. Entreposez-les sans la cupule dans un local sec.

Pour lutter contre l'anthracnose, ayez recours à un traitement à la bouillie bordelaise, au purin d'ortie ou de décoction de prêle.
La larve du balanin des noisettes hivernant dans le sol, effectuez un bon labour autour de l'arbre pour l'éliminer. Le purin d'ortie (répulsif), et le traitement à la pyréthrine vous aideront à combattre les pucerons verts. Traitez les phytoptes avec un fongicide à base de soufre, ou en pulvérisant du purin d'ortie ou du savon noir dilué.

JUGLANDACÉES

Noyer *Juglans regia*

Le noyer redoute la chaleur et les altitudes supérieures à 50 m. S'il résiste au froid en hiver (jusqu'à – 20 °C), ses jeunes rameaux souffrent des gelées printanières. Plantez-le en situation abritée, en terre profonde, riche, perméable, silico-argileuse.

Difficulté ★★

Arrosage

Maladies et parasites

Anthracnose du noyer, maladie de l'encre, carpocapse, cochenille virgule, puceron du noyer, phytopte du noyer

Quand planter ?

De novembre à fin mars

Quand tailler ?

D'octobre à fin novembre

Quand récolter ?

De septembre à fin octobre

Distance de plantation

De 12 à 20 m (variété greffée sur noyer blanc); de 7 à 9 m (variété greffée sur noyer noir)

Floraison

De fin mai à juin

Traitez à la chute des feuilles et au printemps à la bouillie bordelaise pour lutter contre l'anthracnose et la maladie de l'encre.

Quand et comment cultiver ?

1. Plantez

3 mois avant la plantation

Creusez un trou de 1 m de côté et 80 cm de profondeur pour ameublir le sol. Enfoncez un tuteur (de la hauteur du tronc augmentée de 1 m) au fond du trou. Incorporez un engrais organique de fond spécial arbres fruitiers à la terre extraite. Rebouchez sans tasser.

À la plantation

Creusez un trou légèrement plus volumineux que les racines. Coupez les racines blessées et raccourcissez les autres. Raccourcissez les branches charpentières d'un tiers. Conservez une ramification vigoureuse sur chaque branche charpentière et supprimez les autres. Trempez les racines dans un mélange de terre de jardin et d'eau (pralin) afin d'assurer une meilleure reprise de l'arbre.

Quelle forme choisir ?

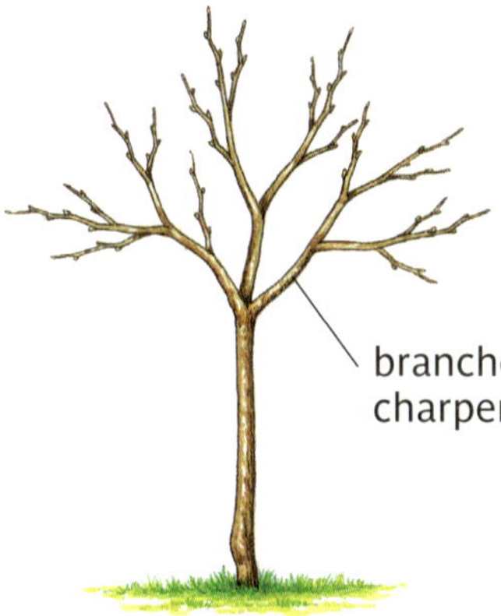

Le noyer se cultive en **arbre tige** (forme naturelle). Il est vendu à racines nues, avec au moins 3 branches charpentières bien formées et quelques ramifications.

Vérifiez à l'aide d'un bâton rectiligne que le bourrelet de greffe à la base du tronc se trouve au-dessus du niveau du sol. Rajoutez de la terre si nécessaire. Formez un petit dôme et étalez les racines autour. Rebouchez sans tasser avec le pied, en aménageant une petite cuvette, puis arrosez. Attachez le tronc au tuteur.

Vous éliminerez le carpocapse en posant des pièges à phéromones. Le purin d'ortie (répulsif), et le traitement à la pyréthrine vous aideront à combattre les pucerons du noyer. Pour la cochenille virgule, traitez en février préventivement et en saison en cas d'attaque avec de l'huile de neem ou des huiles blanches à base d'huile de colza. Traitez avec un fongicide à base de soufre concernant le phytopte, vous pouvez aussi pulvériser du purin d'ortie ou du savon noir dilué.

2. Taillez

Tous les 5 à 10 ans, d'octobre à fin novembre, éliminez les jeunes branches très vigoureuses qui poussent verticalement dans la ramure et que l'on appelle gourmands.

Le noyer n'aime pas être taillé. L'idéal est de le planter dans un endroit suffisamment dégagé pour le laisser prendre sa forme naturellement.

LES VARIÉTÉS CONSEILLÉES

Les incontournables

'Corne'; 'Franquette'; 'Marbot'; 'Parisienne'.

À redécouvrir

'Bijou'; 'Grandjean'; 'Mayette'; 'Pieral-Lara'.

3. Entretenez

Maintenez le sol indemne de mauvaises herbes, surtout lorsque les arbres sont jeunes, aussi bien aux pieds des formes de plein-vent qu'aux pieds des lignes de palmettes en espaliers ou contre-espaliers. Opérez manuellement en les arrachant ou en les binant, et pas trop en profondeur pour les espèces à racines superficielles. Vous pouvez également couvrir le pied des arbres avec un mulch de tonte de gazon ou du BRF, ou encore de l'écorce de pin.

4. La récolte

Dès que les noix commencent à tomber sur le sol, il est temps de récolter. Étalez des toiles de jute au pied de votre noyer et secouez les branches avec de grandes gaules.

5. La conservation

Le noyer a un bois creux: les coupes génèrent des points faibles, favorisant l'apparition de parasites ou de maladies. Taillez le moins possible et n'oubliez pas de recouvrir les grosses plaies de coupe (diamètre supérieur à 3 cm) d'un mastic cicatrisant.

Laissez votre récolte en tas à l'air libre quelques jours afin que le brou éclate. Ôtez-le et rangez les noix dans des cageots (une couche par cageot). Vous pourrez les conserver plusieurs mois dans un local sec à une température de 5 °C environ.

Olivier *Olea europaea*

Dans les régions côtières, plantez l'olivier en pleine terre. La récolte est réduite en bord de mer. Ailleurs, la culture en bac est obligatoire, et à des fins ornementales seulement. L'olivier préfère les endroits ensoleillés et s'adapte à tous les types de sols.

Quand et comment cultiver ?

1. Plantez

3 mois avant la plantation
Creusez un trou de 80 cm en tous sens pour ameublir le sol en profondeur. Incorporez ensuite un engrais organique complet spécial arbres fruitiers à la terre extraite. Rebouchez sans tasser.

À la plantation
Sélectionnez 5 branches charpentières (celles de plus fort diamètre), bien séparées les unes des autres. Éliminez celles qui restent et les jeunes rameaux qui poussent sur le tronc.

Pour former l'olivier en buisson, ne taillez pas les rameaux du bas.

Difficulté ★★

Arrosage

Maladies et parasites
Maladie de l'œil de paon, cochenille noire, mouche de l'olive, teigne

Quand planter ?
De novembre à fin mars

Quand tailler ?
En février

Quand récolter ?
En octobre (olives vertes); en décembre (olives noires)

Distance de plantation
6 m (arbres de plein vent); 5 m (buisson)

Floraison
De mai à juin

Pour un olivier basse-tige, plantez un tuteur en oblique, dans le sens opposé au vent dominant.

Quelle forme choisir ?

Les oliviers sont généralement formés sur un tronc court (**basse-tige**). Ils sont vendus **en conteneur**.

En dehors des régions du Sud-Est, plantez l'olivier **en bac**. Vous pouvez alors le former **en buisson**.

Plongez le conteneur dans l'eau, puis dépotez. Creusez un trou légèrement plus volumineux que la motte. Posez celle-ci au fond: sa surface supérieure doit être au niveau du sol. Rebouchez en tassant bien. Aménagez une cuvette et arrosez.

Luttez contre la maladie de l'œil de paon en traitant à la chute des feuilles et au printemps à la bouillie bordelaise. Vous éliminerez la cochenille noire en traitant en février préventivement et en saison en cas d'attaque avec de l'huile de neem ou des huiles blanches à base d'huile de colza. Pour la mouche de l'olive et la teigne, effectuez un traitement d'hiver avec ces mêmes huiles. Combattez la mouche, également en saison, avec des pièges à phéromones ou plusieurs pulvérisations successives dès la formation des fruits d'une infusion d'absinthe.

2. Taillez

Tous les 2 ou 3 ans

Sur les jeunes oliviers

Supprimez les branchettes porteuses de fruits afin de ne conserver, sur chaque branche charpentière, qu'un rameau tous les 15 cm environ.

LES VARIÉTÉS CONSEILLÉES

Les incontournables

'Cailletier'; 'Picholine'; 'Tanche'.

À redécouvrir

'Aglandau'; 'Bouteillan'; 'Moncita'.

Coupez les branches qui se sont courbées sous le poids de la récolte juste au-dessus des pousses vigoureuses qui se sont développées à leur base.

Maintenez le sol indemne de mauvaises herbes, surtout lorsque les arbres sont jeunes. Opérez manuellement en les arrachant ou en les binant, et pas trop en profondeur pour les espèces à racines superficielles. Vous pouvez également couvrir le pied des arbres avec un mulch de tonte de gazon ou du BRF, ou encore de l'écorce de pin.

N'oubliez pas d'enduire les plus grosses plaies de coupe (supérieures à 3 cm de diamètre) d'un mastic cicatrisant.

Tous les 5 ou 6 ans

Sur les vieux oliviers

Supprimez les branches qui poussent vers l'intérieur, celles qui sont malades et le bois mort. Raccourcissez aussi d'un tiers de leur longueur environ les extrémités de branches les plus vigoureuses.

3. La récolte

Au mois d'octobre, pour les olives vertes, ou en décembre, pour les olives noires, récoltez les fruits un par un à la main, avec leur pédoncule.

En région méditerranéenne, un olivier commence à produire vers l'âge de 8 ans et donne environ 25 kg de fruits.
Les olives vertes sont cueillies avant maturité et macérées dans de la saumure. Les olives noires sont récoltées mûres, mises en conserves ou pressées pour obtenir de l'huile. Cette huile de première pression est appelée « huile d'olive vierge ».

Pêcher *Prunus persica*

Au sud de la Loire, le pêcher se plante déjà formé sur tige ou demi-tige. Ailleurs, il faut le cultiver en espalier à l'abri d'un mur bien exposé (sud ou sud-ouest), mais les résultats y seront plus incertains. Il préfère un sol profond, léger et frais.

Quand et comment cultiver le pêcher de plein vent ?

1. Plantez

un pêcher à racines nues

3 mois avant la plantation

Creusez un trou de 1 m de côté et 80 cm de profondeur pour ameublir le sol. Enfoncez un tuteur (de la hauteur du tronc augmentée de 1 m) au fond du trou. Incorporez un engrais organique complet pour arbres fruitiers à la terre extraite et rebouchez sans tasser.

Difficulté ★★

Arrosage 💧💧💧

Maladies et parasites
Moniliose, oïdium (ou blanc), coryneum, cloque du pêcher, puceron vert, noir, farineux ou cigarier, tordeuse orientale, mouche méditerranéenne, araignée rouge

Quand planter ?
De novembre à fin mars

Quand tailler ?
Arbres de plein vent, en novembre; palmettes, en février-mars, lorsque les jeunes pêches sont visibles et après la récolte

Quand récolter ?
Du 15 juin à fin septembre (selon les variétés)

Distance de plantation
De 3,50 à 4 m (arbres de plein vent); de 4 à 5 m (palmettes)

Floraison
De fin février à mars-avril

Quelle forme choisir ?

arbre tige arbre demi-tige

Au sud de la Loire, optez pour des formes de plein vent (arbres **tige**, **demi-tige** ou **basse-tige**) possédant, à l'achat, déjà 3 (pêcher d'un an) ou 6 (pêcher de 2 ans) branches charpentières.

scion

Au nord de la Loire, optez pour un pêcher en **palmette à la diable**. Attention : vous devrez former votre pêcher vous-même à partir d'un jeune arbre fruitier greffé (scion). Demandez alors une variété de pêcher greffée sur un prunier Saint-Julien.

À la plantation

Creusez le trou de plantation d'un volume légèrement supérieur à celui des racines de l'arbre à planter. Coupez les racines cassées et raccourcissez également les autres de quelques centimètres afin de favoriser l'apparition de nouvelles radicelles.

Taillez les branches charpentières à 30 cm de long environ (juste au-dessus d'un bourgeon bien visible tourné vers l'extérieur) de façon à équilibrer l'arbre par rapport au système racinaire.

Trempez les racines dans un mélange fertilisant de terre de jardin et d'eau ayant la consistance d'une boue épaisse (pralin) de façon à encourager la reprise.

Placez un bâton rectiligne en travers du trou pour matérialiser le niveau de la terre. Vérifiez que le bourrelet de greffe se trouve au-dessus. Disposez les racines sur un petit dôme formé au fond du trou.
Rebouchez en aménageant une petite cuvette et arrosez. Attachez le tronc au tuteur.

LES QUATRE TYPES DE PÊCHES

Les pêches vraies

chair ferme, blanche, jaune ou rouge, peau duveteuse et noyau libre.

Les pavies

chair blanche ou jaune, peau duveteuse et noyau adhérent; on les emploie exclusivement pour la conserve industrielle.

Les nectarines

chair blanche ou jaune, peau lisse et noyau libre.

Les brugnons

chair ferme, blanche ou jaune, peau lisse et noyau adhérent; ils tendent à disparaître au profit des nectarines.

un pêcher en conteneur

Plongez le conteneur dans l'eau, puis dépotez. Creusez un trou légèrement plus volumineux que la motte. Posez celle-ci au fond: sa surface supérieure doit être au niveau du sol. Rebouchez, puis tassez bien à l'aide d'un bâton. Aménagez une cuvette et arrosez. Taillez les branches charpentières à 30 cm de long environ (juste au-dessus d'un bourgeon bien visible tourné vers l'extérieur).

LES VARIÉTÉS CONSEILLÉES

Les incontournables

Nectarine: 'Fantasia'; 'Olympio'.
Pêches vraies: 'Andromède'; 'Grosse Mignonne Hâtive'; 'Orlandine'; 'Sanguine de Savoie'; 'Sirius'.

À redécouvrir

Nectarine: 'Galopin'.
Pêches vraies: 'Madame Girerd'; 'Reine des vergers'; 'Téton de Vénus'.

2. Taillez

1 an après la plantation

Si le pêcher avait 3 branches charpentières à la plantation, taillez à 25-30 cm les 6 nouvelles branches charpentières (celles de plus gros diamètre). Coupez les autres petites branches au-dessus du 2e bourgeon. Si le pêcher planté avait déjà 6 branches charpentières, ne taillez pas avant 2 ou 3 ans.

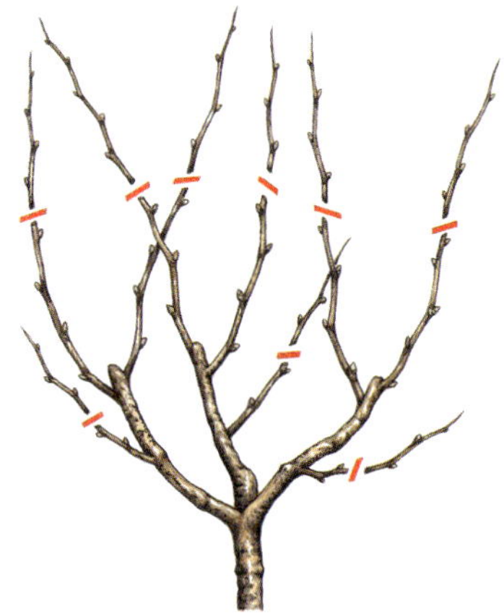

Tous les 3 ans

Lorsque l'on commence à apercevoir les pétales roses à l'extrémité des boutons, éliminez les rameaux dégarnis, portant de moins en moins de boutons à fleur à cette période. Conservez à la base de la ramification un rameau à bois. Coupez-le au-dessus du 2e bourgeon à bois situé le plus près possible de la branche charpentière.

Le purin d'ortie (répulsif), et le traitement à la pyréthrine vous aideront à combattre les pucerons. Vous combattrez la tordeuse orientale et la mouche méditerranéenne en effectuant un traitement d'hiver avec de l'huile de neem ou des huiles blanches à base d'huile de colza. Vous pouvez, également en saison, avoir recours à des pièges à phéromones ou à plusieurs pulvérisations successives dès la formation des fruits d'une infusion d'absinthe. Notez que le *Bacillus thuringiensis* est un prédateur de la tordeuse orientale. Éliminez l'araignée rouge avec un fongicide à base de soufre, ou avec des pulvérisations de purin d'ortie ou de savon noir dilué.

Quand et comment cultiver le pêcher en palmette à la diable ?

1. Plantez

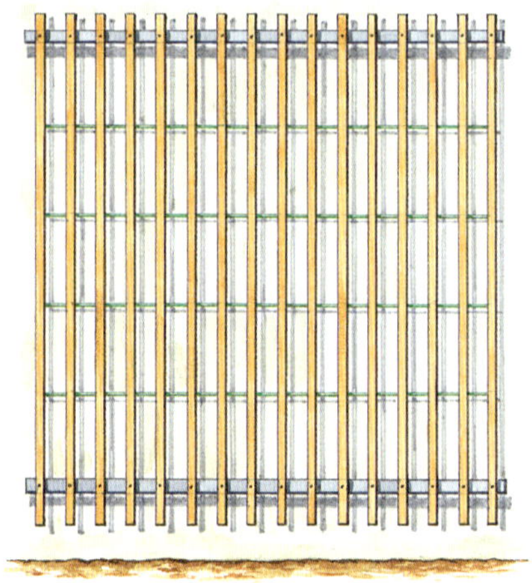

3 mois avant la plantation

Installez contre le mur une armature confectionnée à partir de fers plats à sceller dans le mur, fil de fer et lattes de 1,5 x 1,5 cm à poser tous les 30 cm. Au pied, creusez une tranchée de 60 cm de largeur et de profondeur et 2 m de long pour une palmette. Incorporez à la terre extraite un engrais organique complet. Rebouchez sans tasser.

À la plantation

Ouvrez devant le mur un trou d'un volume juste supérieur à celui des racines. Procédez de la même façon que pour un arbre de plein vent. Inclinez légèrement le jeune arbre vers l'armature. Taillez à 30 cm du sol au-dessus du 2e bourgeon bien visible à partir de la base situé sur le côté.

Vous lutterez contre la moniliose, le coryneum et la cloque du pêcher en pulvérisant une bouillie à base de cuivre (bouillie bordelaise), en automne juste avant la chute des feuilles et fin février, juste avant le gonflement des bourgeons. La décoction de prêle est également efficace. Récoltez les fruits momifiés restés accrochés sur les branches. Traitez l'oïdium (blanc) avec un fongicide à base de soufre.

Reconnaître les organes du pêcher

Les organes du pêcher ont pour origine un bourgeon (œil) à bois qui évoluera différemment selon la quantité de sève reçue à la belle saison.

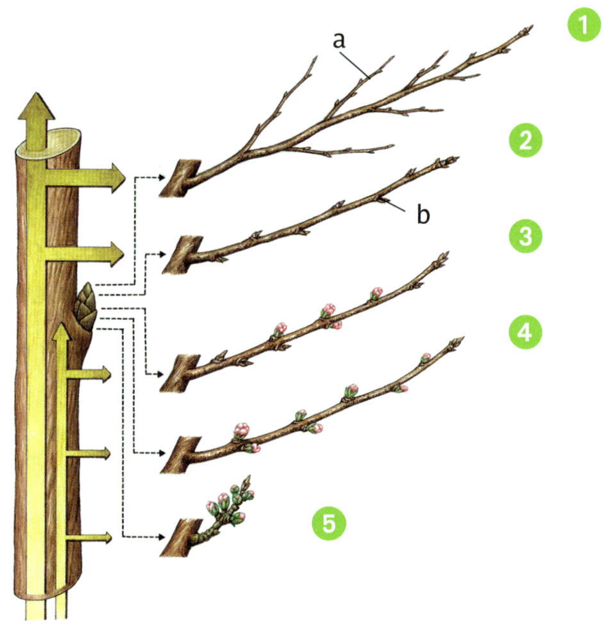

1 Le gourmand
Rameau à bois très vigoureux portant dès la première année des ramifications (a).

2 Le rameau à bois
Il ne porte que des **bourgeons** (yeux) **à bois** (b), pointus et fins, d'où partiront, l'été suivant, d'autres ramifications. S'il est de vigueur moyenne, une taille appropriée le transformera en rameau fertile. S'il est de forte vigueur et porte dès la première année des ramifications, c'est un rameau gourmand.

3 Le rameau mixte
Il porte des **bourgeons** (yeux) **à bois**, allongés et pointus, qui assureront son remplacement, et des **boutons à fleur**, globuleux et arrondis, qui fourniront des fruits. Ces différents types de bourgeons peuvent être isolés ou groupés par 2 ou 3 : on parle alors de bourgeons doubles ou triples. Un même point d'insertion peut même porter à la fois des bourgeons à bois et des boutons à fleur.

4 La branche chiffonne
Elle mesure entre 15 et 30 cm. Elle porte de gros bourgeons arrondis, les **boutons à fleur**, et se termine par un **bourgeon à bois**.

5 Le bouquet de mai
Il est un peu comme une branche chiffonne très courte, de 2 à 5 cm de longueur, pas plus, portant 5 à 6 **boutons à fleur** et **un bourgeon** (œil) **à bois** à l'extrémité.

2. Taillez

1 an après la plantation

À la fin de l'hiver, coupez les deux tiers des 2 branches charpentières. Taillez les autres branches au-dessus du 2e bourgeon bien visible et tourné vers l'extérieur à partir de la base.

Chaque année

En février ou mars

Lorsque l'on commence à apercevoir des pétales roses à l'extrémité des boutons, taillez tous les rameaux qui ne portent pas de boutons (rameaux à bois), au-dessus du 2e bourgeon bien visible à partir de leur base.

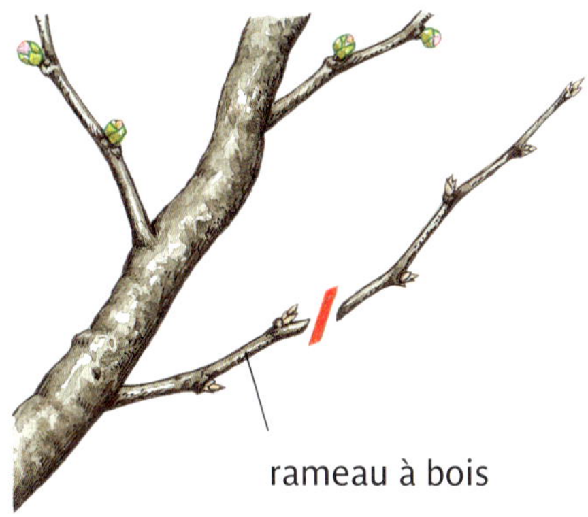

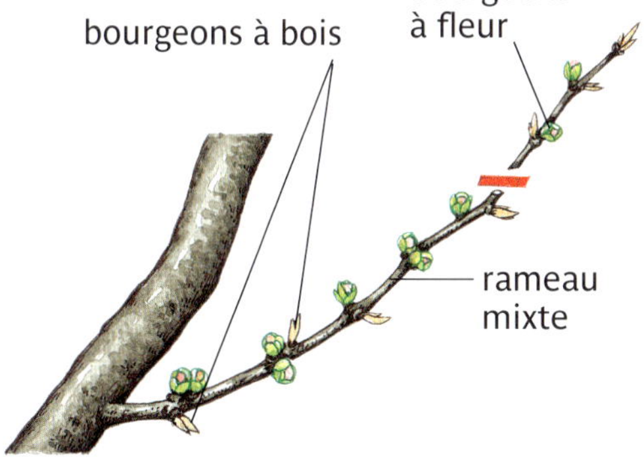

Coupez les rameaux mixtes au-dessus du 4e ou 5e groupe de fleurs en partant de la base. Conservez 2 bourgeons à bois à la base : ils donneront 2 rameaux de remplacement.

Repérez les branches chiffonnes et laissez-les intactes. On ne taille jamais la branche chiffonne, mais le rameau situé juste au-dessus, en coupant au-dessus du 2e bourgeon à bois pour permettre son remplacement.

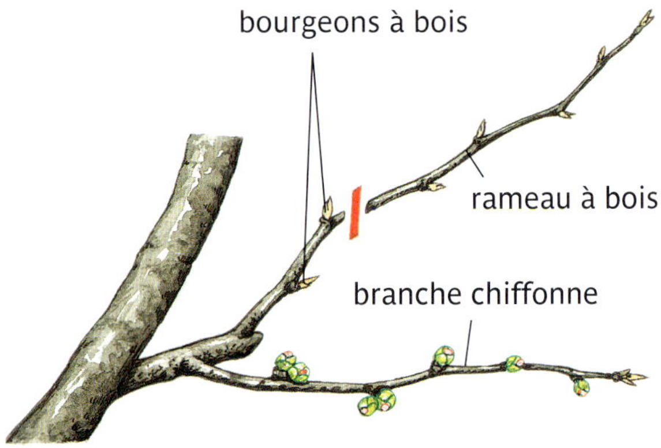

De la fin avril à début mai
Lorsque les fruits d'une branche productive grossissent, coupez-la au-dessus du 3e groupe de fruits. Attachez aux lattes les deux rameaux situés à sa base. Éliminez des jeunes fruits pour n'en garder que 2 ou 3 par branche (éclaircissage). Coupez au-dessus de la 3e ou 4e feuille à partir de leur base les rameaux qui poussent au même endroit que les fruits. Ôtez toutes les autres pousses.

Après la récolte
Coupez la branche qui a produit des fruits juste au-dessus du second rameau à partir de la base. Si les jeunes pêches sont tombées prématurément, vous pouvez tailler juste après leur chute.

3. Entretenez

En mars, effectuez au pied de la palmette un labour léger, à la fourche-bêche pour ne pas blesser les racines en surface. Incorporez en même temps un engrais organique complet spécial arbres fruitiers et du fumier déshydraté.

En cours de végétation, palissez les branches en donnant une forme en éventail.

Complétez la protection du mur pour vos espaliers en installant devant les palmettes, dès le début de leur floraison, un rideau (en toile de jute par exemple) que vous pourrez tirer le soir afin de les protéger des gelées matinales printanières.

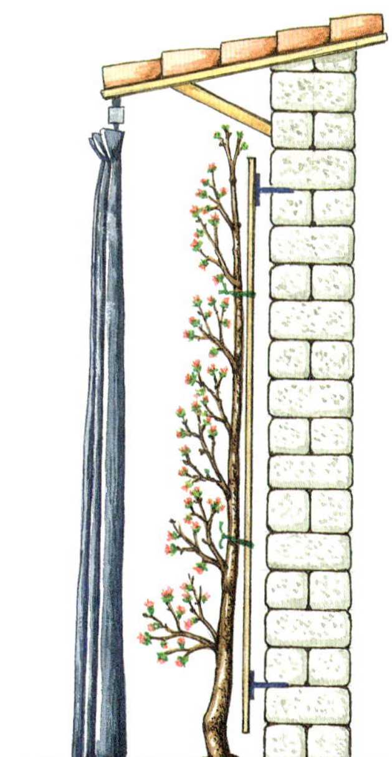

Maintenez le sol indemne de mauvaises herbes, surtout lorsque les arbres sont jeunes, aussi bien aux pieds des formes de plein-vent qu'aux pieds des lignes de palmettes en espaliers ou contre-espaliers. Opérez manuellement en les arrachant ou en les binant, et pas trop en profondeur pour les espèces à racines superficielles. Vous pouvez également couvrir le pied des arbres avec un mulch de tonte de gazon ou du BRF, ou encore de l'écorce de pin.

4. La récolte

Cueillez les pêches lorsqu'elles sont bien colorées et qu'elles deviennent molles au niveau de l'attache. La pêche dans la paume de la main, faites-la tourner légèrement : elle se détache facilement avec son pédoncule.
Posez-les délicatement dans un panier matelassé pour éviter le moindre choc.

Les pêches se conservent durant 2 à 3 semaines à une température constante, entre 0 et 10 °C, et à une hygrométrie de 85 %.

Poirier *Pyrus communis*

Le poirier se cultive partout en dessous de 1000 m d'altitude. Il demande un sol consistant et argileux, riche, frais mais perméable, et surtout pas calcaire. En espalier ou contre-espalier (palmettes), orientez-le vers le sud-est ou le sud-ouest.

Difficulté ★★

Arrosage 💧💧💧

Maladies et parasites
Tavelure, moniliose, rouille grillagée, psylle, carpocapse, puceron, araignée rouge

Quand planter ?
De novembre à mars

Quand tailler ?
En novembre (arbres de plein vent); de janvier à février et en mai (palmettes)

Quand récolter ?
De juillet à fin octobre

Distance de plantation
De 7 à 8 m (arbres de plein vent); de 30 cm à 1,20 m (palmettes et cordons verticaux)

Floraison
Du 15 mars à début avril suivant les variétés et la région

Quand et comment cultiver le poirier de plein vent ?

1. Plantez

un poirier à racines nues

3 mois avant la plantation
Creusez un trou de 1 m de côté et 80 cm de profondeur. Enfoncez un tuteur (de la hauteur du tronc augmentée de 1 m) dans le sol dur au fond du trou. Incorporez ensuite un engrais organique complet pour arbres fruitiers à la terre extraite et rebouchez sans tasser.

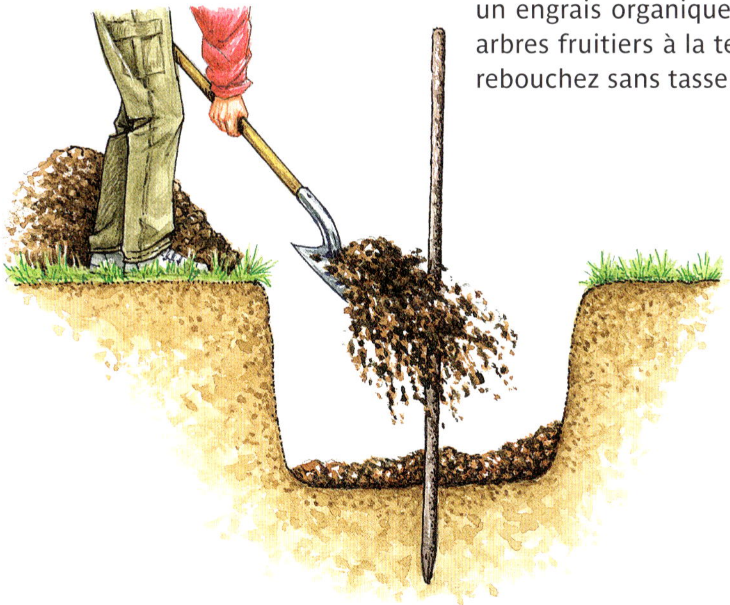

Quelle forme choisir ?

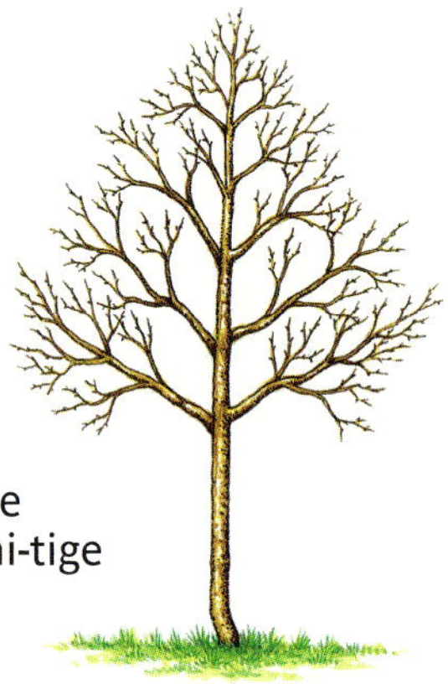

arbre
demi-tige

Dans un grand jardin
Optez pour des arbres de plein vent (**tige** ou **demi-tige**) possédant à l'achat déjà 3 ou 6 branches charpentières.

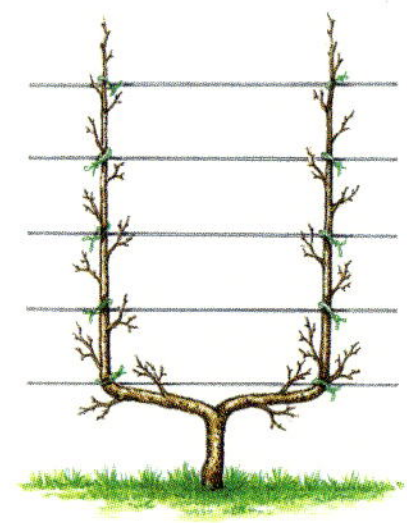

palmette
en U simple

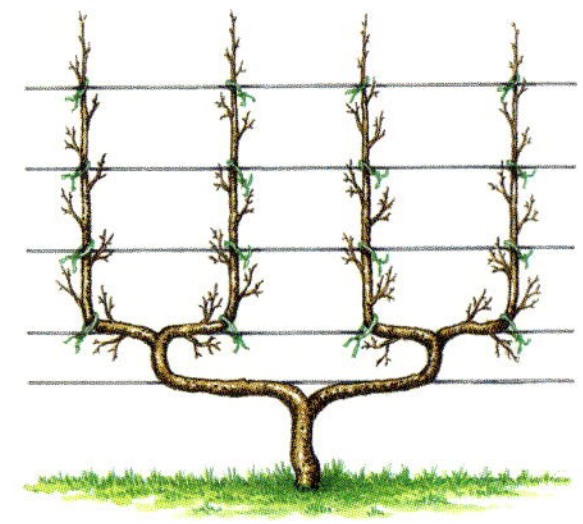

palmette
en U double

Dans un petit jardin
Préférez les poiriers en **palmette** simple à entretenir: U simple, U double, palmette Verrier. Adossez-les contre un mur de 3 à 4 m de haut (espalier) ou sur une armature de 2,50 à 3 m, non adossée à un mur (contre-espalier).

palmette Verrier

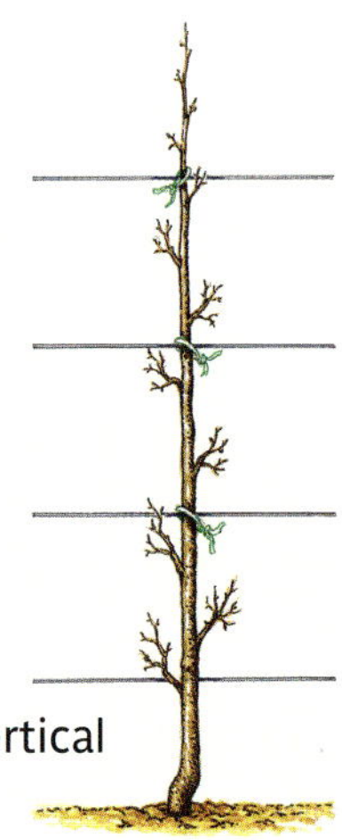

cordon vertical

Si vous manquez de place
Avec des cordons verticaux, chacun d'une variété différente et plantés tous les 30 cm, vous pouvez réaliser une petite collection de poiriers. Vous formerez facilement un **cordon vertical** à partir d'un scion.

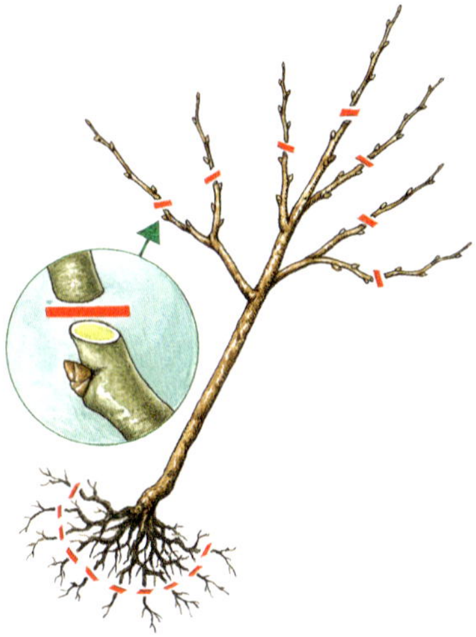

À la plantation
Creusez le trou de plantation légèrement plus volumineux que les racines. Coupez les racines blessées et raccourcissez les autres de quelques centimètres. Coupez toutes les branches à 25 cm de long, juste audessus d'un bourgeon bien visible situé vers l'extérieur.

LES VARIÉTÉS CONSEILLÉES

Les incontournables

'Beurré Hardy'; 'Conférence'; 'Delbard d'automne'; 'Delbardélice'; 'Delbard Gourmande'; 'Doyenné du Comice'; 'Fertilia Delbard'; 'Louise Bonne d'Avranches'; 'Péradel'; 'Bon Chrétien William's'.

À redécouvrir

'Bergamote Espéren'; 'Beurré Superfin'; 'de Curé'; 'Duchesse d'Angoulême'; 'Grand Champion'; 'Joséphine de Malines'; 'Soldat-Laboureur'; 'Sucrée de Montluçon'; 'Triomphe de Vienne'.

Trempez les racines dans du pralin. Placez un bâton rectiligne en travers du trou et vérifiez que le bourrelet de greffe à la base du tronc se trouve au-dessus. Rajoutez de la terre si nécessaire. Formez un petit dôme et étalez les racines autour. Rebouchez sans tasser avec le pied, en aménageant une petite cuvette, puis arrosez. Attachez le tronc au tuteur.

un poirier en conteneur

Préparez le sol comme pour un poirier à racines nues. Au moment de planter, plongez le conteneur dans l'eau, puis dépotez. Creusez un trou légèrement plus volumineux que la motte. Posez celle-ci au fond : sa face supérieure doit être au niveau du sol. Rebouchez en tassant bien la terre. Aménagez une cuvette et arrosez. Coupez les branches charpentières à 25 cm de long environ.

2. Taillez

1 an après la plantation

Si votre poirier possédait 3 branches charpentières à la plantation, taillez, à 25 cm de long environ, les 6 nouvelles branches charpentières maintenant formées.

Si votre poirier avait 6 branches charpentières à la plantation, la taille 1 an après la plantation est alors inutile.

Pour les maladies (tavelure, moniliose, rouille grillagée), pulvérisez une bouillie à base de cuivre (bouillie bordelaise), en automne juste avant la chute des feuilles et fin février, juste avant le gonflement des bourgeons. La décoction de prêle est également efficace. Récoltez les fruits momifiés restés accrochés sur les branches.

Tous les 5 ans

Supprimez les gourmands (branches verticales très vigoureuses), les branches fourchues qui se croisent et encombrent le centre de l'arbre. Raccourcissez les autres d'environ un quart en conservant la forme pyramidale naturelle du poirier.

Luttez contre les parasites en effectuant un traitement d'hiver avec de l'huile de neem ou des huiles blanches à base d'huile de colza. Le purin d'ortie (répulsif) et le traitement à la pyréthrine vous aideront à combattre les pucerons et le psylle. Vous éliminerez le carpocapse avec des pièges à phéromones ou plusieurs pulvérisations successives dès la formation des fruits d'une infusion d'absinthe. Ensachez les fruits. Chassez l'araignée rouge en traitant avec un fongicide à base de soufre.

Quand et comment cultiver le poirier en palmette ou en cordon vertical ?

1. Plantez

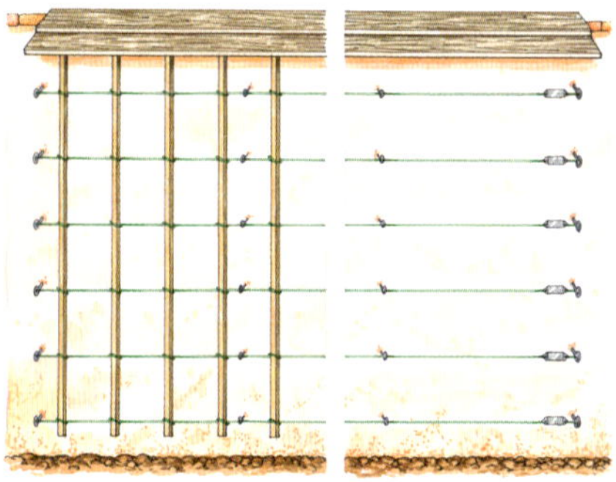

3 mois avant la plantation

Pour un espalier

Creusez une tranchée de 60 cm de large et de profondeur sur toute la longueur de votre future plantation. Incorporez un engrais organique complet à la terre extraite. Rebouchez sans tasser.

Installez contre un mur haut de 2,50 à 3 m une armature confectionnée à partir de fers plats à sceller dans le mur, fil de fer et lattes de section carrée de 1,5 cm de côté à poser tous les 30 cm.

Pour un contre-espalier

Scellez des poteaux métalliques en T, dans des plots de ciment posés au fond de la tranchée, avant de la reboucher. Espacez-les de 4 à 5 m et reliez-les par des rangées de fil de fer sur lesquelles seront fixées des lattes posées tous les 30 cm.

À la plantation

Creusez des trous de plantation légèrement plus volumineux que les racines des arbres. Espacez de 30 cm environ les branches charpentières de deux arbres voisins. Positionnez le poirier et rebouchez exactement de la même façon que pour un arbre de plein vent.

Reconnaître les organes du poirier

Les différents organes du poirier ont pour origine un bourgeon (œil) qui évoluera selon le schéma suivant en fonction de la quantité de sève qu'il recevra.

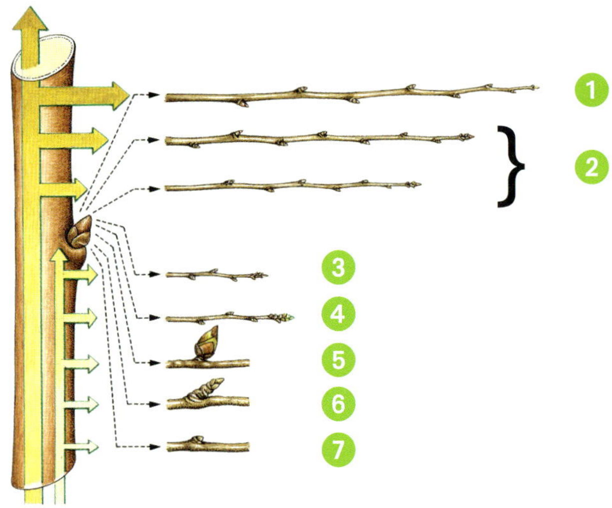

Le **gourmand** 1 est un rameau très vigoureux qui apparaît aux coudes des plus grosses branches (les charpentières). Il absorbe une bonne partie de la sève au détriment des autres ramifications et peut atteindre plus d'un mètre de longueur en un an. Il faut le supprimer en le coupant au ras de la branche où il prend naissance.

Le **rameau à bois** 2 est plus petit que le précédent et pousse de 25 à 60 cm en une saison, il porte sur les côtés et à son extrémité des **bourgeons à bois** pointus et minces (ou yeux à bois) qui donneront naissance à d'autres rameaux à bois (stériles). En le taillant judicieusement, il est possible de l'encourager à produire des bourgeons fertiles. Sur un poirier, il est rare qu'un bourgeon à bois évolue en bouton à fleur. Il peut cependant donner une brindille qui peut porter des boutons à fleur. Lorsqu'il est très fin, mesurant entre 15 et 20 cm de longueur, il porte le nom de **brindille ordinaire** 3.

Tous les rameaux qui portent ces boutons seront épargnés par la taille car ils assureront la production de fruits dès la saison suivante. Une branche grêle peut être terminée par un tel bouton : on parle alors de **brindille couronnée** 4.

Le **bouton à fleur** 5, ou bouton à fruit, est un bourgeon qui va fleurir puis donner un fruit. Il est arrondi, gonflé, globuleux et pointu. Il s'habille d'une collerette de 6 feuilles ou plus.

Le **dard** 6 est un bourgeon pointu, assez large à la base et entouré d'une rosette de 2 ou 3 feuilles. Son évolution dépend de la taille que vous allez réaliser: il peut se transformer en bouton à fleur ou produire un rameau à bois.

Le **bourgeon** (œil) **à bois** 7 est resté latent par manque d'alimentation en sève.

2. Taillez

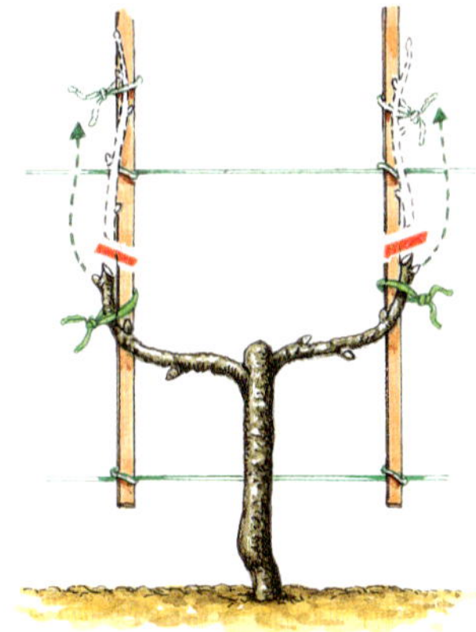

Juste après la plantation

Pour une palmette en U

Raccourcissez de 25 cm environ l'extrémité des branches charpentières. Coupez toujours au-dessus d'un bourgeon situé face à vous ou sur le côté.

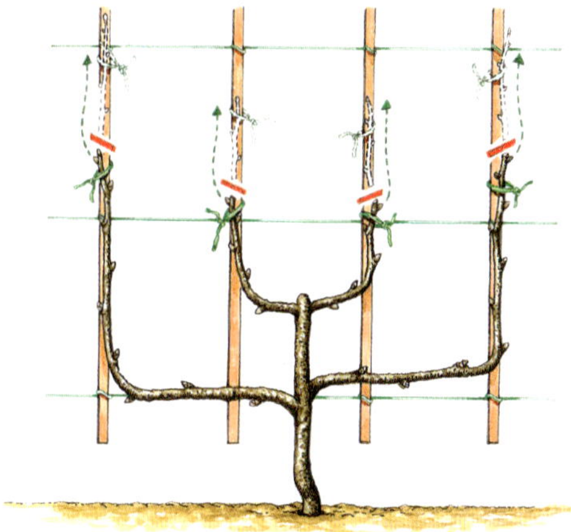

Pour une palmette Verrier

Raccourcissez de 25 cm l'extrémité des 2 branches charpentières extérieures et seulement de 20 cm les 2 branches centrales, en taillant toujours au-dessus d'un bourgeon situé face à vous ou sur le côté.

Attachez les branches charpentières sur les lattes verticales dès la plantation, et durant l'été, au fur et à mesure de leur croissance.

Chaque année

De janvier à février

Coupez les rameaux à bois qui ont poussé sur la branche charpentière, au-dessus du 3e bourgeon bien formé, à partir de la base.

En février

Coupez toutes les ramifications portant une brindille couronnée (bouton à fleur à son extrémité) juste au-dessus de cette dernière.

Cultiver un poirier en cordon vertical

De novembre à mars, plantez exactement comme un poirier en palmette à l'aplomb d'une armature de votre fabrication (appuyée contre un mur ou non). Placez votre jeune arbre à une seule branche verticale juste devant une latte. Taillez le jeune poirier à 50 ou 60 cm environ du sol. Coupez juste au-dessus d'un bourgeon situé face à vous.

Par la suite, le poirier en cordon vertical se taille et s'entretient exactement de la même façon qu'une palmette.

Coupez également toutes les ramifications comportant un bouton à fleur juste au-dessus de ce dernier.

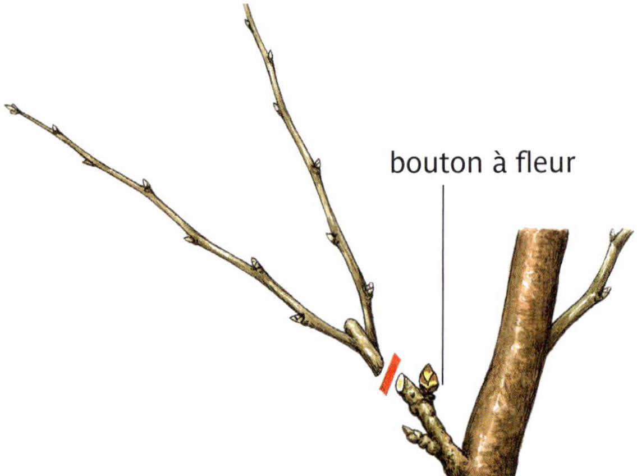

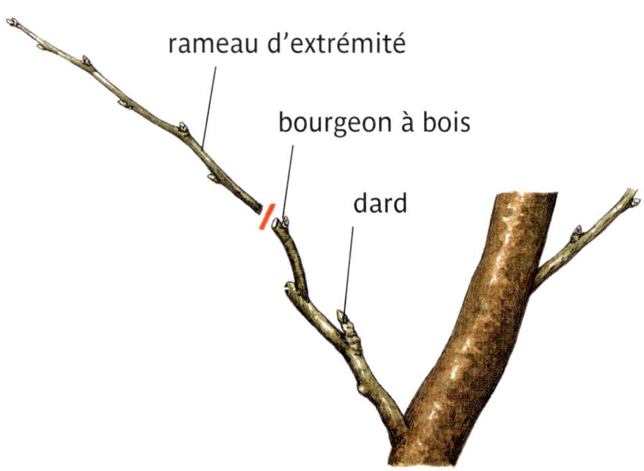

Si le rameau issu de la branche charpentière comporte un dard et un seul rameau d'extrémité, coupez le rameau d'extrémité au-dessus du 1er bourgeon à partir de sa base.

Si 2 rameaux se sont développés au-dessus du dard, coupez le rameau le plus proche du dard au-dessus du 2e bourgeon à partir de sa base et supprimez l'autre rameau.

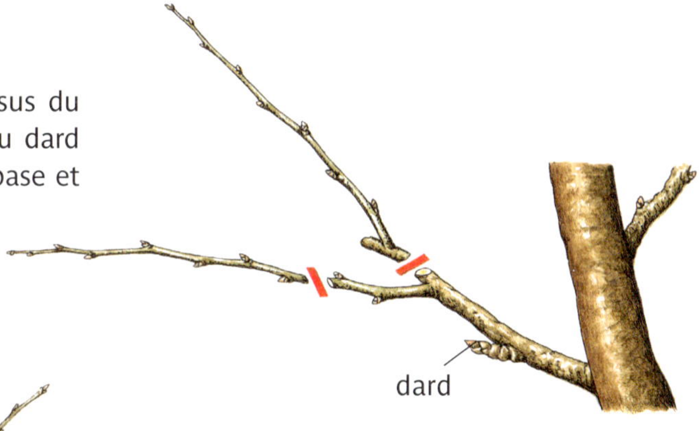

Si 3 rameaux se sont développés au-dessus du dard, coupez le plus proche du dard au-dessus du 3e bourgeon à partir de sa base et éliminez les 2 autres.

En mai

Afin d'obtenir des poires plus grosses, supprimez quelques fruits lorsqu'ils ont la grosseur d'une noix: conservez 1 à 2 fruits par groupe (les plus gros).

Quel que soit le type de palmette, raccourcissez l'extrémité de ses branches charpentières de 25 cm environ, jusqu'à ce que votre poirier palissé atteigne sa hauteur définitive (de 2 à 2,50 m). De mai à septembre, si un jeune rameau a tendance à dépasser celui d'extrémité, coupez-le au-dessus de la 5e ou 6e feuille à partir de sa base.

3. Entretenez

Maintenez le sol indemne de mauvaises herbes, surtout lorsque les arbres sont jeunes, aussi bien aux pieds des formes de plein-vent qu'aux pieds des lignes de palmettes en espaliers ou contre-espaliers. Opérez manuellement en les arrachant ou en les binant, et pas trop en profondeur pour les espèces à racines superficielles. Vous pouvez également couvrir le pied des arbres avec un mulch de tonte de gazon ou du BRF, ou encore de l'écorce de pin.

4. La récolte et la conservation

Cueillez dès que les premiers fruits commencent à tomber et qu'ils se colorent. Placez la poire dans le creux de la paume et posez l'index sur son pédoncule. Par un mouvement de bascule, le fruit doit se détacher tout seul. Les poires à conserver l'hiver (dites « de garde ») se récoltent avant maturité: elles achèvent leur maturation lors de la conservation.

Entreposez les variétés à conserver dans des cageots garnis de plusieurs épaisseurs de papier journal, la queue vers le haut, en disposant les fruits sur une seule couche à la fois. Placez dans un local sombre, frais (entre 3 et 6 °C), humide (85 % d'humidité), sans risque de gelée, sans odeur ni stockage d'autres aliments et pouvant être aéré régulièrement.

Selon les variétés, la conservation est possible de quelques jours, pour les poires d'été, à 8 ou 10 semaines pour les poires d'hiver. Ces dernières doivent être cueillies avant les premières gelées.

Pommier *Malus pumila*

Le pommier se cultive dans toutes les régions, prospère jusqu'à 1000 m d'altitude et résiste au froid. La plupart des variétés préfèrent une exposition sud-est, surtout les arbres en espalier. Plantez en terre profonde, riche et fraîche, pas trop humide.

Difficulté ★★

Arrosage 💧💧💧

Maladies et parasites
Tavelure, moniliose, oïdium, chancre, puceron lanigère, pucerons vert et cendré, carpocapse, araignée rouge

Quand planter ?
De novembre à fin mars

Quand tailler ?
En novembre (arbres de plein vent); de janvier à février et en mai (palmettes et cordons)

Quand récolter ?
De juillet à fin octobre

Distance de plantation
De 7 à 8 m (arbres de plein vent); de 30 cm à 1,20 m (palmettes); de 1,50 à 2 m (cordons)

Floraison
De fin mars à fin avril

Quand et comment cultiver le pommier de plein vent ?

1. Plantez

un pommier à racines nues

3 mois avant la plantation
Creusez un trou de 1 m de côté et 80 cm de profondeur pour ameublir le sol. Enfoncez un tuteur (de la hauteur du tronc augmentée de 1 m) au fond du trou. Incorporez un engrais organique complet pour arbres fruitiers à la terre extraite. Rebouchez sans tasser.

LES VARIÉTÉS CONSEILLÉES

Les incontournables

'Belle de Boskoop'; 'Calville Blanche'; 'Cybèle'; 'Delbard Jubilé'; 'Elstar'; 'Harmonie'; 'Reine des reinettes'; 'Reinette blanche du Canada'; 'Reinette grise du Canada'; 'Reinette du Mans'; 'Reinette orange de Cox'; 'Régali'; 'Royal Gala'; 'Tentation'.

À redécouvrir

'Api Étoilé'; 'de Belle-Fille'; 'Belle-Fleur'; 'Chailleux'; 'de l'Estre'; 'Reinette Ananas'; 'Reinette Clochard'; 'Reinette de Caux'; 'Reinette Musquée'; 'Reinette d'Orléans'; 'Transparente de Croncels'; 'Winter Banana'.

À la plantation

Creusez le trou de plantation d'un volume légèrement supérieur à celui des racines de l'arbre. Coupez les racines blessées et raccourcissez les autres de quelques centimètres. Taillez également les branches charpentières à 25 cm de longueur environ, au-dessus d'un bourgeon tourné vers l'extérieur.

Trempez les racines dans du pralin. Placez un bâton rectiligne en travers du trou: le bourrelet de greffe doit se trouver au-dessus. Rajoutez de la terre si nécessaire. Formez un petit dôme et étalez les racines autour.
Rebouchez en tassant bien. Aménagez une petite cuvette de terre, puis arrosez. Attachez le tronc au tuteur.

un pommier en conteneur

Préparez le sol comme précédemment. Au moment de planter, plongez le conteneur dans l'eau, puis dépotez. Creusez un trou d'un volume légèrement supérieur à celui de la motte. Posez celle-ci au fond: sa surface supérieure doit être au niveau du sol. Rebouchez, puis tassez bien. Aménagez une cuvette de terre et arrosez. Coupez les branches charpentières à 25 cm de long environ, juste au-dessus d'un bourgeon bien visible tourné vers l'extérieur.

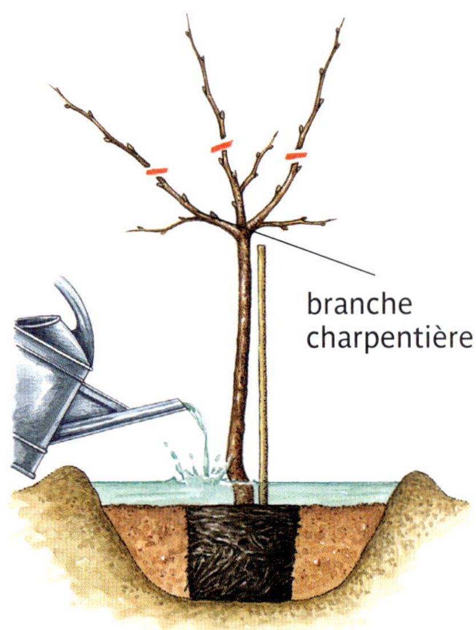

Quelle forme choisir ?

arbre demi-tige

Dans un grand jardin
Otez pour des formes de plein vent (**arbre tige** et **demi-tige**) possédant déjà 3 (pommier d'un an) ou 6 (pommier de 2 ans) branches charpentières à l'achat.

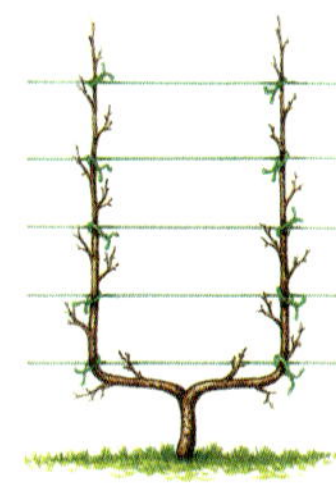

palmette en U simple

Dans un petit jardin
Préférez les pommiers en **palmette**, simples à entretenir (U simple, U double, palmette Verrier), en espalier (appuyé contre un mur), ou en contre-espalier (soutenu par une armature non adossée à un mur).

palmette en U double

palmette Verrier

Si vous manquez de place
Vous formerez facilement un pommier en **cordon vertical** ou en **cordon horizontal** à partir d'un jeune scion.

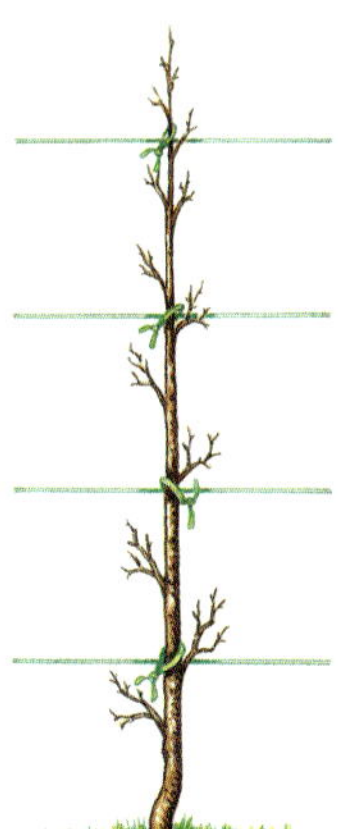

cordon vertical

cordon horizontal

Avec des cordons verticaux ou horizontaux de variétés différentes, vous pouvez réaliser une petite collection de pommiers, même dans un petit jardin.

2. Taillez

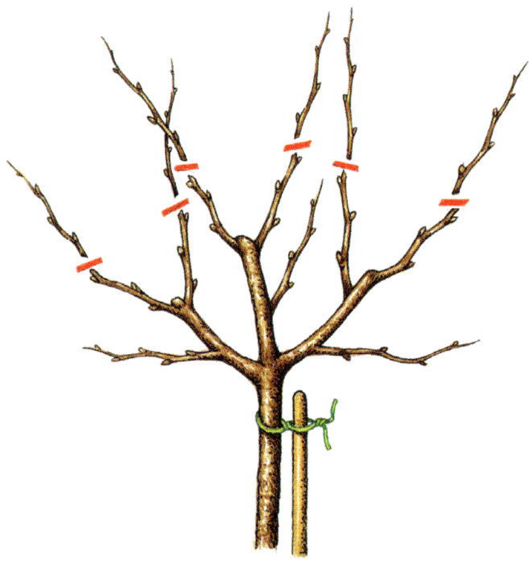

1 an après la plantation
Si le pommier planté avait 3 branches charpentières, taillez les 6 nouvelles branches charpentières obtenues à 25 cm de long environ.
Si votre pommier avait 6 branches charpentières à la plantation, cette taille est inutile.

Contre la tavelure, la moniliose et le chancre, pulvérisez une bouillie à base de cuivre (bouillie bordelaise), en automne juste avant la chute des feuilles et fin février, juste avant le gonflement des bourgeons. La décoction de prêle est également efficace. Récoltez les fruits momifiés restés accrochés sur les branches. Combattez l'oïdium (blanc) en traitant avec un fongicide à base de soufre.

Tous les 5 ans
Supprimez les gourmands (branches verticales, très vigoureuses), les branches fourchues, qui se croisent et encombrent le centre de l'arbre. Raccourcissez toutes les autres d'environ un quart.

Pour lutter contre les maladies, effectuez un traitement d'hiver avec de l'huile de neem ou des huiles blanches à base d'huile de colza. Le purin d'ortie (répulsif) et le traitement à la pyréthrine vous aideront à combattre les pucerons vert et cendré. Luttez contre le carpocapse avec des pièges à phéromones ou plusieurs pulvérisations successives dès la formation des fruits d'une infusion d'absinthe. Ensachez les fruits. En cas d'attaques très localisées de pucerons lanigère, badigeonnez au pinceau les colonies avec de l'alcool à brûler. Sinon traitez à la pyréthrine. Chassez l'araignée rouge en traitant avec un fongicide à base de soufre.

Quand et comment cultiver le pommier en palmette ou en cordon ?

1. Plantez

3 mois avant la plantation

Pour un espalier

Installez contre le mur choisi (3 à 4 m de haut) une armature confectionnée à partir de matériaux achetés en jardinerie : fers plats à sceller dans le mur, fil de fer et lattes de section carrée de 1,5 cm de côté, à poser en les espaçant de 30 cm.

Creusez à l'aplomb une tranchée de 60 cm de large et de profondeur sur toute la longueur de votre future plantation. Incorporez un engrais organique complet à la terre extraite. Rebouchez sans tasser.

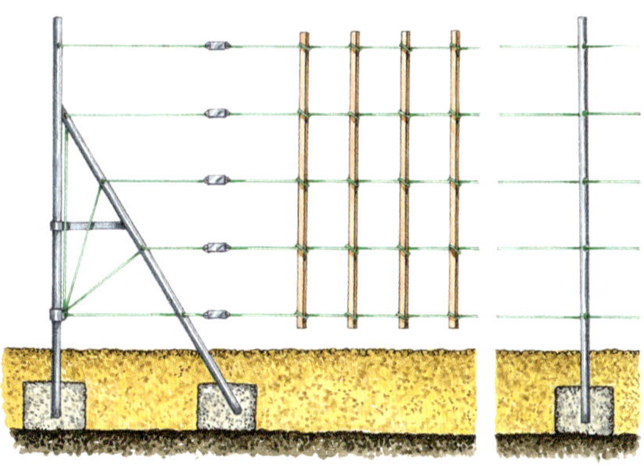

Pour un contre-espalier

Creusez une tranchée de 60 cm de largeur et de profondeur à l'emplacement choisi. Disposez deux poteaux en fer à T (3 à 3,50 m de haut), scellés dans des plots de ciment posés au fond de la tranchée, distants de 4 à 5 m. Reliez-les par des rangées de fil de fer sur lesquelles seront fixées des lattes de bois.

Incorporez un engrais organique complet à la terre extraite. Rebouchez sans tasser une fois l'armature posée.

À la plantation

Creusez un trou légèrement plus volumineux que les racines de l'arbre. Positionnez la palmette et rebouchez de la même façon que pour un arbre de plein vent.

Laissez un espace de 30 cm entre les branches charpentières de deux arbres voisins.

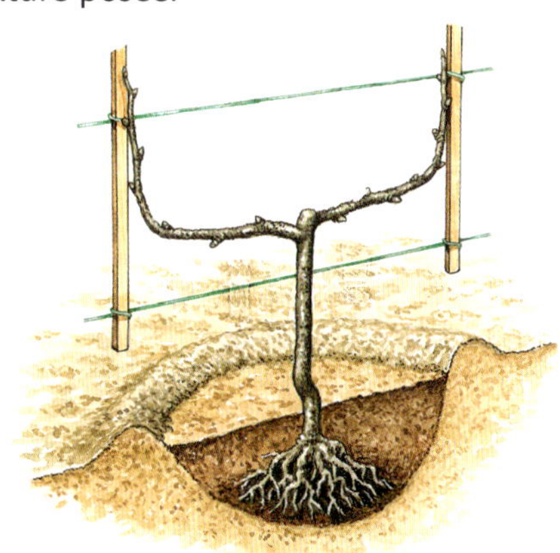

Cultiver un cordon horizontal

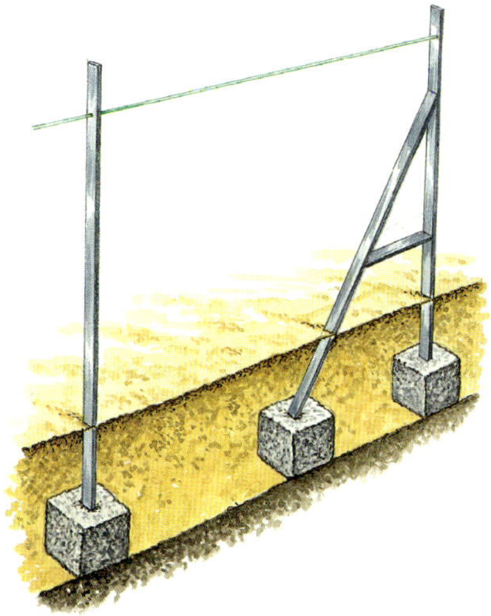

Si vous optez pour des cordons horizontaux, installez une armature identique à celle du contre-espalier, après avoir creusé la tranchée adéquate pour cela.
Reliez les poteaux de fer par des fils de fer tendus à 40 ou 60 cm au-dessus du sol. Les lattes verticales sont inutiles. Incorporez un engrais organique complet à la terre extraite. Rebouchez sans tasser une fois l'armature posée.

Juste après la plantation
Pour une palmette en U simple ou double
Raccourcissez l'extrémité des branches charpentières de 25 cm environ, au-dessus d'un bourgeon tourné face à vous ou sur le côté.

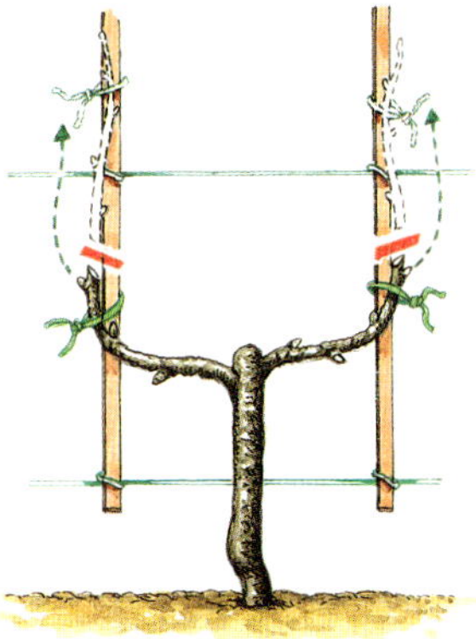

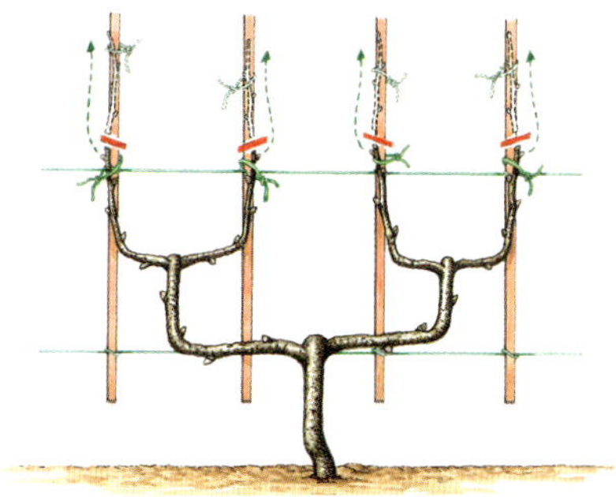

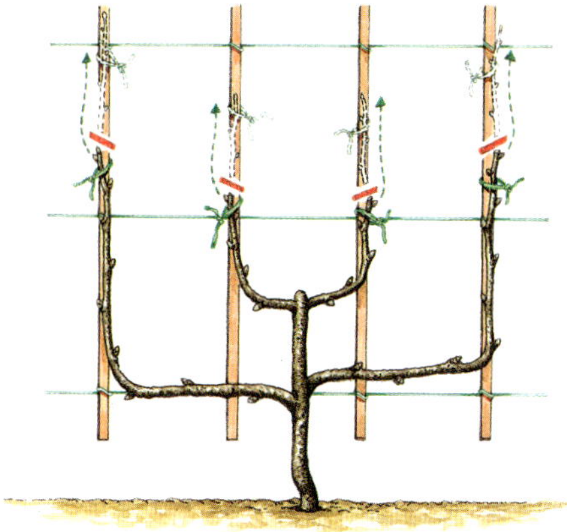

Pour une palmette Verrier
Raccourcissez les 2 branches charpentières extérieures de 25 cm et les 2 branches centrales de 20 cm, en coupant toujours au-dessus d'un bourgeon tourné face à vous ou sur le côté.

Attachez les branches charpentières sur les lattes au fur et à mesure de leur croissance.

Tailler un cordon horizontal ou vertical

Juste après la plantation

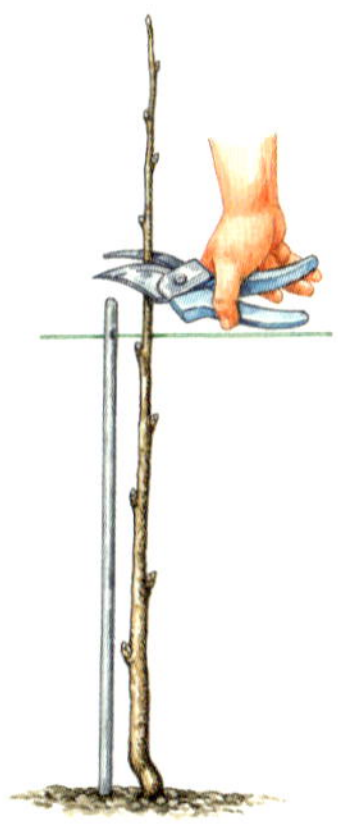

Pour former un cordon vertical, taillez le jeune arbre à 50 ou 60 cm du sol en coupant toujours au-dessus d'un bourgeon situé face à vous.

Pour former un cordon horizontal, coudez délicatement le jeune arbre à angle droit, à 40-60 cm de hauteur. Attachez la partie verticale sur un tuteur, taillez l'extrémité coudée à 30 cm de long et attachez-la ensuite sur le fil de fer horizontal.

Chaque année

De janvier à février, raccourcissez la branche charpentière du cordon de 30 cm, jusqu'à ce qu'elle ait atteint la longueur finale souhaitée (2,50 à 3 m). Coupez au-dessus du 5e ou 6e bourgeon les rameaux voisins qui ont tendance à dépasser l'extrémité. Traitez les autres rameaux comme ceux des palmettes.

Reconnaître les organes du pommier

Les différents organes du pommier ont pour origine un bourgeon (œil) qui évoluera selon le schéma suivant en fonction de la quantité de sève qu'il recevra.

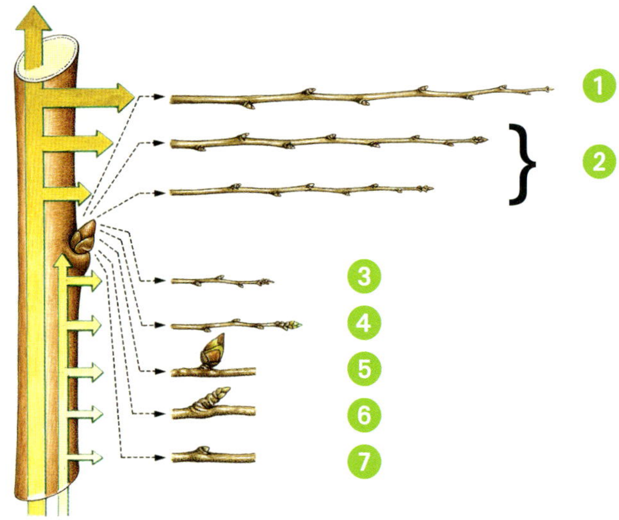

Le **gourmand** 1 est un rameau très vigoureux qui apparaît aux coudes des plus grosses branches (les **charpentières**). Il absorbe une bonne partie de la sève au détriment des autres ramifications et peut atteindre plus d'un mètre de longueur en un an. Il faut le supprimer en le coupant au ras de la branche où il prend naissance.

Le **rameau à bois** 2 est plus petit que le précédent et pousse de 25 à 60 cm en une saison, il porte sur les côtés et à son extrémité des **bourgeons à bois** pointus et minces (ou yeux à bois) qui donneront naissance à d'autres rameaux à bois (stériles). En le taillant judicieusement, il est possible de l'encourager à produire des bourgeons fertiles. Sur un pommier, il est rare qu'un bourgeon à bois évolue en bouton à fleur. Il peut cependant donner une brindille qui peut porter des boutons à fleur. Lorsqu'il est très fin, mesurant entre 15 et 20 cm de longueur, il porte le nom de **brindille ordinaire** 3.

Tous les rameaux qui portent ces boutons seront épargnés par la taille car ils assureront la production de fruits dès la saison suivante. Une branche grêle peut être terminée par un tel bouton: on parle alors de **brindille couronnée** 4.

Le **bouton à fleur** 5, ou bouton à fruit, est un bourgeon qui va fleurir puis donner un fruit. Il est arrondi, gonflé, globuleux et pointu. Il s'habille d'une collerette de 6 feuilles ou plus.

Le **dard** 6 est un bourgeon pointu, assez large à la base et entouré d'une rosette de 2 ou 3 feuilles. Son évolution dépend de la taille que vous allez réaliser : il peut se transformer en bouton à fleur ou produire un rameau à bois.

Le **bourgeon** (œil) **à bois** 7 est resté latent par manque d'alimentation en sève.

2. Taillez

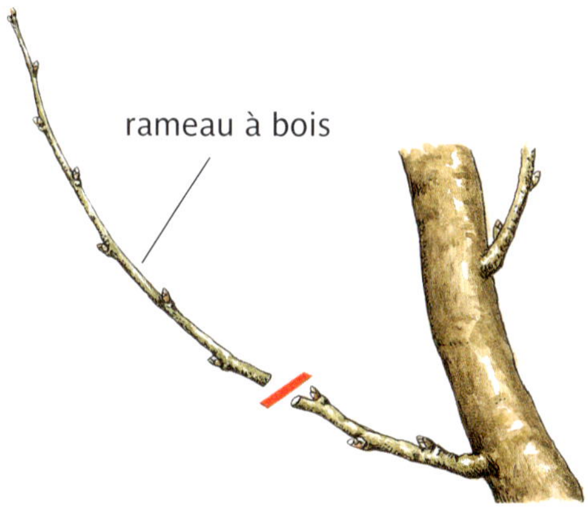

Chaque année

De janvier à février

Coupez les rameaux à bois issus de la branche charpentière au-dessus du 3e bourgeon à partir de leur base.

Éliminez tout ce qui se trouve au-dessus de toutes les brindilles couronnées (petits rameaux portant un bouton à fleur en extrémité).

Coupez tout ce qui se trouve au-dessus de tous les boutons à fleurs.

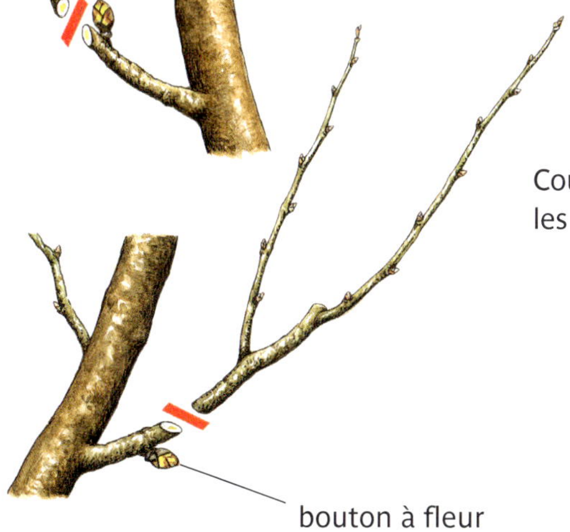

Si le rameau issu de la charpentière comporte un dard et un seul rameau d'extrémité, coupez ce rameau d'extrémité au-dessus du premier bourgeon à partir de sa base.

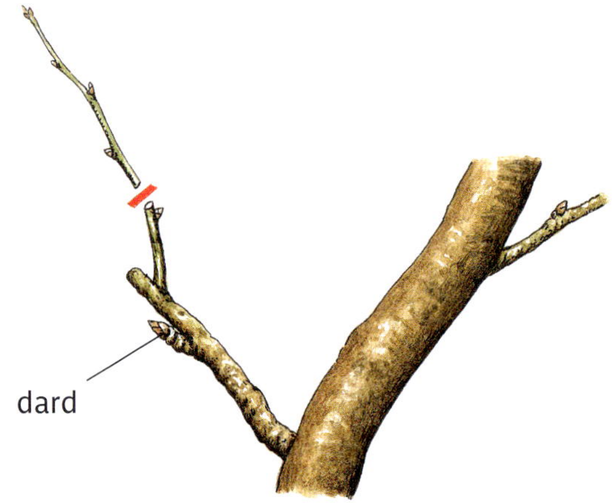

Si 2 rameaux se sont développés au-dessus du dard, coupez le rameau le plus proche du dard au-dessus du 2e bourgeon à partir de sa base et supprimez l'autre.

Si 3 rameaux se sont développés au-dessus du dard, coupez le plus proche du dard au-dessus du 3e bourgeon à partir de sa base et éliminez les 2 autres.

En juin
Lorsque les fruits ont la grosseur d'une noix, éliminez les plus petits pour ne garder qu'une ou deux pommes par groupe (les mieux formées).

3. Entretenez

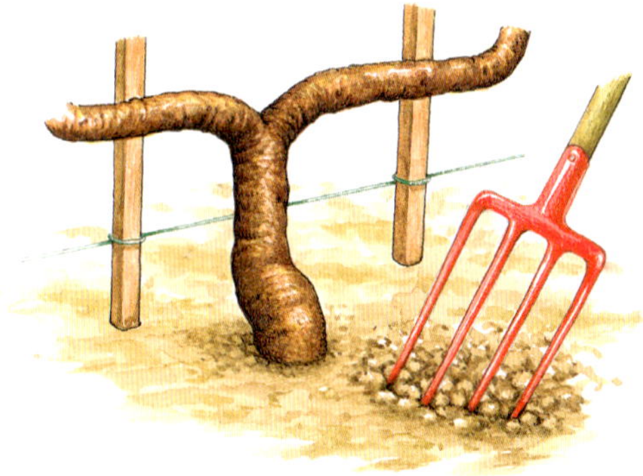

Maintenez le sol indemne de mauvaises herbes, surtout lorsque les arbres sont jeunes, aussi bien aux pieds des formes de plein-vent qu'aux pieds des lignes de palmettes en espaliers ou contre-espaliers. Opérez manuellement en les arrachant ou en les binant, et pas trop en profondeur pour les espèces à racines superficielles. Vous pouvez également couvrir le pied des arbres avec un mulch de tonte de gazon ou du BRF, ou encore de l'écorce de pin.

4. La récolte et la conservation

Cueillez les pommes dès qu'elles se colorent et commencent à tomber. Prenez le fruit à pleine main et imprimez-lui un mouvement de rotation : il doit se détacher tout seul. Les pommes à conserver l'hiver (dites « de garde ») se récoltent avant maturité: elles achèvent leur maturation lors de la conservation.

Après la cueillette, une masse charnue, la bourse, apparaît sur le rameau au point d'insertion du pédoncule. Elle porte des éléments susceptibles de donner des fruits, tels que brindille couronnée ou dard, et même souvent bouton à fleur.

Rangez les pommes de garde dans des cageots (en une seule couche à la fois), la queue vers le bas. Entreposez-les dans un local sombre, frais (de 3 à 6 °C) et humide (hygrométrie de 85 %), sans risque de gelée, pouvant être aéré de manière régulière.

Prunier *Prunus domestica*

Le prunier se plaît partout en France, jusqu'à 1 000 m d'altitude. Sa floraison précoce est sensible aux gelées printanières. Il préfère un sol profond et bien drainé, même si chaque espèce a ses exigences.

Difficulté ★★

Arrosage (2 arrosoirs)

Maladies et parasites
Coryneum, maladie des pochettes, moniliose, rouille du prunier, sharka, tavelure, carpocapse des prunes, hoplocampe, puceron vert ou farineux, araignées rouge et jaune

Quand planter ?
De novembre à fin mars

Quand tailler ?
De novembre à fin mars

Quand récolter ?
De fin juillet à mi-septembre

Distance de plantation
De 7 à 8 m

Floraison
De fin mars à début avril

Quand et comment cultiver ?

1. Plantez

un prunier à racines nues

3 mois avant la plantation
Creusez un trou de 1 m de côté et 80 cm de profondeur pour ameublir le sol. Enfoncez un tuteur (de la hauteur du tronc augmentée de 1 m) au fond du trou. Incorporez un engrais organique complet spécial arbres fruitiers à la terre extraite. Rebouchez sans tasser.

Quelle forme choisir ?

arbre tige

Les pruniers se cultivent en formes de plein vent: **tige** ou **demi-tige**. Vous les trouverez déjà formés et comportant entre 3 et 6 branches charpentières.

scion

Si vous achetez un scion (jeune prunier greffé), vous devrez le former vous-même. Pour débuter, préférez un prunier déjà formé.

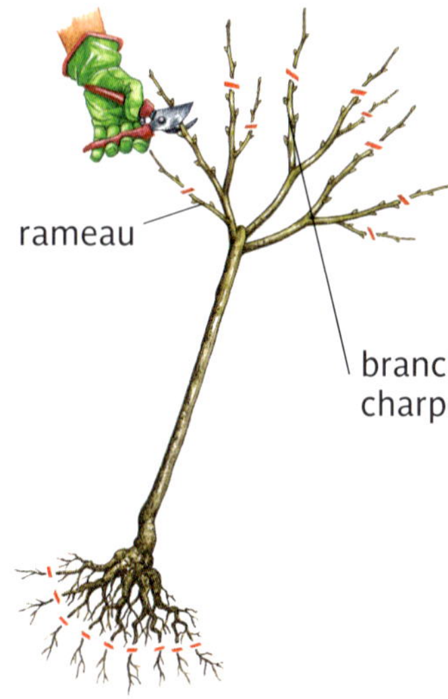

À la plantation

Creusez un trou légèrement plus volumineux que les racines. Coupez les racines blessées et raccourcissez les autres de quelques centimètres. Raccourcissez les branches charpentières d'un tiers. Si votre jeune prunier en comporte 6, coupez les rameaux plus fins qui en sont issus au-dessus du 2e bourgeon à partir de leur base.

Trempez les racines dans du pralin. Placez un bâton rectiligne en travers du trou: le bourrelet de greffe doit se trouver au-dessus. Rajoutez de la terre si nécessaire. Formez un petit dôme et étalez les racines autour. Rebouchez en tassant bien. Aménagez une petite cuvette, arrosez ensuite. Attachez le tronc au tuteur.

LES VARIÉTÉS CONSEILLÉES

Les incontournables

'Reine-Claude de Bavay'; 'Reine-Claude Dorée'; 'Reine-Claude d'Oullins'; 'Mirabelle de Nancy'; 'Quetsche d'Alsace'; 'Valor' et 'Thames Cross'.

À redécouvrir

'Anna Späth'; 'Beauty' (japonaise); 'Bonne de Bry'; 'Burbank' (japonaise); 'Golden Japan' (japonaise); 'Mirabelle de Metz'; 'Monsieur Hâtif'; 'Monsieur Jaune'; 'Prune d'Ente' (pruneau d'Agen); 'Quetsche d'Italie'; 'Quetsche précoce d'Esslingen'; 'Reine-Claude d'Althan'; 'Reine-Claude de Moissac'; 'Reine-Claude tardive de Chambourcy'; 'Reine-Claude Violette'; 'Santa Rosa' (japonaise).

un prunier en conteneur

Préparez le sol comme précédemment. Au moment de planter, plongez le conteneur dans l'eau, puis dépotez. Creusez un trou légèrement plus volumineux que la motte. Posez celle-ci au fond: sa surface supérieure doit être au niveau du sol. Rebouchez, puis tassez bien. Aménagez une cuvette et arrosez. Taillez comme pour un prunier à racines nues.

2. Taillez

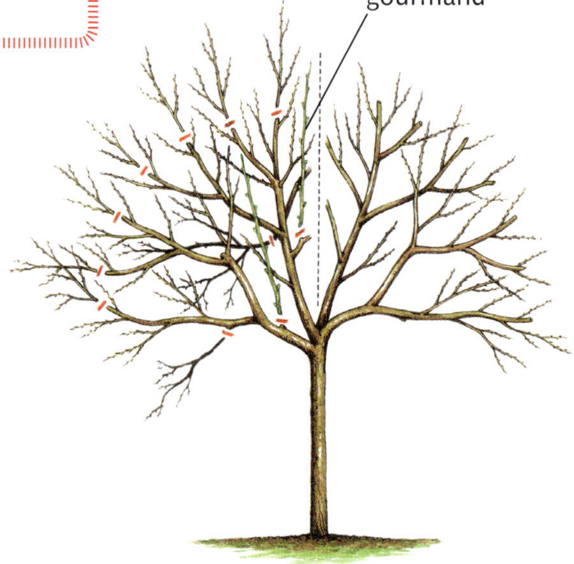

Tous les 4 ou 5 ans, de préférence début novembre, taillez les branches les plus hautes juste au-dessus de branches plus jeunes ou d'un bourgeon bien formé, le plus près possible de leur base. Éliminez le bois mort et les gourmands.

N'oubliez pas de lisser les grosses plaies de coupe (plus de 3 cm de diamètre) à la serpette, en retirant tout le bois haché. Badigeonnez-les ensuite d'un mastic cicatrisant.

3. Entretenez

Maintenez le sol indemne de mauvaises herbes, surtout lorsque les arbres sont jeunes. Opérez manuellement en les arrachant ou en les binant, et pas trop en profondeur pour les espèces à racines superficielles. Vous pouvez également couvrir le pied des arbres avec un mulch de tonte de gazon ou du BRF, ou encore de l'écorce de pin.

Vous lutterez contre le coryneum, la maladie des pochettes, la moniliose, la rouille du prunier et la tavelure, en pulvérisant une bouillie à base de cuivre (bouillie bordelaise), en automne juste avant la chute des feuilles et fin février, juste avant le gonflement des bourgeons. La décoction de prêle est également efficace en saison. Il n'existe pas de traitement contre la Sharka (maladie à virus) : arrachez et brûlez.

4. La récolte

Lorsque les premières prunes commencent à tomber, étalez au pied de l'arbre des bâches et secouez les branches avec une longue perche: les prunes mûres se détachent toutes seules.

Contre les parasites, effectuez un traitement d'hiver avec de l'huile de neem ou des huiles blanches à base d'huile de colza. Combattez le carpocapse des prunes avec des pièges à phéromones ou plusieurs pulvérisations successives dès la formation des fruits d'une infusion d'absinthe. Pulvérisez une infusion de purin de tomate à la fin de la floraison pour éliminer l'hoplocampe. Le purin d'ortie (répulsif) et le traitement à la pyréthrine vous aideront à combattre les pucerons verts ou farineux. Chassez les araignées rouge et jaune en traitant avec un fongicide à base de soufre.

ROSACÉES

Ronce à fruits *Rubus fruticosus*

Plantez la ronce à fruits à mi-ombre dans le Midi et en plein soleil partout ailleurs, mais en situation abritée. Bien que supportant des climats rudes, elle redoute les vents froids et le manque d'eau. Elle pousse partout, mais préfère les terrains frais et assez riches.

Difficulté ★

Arrosage 💧💧

Maladies et parasites
Anthracnose du framboisier, septoriose, oïdium (blanc), puceron, ver des fruits, acarien de la ronce

Quand planter ?
De novembre à mars (racines nues); toute l'année (conteneur)

Quand tailler ?
De fin février à début mars

Quand récolter ?
De juillet à fin septembre

Distance de plantation
De 2 à 4 m

Floraison
De juin à septembre

Quand et comment cultiver ?

1. Plantez

2 mois avant la plantation
Préparez les emplacements en creusant soit des trous individuels de 50 cm en tous sens, soit une tranchée de 50 cm de large et 50 cm de profondeur sur toute la longueur de votre future plantation. Incorporez un engrais organique complet spécial petits fruits à la terre extraite. Rebouchez sans tasser.

Quelle forme choisir ?

Les formes palissées sur des treillages divers facilitent la récolte et les opérations d'entretien. Les ronces à fruits sont vendues en plants de 2 ou 3 ans (en godet) ou en touffes de 60 cm à 1,50 m (en conteneur).

À la plantation

Plongez le godet ou le conteneur dans l'eau, puis dépotez. Creusez un trou d'un volume légèrement plus important que la motte.

Posez celle-ci au fond: sa surface supérieure doit être au niveau du sol.

Rebouchez, puis tassez bien la terre autour de la motte à l'aide d'un bâton. Aménagez une cuvette et arrosez. Taillez ensuite tous les rameaux à 30-40 cm du sol.

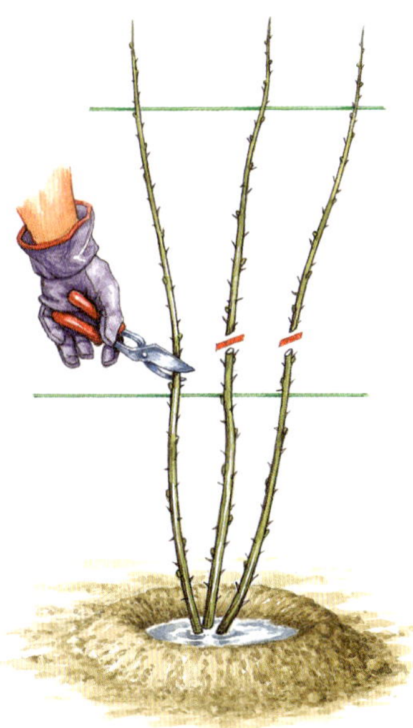

LES VARIÉTÉS CONSEILLÉES

Mûres à fruits noirs

'Black Satin'; 'Darrow' (épineuse); 'Dirksen'; 'Jumbo' (épineuse); 'Smoothstem'; 'Thornfree'; 'Thornless Evergreen'; 'Youngberry'.

Hybrides de mûres

'Loganberry'; 'Tayberry' (épineuse).

2. Taillez

Chaque année, fin février ou début mars, coupez au ras du sol les tiges qui ont produit des fruits. Attachez les autres rameaux en éventail de façon à bien garnir la surface. Raccourcissez-les s'ils touchent la touffe voisine. Coupez leurs éventuelles ramifications au-dessus du 2e bourgeon à partir de leur base.

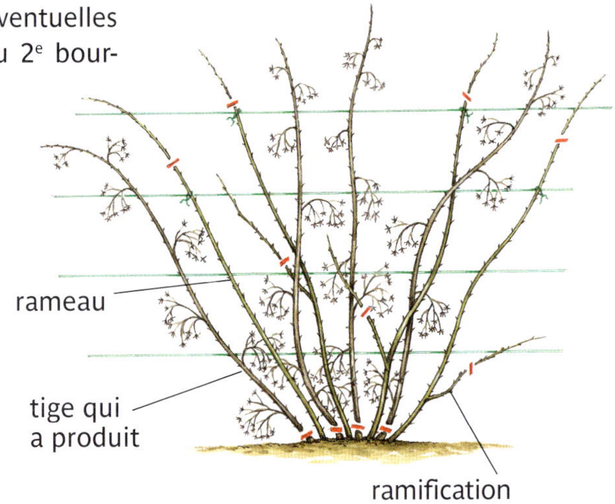

3. Entretenez

En mars, au démarrage de la végétation, apportez un engrais organique spécial petits fruits et enfouissez-le lors d'un léger bêchage effectué à la fourche-bêche ou à la griffe.

Maintenez le sol propre au pied des touffes par des binages légers ou un paillage permanent au pied, avec du fumier en cours de décomposition ou de la paille.

Tout l'été, attachez les pousses en éventail sur le support prévu (treillage, par exemple) en laissant une place vide au centre, où vous fixerez les pousses les plus vigoureuses partant de la souche : elles remplaceront l'année suivante les branches éliminées par la taille.

4. La récolte

Cueillez les mûres lorsqu'elles sont bien colorées et qu'elles commencent à ramollir. Procédez le matin après disparition de la rosée. Utilisez une corbeille tapissée d'un papier soyeux en évitant de trop les entasser. Effectuez plusieurs récoltes: la maturité est échelonnée sur une même plante.

Combattez l'anthracnose du framboisier avec un traitement à la bouillie bordelaise, au purin d'ortie ou à la décoction de prêle. Luttez contre l'oïdium (blanc) avec un fongicide à base de soufre.
Le purin d'ortie (répulsif) et le traitement à la pyréthrine vous aideront à combattre les pucerons. Plusieurs pulvérisations successives dès la formation des fruits d'une infusion d'absinthe chasseront le ver des fruits. Éliminez les acariens de la ronce en traitant avec un fongicide à base de soufre.

Vigne *Vitis vinifera*

La vigne supporte le froid jusqu'à – 20 °C, mais ses jeunes bourgeons en souffrent dès – 2 à – 3 °C et ses grappes ont besoin de chaleur pour mûrir. Elle préfère les sols légers, siliceux, même calcaires et caillouteux.

Difficulté ★★

Arrosage

Maladies et parasites
Mildiou, oïdium, anthracnose maculée, pourriture grise, pyrale, ver de la grappe, érinose

Quand planter ?
De novembre à fin mars (racines nues); toute l'année (conteneur)

Quand tailler ?
De mi-février à mi-mars et de mai à septembre

Quand récolter ?
D'août à octobre

Distance de plantation
De 1 à 1,20 m (en rang classique); de 2 à 3 m (treille ou tonnelle)

Floraison
En mai et juin

Quand et comment cultiver ?

1. Plantez

une vigne à racines nues

2 mois avant la plantation
Creusez un trou de 50 cm en tous sens. Incorporez ensuite un engrais organique complet à la terre extraite. Rebouchez ensuite sans tasser.
Installez le support de votre treille à la hauteur désirée en façade de votre maison: fer plat soutenu par des barres transversales à 20 cm du mur environ, et fil de fer tendu 50 cm au-dessus.

La vigne est une liane comprenant un cep qui se ramifie en plusieurs sarments, dénommés pampres ou bourgeons quand ils sont jeunes. Chaque sarment porte, à partir de sa base, 3 ou 4 feuilles isolées, puis 1 ou 2 feuilles opposées à une grappe, et, enfin, des feuilles opposées à une vrille.

Quelle forme choisir ?

Formez votre vigne en simple **cordon horizontal** que vous guiderez afin d'obtenir une treille sur la façade de votre maison, autour des portes et des fenêtres, ou encore de garnir une pergola ou une tonnelle. La vigne est vendue en jeune plant greffé, composé de 1 ou 2 sarments, à racines nues ou en conteneur.

À la plantation
Creusez un trou légèrement plus volumineux que les racines. Coupez celles qui sont blessées et raccourcissez les autres de quelques centimètres. Trempez-les dans du pralin afin d'assurer une meilleure reprise de la vigne.
Coupez la branche la plus faible s'il y a lieu.
Placez un bâton rectiligne en travers du trou : le point de greffe doit se situer au-dessus.
Formez un petit dôme et présentez la plante au bon emplacement en étalant les racines autour.
Rebouchez le trou. Aménagez une petite cuvette et arrosez.

une vigne en conteneur

Préparez le sol comme précédemment. Au moment de planter, plongez le conteneur dans l'eau, puis dépotez. Creusez un trou légèrement plus volumineux que la motte. Posez celle-ci au fond : sa surface supérieure doit être au niveau du sol. Rebouchez en tassant bien. Aménagez une cuvette et arrosez.
Coupez la tige au-dessus du 1er bourgeon à partir de la base.

LES VARIÉTÉS CONSEILLÉES

Les incontournables :

Blanc : 'Amandin'; 'Chasselas Cioutat'; 'Chasselas doré de Fontainebleau'; 'Exalta'; 'Perdin'; 'Perlette'.

Noir : 'Aladin'; 'Muscat de Hambourg'.

Rosé : 'Chasselas rose Royal'.

À redécouvrir :

Blanc : 'Chasselas de Moissac'; 'Dattier de Beyrouth'; 'Muscat d'Alexandrie'; 'Muscat Reine des Vignes'; 'Muscat de Saint-Vallier'; 'Ora'; 'Perle de Csaba'; 'Thompson Seedless'.

Noir : 'Alphonse Lavallée'; 'Cardinal'; 'Frankenthal'.

Rosé : 'Grosse Framboise'; 'Rose de Saint-Vallier'.

2. Taillez

L'année suivant la plantation

Coupez la pousse obtenue au-dessus du 5e ou 6e bourgeon à partir de la base.

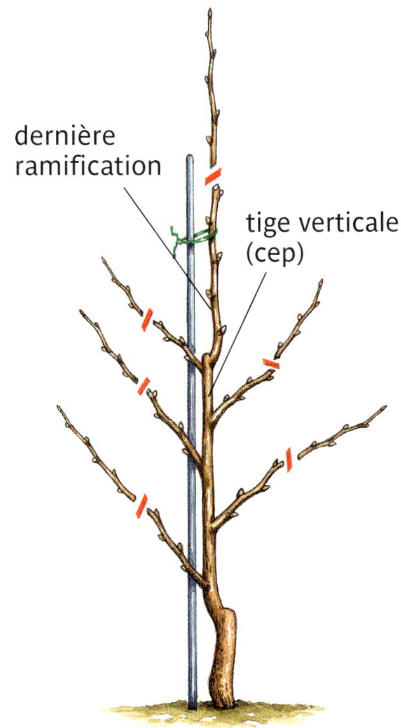

Les 4 à 5 premières années

Coupez au-dessus du 4e bourgeon toutes les ramifications de la tige verticale, sauf celle située le plus haut. Pour cette dernière coupez au-dessus du 5e ou 6e bourgeon à partir de sa base et palissez-la ensuite verticalement.

Au sud de la Loire, taillez la vigne quand elle «pleure»: c'est-à-dire lorsque de la sève s'écoule en quantité après une coupe. Au nord de la Loire, attendez que les pousses à l'extrémité des rameaux (sarments) atteignent 2 à 3 cm (vers le 15-20 mars en région parisienne).

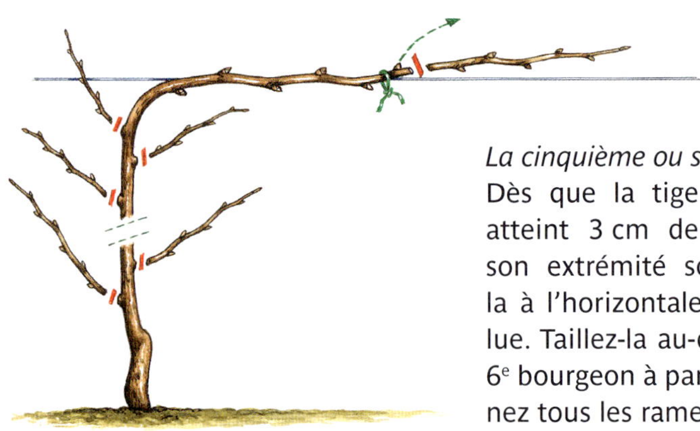

La cinquième ou sixième année

Dès que la tige verticale (le cep) atteint 3 cm de diamètre, arquez son extrémité souple et attachez-la à l'horizontale à la hauteur voulue. Taillez-la au-dessus du 5e ou du 6e bourgeon à partir du coude. Éliminez tous les rameaux sous le coude.

L'été, éliminez les ramifications qui poussent vers le bas et palissez verticalement celles qui poussent vers le haut, au-delà du coude.

Chaque année à partir de la sixième ou septième année

De mi-février à mi-mars

Coupez la branche charpentière au-dessus du 5e ou 6e bourgeon à partir de la base de la pousse de l'année précédente.

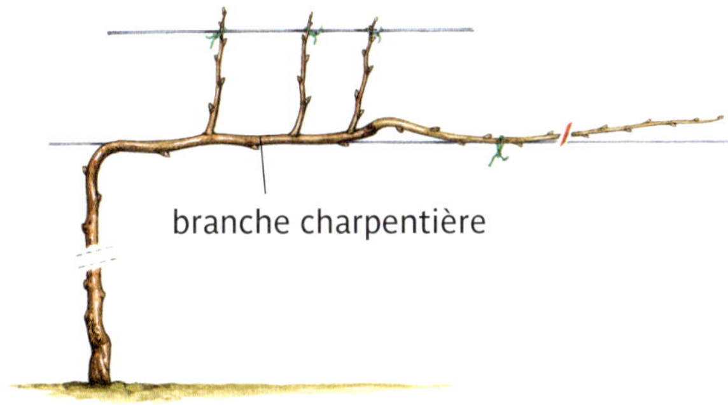

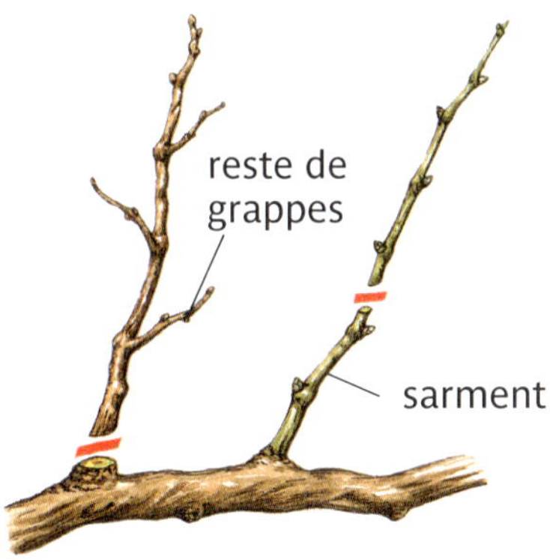

Éliminez les sarments qui ont produit du raisin. Coupez tous ceux qui n'ont pas fructifié au-dessus du 2e, 3e ou 4e bourgeon à partir de leur base (selon la variété; renseignez-vous à l'achat).

Si le sarment conservé porte plus de 2 bourgeons, ôtez à la main ceux qui sont en surnombre afin de n'en maintenir qu'un à la base et le second à l'extrémité.

Dès le mois de juin

Chaque ramification taillée au printemps a développé 2 sarments: taillez celui qui porte des grappes au-dessus de la 2ᵉ feuille après la dernière grappe et l'autre, sans fruits, à 50-60 cm de long.

La vigne se développe beaucoup et produit de nombreuses pousses inutiles, surtout à l'aisselle de chaque feuille. Il faut donc la tailler en été pour obtenir de belles grappes.

Si une ramification taillée au printemps comporte 2 sarments sans fruits, éliminez celui de l'extrémité et coupez l'autre à 50-60 cm de long.

Éliminez les jeunes rameaux qui poussent à la base des ramifications taillées l'hiver précédent ou directement sur la branche charpentière. Coupez toutes les vrilles.

Pour lutter contre le mildiou, l'anthracnose maculée et la pourriture grise, pulvérisez une bouillie à base de cuivre (bouillie bordelaise), en automne juste avant la chute des feuilles et fin février, juste avant le gonflement des bourgeons. La décoction de prêle est également efficace en saison. Combattez l'oïdium (blanc) avec un fongicide à base de soufre. Plusieurs pulvérisations successives dès la formation des fruits d'une infusion d'absinthe chasseront la pyrale et le ver de la grappe. Éliminez l'erinose avec un fongicide à base de soufre.

3. Entretenez

Protégez vos grappes de la gourmandise des étourneaux, bouvreuils et merles en couvrant votre treille avec un filet dès que les grains de raisin commencent à se colorer.

Vous pouvez également protéger vos grappes des guêpes et autres insectes en les enveloppant individuellement dans des housses à fruits perméables à l'air et à l'eau (ensachage). Des sacs sont vendus à cet effet dans les points de vente de jardinage.

En saison, maintenez le sol propre au pied des touffes ou des rangées par des binages légers ou en couvrant par un paillage permanent au pied. De plus, l'humidité permanente entretenue au pied sera des plus bénéfique aux racines superficielles. Employez du fumier en cours de décomposition, de la paille, du mulch de tonte de gazon ou de l'écorce, plus d'actualité du BRF.

4. La récolte

Cueillez le raisin quand les grains sont bien colorés. Avec chaque grappe, coupez au sécateur une portion de sarment (2,5 cm de part et d'autre du pédoncule de la grappe): elle se conservera mieux. Il est possible de conserver les grappes de raisin plus longtemps à condition de posséder un local sombre où il règne une température de l'ordre de 4 °C et une hygrométrie de 85 à 90 %.

Annexes

Bien choisir ses fleurs

100 autres espèces d'arbustes, grimpantes et arbres à cultiver au jardin

Les associations au potager

Maladies et parasites

Glossaire

Index

Bien choisir ses fleurs

Ce tableau vous présente près de 180 fleurs de jardin. Les fleurs étudiées dans l'ouvrage sont signalées par un renvoi à la page de la fiche de culture. Chaque plante est définie selon plusieurs critères : nom latin, type de végétation et de sol, période de floraison, hauteur, distance de plantation, exposition. Toutes ces données vous permettront de bien choisir vos fleurs et de les associer dans les meilleures conditions selon vos besoins et vos envies au jardin.

NOM FRANÇAIS	NOM LATIN	CARACTÉRISTIQUE	FLORAISON	HAUTEUR	DISTANCE DE PLANTATION	SOL	EXPOSITION
• **Achillée**	*Achillea*	vivace	juin-août	15 cm-1 m	15-30 cm	bien drainé	soleil
• **Acidanthéra**	*Gladiolus callianthus*	bulbeuse	août-septembre	80 cm-1 m	20 cm	sableux, bien drainé	soleil
• **Aconit napel**	*Aconitum napellus*	vivace	juin-août	1,30 m	60-80 cm	riche, frais	toute exposition
• **Agapanthe**	*Agapanthus hybride*	bulbeuse	juillet-août	60 cm-1 m	50 cm	profond, riche, neutre	soleil
• **Agastache**	*Agastache*	vivace	juillet-août	80 cm-1 m	50-60 cm	riche, frais	soleil, mi-ombre
• **Agératum (p. 56)**	*Ageratum mexicanum, A. houstonianum*	vivace	juin-octobre	20-60 cm	15-20 cm	riche, frais	soleil
• **Ail d'ornement**	*Allium*	bulbeuse	avril-juillet	25 cm-1,80 m	15-30 cm	tout sol	soleil
• **Alstroemère**	*Alstroemeria aurantiaca*	vivace	juin-septembre	90 cm-1 m	50 cm	perméable, riche, non calcaire	soleil
• **Alysse odorante (p. 58)**	*Lobularia maritima*	annuelle	juillet-octobre	5-15 cm	20 cm	bien drainé	soleil
• **Amarante**	*Amaranthus*	annuelle	juillet-octobre	1-1,50 m	40-70 cm	riche, frais, bien drainé	soleil
• **Anaphalis**	*Anaphalis*	vivace	juillet-septembre	20-70 cm	30-50 cm	pauvre, caillouteux ou sableux	soleil
• **Ancolie (p. 60)**	*Aquilegia*	vivace	mai-juin	15 cm-1 m	30-50 cm	bien drainé, frais	toute exposition
• **Anémone (p. 62)**	*Anemone*	vivace, bulbeuse	avril-octobre	10 cm-1 m	20-40 cm	riche, frais	soleil, mi-ombre
• **Anthémis (p. 64)**	*Anthemis*	vivace	juin-octobre	20-60 cm	40 cm	bien drainé, même sec	soleil

NOM FRANÇAIS	NOM LATIN	CARACTÉRISTIQUE	FLORAISON	HAUTEUR	DISTANCE DE PLANTATION	SOL	EXPOSITION
• **Argyranthémum**	*Argyranthemum frutescens*	vivace	juin-septembre	60 cm-1 m	60 cm	perméable, riche	soleil
• **Arum (p. 66)**	*Zantedeschia*	bulbeuse	mai-novembre	40 cm-1 m	20-40 cm	riche, frais	soleil, mi-ombre
• **Aster (p. 68)**	*Aster*	vivace	mai-novembre	30 cm-1,20 m	20-70 cm	frais, bien drainé	soleil
• **Astilbe**	*Astilbe*	vivace	juin-août	50 cm-1,20 m	40-50 cm	humide, léger, riche	soleil, mi-ombre
• **Astrance**	*Astrantia major*	vivace	juillet-août	60-70 cm	40 cm	frais	mi-ombre, ombre
• **Aubriète**	*Aubrieta*	vivace	avril-juin	10-15 cm	20 cm	tout sol	toute exposition
• **Barbe-de-bouc**	*Aruncus dioicus*	vivace	juin-juillet	70 cm-1,50 m	1 m	riche, frais	toute exposition
• **Bégonia (p. 70)**	*Begonia semperflorens, B. tuberhybrida*	bulbeuse, annuelle	juin-octobre	15-60 cm	15-20 cm	léger, riche	mi-ombre
• **Belle-de-nuit**	*Mirabilis jalapa*	vivace	juin-octobre	60-80 cm	60-80 cm	riche, frais	soleil
• **Benoîte**	*Geum* hybride	vivace	mai-juillet	50-60 cm	50 cm	riche, frais, bien drainé	soleil, mi-ombre
• **Bergénia**	*Bergenia cordifolia*	vivace	mars-mai	40 cm	50 cm	tout sol	toute exposition
• **Bidens**	*Bidens ferulifolia*	annuelle	mai-octobre	50-60 cm	60-80 cm	ordinaire	soleil
• **Boule azurée**	*Echinops ritro*	vivace	juillet-septembre	80 cm-1 m	60 cm	meuble, pauvre	soleil
• **Bugle rampante**	*Ajuga reptans*	vivace	juin-août	15-20 cm	40 cm	riche et léger	mi-ombre
• **Calcéolaire**	*Calceolaria integrifolia*	annuelle	juin-août	20 cm	20 cm	léger, légèrement acide	soleil, mi-ombre
• **Camassia**	*Camassia leichtlinii*	bulbeuse	mai-juillet	70-90 cm	15-20 cm	tout sol	soleil, mi-ombre
• **Campanule (p. 72)**	*Campanula*	vivace, bisannuelle	avril-juillet	15 cm-1,50 m	20-40 cm	riche, frais	soleil, mi-ombre
• **Canna**	*Canna*	bulbeuse	juin-octobre	80 cm-1,50 m	50 cm	riche, frais	soleil
• **Capucine (p. 74)**	*Tropaeolum majus*	annuelle	mai-octobre	25 cm-3 m	30-50 cm	riche, frais	soleil
• **Célosie**	*Celosia argentea*	annuelle	juin-août	40-50 cm	30 cm	riche, bien drainé	soleil
• **Centaurée, bleuet (p. 76)**	*Centaurea*	vivace, annuelle	mai-septembre	35 cm-1,50 m	12-15 cm	tout sol	soleil
• **Chionodoxa**	*Chionodoxa gigantea, C. luciliae*	bulbeuse	février-avril	10-25 cm	8-10 cm	tout sol	soleil, mi-ombre
• **Chrysanthème (p. 78)**	*Dendranthema*	vivace	août-octobre	40-70 cm	20 cm	ni trop sec ni trop humide	soleil

NOM FRANÇAIS	NOM LATIN	CARACTÉRISTIQUE	FLORAISON	HAUTEUR	DISTANCE DE PLANTATION	SOL	EXPOSITION
• **Cimicifuga**	*Cimicifuga*	vivace	août-octobre	1-2 m	60-80 cm	profond, riche, frais	mi-ombre, ombre
• **Cinéraire maritime**	*Senecio cineraria*	vivace	juin-août	20 cm	15 cm	bien drainé	soleil
• **Clarkia**	*Clarkia amoena*	annuelle	juin-août	30 cm	30 cm	bien drainé	soleil
• **Cléome**	*Cleome hassleriana*	annuelle	juillet-août	80 cm-1,20 m	45 cm	léger, sableux, bien drainé	soleil
• **Cobée**	*Cobaea scandens*	annuelle	juillet-août	10 m	60-80 cm	riche, frais, bien drainé	soleil
• **Cœur-de-Marie (p. 80)**	*Dicentra spectabilis*	vivace	mai-juin	40 cm	20 cm	riche, frais	soleil, mi-ombre
• **Colchique**	*Colchicum speciosum*	bulbeuse	septembre	20-25 cm	12-15 cm	ordinaire	mi-ombre
• **Coléus (p. 81)**	*Solenostemon scutellaroides*	vivace	juillet-août	20-50 cm	20 cm bien drainé	riche, frais,	mi-ombre
• **Consoude**	*Symphytum officinale*	vivace	mai-juillet	80 cm	50 cm	tout sol	soleil, mi-ombre
• **Corbeille-d'argent**	*Cerastium, Iberis, Arabis*	vivace	avril-mai	10-15 cm	20 cm	bien drainé	soleil
• **Corbeille-d'or (p. 83)**	*Alyssum saxatile*	vivace	avril-mai	25-30 cm	30-50 cm	sec	soleil
• **Coréopsis (p. 85)**	*Coreopsis*	vivace, annuelle	juin-octobre	25-90 cm	30 cm	riche, argileux, frais	soleil
• **Corydale**	*Corydalis flexuosa*	vivace	avril-juillet	40 cm	40 cm	léger, riche, frais	mi-ombre, ombre
• **Cosmos (p. 87)**	*Cosmos*	annuelle	juillet-octobre	30 cm-1,50 m	20-30 cm	ni trop sec ni trop humide	soleil
• **Crambé**	*Crambe cordifolia*	vivace	mai-juin	1,50-2 m	1 m	profond, riche	soleil, mi-ombre
• **Crocus (p. 89)**	*Crocus*	bulbeuse	février-mars	8-15 cm	10 cm	bien drainé	soleil, mi-ombre
• **Cyclamen des jardins**	*Cyclamen neapolitanum*	bulbeuse	août-septembre	10 cm	30 cm	léger, riche	mi-ombre, ombre
• **Dahlia (p. 90)**	*Dahlia*	bulbeuse	juin-octobre	20 cm-1,50 m	25-60 cm	riche, frais	soleil
• **Darmera**	*Darmera peltata*	vivace	avril-mai	80 cm-1 m	60 cm	riche, humide	mi-ombre, ombre
• **Diascia (p. 92)**	*Diascia*	vivace	juin-septembre	20-50 cm	10 cm	frais	soleil
• **Digitale**	*Digitalis*	vivace	juin-août	80 cm-1,50 m	40 cm	léger, riche, frais	mi-ombre, ombre
• **Doronic**	*Doronicum orientale*	vivace	avril-mai	40-50 cm	40 cm	frais	soleil, mi-ombre
• **Éphémère de Virginie**	*Tradescantia x andersoniana*	vivace	mai-septembre	40-50 cm	50-60 cm	riche, frais	soleil, mi-ombre

NOM FRANÇAIS	NOM LATIN	CARACTÉRISTIQUE	FLORAISON	HAUTEUR	DISTANCE DE PLANTATION	SOL	EXPOSITION
• **Érémurus**	*Eremurus stenophyllus*	bulbeuse	juin-juillet	1 m	50 cm	meuble, bien drainé	soleil
• **Érigéron (p. 94)**	*Erigeron*	vivace	juin-août	40-70 cm	40 cm	riche, bien drainé, frais	soleil, mi-ombre
• **Érysimum**	*Erysimum helveticum*	vivace	mai-juin	15 cm	30-40 cm	perméable et calcaire	soleil
• **Félicia**	*Agathea amelloides*	vivace	juin-septembre	20-50 cm	40-50 cm	bien drainé	soleil
• **Ficoïde**	*Dorotheanthus bellidiformis*	annuelle	juillet-août	10-15 cm	30 cm	pauvre, bien drainé	soleil
• **Fleur des elfes**	*Epimedium*	vivace	mars-mai	20-40 cm	30-50 cm	riche, frais	mi-ombre, ombre
• **Freesia (p. 95)**	*Freesia*	bulbeuse	juin-août	30-60 cm	25 cm	léger, sableux, riche	soleil
• **Fritillaire (p. 96)**	*Fritillaria*	bulbeuse	mars-avril	60 cm-1 m	30 cm	riche, frais	soleil
• **Fuchsia (p. 98)**	*Fuchsia*	arbuste	juin-septembre	20 cm-1,20 m	40 cm	riche, frais	soleil, mi-ombre
• **Gaillarde**	*Gaillardia*	vivace, annuelle	juin-septembre	40-70 cm	20-30 cm	riche, profond	soleil
• **Gaura**	*Gaura lindheimeri*	vivace	juin-octobre	1 m	60 cm	ordinaire	soleil
• **Gazania**	*Gazania*	annuelle	juillet-septembre	25-30 cm	35-50 cm	tout sol	soleil
• **Gazon d'Espagne**	*Armeria maritima*	vivace	mai-juin	20 cm	40 cm	léger	soleil
• **Géranium (p. 100)**	*Geranium*	vivace	juin-novembre	20-70 cm	30 cm	tout sol	toute exposition
• **Giroflée (p. 102)**	*Cheiranthus, Matthiola*	vivace	mars-mai	20-60 cm	20 cm	pauvre, bien drainé	soleil
• **Glaïeul (p. 104)**	*Gladiolus*	bulbeuse	juillet-août	50 cm-1 m	20 cm	tout sol	soleil
• **Godétia**	*Godetia*	annuelle	juin-septembre	20-50 cm	20 cm	riche, frais	soleil
• **Gypsophile (p. 106)**	*Gypsophila*	vivace, annuelle	juin-septembre	50 cm-1 m	30 cm	bien drainé	soleil
• **Hélénium**	*Helenium* hybride	vivace	juillet-septembre	80 cm-1,50 m	80 cm	frais	soleil
• **Héliotrope**	Heliotropium	annuelle	juin-octobre	30 cm	20-40 cm	riche, frais, bien drainé	soleil
• **Hellébore (p. 108)**	*Helleborus*	vivace	février-avril	30-60 cm	20 cm	riche, profond	soleil, mi-ombre
• **Hémérocalle (p. 109)**	*Hemerocallis*	bulbeuse	juin-novembre	1 m	80 cm	riche, frais	soleil, mi-ombre
• **Heuchère (p. 110)**	*Heuchera*	vivace	juin-août	40-60 cm	25 cm	riche	toute exposition
• **Hosta (p. 111)**	*Hosta*	vivace	juin-septembre	40-80 cm	40 cm	riche, frais	mi-ombre, ombre

NOM FRANÇAIS	NOM LATIN	CARACTÉRISTIQUE	FLORAISON	HAUTEUR	DISTANCE DE PLANTATION	SOL	EXPOSITION
• **Immortelle (p. 112)**	*Helichrysum, Bracteantha*	annuelle	juin-août	30-50 cm	15-20 cm	tout sol	soleil
• **Impatiens (p. 113)**	*Impatiens*	annuelle	mai-octobre	20-80 cm	20 cm	riche, frais	mi-ombre, ombre
• **Ipomée, belle-de-jour (p. 115)**	*Ipomoea purpurea, I. tricolor*	annuelle	mai-octobre	3 m	50-60 cm	riche, frais, bien drainé	soleil
• **Iris**	Iris	bulbeuse	avril-juillet	20 cm-1 m	10-40 cm	tout sol	soleil
• **Jacinthe (p. 117)**	*Hyacinthus*	bulbeuse *orientalis*	avril	20-30 cm	10-15 cm	riche, sec en été	soleil
• **Jacinthe du Cap**	*Galtonia candicans*	bulbeuse	août-septembre	80 cm-1 m	30-40 cm	riche, bien drainé	soleil, mi-ombre
• **Julienne de Mahon**	*Malcolmia maritima*	annuelle	juin-septembre	20-40 cm	10-15 cm	bien drainé	soleil, mi-ombre
• **Kirengeshoma**	*Kirengeshoma palmata*	vivace	août-septembre	80 cm	60 cm	riche, meuble, frais	mi-ombre, ombre
• **Kniphofia**	*Kniphofia* hybride	vivace	juin-septembre	60 cm-1,20 m	40-50 cm	bien drainé	soleil
• **Lamier maculé**	*Lamium maculatum*	vivace	mai-juillet	20 cm	40 cm	léger, riche	mi-ombre
• **Lavatère (p. 119)**	*Lavatera*	vivace, annuelle	juillet-septembre	50 cm-1 m	30-40 cm	riche, frais	soleil
• **Liatris**	*Liatris spicata*	vivace	juillet-septembre	80 cm	50 cm	riche, frais, perméable	soleil, mi-ombre
• **Ligulaire**	*Ligularia*	vivace	juin-septembre	1,20-1,80 m	80 cm-1 m	riche, profond	mi-ombre
• **Lin (p. 121)**	*Linum*	vivace, annuelle	mai-juillet	30-50 cm	10-15 cm	frais	soleil
• **Lis (p. 123)**	*Lilium*	bulbeuse	mai-août	50 cm-2 m	20 cm	frais	soleil
• **Lobélia (p. 124)**	*Lobelia*	vivace, annuelle	juin-octobre	10-80 cm	10-20 cm	riche, frais, voire humide	soleil
• **Lupin (p. 126)**	*Lupinus*	vivace, annuelle	mai-juin	45 cm-1 m	30 cm	neutre, profond	soleil
• **Lychnis croix de Jérusalem**	*Lychnis chalcedonica*	vivace	juin-août	80 cm-1 m	50-60 cm	ordinaire	soleil
• **Lysimaque**	*Lysimachia*	vivace	juin-septembre	80 cm-1 m	60 cm	riche, frais	soleil, mi-ombre
• **Marguerite (p. 127)**	*Leucanthemum*	vivace	mai-août	30 cm-1 m	50 cm	frais	soleil
• **Mina**	*Mina lobata*	annuelle	juillet-octobre	4-5 m	2-3 m	riche, frais	soleil
• **Molène**	*Verbascum* hybride	vivace	juin-août	30 cm-1 m	50-60 cm	bien drainé	soleil
• **Monarde**	*Monarda*	vivace	juin-septembre	80 cm-1,40 m	50-60 cm	meuble, riche, frais	soleil, mi-ombre
• **Monnaie-du-pape**	*Lunaria rediviva*	vivace	mai-juillet	80 cm	50 cm	tout sol	soleil, mi-ombre

NOM FRANÇAIS	NOM LATIN	CARACTÉRISTIQUE	FLORAISON	HAUTEUR	DISTANCE DE PLANTATION	SOL	EXPOSITION
• **Montbrétia**	*Crocosmia x crocosmiiflora*	bulbeuse	juillet-août	50-60 cm	5-10 cm	riche, frais, léger, bien drainé	soleil, mi-ombre
• **Montia**	*Montia sibirica*	vivace	avril-juillet	5-15 cm	30 cm	riche, frais	mi-ombre, ombre
• **Muflier (p. 128)**	*Antirrhinum*	vivace	juin-août	30 cm-1 m	20-40 cm	tout sol	soleil
• **Muguet (p. 130)**	*Convallaria majalis*	vivace	mai	15-30 cm	15-20 cm	riche, frais ombre	mi-ombre,
• **Muscari**	*Muscari armeniacum*	bulbeuse	avril-mai	15-20 cm	8-12 cm	tout sol	soleil, mi-ombre
• **Myosotis (p. 131)**	*Myosotis sylvatica*	bisannuelle	avril-juin	20 cm	15-20 cm	humide printemps et en automne	soleil, mi-ombre
• **Narcisse (p. 132)**	*Narcissus*	bulbeuse	mars-mai	30-50 cm	10-15 cm	ordinaire	soleil, mi-ombre
• **Némésia**	*Nemesia strumosa*	annuelle	juillet-août	20-25 cm	10-15 cm	bien drainé	soleil
• **Népéta (p. 134)**	*Nepeta*	vivace	mai-octobre	30 cm-1 m	30 cm	pas trop	soleil humide
• **Nigelle de Damas**	*Nigella damascena*	annuelle	juin-juillet	50 cm	15 cm	ordinaire	soleil, mi-ombre
• **Nummulaire**	*Lysimachia nummularia*	vivace	mai-juillet	5-10 cm	40-50 cm	riche, frais, voire détrempé	mi-ombre, ombre
• **Œillet (p. 135)**	*Dianthus*	vivace, bisannuelle, annuelle	mai-septembre	30-80 cm	15-30 cm	bien drainé, calcaire	soleil
• **Œillet d'Inde, rose d'Inde (p. 137)**	*Tagetes patula, T. erecta*	annuelle	mai-octobre	20-45 cm	10-30 cm	riche, frais	soleil
• **Oenothère**	*Oenothera rosea, O. missouriensis*	vivace	mai-août	15-50 cm	40-50 cm	perméable, voire sec	soleil
• **Oreille-d'ours**	*Stachys lanata*	vivace	juin-juillet	30-40 cm	40-50 cm	bien drainé	soleil
• **Ornithogale**	*Ornithogalum*	bulbeuse	avril-juin	10-60 cm	10-20 cm	tout sol	soleil, mi-ombre
• **Ostéospermum, dimorphothéca (p. 139)**	*Osteospermum, Dimorphotheca*	annuelle, vivace	juin-septembre	30-70 cm	20 cm	léger	soleil
• **Oxalis**	*Oxalis adenophylla*	bulbeuse	mai-juin	5-10 cm	20 cm	caillouteux, calcaire	soleil
• **Panicaut**	*Eryngium*	vivace	juillet-septembre	50 cm-1,50 m	40-60 cm	bien drainé, profond	soleil
• **Pâquerette (p. 141)**	*Bellis perennis*	vivace	mars-juin	10-15 cm	10 cm	tout sol	soleil

NOM FRANÇAIS	NOM LATIN	CARACTÉRISTIQUE	FLORAISON	HAUTEUR	DISTANCE DE PLANTATION	SOL	EXPOSITION
• **Pavot (p. 143)**	*Papaver*	vivace, annuelle	juin-juillet	30 cm-1,50 m	20-30 cm	riche, profond	soleil
• **Pavot de Californie (p. 145)**	*Eschscholzia californica*	annuelle	juin-septembre	40 cm	10-15 cm	léger	soleil, mi-ombre
• **Pélargonium (p. 146)**	*Pelargonium*	vivace	juin-octobre	30-50 cm	20-30 cm	riche	soleil
• **Pensée (p. 148)**	*Viola tricolor*	bisannuelle et hybrides	mars-mai	20 cm	15-20 cm	tout sol	soleil, mi-ombre
• **Penstémon**	*Penstemon hybride*	vivace	juin-septembre	50-80 cm	30 cm	riche, perméable, bien drainé	soleil
• **Perce-neige (p. 150)**	*Galanthus nivalis*	bulbeuse	février-mars	15 cm	5 cm	riche, frais	soleil, mi-ombre
• **Pétunia (p. 151)**	*Petunia*	annuelle	mai-octobre	20-50 cm	20 cm	riche, frais	soleil
• **Phlox (p. 153)**	*Phlox*	vivace, annuelle	avril-septembre	10 cm-1 m	20-30 cm	riche, frais	soleil
• **Physalis**	*Physalis franchetii*	vivace	juin-juillet	80 cm	60 cm	tout sol	soleil
• **Pied-d'alouette (p. 155)**	*Delphinium*	vivace, annuelle	juin-juillet	40 cm-2 m	20-30 cm	riche, frais, bien drainé	soleil
• **Pigamon**	*Thalictrum*	vivace	juin-août	40 cm-2 m	40-80 cm	léger, neutre	soleil, mi-ombre
• **Pivoine (p. 157)**	*Paeonia lactiflora*	vivace	mai-juin	60 cm-1 m	80 cm	riche, frais	soleil
• **Pois de senteur (p. 159)**	*Lathyrus*	annuelle, vivace	mai-septembre	20 cm-2,40 m	40 cm	riche, frais	soleil
• **Polémonium**	*Polemonium caeruleum*	vivace	mai-juillet	60-70 cm	50 cm	frais, léger, riche	mi-ombre, ombre
• **Pourpier**	*Portulaca grandiflora*	annuelle	juillet-septembre	15 cm	15 cm	léger, sableux	soleil
• **Primevère (p. 161)**	*Primula vulgaris, P. auricula*	vivace	février-avril	15-25 cm	20 cm	frais, riche, bien drainé	soleil, mi-ombre
• **Pulmonaire**	*Pulmonaria*	vivace	mars-mai	20-30 cm	40-50 cm	riche, frais, même calcaire	mi-ombre, ombre
• **Pyrèthre**	*Chrysanthemum coccineum*	vivace	mai-juin	60-80 cm	50 cm	riche, frais	soleil
• **Reine-marguerite**	*Callistephus chinensis*	annuelle	juin-octobre	20-80 cm	20-30 cm	riche, frais	soleil
• **Renoncule (p. 162)**	*Ranunculus asiaticus*	bulbeuse	avril- juillet	15-35 cm	15 cm	riche, frais	soleil
• **Rodgersia**	*Rodgersia*	vivace	juin-juillet	1-1,50 m	1 m	riche, frais	soleil, mi-ombre
• **Rose trémière (p. 164)**	*Alcea rosea*	vivace	juillet-septembre	1,50-2,50 m	50 cm	tout sol	soleil
• **Rudbeckia (p. 166)**	*Rudbeckia fulgida, R. hirta*	vivace, annuelle	juillet-septembre	50 cm-1 m	50 cm	frais	soleil

NOM FRANÇAIS	NOM LATIN	CARACTÉRISTIQUE	FLORAISON	HAUTEUR	DISTANCE DE PLANTATION	SOL	EXPOSITION
• **Salicaire**	*Lythrum salicaria*	vivace	juin-août	1 m	60 cm	humide	soleil
• **Sanvitalia**	*Sanvitalia procumbens*	annuelle	juillet-septembre	15 cm	35 cm	riche	soleil
• **Saponaire**	*Saponaria officinalis*	vivace	juin-septembre	60 cm	50 cm	léger, pas trop sec	soleil
• **Sauge (p. 168)**	*Salvia*	vivace, annuelle	juin-octobre	30-50 cm	20-30 cm	riche, frais, bien drainé	soleil
• **Saxifrage (p. 170)**	*Saxifraga*	vivace	février-juillet	10-70 cm	15-40 cm	riche, frais, bien drainé	mi-ombre
• **Scabieuse (p. 171)**	*Scabiosa*	vivace	juin-octobre	20-90 cm	40 cm	riche, frais	soleil
• **Schizostylis**	*Schizostylis coccinea*	vivace	septembre-décembre	60 cm	50 cm	riche, frais	soleil
• **Scille de Sibérie**	*Scilla siberica*	bulbeuse	mars	10-15 cm	8-10 cm	tout sol	soleil, mi-ombre
• **Sédum (p. 172)**	*Sedum*	vivace	avril-septembre	10-50 cm	20 cm	tout sol	soleil
• **Silène**	*Silene maritima*	vivace	juin-août	20 cm	40-50 cm	caillouteux, pas trop sec	soleil
• **Soleil (p. 173)**	*Helianthus*	annuelle, vivace	juillet-septembre	40 cm-4 m	50 cm-1 m	riche, frais	soleil
• **Souci (p. 175)**	*Calendula officinalis*	annuelle	juin-octobre	30-50 cm	20-30 cm	riche, meuble,	soleil
• **Sparaxis**	*Sparaxis tricolor*	bulbeuse	mai-juin	35-45 cm	10-12 cm	léger, riche, bien drainé	soleil
• **Spirée à trois feuilles**	*Gillenia trifoliata*	vivace	juin-juillet	60 cm	50 cm	léger, riche, frais	mi-ombre
• **Sprékélia**	*Sprekelia formosissima*	bulbeuse	juin-juillet	30-40 cm	20-25 cm	bien drainé	soleil
• **Statice**	*Limonium*	vivace, annuelle	mai-septembre	40-60 cm	30-50 cm	sableux, sec, bien drainé	soleil
• **Tabac (p. 177)**	*Nicotiana affinis, N. sylvestris*	annuelle	juillet-septembre	30 cm-1,50 m	30 cm	riche, meuble, frais	soleil
• **Tellima**	*Tellima grandiflora*	vivace	mai-juillet	60-70 cm	50 cm	frais	mi-ombre, ombre
• **Tricyrtis**	*Tricyrtis hirta*	vivace	septembre-octobre	40-80 cm	60 cm	riche, frais	mi-ombre, ombre
• **Tulipe (p. 179)**	*Tulipa*	bulbeuse	mars-juin	25-70 cm	25 cm	sec en été	soleil
• **Valériane (p. 180)**	*Centranthus ruber*	vivace	mai-septembre	80 cm	50 cm	caillouteux,	soleil
• **Verge-d'or**	*Solidago* hybride	vivace	juin-septembre	40-80 cm	50-60 cm	ordinaire	soleil
• **Véronique**	*Veronica spicata*	vivace	juillet-août	20-30 cm	40 cm	caillouteux, calcaire, sec	soleil

NOM FRANÇAIS	NOM LATIN	CARACTÉRISTIQUE	FLORAISON	HAUTEUR	DISTANCE DE PLANTATION	SOL	EXPOSITION
• **Verveine** **(p. 182)**	Verbena	annuelle, vivace	juillet-octobre	20 cm-1 m	20-30 cm	riche	soleil
• **Violette** **(p. 184)**	*Viola odorata, V. cornuta* et hybrides	vivace	mars-juillet	10-15 cm	15 cm	consistant, frais	mi-ombre, ombre
• **Zinnia** **(p. 186)**	*Zinnia elegans, Z. haageana*	annuelle	juin-octobre	20-90 cm	20-50 cm	riche, frais, bien drainé	soleil

100 autres espèces d'arbustes, grimpantes et arbres à cultiver au jardin

Dans cet ouvrage, nous avons fait une sélection d'arbres, d'arbustes et de plantes grimpantes. Ce choix s'est porté sur des valeurs sûres. Bien évidemment, le catalogue de végétaux disponibles est largement plus ouvert. Voici une autre sélection. Ces arbres, ces arbustes, ces plantes grimpantes ne sont pas plus difficiles à cultiver. N'hésitez pas à vous tourner vers elles et à les associer aux précédentes.

NOM FRANÇAIS	NOM LATIN	FEUILLAGE	EXPOSITION	SOL	TAILLE D'ENTRETIEN	MULTIPLICATION
ARBUSTES						
• **Abutilon**	*Abutilon* spp.	P	S	léger, humifère	mars	bouturage en automne
• **Ajonc d'Espagne**	*Genista hispanica*	C	S	sableux, sec, bien drainé	après la floraison	bouturage en juin
• **Arbre au poivre**	*Vitex agnus-castus*	C	S	ordinaire,	mars-avril plutôt sec	bouturage en été
• **Arbre aux anémones**	*Calycanthus floridus*	C	S	ordinaire, frais	février-mars	bouturage en été, drageonnage en mars
• **Arbre aux faisans**	*Leycesteria formosa*	C	S et Mi-O	humifère, bien drainé	mars-avril	marcottage en septembre
• **Arbre aux pois**	*Caragana arborescens*	C	S	ordinaire, même calcaire	février	bouturage en été, greffage en février
• **Arbre de neige**	*Chionanthus virginicus*	C	S et Mi-O	ordinaire, tolère le calcaire	après la floraison	semis en automne
• **Argousier**	*Hippophae rhamnoides*	C	S	ordinaire, tolère le calcaire et le sable même sec	en fin d'hiver	semis en automne bouturage en fin de printemps

P = persistant – SP = semi-persistant – C = caduc ***S = soleil – Mi-O = mi-ombre – O = ombre***

NOM FRANÇAIS	NOM LATIN	FEUILLAGE	EXPOSITION	SOL	TAILLE D'ENTRETIEN	MULTIPLICATION
• **Aronia**	*Aronia* sp.	C	S et Mi-O	ordinaire, même calcaire	février-mars	bouturage en juin
• **Bambou sacré**	*Nandina domestica*	P	S et Mi-O	humifère,	mars bien drainé	bouturage en été
• **Bois-joli**	*Daphne mezereum*	C	Mi-O	acide	février-mars	bouturage en été
• **Callicarpa**	*Callicarpa bodinieri*	C	S	ordinaire	mars-avril	bouturage en été
• **Chèvrefeuille**	*Lonicera nitida*	P	S et Mi-O	ordinaire,	mars-avril	bouturage en été
• **Chimonanthe odorant**	*Chimonanthus praecox*	C	S	ordinaire, bien drainé	après la floraison	semis en automne
• **Clérodendron**	*Clerodendrum trichotomum*	C	S et Mi-O	humifère, profond	février-mars	drageonnage en mars-avril
• **Clethra**	*Clethra alnifolia*	C	Mi-O	acide	février-mars	bouturage en été
• **Corête du Japon**	*Kerria japonica*	C	S ou Mi-O	ordinaire, bien drainé	après la floraison	bouturage et division de touffe
• **Coronille**	*Coronilla* sp.	C/P	S	sec, même pauvre	aucune	bouturage en été
• **Corylopsis**	*Corylopsis pauciflora*	C	Mi-O	neutre ou légèrement acide, humifère	après la floraison	bouturage au printemps, marcottage au printemps ou en automne
• **Desmodium**	*Lespedeza thunbergii*	C	S et Mi-O	ordinaire, même sec	octobre-novembre	bouturage en été
• **Dorycnium**	*Dorycnium hirsutum*	P	S	plutôt sec et léger	aucune	semis en mars, bouturage en été
• **Enkianthus**	*Enkianthus campanulatus*	C	Mi-O	acide, bien drainé	aucune	bouturage au printemps
• **Épine-vinette**	*Berberis* sp.	C/P	S ou Mi-O	ordinaire, bien drainé tolère le calcaire	après la floraison	semis en février-mars, bouturage
• **Escallonia**	*Escallonia* sp.	P	S	ordinaire, légèrement acide	mars	bouturage en juin-juillet
• **Exochorda**	*Exochorda* x *macrantha*	C	S	léger, sans calcaire	après la floraison	bouturage au printemps
• **Faux myrte**	*Leptospermum lanigerum*	P	S	léger, légèrement acide	février-mars	bouturage en automne
• **Filaria**	*Phillyrea* sp.	P	S et Mi-O	ordinaire, même sec	novembre	bouturage en été
• **Forsythia blanc**	*Abeliophyllum distichum*	C	S	tous types	après la floraison	bouturage en été
• **Fuchsia de Magellan**	*Fuchsia magellanica*	C	S et Mi-O	humifère,	fin d'automne bien drainé	bouturage en été

P = persistant – SP = semi-persistant – C = caduc ***S = soleil – Mi-O = mi-ombre – O = ombre***

NOM FRANÇAIS	NOM LATIN	FEUILLAGE	EXPOSITION	SOL	TAILLE D'ENTRETIEN	MULTIPLICATION
• **Gaultheria**	*Gaultheria* sp.	P	O	acide, bien drainé	aucune	bouturage en été
• **Genêt d'Espagne**	*Cytisus scoparius*	C	S	plutôt sableux, sec	après la floraison	semis, bouturage en juillet-août
• **Germandrée en arbre**	*Teucrium fruticans*	P	S	ordinaire, même sec	mars-avril	bouturage en été
• **Hibiscus d'Australie**	*Alyogyne huegelii*	P	S	ordinaire, drainé	mars	bouturage en automne
• **Indigotier**	*Indigofera* sp.	C	S	ordinaire	février-mars	semis au printemps
• **Kolkwitzia**	*Kolkwitzia amabilis*	C	S et Mi-O	ordinaire, même calcaire	après la floraison	bouturage en été, drageonnage en août
• **Lantana**	*Lantana* sp.	C/P	S	ordinaire, même sec	après la floraison	semis en mars, bouturage en été
• **Laurier d'Alexandrie**	*Danae racemosa*	P	Mi-O	ordinaire,	février-mars bien drainé	division en mars
• **Laurier des montagnes**	*Kalmia* sp.	P	Mi-O	acide, bien drainé	aucune	bouturage en été, marcottage en mars
• **Laurier-rose**	*Nerium oleander*	P	S	ordinaire	mars-avril	bouturage à la mi-juin
• **Leucothoé**	*Leucothoe fontanesiana*	P	Mi-O	acide	aucune	bouturage en été
• **Myrte écarlate**	*Metrosideros carminea*	P	S	ordinaire	aucune	bouturage en été
• **Nerprun**	*Rhamnus alaternus*	P	S et Mi-O	riche, bien drainé	mars-avril	bouturage en automne
• **Oléaria**	*Olearia* sp.	P	S	ordinaire	aucune	bouturage en été
• **Olivier de Bohême**	*Elaeagnus angustifolia*	C	S	ordinaire, plutôt sableux	au printemps ou en automne	bouturage en août-septembre
• **Pachysandra**	*Pachysandra terminalis*	P	Mi-O	ordinaire, frais	aucune	division en mars, bouturage en été
• **Pernettya**	*Pernettya mucronata*	P	Mi-O et O	acide, frais	aucune	bouturage en automne
• **Physocarpus**	*Physocarpus opulifolius*	C	Mi-O et O	ordinaire ; tolère le calcaire	après la floraison	bouturage en été
• **Pittosporum**	*Pittosporum* sp.	P	S	ordinaire	aucune	bouturage en automne
• **Pivoine arbustive**	*Paeonia suffruticosa*	C	S et Mi-O	ordinaire	aucune	division en automne
• **Potentille**	*Potentitlla fruticosa*	C	S et Mi-O	ordinaire, même pauvre	en mars ou après la floraison	bouturage en mai-juin

P = persistant – SP = semi-persistant – C = caduc

S = soleil – Mi-O = mi-ombre – O = ombre

NOM FRANÇAIS	NOM LATIN	FEUILLAGE	EXPOSITION	SOL	TAILLE D'ENTRETIEN	MULTIPLICATION
• **Raphiolepis**	*Rhaphiolepis* sp.	P	S	humifère et frais	après la floraison	bouturage en été
• **Rince-bouteille**	*Callistemon citrinus*	P	S	plutôt acide	aucune	semis en mars, bouturage en été
• **Santoline**	*Santolina chamaecyparissus*	P	S	ordinaire, même calcaire	mars-avril	bouturage en juin
• **Sarcococca**	*Sarcococca* sp.	P	Mi-O et O	humifère, bien drainé	mars-avril	bouturage en juin
• **Sureau**	*Sambucus* sp.	C	S ou Mi-O	ordinaire	en fin d'hiver	bouturage en août-septembre, greffe

NOM FRANÇAIS	NOM LATIN	FEUILLAGE	EXPOSITION	SOL	TAILLE D'ENTRETIEN	MULTIPLICATION
GRIMPANTES						
• **Akébie**	*Akebia quinata*	SP	S	ordinaire	mars-avril	bouturage en fin de printemps
• **Aristoloche**	*Aristolochia macrophylla*	C	S et Mi-O	ordinaire, bien drainé	après la floraison	bouturage au printemps
• **Arroche**	*Atriplex halimus*	SP	S	sableux, léger, même sec	au printemps	bouturage en avril-mai
• **Décumaria**	*Decumaria barbara*	SP/P	Mi-O	frais, sain	mars-avril	bouturage en été
• **Dentelaire**	*Plumbago auriculata*	SP	S	ordinaire, bien drainé	aucune	bouturage au printemps
• **Holboellia**	*Holboellia coriacea*	P	S, Mi-O et O	humifère, frais	aucune	bouturage en été
• **Jasmin étoilé**	*Trachelospermum jasminoides*	P	S	ordinaire, même pauvre	après la floraison	bouturage en été
• **Lierre**	*Hedera* sp.	P	S, Mi-O et O	tous types bien drainé	aucune	bouturage et marcottage, toute l'année
• **Millepertuis**	*Hypericum calycinum*	P	S ou Mi-O	ordinaire,	février-mars	bouturage en juillet
• **Renouée**	*Fallopia* sp.	C	S et Mi-O	tous types	mars	bouturage en été
• **Schizophragma**	*Schizophragma hydrangeoides*	C	Mi-O et O	humifère, frais	aucune	bouturage en été
• **Wattakaka**	*Dregea sinensis*	C	S	ordinaire, frais	mars-avril	bouturage en été

P = persistant – SP = semi-persistant – C = caduc ***S = soleil – Mi-O = mi-ombre – O = ombre***

NOM FRANÇAIS	NOM LATIN	FEUILLAGE	EXPOSITION	SOL	TAILLE D'ENTRETIEN	MULTIPLICATION
CONIFÈRES						
• **Cryptoméria**	*Cryptomeria japonica*	P	S et Mi-O	frais, même calcaire	aucune	bouturage en été
• **Cyprès chauve**	*Taxodium distichum*	C	S	humide, sans calcaire	aucune	bouturage en été
• **Cyprès de Leyland**	x *Cupressocyparis leylandii*	P	Mi-O et O	profond, bien drainé	avril	bouturage en été
• **Désespoir des singes**	*Araucaria araucana*	P	S et Mi-O	frais, humide	aucune	semis en septembre
• **Mélèze**	*Larix decidua*	C	S	ordinaire, même calcaire	aucune	bouturage en été
• **Métaséquoia**	*Metasequoia glyptostroboides*	C	S	frais, humide	aucune	bouturage en été
• **Microbiota**	*Microbiota decussata*	C	S, Mi-O et O	ordinaire, même calcaire	aucune	marcottage en été
• **Sapin de Douglas**	*Pseudotsuga menziesii*	P	S	ordinaire, sans calcaire	aucune	semis au printemps
• **Séquoia**	*Sequoiadendron giganteum*	P	S	ordinaire, même calcaire	aucune	bouturage en été

NOM FRANÇAIS	NOM LATIN	FEUILLAGE	EXPOSITION	SOL	TAILLE D'ENTRETIEN	MULTIPLICATION
ARBRES						
• **Ailante**	*Ailanthus altissima*	C	S	ordinaire, même pauvre	hiver	bouturage en décembre
• **Amélanchier**	*Amelanchier lamarckii*	C	S et Mi-O	ordinaire	après la floraison	bouturage en fin de printemps
• **Arbousier**	*Arbutus unedo*	P	S et Mi-O	ordinaire, même calcaire	aucune	bouturage en automne
• **Arbre aux mouchoirs**	*Davidia involucrata*	C	S et Mi-O	riche, bien drainé	aucune	semis en mars-avril
• **Arbre caramel**	*Cercidiphyllum japonicum*	C	S et Mi-O	ordinaire	aucune	semis en mars-avril
• **Arbre de soie**	*Albizia julibrissin*	C	S	ordinaire, même calcaire	février-mars	bouturage en été
• **Aulne**	*Alnus* sp.	C	S	ordinaire, même sec	aucune	bouturage en mai

P = persistant – SP = semi-persistant – C = caduc ***S = soleil – Mi-O = mi-ombre – O = ombre***

NOM FRANÇAIS	NOM LATIN	FEUILLAGE	EXPOSITION	SOL	TAILLE D'ENTRETIEN	MULTIPLICATION
• **Bouleau commun**	*Betula pendula*	C	S	ordinaire, même sec et légèrement calcaire	novembre -janvier	semis en février, bouturage en mai-juin, greffe
• **Cedrela**	*Toona sinensis*	C	S et Mi-O	ordinaire, même calcaire	aucune	bouturage en été
• **Châtaignier**	*Castanea sativa*	C	S et Mi-O	profond, sans calcaire	novembre-décembre	greffage en mars
• **Copalme**	*Liquidambar styraciflua*	C	S	profond, frais	aucune	bouturage en été
• **Eucalyptus**	*Eucalyptus* sp.	P	S	sec, bien drainé	aucune	semis en mars
• **Févier d'Amérique**	*Gleditsia triacanthos*	C	S	profond, bien drainé	printemps	semis en novembre
• **Frêne**	*Fraxinus excelsior*	C	S	ordinaire, même calcaire	aucune	semis en automne
• **Garrya**	*Garrya elliptica*	P	S	ordinaire, bien drainé	aucune	bouturage en été
• **Genévrier**	*Juniperus* sp.	P	S ou Mi-O	ordinaire, de nombreuses espèces tolèrent le calcaire	octobre-novembre	bouturage en septembre
• **Lilas d'été**	*Lagerstroemia indica*	C	S	ordinaire, frais	février-mars	bouturage en mai
• **Lilas des Indes**	*Melia azedarach*	C	S	profond, frais	aucune	bouturage en fin de printemps
• **Marronnier**	*Aesculus* sp.	C	S	ordinaire, même calcaire	hiver	bouturage en hiver
• **Micocoulier**	*Celtis australis*	C	S	profond, bien drainé	nov.-décembre	semis en mars-avril
• **Mûrier**	*Morus alba*	C	S	ordinaire, même sec	aucune	bouturage en novembre
• **Mûrier à papier**	*Broussonetia papyrifera*	C	S	ordinaire, même sec	aucune	bouturage en fin de printemps
• **Néflier du Japon**	*Eriobotrya japonica*	P	S	profond, bien drainé	novembre à février	greffage en juillet
• **Nyssa**	*Nyssa sylvatica*	C	S	humide, frais	aucune	semis en février
• **Orme**	*Ulmus* sp.	C	S	ordinaire, même pauvre	aucune	bouturage en juillet
• **Orme de Sibérie**	*Zelkova carpinifolia*	C	S et Mi-O	profond, frais	aucune	semis en novembre
• **Parrotia**	*Parrotia persica*	C	S et Mi-O	ordinaire, légèrement acide	aucune	semis au printemps
• **Paulownia**	*Paulownia tomentosa*	C	S	ordinaire, bien drainé	novembre-janvier	bouturage

P = persistant – SP = semi-persistant – C = caduc ***S = soleil – Mi-O = mi-ombre – O = ombre***

NOM FRANÇAIS	NOM LATIN	FEUILLAGE	EXPOSITION	SOL	TAILLE D'ENTRETIEN	MULTIPLICATION
• **Platane**	*Platanus* x *hispanica*	C	S	profond, frais	novembre à janvier	bouturage en novembre
• **Poirier à fleurs**	*Pyrus calleryana*	C	S	ordinaire, même sec	aucune	semis en automne
• **Sassafras**	*Sassafras albidum*	C	S et Mi-O	profond, légèrement acide	aucune	semis en février
• **Savonnier**	*Koelreuteria paniculata*	C	S	ordinaire, même calcaire	aucune	semis en automne
• **Sophora**	*Sophora japonica*	C	S	riche, bien drainé	aucune	bouturage en été
• **Sorbaria**	*Sorbaria tomentosa* var. *augustifolia*	C	S et Mi-O	frais ; supporte le calcaire	février-mars	bouturage en été
• **Sumac**	*Rhus typhina*	C	S	ordinaire	février-mars	bouturage en hiver
• **Tulipier de Virgine**	*Liriodendron tulipifera*	C	S	profond, frais	aucune	bouturage en été

P = persistant – SP = semi-persistant – C = caduc *S = soleil – Mi-O = mi-ombre – O = ombre*

Les associations au potager*

LÉGUMES	COMPAGNIE APPRÉCIÉE	VOISINAGE DÉTESTÉ
• **Ail**	Betterave, carotte, fraisier, laitue, poireau, tomate	Choux, fève, haricot, pois
• **Artichaut**	Fève	–
• **Asperge**	Haricot nain, persil, poireau, tomate	–
• **Aubergine**	Haricot	–
• **Bette à cardes (poirée)**	–	Poireau
• **Betterave rouge**	Aneth, chou-rave, haricot nain, oignon, sarriette	Épinard
• **Cardon**	–	–
• **Carotte**	Ail, aneth, choux, ciboulette, endive, laitue, oignon, poireau, pois, radis, salade, tomate	Menthe
• **Céleri**	Chou, épinard, haricot, poireau, pois, tomate	–
• **Chicorée**	–	–
• **Choux**	Betterave, céleri, cresson alénois, épinard, haricot nain, laitue, menthe, pomme de terre, romarin, sauge	Fenouil, fraisier, oignon, tomate
• **Chou-rave**	Betterave, épinard, fraisier, poireau, pois, radis, tomate	Fenouil, haricot, tomate
• **Concombre et cornichon**	Aneth, basilic, céleri, épinard, fenouil, haricot nain, laitue, maïs, oignon, pois, radis	Pomme de terre, radis, raifort, tomate
• **Courges (courgette, potiron...)**	Maïs, laitue	Concombre, pomme de terre
• **Échalote**	Betterave, fraisier, laitue	Fève, haricot, pois
• **Endive**	–	–
• **Épinard**	Betterave, choux, fraisier, haricot, laitue, pois, tomate	–
• **Fenouil bulbeux**	Concombre, endive, laitue	Chou-rave, coriandre, échalote, haricot, pois, tomate
• **Fève**	Aneth, artichaut, maïs	Ail, échalote, oignon
• **Fraisier**	Épinard, haricot nain, laitue, thym, tomate	Choux
• **Haricot**	Aubergine, betterave, carotte, céleri, choux, concombre, épinard, fraisier, maïs, pomme de terre, sarriette, tomate	Ail, échalote, fenouil, oignon, poireau, pois, tomate
• **Laitue**	Aneth, carotte, chou-fleur, concombre, courges, fraisier, poireau, radis	Céleri, persil
• **Mâche**	Oignon blanc, poireau	–
• **Maïs doux**	Concombre, courges, fève, poireau, pois, pomme de terre	–
• **Melon**	–	Concombre, courges
• **Navet**	Pois, menthe, romarin	–

• **Oignon**	Ail, aneth, betterave, carotte, concombre, fraisier, laitue, panais, tomate	Chou, fève, haricot, poireau, pois
• **Oseille**	–	–
• **Panais**	Oignon	–
• **Piment et poivron**	–	–
• **Poireau**	Carotte, céleri, épinard, fraisier, laitue, mâche, oignon, tomate	–
• **Pois**	Carotte, céleri, chou-rave, concombre, épinard, haricot, maïs, navet, pomme de terre, radis	Ail, échalote, oignon, poireau
• **Pomme de terre**	Ail, chou-fleur, chou pommé, fève, haricot, maïs, pois, raifort	Carotte, courges, oignon, tomate
• **Potiron (courges)**	Maïs, laitue	Concombre, pomme de terre
• **Pourpier**	–	–
• **Radis**	Carotte, épinard, fraisier, haricot, laitue, pois, tomate	Cerfeuil, hysope
• **Rhubarbe**	–	–
• **Salsifis et scorsonère**	–	–
• **Tomate**	Ail, asperge, basilic, carotte, céleri, cresson alénois, chou, épinard, mâche, oignon, panais, persil, poireau	Betterave, choux, concombre, cornichon, fenouil, haricot, pomme de terre
• **Topinambour**	–	–

AROMATIQUES	COMPAGNIE APPRÉCIÉE	VOISINAGE DÉTESTÉ
• **Aneth**	–	–
• **Angélique**	–	–
• **Basilic**	–	–
• **Cerfeuil**	–	Radis
• **Ciboule et ciboulette**	Carotte, concombre	–
• **Coriandre**	–	–
• **Estragon**	–	–
• **Laurier-sauce**	–	–
• **Livèche (ache des montagnes)**	–	–
• **Mélisse**	–	–
• **Menthe**	–	–
• **Origan**	–	–
• **Persil**	Asperge, tomate	Laitue
• **Romarin**	–	–
• **Sarriette**	–	–
• **Sauge**	–	–
• **Thym**	–	–

* Pour certains légumes et plantes aromatiques, il n'a pas été observé d'influence particulière de tel ou tel voisinage.

Maladies et parasites

Voici décrits succinctement les principaux parasites et maladies qui affectent les légumes au potager. Apprenez à en reconnaître les symptômes les plus courants et à effectuer, le cas échéant, les traitements adaptés à chaque cas.

Acariens : petits parasites (araignées rouges ou jaunes, tétrarques, aoûtats), souvent invisibles à l'œil nu. Présents surtout lors d'étés chauds et secs, ils piquent le revers des feuilles pour y faire des ponctions de sève. Les feuilles deviennent ternes et grisâtres, et de fines toiles d'araignées apparaissent sous les feuilles. À titre préventif, arrosez le feuillage au jet le soir, en été. En cas d'attaque, traitez le plus rapidement possible avec un acaricide biologique. Certains insecticides polyvalents sont susceptibles d'aggraver les attaques.

Altise : petit insecte noir qui perce les feuilles de petits trous ronds. L'altise s'attaque à toutes les crucifères (chou, radis, navet...), mais les dégâts sont plus importants sur les jeunes plantes. Protégez en arrosant en pluie fine s'il fait sec. Un traitement avec un insecticide naturel est rarement nécessaire.

Anguillule : petit ver microscopique qui vit dans la terre et se nourrit de matières en décomposition et des tiges, des feuilles et des racines des plantes.

Anthracnose : maladie causée par un champignon, qui se traduit par l'apparition de taches brunes sur les tiges et les gousses des haricots. Les nervures virent au rouge avant de brunir et de se dessécher. L'eau de pluie ou d'arrosage dissémine la maladie. Arrachez les plantes malades dès l'apparition des premiers symptômes.

Bactériose : terme générique employé pour désigner diverses maladies provoquées par une bactérie.

Blaniule : insecte à long corps et doté de nombreuses pattes, qui appartient à la famille des mille-pattes (ou myriapodes). S'il est rarement à l'origine des dégâts provoqués sur les plantes en bonne santé, il accentue en revanche les dommages engendrés par les morsures de limaces ou escargots (sur les pommes de terre et les fraises par exemple). Protégez vos plants contre les limaces et escargots. Si ces parasites sont très nombreux dans votre sol, évitez l'emploi de matières organiques qui tendent à favoriser leur prolifération.

Botrytis (pourriture grise) : maladie due à un champignon qui se développe en cas de forte humidité. Il provoque un feutrage grisâtre sur les parties atteintes. Supprimez les parties ou les plantes touchées, ramassez et brûlez les débris végétaux qui restent au sol. Pulvérisez du soufre mouillable sur les parties intactes de la plante et les plantes saines voisines pour limiter les risques de contagion.

Bruche : petit insecte dont la larve pénètre et se développe dans les gousses des pois, haricots et fèves. L'insecte devenu adulte creuse ensuite un trou pour sortir de la gousse, alors en cours de conservation. Le jardinier amateur ne dispose d'aucun traitement contre ce parasite.

Chenilles : larves des papillons qui rongent les feuilles, les tiges ou les racines des plantes. Traitez dès l'apparition des dégâts avec un insecticide biologique à base de *Bacillus thuringiensis*.

Criocère : petit insecte rouge vif, à tête noire, qui pond des œufs sur les lis et les fritillaires en mars. Les larves, rondes, rouge orangé et à tête noire, apparaissent en juillet. De mars à octobre, les adultes et les larves dévorent les feuilles et les fleurs qui jaunissent, brunissent et se dessèchent. Surveillez vos plantes dès le mois de mars pour éliminer à la main, avant la ponte, les criocères adultes. Complétez par un traitement des larves en été lorsqu'elles sont encore jeunes avec un insecticide biologique à base de pyrèthre.

Doryphore : petit insecte jaune orné de lignes noires qui dévore les feuilles des pommes de terre, tomates, aubergines et poivrons. Sa larve, sorte de chenille au corps rougeâtre tacheté de noir, est également nuisible. Traitez dès les premières morsures avec un insecticide végétal à base de roténone ou chimique à base de cyperméthrine.

Escargots et limaces : mollusques terrestres de la famille des Gastéropodes qui sévissent tout au long de l'année, les jours de pluie. Dès qu'il fait nuit et que la température est supérieure à 5 °C, ils rongent les feuilles, les tiges et les fleurs en laissant derrière eux une trace brillante appelée mucus. Il est impossible de les éliminer du jardin : protégez les cultures sensibles, les jeunes plants notamment, car une morsure de limace ou d'escargot peut sectionner et tuer les plants. Outre les méthodes de protection traditionnelles, il existe désormais des granulés anti-limaces biologiques, plus pratiques que les pièges à la bière.

Fonte des semis : maladie due à plusieurs champignons du sol dont la croissance est favorisée par un excès d'humidité. Les feuilles des jeunes plantules se dessèchent et la base des tiges pourrit. Le phénomène peut rapidement toucher toute une terrine de semis. En prévention, désinfectez les terrines avec de l'alcool à brûler. Arrosez modérément les semis pour maintenir le terreau légèrement humide. Vous pouvez employer pour le sol une spécialité à base d'oxyquinoléine et de potassium.

Fusariose : maladie générée par un champignon du sol (Fusarium), qui touche principalement le pois au potager et provoque le flétrissement de la plante. Les feuilles jaunissent et se dessèchent. Arrachez et brûlez les plantes atteintes. Ne cultivez pas de pois ni d'autres légumineuses à cet endroit durant l'année en cours et la suivante.

Graisse : maladie causée par une bactérie qui provoque, sur les feuilles des haricots, de petites taches jaunes aux contours anguleux et à l'aspect gras. Les feuilles finissent par se dessécher, les gousses et les tiges se couvrent de taches grises et huileuses. La contamination de feuille en feuille se fait par l'intermédiaire de l'eau de pluie ou d'arrosage. En prévention, arrosez au pied en faisant attention de ne pas mouiller le feuillage. Arrachez et brûlez rapidement toutes les plantes malades.

Hernie (du chou) : maladie provoquée par un champignon du sol, qui se traduit chez les plantes crucifères par un flétrissement et un dessèchement des feuilles. Des nodosités apparaissent sur les racines : elles contiennent les spores du champignon qui permettent à ce dernier de se développer. Le sol reste contaminé de très longues années même si vous n'y cultivez pas de crucifères, et surtout si la terre est acide et souvent détrempée. En prévention, apportez régulièrement de la chaux si votre terrain est acide et améliorez le drainage. Repérez le plus tôt possible les plantes atteintes, avant que les racines n'aient libéré dans le sol les spores du champignon.

Insecticide : produit employé pour traiter une plante attaquée par des insectes.

Limaces : voir *Escargots*.

Mildiou : maladie due à un champignon, qui touche de nombreuses plantes au jardin, surtout la tomate, la pomme de terre et l'oignon. Le dessus des feuilles se couvre de taches jaunâtres qui s'élargissent progressivement jusqu'à couvrir tout le limbe. Au revers, un feutrage grisâtre parfois teinté de violet apparaît. L'humidité favorise le développement de ce champignon. En prévention, arrosez toujours au pied des plantes de manière à ne pas mouiller le feuillage. En cas de temps anormalement humide, traitez avec de la bouillie bordelaise avant l'apparition des symptômes. Arrachez et brûlez rapidement les plantes atteintes.

Mosaïque : maladie virale qui se traduit par des taches décolorées et irrégulières sur le feuillage des plantes. Le virus peut être introduit dans la plante par des nématodes, vers microscopiques présents dans le sol. Aucun traitement n'est efficace. Arrachez et brûlez les plantes atteintes.

Mouche : petit insecte dont plusieurs espèces sévissent au potager. Chacune est spécialisée dans une espèce ou une famille de plantes : mouche du chou pour toutes les crucifères, mouche de la carotte pour la carotte, le panais et le céleri-rave (ombellifères à racines charnues), mouche de l'oignon pour toutes les liliacées (poireau, ail, oignon, échalote), mouche des semis pour les jeunes plants. D'avril à septembre, les mouches adultes pondent leurs œufs au cœur des feuilles. La larve se nourrit de la racine des jeunes plants qui meurt tout de suite ou de celle qui se forme par la suite. Aucun traitement n'est capable de l'éliminer. En prévention, incorporez au sol un insecticide à base de carbofuran, diazinon ou diéthion avant les semis. Privilégiez pour chaque culture le bon voisinage. Certaines plantes odorantes ont un pouvoir répulsif sur les mouches.

Nématode : petit ver microscopique qui vit dans la terre et se nourrit de matières en décomposition et des tiges, des feuilles et des racines des plantes. Les dégâts sont parfois considérables, mais aucun produit n'est efficace contre ce parasite. Arrachez et brûlez les plantes malades. Ne replantez pas le même type de plante à cet endroit.

Noctuelle : chenille verte ou brune qui dévore les feuilles des choux et de l'oignon. Surveillez l'apparition des chenilles et traitez avant qu'elles ne pénètrent au cœur du chou. Traitez biologiquement avec une préparation à base de *Bacillus thuringiensis*.

Nuile : parasite du sol qui provoque des taches claires sur les feuilles du melon. La feuille sèche et meurt. Aucun traitement n'est efficace. Arrachez et brûlez.

Oïdium : maladie due à un champignon qui touche pratiquement tous les légumes du potager. Les symptômes sont l'apparition d'un feutrage blanc et poudreux sur les feuilles puis sur d'autres parties aériennes de la plante. Les attaques de fin de saison ne nécessitent pas de traitement : arrachez et brûlez les restes de végétation pour éviter toute contamination ultérieure. Sur de jeunes plantes, pulvérisez ou poudrez avec un produit à base de soufre. En cas d'attaque sévère, arrachez les jeunes plants atteints.

Piéride du chou : papillon blanc aux ailes supérieures bordées de noir. Il en existe deux types : la grande et la petite piéride du chou. À partir d'avril, les chenilles de la grande piéride, poilues, jaunes avec des marques noires, se nourrissent des feuilles périphériques de la pomme des choux. Les chenilles vert pâle et veloutées de la petite piéride pénètrent au cœur de la pomme pour la ronger de l'intérieur. Surveillez vos choux et traitez dès les premiers symptômes avec un produit biologique à base de *Bacillus thuringiensis*.

Pourriture du collet : maladie provoquée par divers champignons du sol. Le collet, situé à la jonction entre les feuilles, la tige et les racines, pourrit et la plante meurt. Arrachez la plante atteinte de cette maladie.

Pourriture grise : voir *Botrytis*.

Puceron : insecte cendré, vert ou noir selon les espèces, qui forme un manchon sur les jeunes pousses et les pique, provoquant ainsi la déformation des feuilles et parfois le dépérissement de la plante. Traitez dès leur apparition avec un insecticide biologique à base de pyrèthre. En mouillant bien le feuillage. N'hésitez pas à renouveler le traitement si nécessaire. En cas de fortes attaques, traitez avec un insecticide à base de pyrimicarbe. En été, le puceron des racines de la laitue se développe sur les racines. Les jeunes laitues se développent très lentement et se flétrissent sans raison apparente. En prévention, arrosez régulièrement les laitues et changez-les d'emplacement chaque année. En cas d'attaque, arrachez et jetez les plantes atteintes.

Rhizoctone : champignon responsable de l'apparition de taches brun foncé sur les feuilles des pommes de terre et des asperges. Les feuilles et les tiges meurent progressivement. Les nouvelles feuilles qui apparaissent après buttage sont enroulées et de couleur vert clair. Souvent, les tiges pourrissent. En général, ce sont les tubercules plantés qui sont porteurs de la maladie : avant plantation, vérifiez que les germes ne portent pas de petites pustules de couleur sombre ou des taches brun foncé. Arrachez et débarrassez-vous rapidement des plants atteints.

Rouille : maladie due à un champignon qui provoque sur le dessus des feuilles des taches jaunes, oranges ou brunes selon les plantes attaquées. Au revers, des pustules orange vif, virant au brun selon les plantes, se développent. Lorsque les taches sont nombreuses, le feuillage se dessèche et meurt. Plus la contamination est précoce et plus la récolte s'en trouve affectée. Arrachez les plantes atteintes, ramassez les feuilles sèches au sol et brûlez-les afin d'éliminer toute source de contamination ultérieure.

Rouille blanche : maladie qui touche les choux et provoque des pustules blanches au revers des feuilles. Ces dernières se déforment, portant sur le dessus de petits cratères. Un temps pluvieux et venteux favorise le développement de la maladie. Arrachez et jetez les plantes atteintes de la rouille blanche dès l'apparition des premiers symptômes.

Septoriose : maladie due à un champignon qui s'attaque au céleri. De nombreuses petites taches brun clair émaillent la surface des feuilles qui meurent rapidement. Ôtez les parties portant des symptômes et pulvérisez le reste de la plante avec de la bouillie bordelaise pour limiter la contagion.

Sitone : petit insecte gris (3 à 4 mm de long) qui ronge le bord des feuilles de pois et de fève, créant des encoches en forme de U. Il affecte peu la récolte sauf en cas de forte attaque.

Tarsonème : acarien brun qui s'attaque aux jeunes feuilles en développement des fraisiers : celles-ci sont alors plissées et déformées. La croissance se ralentit. Arrachez les plants atteints. N'utilisez pas les stolons des fraisiers malades pour renouveler votre carré de fraises, mais envisagez une nouvelle plantation à partir de plants certifiés sains.

Taupin : insecte dont seule la larve est nuisible aux plantes. Surnommée « ver fil de fer » en raison de sa longueur et de sa minceur, cette larve brun orange dotée de trois paires de pattes vit dans le sol. En début de saison, elle s'attaque aux racines des jeunes semis puis, en été, aux racines charnues des légumes-racines. Détournez les larves de taupin des jeunes semis et des pommes de terre en les piégeant dans des pots enterrés sous 20 cm de terre, dans un rayon de 20 cm autour de vos cultures, contenant un mélange de sable et de grains de blé. Vous pouvez aussi tenter d'enterrer des pommes de terre creusées autour de vos semis. Le travail régulier du sol diminue le nombre des larves dans le sol.

Teigne du poireau : chenille qui creuse des galeries dans les feuilles des poireaux et des oignons d'avril à juillet. D'août à octobre, la chenille plus âgée se réfugie dans les tiges du poireau et dans les bulbes de l'oignon. Dès l'apparition des premiers symptômes sur les feuilles (taches blanchâtres), pulvérisez un insecticide à base de *Bacillus thuringiensis* à 1 à 2 reprises espacées d'une quinzaine de jours.

Tétranyque tisserand : petit acarien jaune avec deux taches sombres sur la tête, qui suce le dessous des feuilles de haricots et de fraisiers. Le feuillage prend une couleur vert pâle et se ternit. Les invasions importantes se matérialisent par un réseau de toiles d'araignées entre les feuilles et la tige et sont favorisées par de fortes chaleurs. Traitez avec un acaricide biologique à plusieurs reprises.

Virose : maladie causée par un virus. Aucun traitement ne permet d'enrayer ce type de maladie. Le virus est souvent introduit dans la plante par une piqûre d'insecte contaminé.

Glossaire

Acidité : état d'un sol dont le pH est inférieur à 7. C'est le cas de la terre de bruyère. Le contraire est *alcalinité*.

Acidophile : caractérise un organe qui apparaît sur une plante de façon inhabituelle. On parle, par exemple, de racines adventives qui poussent sur la partie aérienne d'un végétal.

Adventive : caractérise un organe qui apparaît sur une plante de façon inhabituelle. On parle, par exemple, de racines adventives qui poussent sur la partie aérienne d'un végétal.

Aisselle : point d'insertion du pétiole d'une feuille sur un rameau.

Alcalinité : état d'un sol dont le pH est supérieur à 7. On parle aussi de basicité. Le contraire est *acidité*.

Annuelle (plante) : plante qui, en une année, naît, pousse, fleurit, produit des graines et meurt les premiers froids venus (cosmos, impatiens, lavatère, pétunia, souci...).

Anthère : partie de l'étamine sur laquelle se trouve le pollen. Elle est, en général, renflée.

Aoûté : caractérise l'état ligneux d'une pousse auparavant herbacée. Cette transformation est en général terminée en août.

Arbre : végétal ligneux possédant un tronc et pouvant atteindre une dimension très importante. Voir *Plein vent*.

Arbuste : végétal ligneux sans tronc, de petite dimension, buissonnant.

Arille : enveloppe entourant certaines graines. Elle peut être charnue ou velue.

Axillaire : caractérise une pousse qui naît latéralement sur une tige. Les bourgeons axillaires désignent ceux qui apparaissent à la base d'une feuille.

Baliveau : jeune sujet de 3 ou 4 ans, non formé, haut de 1 m à 1,50 m, ayant une ou plusieurs branches latérales.

Basicité : état d'un sol dont le pH est supérieur à 7. On parle ainsi d'alcalinité. Le contraire est acidité.

Basse-tige : forme de plein-vent sur un tronc court de 30 à 80 cm.

Bisannuelle (plante) : plante qui a besoin de 2 ans pour s'épanouir (pensée, myosotis...). La première année, correspondant à celle du semis, la plante forme un feuillage abondant. La seconde année, elle fleurit et produit des graines avant de mourir. Les jardiniers gagnent un peu de temps en semant ces plantes en été : elles forment alors des feuilles avant l'hiver et, au printemps suivant, elles fleurissent, soit 8 à 9 mois après le semis et non 1 an après celui-ci comme dans la nature.

Blanchir : priver de lumière certaines parties d'une plante (les feuilles en général) pour obtenir des pousses blanches, donc sans chlorophylle, et plus tendres.

Bois : en horticulture, désigne l'écorce d'un tronc.

Bouquet de mai : rameau très court, de 2 à 5 cm de longueur, pas plus, portant 5 à 6 boutons à fleur et un bourgeon à bois à l'extrémité. Organe typique des arbres à fruits à noyau.

Bourgeon : organe renflé qui contient, à l'intérieur de ses écailles fermées, des ébauches de feuilles, le départ d'un rameau et, parfois, une fleur.

Bourgeon à bois (ou œil à bois) : bourgeon qui ne contient à l'intérieur de ses écailles que des ébauches de feuilles et le départ d'un rameau à bois.

Bourgeon latent (ou œil latent) : bourgeon peu visible qui ne se développe pas, situé dans les rides de l'écorce à la base des rameaux ou sous l'écorce.

Bourrelet de greffe : partie renflée correspondant à l'emplacement où une greffe a été effectuée, et formée par la cicatrisation de l'opération.

Bourse : masse charnue qui se forme à l'endroit où la queue du fruit était attachée et qui porte des organes fertiles (dard et bouton à fleur).

Bouton à fleur(s) : bourgeon arrondi, gonflé, globuleux et pointu dont le développement ultérieur produira une ou plusieurs fleurs.

Bouton à fruit : autre nom du bouton à fleur.

Bouton rose : stade de développement du bouton à fleur (chez l'abricotier, l'amandier et le pêcher), où le bourgeon est encore fermé, mais les écailles s'ouvrent suffisamment pour laisser apparaître la pointe des pétales roses.

Bractées : feuilles très colorées ressemblant à des pétales, que l'on rencontre sur les bougainvillées ou les poinsettias, par exemple.

Branche charpentière : branche principale, ayant le plus fort diamètre, constituant avec le tronc le squelette de l'arbre, et sur laquelle naîtront les rameaux producteurs.

Branche chiffonne : rameau mesurant entre 15 et 30 cm, portant des gros bourgeons arrondis (boutons à fleur) et se terminant par un bourgeon à bois. Organe typique des arbres à fruits à noyau.

Brindille couronnée : branche et grêle courte, de 5 à 20 cm de longueur, terminée par un bouton à fleur.

Brindille ordinaire : branche grêle et courte, de 5 à 20 cm de longueur, portant des bourgeons à bois.

Bulbe : racine ou tige souterraine, dans laquelle la future plante accumule des réserves nutritives pour assurer sa survie d'une année sur l'autre.

Bulbeuse (plante) : plante qui produit un bulbe.

Butter : relever la terre en petite butte au pied d'une plante pour la protéger des intempéries ou favoriser le développement de ses racines.

Cabus (chou) : type de chou pommé dont le cœur est formé d'une pomme de feuilles très serrées. Il existe un autre type de chou pommé, très proche du chou cabus : le chou de Milan à feuilles plus cloquées.

Caduc : adjectif se rapportant à un végétal qui perd ses feuilles en hiver. Le contraire est persistant.

Caïeu : petit bulbe qui se développe sur le côté du bulbe principal, appelé aussi gousse chez l'ail.

Caissette : petite caisse basse et large, en terre cuite ou en plastique, généralement de forme rectangulaire, dans laquelle on pratique le semis.

Calcicole : caractérise un végétal qui apprécie les sols calcaires.

Calcifuge : caractérise un végétal qui n'aime pas les sols calcaires.

Canne : c'est ainsi que l'on nomme habituellement les tiges des framboisiers et de la ronce à fruits.

Cep : tronc trapu de la vigne (partie verticale seulement).

Cépée : ensemble de plusieurs troncs partant d'une même souche. Par extension, on appelle cépée tout ensemble de végétaux plantés de façon très rapprochée, donnant l'impression de constituer une seule touffe (cépée de bouleaux).

Châssis : abri constitué d'un cadre de bois muni d'un couvercle vitré (ou en plastique transparent). Rempli d'une terre riche et fine, le châssis est destiné à abriter des plantes fragiles, de jeunes semis par exemple.

Coffre : portion de terrain délimitée par les parois verticales du châssis. Le terme châssis désigne plus précisément la partie vitrée (le couvercle).

Collet : partie située entre la base d'un tronc ou d'une tige et les premières racines. Il se trouve en général au niveau du sol.

Compost : engrais naturel obtenu à partir de matières organiques décomposées (tontes de gazon, feuilles mortes...).

Contre-espalier : forme fruitière plate plantée en ligne sur une plate-bande et adossée à une armature non appuyée sur un mur.

Cordeau : ensemble de deux piquets reliés par une petite corde utilisé pour planter ou semer en ligne droite.

Cordeau : ensemble de deux piquets reliés par une petite corde utilisé pour planter ou semer en ligne droite.

Cordon horizontal : forme fruitière obtenue en palissant à l'horizontale une tige (cordon simple) ou deux tiges (cordon double).

Cordon vertical : forme fruitière obtenue en laissant se développer verticalement une seule branche principale (ou charpentière) sur laquelle se formeront des ramifications fructifères. On parle de cordons verticaux alternés lorsque, de hauteurs différentes, ils sont placés les uns à côté des autres sur un même mur.

Corolle : désigne l'ensemble des pétales de la fleur.

Corymbe : inflorescence composée de fleurs dont les pédoncules ne sont pas tous de même longueur, mais qui se terminent tous à la même hauteur (sur le même plan).

Cotylédons : premières feuilles contenues dans la graine. Elles sont généralement charnues car elles contiennent des réserves, et de forme différente des feuilles formées ultérieurement par la plante.

Courson : synonyme de coursonne, pour la vigne uniquement. Terme employé pour désigner les rameaux fructifères.

Coursonne : rameau taillé court et destiné à porter des fruits.

Cryptogamique : se dit d'une maladie provoquée par un champignon.

Cultivar : on dit aussi variété. Il s'agit d'une plante issue d'une hybridation.

Cuprique : produit à base de cuivre.

Cyme : inflorescence dans laquelle les fleurs se situent à l'extrémité d'axes entourés de bractées.

Dard : bourgeon pointu, assez large à la base et entouré d'une rosette de 2 ou 3 feuilles. Son évolution dépend de la taille que vous allez réaliser : il peut se transformer en bouton à fleur ou produire un rameau à bois.

Demi-tige : arbre dont la hauteur du tronc va de 1,20 m à 1,50 m.

Dioïque : caractérise un végétal qui porte les organes mâles et femelles sur deux pieds différents. Le contraire de dioïque est monoïque.

Division : opération de multiplication des plantes vivaces, qui consiste à couper en plusieurs morceaux une touffe établie devenue trop imposante. La division est un moyen de rajeunir la plante et de replanter de jeunes touffes nouvelles.

Double (fleur) : fleur dont le nombre de pétales est double, triple ou même davantage par rapport à l'espèce type.

Drageon : pousse née à partir d'un bourgeon situé sur une racine.

Éclaircissage : opération qui consiste à arracher des jeunes plants après un semis trop dense pour permettre aux plants qui sont restés en place de mieux se développer.

Éclaircissage des fruits : suppression de fruits en surnombre chez les fruitiers.

Élagage : suppression de certaines branches d'un arbre pour alléger sa ramure, réduire ses proportions ou modifier sa forme.

Engrais : matière organique ou chimique apportée au sol pour couvrir les besoins en nourriture des plantes.

Engrais de fond : engrais qui apporte une dose équilibrée dans les trois éléments nutritifs essentiels aux plantes (azote, phosphore et potassium). Il constitue une réserve dans le sol qui libérera progressivement ces aliments au niveau des racines au fur et à mesure des arrosages ou de l'écoulement de la pluie en profondeur. On parle aussi d'engrais complet.

Ensachage : opération qui consiste à enfermer les fruits au cours de leur maturité dans des sacs spéciaux afin d'accélérer leur mûrissement et de les protéger des attaques de parasites.

Espalier : forme fruitière plate, appuyée sur une armature adossée à un mur.

Espèce : échelon de la classification botanique qui correspond à une division du genre : par exemple, pour les pâquerettes, le nom de genre est *Bellis* et le nom d'espèce est *perennis*. L'espèce est ensuite divisée en variétés et en *cultivars*.

Étouffée : technique qui consiste à placer une bouture ou un semis dans une atmosphère confinée, chaude et humide.

Fastigiée : qualifie la silhouette élancée d'un végétal, qui a une forme de pyramide étroite.

Fertiliser : apporter un engrais à un végétal.

Flèche : pousse verticale située au sommet du tronc.

Foliole : petite feuille qui, avec d'autres, forme une feuille composée.

Forçage (voile de) : protection en textile non-tissé dont on couvre les jeunes semis (ou plantules) afin de les protéger du froid et d'accélérer leur croissance.

Forcer : accélérer la maturité des légumes ou décaler leur période de ré-colte habituelle par des protections contre le froid : châssis, mini-serre chauffante, voile de forçage, cloche de jardin...

Fourche-bêche : bêche dont le fer métallique est constitué de dents, au nombre de 4 en général.

Frais (sol) : se dit d'un sol qui ne sèche pas en profondeur en été et dont la terre est légèrement humide lorsque l'on creuse un peu.

Franc : se dit d'un jeune arbre ou arbuste issu d'un semis.

Fructifère : se dit d'un arbre, bourgeon, rameau ou autre organe destiné à porter des fruits, ou qui en produit déjà.

Genre : sous-division botanique de la famille qui regroupe les espèces.

Germe : premier organe de la jeune plante qui sort de la graine.

Germination : étape de développement de la plante qui correspond au moment où le germe sort de la graine puis tire sa nourriture du sol à l'aide des premières racines. La jeune plante apparaît alors hors de terre.

Gobelet : forme fruitière à tronc court. On parle également de gobelet basse-tige ou de basse-tige.

Godet : petit pot en terre cuite ou en plastique dans lequel est semé ou repiqué un jeune plant avant sa plantation définitive au jardin.

Gomme : écoulement visqueux et collant qui suinte des plaies des arbres à fruits à noyau.

Gourmand : rameau très vigoureux et presque vertical qui se développe au détriment des productions voisines. Il peut pousser de plus de 1 m en un an et apparaît aux coudes des plus grosses branches (les charpentières).

Goulot (arrosage au) : arrosage effectué avec un arrosoir sans pomme d'arrosage au bout de son bec. Ce type d'arrosage permet d'apporter beaucoup d'eau à une plante après sa mise en place.

Gourmand : pousse venant sous le point de greffe.

Goutte-à-goutte : système d'arrosage qui fournit lentement et régulièrement de l'eau au pied des plantes.

Graine : organe de reproduction de toutes les plantes.

Griffe : outil à dents courbées (en forme de griffe) utilisé pour affiner la terre ou pour casser la croûte de terre qui se forme en surface en cas de sécheresse. Ce terme désigne aussi le faisceau de petits tubercules des renoncules.

Habillage des racines : opération qui consiste à raccourcir ou à supprimer les parties blessées des racines lors de la plantation d'arbres ou d'arbuste à racines nues.

Habiller : couper l'extrémité des feuilles et des racines des jeunes végétaux à replanter. L'habillage permet de limiter leur transpiration dans les jours qui suivent la plantation au potager et facilite le développement de leurs racines.

Hampe : tige qui porte à son extrémité une fleur ou un groupe de fleurs.

Hauban : câble permettant de soutenir un arbre à la place d'un tuteur. La pose de haubans s'appelle le haubanage.

Haute-tige : arbre dont la hauteur du tronc est comprise entre 1,80 m et 2 m.

Herbacé : se dit d'une pousse qui a la consistance de l'herbe. Elle devient ensuite aoûtée en se lignifiant.

Hybride : végétal issu du croisement de sujets de caractères génétiques différents. Le nom est alors précédé de la lettre x.

Jambe de force : barre métallique que l'on fixe à la base de deux poteaux entre lesquels on tend des fils de fer. Elle en renforce la solidité en exerçant une poussée inverse de celle des fils de fer.

Légume-feuille : légume cultivé pour la consommation de ses feuilles (salades, choux pommés, choux frisés...).

Légume-fruit : légume cultivé pour ses fruits (tomates, concombres, aubergines, piments, poivrons...) ou ses graines (fèves, haricots, pois...).

Légume-racine : légume dont on mange la racine charnue (radis, carottes, navets, céleris-raves...).

Levée : étape qui suit la germination de la graine et durant laquelle les premières feuilles ou cotylédons sortent de terre. Les racines sont alors suffisamment développées pour alimenter la jeune plantule.

Ligneux : qui a la consistance du bois. Le stade antérieur est herbacé.

Limbe : partie élargie et étalée de la feuille autour des nervures. C'est le limbe qui capte l'énergie solaire.

Marcescent : qualifie un feuillage caduc qui reste sur l'arbre ou sur l'arbuste jusqu'à ce que de nouvelles feuilles apparaissent.

Matière organique : produit provenant de la décomposition de matières végétales ou animales.

Mètre linéaire : désigne, dans le vocabulaire jardinier, une ligne d'un mètre de long.

Monoïque : caractérise une plante qui porte des organes mâles et des organes femelles sur le même pied. Le contraire est dioïque.

Montée à graines : évolution naturelle de la plante vers la production de fleurs puis de graines.

Motte : volume de terre qui entoure les racines de la plante.

Mulch : matière organique dure, fine et broyée (écorces de pin, branches, paille, paillette de lin, tonte de gazon...).

Neutre : sol dont le pH est égal à 7. En dessous, il est acide, au-dessus, il est basique ou alcalin.

Non remontant : qui produit des fruits ou des fleurs une seule fois par an.

Œil : les jardiniers désignent sous ce nom les jeunes bourgeons, bien visibles, mais encore fermés. On peut remplacer ce terme technique par « bourgeon ».

Œil à bois : œil porté par un rameau à bois.

Œilleton : rejet qui pousse à la base de certaines plantes (artichaut). Il permet la multiplication de la plante.

Ombelle : inflorescence en forme d'ombrelle, de parasol.

Paillage : opération consistant à couvrir le sol autour des plantes avec un matériau léger, poreux, laissant passer l'air (paille, feuilles sèches, frondes de fougères...), pour les protéger du froid l'hiver, empêcher un dessèchement trop rapide de la terre en été, réduisant ainsi la fréquence des arrosages, et limiter le développement des mauvaises herbes.

Paillasson : couverture constituée de fétus de paille reliés entre eux par du fil de fer et dont on se sert pour protéger des plantes fragiles en hiver.

Paillis : matériau utilisé pour réaliser un paillage.

Palissage : opération consistant à attacher (sans provoquer d'étranglement) les branches sur un support, de façon à les guider ou à leur donner une forme déterminée.

Palmette : forme fruitière palissée dont toutes les branches se trouvent dans un même plan. On parle de forme plate.

Palmette à la diable : forme fruitière plate dont les branches sont inclinées en éventail par rapport à la verticale et portées sur un tronc court de 30 cm de hauteur environ.

Palmette en « U » double : forme fruitière plate, composée de deux charpentières courtes qui se divisent en deux à leur base, formant deux « U » contigus. Elle comporte donc quatre branches charpentières de même force.

Palmette en « U » simple (ou petite palmette) : forme fruitière plate, composée de deux branches charpentières de taille identique et formant un « U ».

Palmette Verrier : forme fruitière plate, constituée de 4 branches charpentières de même taille en « U » et imbriquées les unes dans les autres.

Panicule : forme d'inflorescence en cône dont les ramifications se raccourcissent à mesure qu'on se rapproche du sommet.

Parer : nettoyer une plaie avec un outil très coupant pour faciliter la cicatrisation de la plante.

Pédoncule : portion de tige (ou queue) qui relie le fruit ou la gousse à la branche.

Pelle-plantoir : petite pelle à manche court également appelé transplantoir.

Pépinière : au jardin, il s'agit d'un endroit abrité du vent et bien exposé où le jardinier cultive de jeunes plants avant leur mise en place définitive. Afin de favoriser la germination des graines, on recommande d'y faire un apport régulier de tourbe ou de terreau.

Persistant : caractérise un végétal qui conserve ses feuilles tout au long de l'année. Le contraire est caduc.

Pétiole : petite tige (ou queue de la feuille) qui relie le limbe (partie élargie) de la feuille à la tige.

pH : ce terme signifie « potentiel Hydrogène » et caractérise l'état d'alcalinité ou d'acidité d'un sol. Il s'agit d'une échelle graduée de 0 à 14, le niveau 7 correspondant à la neutralité.

Pincement : opération qui consiste à sectionner l'extrémité de jeunes rameaux pour favoriser le développement de nouvelles ramifications ou de fruits.

Pincer : méthode par laquelle on supprime une partie d'un rameau pour provoquer sa ramification.

Planche : bande de terrain de 1,30 m de large environ où les légumes sont cultivés côte à côte, généralement sur cinq ou six rangées contiguës. Elle est cernée de bandes de terre non cultivée étroites, appelées les passe-pieds, qui permettent au jardinier d'accéder facilement aux légumes.

Plantoir : outil conique utilisé pour repiquer les jeunes plants. On l'enfonce dans le sol pour creuser un trou conique dans lequel on place le plant. Le plantoir peut être droit ou coudé, avec une douille en métal emboîtée dans un manche en bois ou entièrement en métal.

Plantoir à bulbes : outil permettant de réaliser des trous cylindriques et plats dans lesquels on dépose les bulbes.

Plein vent (arbre de) : forme d'arbre qui pousse sur tige, en plein jardin, et qui n'a pas besoin d'être appuyée sur un support, contrairement aux formes palissées. Voir *Demi-tige* et *Basse-tige*.

Point de greffe : renflement sur la tige d'une plante situé au niveau de la greffe. Le point de greffe peut se trouver près du sol ou au sommet d'un tronc.

Pollinisation : processus par lequel le pollen est transporté des étamines au pistil de la fleur, permettant la fécondation, grâce au vent, à des dispositifs particuliers de la fleur ou des insectes.

Poquet : petit trou dans lequel sont déposées plusieurs graines en vue de leur germination.

Port déterminé : se dit d'une plante génétiquement programmée pour pousser jusqu'à une certaine hauteur. Cette taille atteinte, sa croissance s'interrompt et elle consacre son énergie à la maturation de ses fruits et de ses graines.

Port indéterminé : se dit d'une plante dont la croissance se poursuit indéfiniment tant que les conditions lui sont favorables.

Porte-greffe : plante destinée à recevoir ou ayant reçu une greffe.

Potée : ensemble de plantes cultivées dans un même pot.

Pousse : rameau encore jeune en cours d'évolution et déjà feuille.

Pralin : mélange de terre du jardin et d'eau ayant la même consistance qu'une boue épaisse. On peut rajouter également une pelleté de bouse de vache. Il existe du pralin en poudre dans le commerce à diluer dans l'eau, plus facile d'emploi.

Pralinage : opération qui consiste à tremper les racines d'une plante dans un mélange d'eau, de terre et de bouse de vache nommé pralins. Il existe des pralins prêts à l'emploi dans lesquels la bouse de vache est remplacée par des hormones d'enracinement. Cette substance adhère aux racines et forme un manchon nourricier et protecteur qui favorise une bonne reprise.

Praliner : opération qui consiste à tremper les racines de l'arbre à planter dans du pralin afin de favoriser la reprise.

Prolongement : pousse de l'année qui vient allonger les plus grosses branches (les charpentières).

Rabattre : couper les branches très près de leur point d'empattement ou de la souche.

Race : famille de variétés ayant de nombreuses caractéristiques communes, différant le plus souvent par la couleur de leurs fleurs.

Radicelle : racine très fine issue d'une racine principale de gros diamètre. Elle absorbe eau et éléments minéraux dans le sol pour nourrir la plante.

Rame : branche ramifiée ou filet à mailles en plastique larges servant de tuteur à certaines plantes (haricots et pois grimpants).

Rameau à bois : rameau ne portant que des bourgeons à bois, pointus et minces, qui donneront naissance à d'autres rameaux à bois.

Rameau fructifère : rameau destiné à porter la fructification ou la portant déjà.

Rameau mixte : rameau portant à la fois des bourgeons à bois, qui donneront d'autres rameaux à bois, et des boutons à fleur, qui fourniront des fleurs.

Ramification : division d'une branche en rameaux.

Ramure : ensemble des branches principales d'un arbre et de leurs ramifications.

Rejet : pousse se développant sur la souche ou à proximité d'un arbre ou d'un arbuste. On parle aussi de drageon et de gourmand.

Remontant : se dit d'une plante qui peut refleurir plusieurs fois dans l'année. À ne pas confondre avec grimpant.

Repercer : émettre de nouvelles pousses sur le vieux bois.

Repiquage : action de planter de jeunes plants à un endroit qui n'est pas leur emplacement définitif pour les encourager à se développer davantage avant leur plantation dans les massifs.

Rhizome : tige souterraine gorgée de réserves nutritives. L'arum et l'iris sont, par exemple, des fleurs à rhizome.

Rosette : ensemble de feuilles disposées en rayon autour de la tige centrale. Leurs points d'insertion sont très proches les uns des autres.

Rustique (plante) : plante capable de supporter les différentes températures extrêmes d'une région donnée (dont le froid hivernal).

Sarment : rameau rigide et lignifié de la vigne.

Sarmenteux : végétal poussant en hauteur et que l'on palisse sur un support. Les plantes qui s'accrochent d'elles-mêmes sont dites grimpantes.

Scion : jeune pousse à tige unique, issue d'une greffe et âgée de 1 an.

Semi-aoûté : état intermédiaire entre herbacé et aoûté, où la pousse n'est pas encore complètement lignifiée.

Semis en ligne : semis qui consiste à déposer les graines dans un sillon plus ou moins profond.

Semis à la volée : semis se caractérisant par une répartition aléatoire des graines sur une surface donnée.

Serfouette : outil muni d'une pièce d'acier divisée en une partie plate et une partie à dent, utile pour le désherbage des petites surfaces.

Sessile : caractérise un organe qui n'a pas de pétiole (pour une feuille) ou de pédoncule (pour une fleur ou un fruit).

Sevrer : opération qui consiste à séparer une nouvelle plante de la plante mère.

Sp. : signifie *species plurima* et indique qu'il y a plusieurs espèces dans un genre.

Stigmate : extrémité visqueuse du pistil sur laquelle viennent se coller les grains de pollen au cours de la fécondation.

Stolon : longue tige rampante couronnée de feuilles produite par certaines plantes (fraisiers). Le toupet de feuilles situé à l'extrémité forme des racines au contact de la terre et permet le développement d'une nouvelle plante.

Stratification : opération qui consiste à placer des graines ou des boutures dans du sable humide pour faire ramollir les tissus afin de faciliter la germination ou l'émission de racines.

Tégument : enveloppe qui entoure la graine.

Terreau : mélange de terre végétale et de matières organiques en décomposition (feuilles, compost...).

Terrine : récipient de faible profondeur utilisé pour les semis.

Tige : forme de plein-vent où l'arbre est composé d'un tronc, haut de 1,50 à 2 m, au sommet duquel partent des branches.

Tourbe : humus issu de la décomposition de matières organiques en milieu pauvre en oxygène et saturé d'eau (marais par exemple), qui donne une matière spongieuse capable de retenir beaucoup d'eau.

Treille : vigne conduite en cordon sur une armature installée contre un mur.

Tubercule : excroissance charnue, arrondie ou en fuseau, des racines de certaines plantes (pomme de terre, topinambour), où s'accumulent des réserves d'éléments nutritifs nécessaires à leur survie.

Turion : jeune pousse de l'asperge naissant directement sur les racines et consommée juste avant son émergence du sol (asperge blanche) ou, une fois sortie de terre, avant la formation des feuilles (asperge verte).

Tuteur : tige en bois, métal ou plastique rigide, fixée verticalement en terre pour soutenir ou redresser les plantes.

Tuteurage : opération qui consiste à maintenir verticalement les plantes grâce à l'utilisation de tuteurs.

Type : caractérise la plante qui réunit tous les critères ayant servi à définir le genre.

Variété : plante constituant un sous-groupe d'une espèce et qui en diffère par quelques caractères considérés comme secondaires du point de vue botanique (couleur, port...). Contrairement au cultivar, la variété naît et se maintient spontanément dans la nature.

Vivace (plante) : plante qui pousse plusieurs années de suite au même endroit. La plupart des plantes vivaces disparaissent entièrement en hiver, se conservent sous forme de racines sous la terre et réapparaissent au printemps.

Voile de forçage : protection textile non tissée dont on couvre les plantes frileuses afin de les protéger du froid.

Vrille : petit rameau produit par certaines plantes grimpantes (haricots à rames, pois, concombre...) et qui s'enroule autour d'un support.

Index

Abélia, **190-191**
Abelia x *grandiflora*, **190-191**
Abeliophyllum distichum, 632
Abies sp., **340-341**
Abricotier, 13, 14, **510-517**
Abutilon, 631
Abutilon spp., 631
Acacia blanc, **298-299**
Acacia dealbata, **258-259**
Acarien, 45, 56, 60, 164, 202, 216, 234, 236, 240, 254, 260, 268, 270, 286, 306, 310, 316, 320, 322, 338, 342, 378, 411, 416, 418, 441, 484, 610, 613, 640
Acer sp., **322-323**
Achillea, 622
Achillée, 102, 123, 168, 171, 622
Acidanthéra, 622
Aconit napel, 622
Aconitum napellus, 622
Actinidia (kiwi), 14, **518-522**
Actinidia arguta, 14, **518-522**
Actinidia chinensis, 14, **518-522**
Aesculus sp., 636
Agapanthe, 622
Agapanthus, 622
Agastache, 622
Agastache, 622
Agathea amelloides, 625
Ageratum, **56-57**, 98, 119, 121, 124, 622
Ageratum mexicanum, **56-57**, 98, 119, 121, 124, 622
Agrumes, 13, **523-527**
Ail, **352-353**
Ail blanc, 352, 353
Ail rose, 352, 353
Ail violet, 352, 353
Ail d'ornement, 622
Ailante, 635
Ailanthus altissima, 635
Ajonc d'Espagne, 631
Ajuga reptans, 623
Akebia quinata, 634
Akébie, 634
Albizia julibrissin, 635
Alcea rosea, **164-165**, 628
Allium cepa, 460-462
Allium escalonicum, **421-422**
Allium fistulorum, **410**
Allium porrum, 48, 49, **473-476**
Allium sativum, **352-353**
Allium schoenoprasum, **410**
Alnus sp., 635
Alstroemère, 622
Alstroemeria aurantiaca, 622
Altise, 396, 400, 458, 487, 640
Alyogyne huegelii, 633
Alysse odorante, **58-59**, 622
Alyssum saxatile, **83**, 624
Amandier, 13, 14, **528-535**
Amarante, 622
Amaranthus, 622
Amélanchier, 635
Amelanchier lamarckii, 635
Ampélopsis, **192-193**
Ampelopsis brevipedunculata, **192-193**
Anaphalis, 622
Anaphalis, 622
Ancolie, **60-61**, 72, 80, 170, 622
Andromède du Japon, **194-195**
Anémone, 19, **62-63**, 111, 622
Anemone, 19, **62-63**, 111, 622
Aneth, **354-355**
Anethum graveolens, 354-355
Angelica archangelica, **356-357**
Angélique, **356-357**
Anguillule, 62, 66, 640
Anthémis, **64-65**, 622
Anthemis, **64-65**, 622
Anthracnose, 192, 226, 290, 322, 342, 343, 411, 416, 436, 452, 536, 538, 549, 554, 555, 559, 564, 567, 568, 610, 613, 614, 618, 640
Anthriscus cerefolium, 388
Antirrhinum, **128-129**, 627
Apium graveolens, 381-383, 384-387
Aquilegia, **60-61**, 72, 80, 170, 622
Araucaria araucana, 635
Arbousier, 635
Arbre caramel, 635
Arbre à perruques, **300-301**
Arbre au poivre, 631
Arbre aux 40 écus, **302-303**
Arbre aux anémones, 631
Arbre aux faisans, 631
Arbre aux mouchoirs, 635
Arbre aux papillons, **196-197**
Arbre aux pois, 631
Arbre de Judée, **304-305**
Arbre de neige, 631
Arbre de soie, 635
Arbutus unedo, 635
Argousier, 631
Argyranthemum, 64, 623
Argyranthemum frutescens, 64, 623
Aristolochia macrophylla, 634
Aristoloche, 634
Aronia, 632
Aronia sp., 632
Arroche, 634
Artemisia dracunculus, **428-429**
Artichaut, **358-361**
Arum, **66-67**, 623
Aruncus dioicus, 623
Aster, **68-69**, 78, 110, 172, 623
Aster, **68-69**, 78, 110, 172, 623
Astilbe, 109, 623
Astrance, 623
Astrantia major, 623
Atriplex halimus, 634
Aubépine, **306-307**
Aubergine, **362-365**
Aubrieta, 623
Aubriète, 623
Aucuba, **198-199**
Aucuba japonica, **198-199**
Azalée, **200-201**
Bactériase, 405, 408, 640
Bambou sacré, 632
Barbe-de-bouc, 623
Basilic, **366-367**
Bégonia, 23, **70-71**, 98, 113, 124, 623
Begonia semperflorens, 23, **70-71**, 98, 113, 124, 623
Belle-de-jour, **113**
Belle-de-nuit, 623
Bellis perennis, **141-142**, 148, 627
Benoîte, 623
Berberis, 632
Bergénia, 623
Bergenia cordifolia, 623
Beta vulgaris, **368-373**
Bette à cardes (poirée), **368-370**, 398
Betterave rouge, **371-373**
Betula pendula, 636
Bidens, 623
Bidens ferulifolia, 623
Bignone de Virginie, **202-203**
Blaniule, 371, 640
Bois-joli, 632
Botrytis, 130, 421, 433, 434, 441, 549, 554, 640
Bougainvillea glabra, **204-205**
Bougainvillée, **204-205**
Boule azurée, 623
Bouleau commun, 636
Bleuet, **76-77**, 104, 175
Bracteantha bracteata, 106, **112**, 626
Brassica pekinensis, 398
Brassica oleracea, **393-396**, **400-408**
Brassica rapa, 33, 49, **458-459**
Broussonetia papyrifera, 636
Bruche, 436, 640
Bruyère, **206-207**
Buddleja davidii, **196-197**
Bugle rampante, 623
Buis, **208-209**
Buisson ardent, **210-211**
Buxus sempervirens, **208-209**

Calcéolaire, 623
Calceolaria integrifolia, 623
Calendula officinalis, 9, 76, 78, **175-176**, 629
Callicarpa, 632
Callicarpa bodinieri, 632
Callistemon citrinus, 634
Calliotephus chiaensis, 628
Calycanthus floridus, 631
Camassia, 623
Camélia, **212-213**
Camellia japonica, **212-213**
Campanula, **72-73**, 83, 123, 135, 155, 623
Campanule, **72-73**, 83, 123, 135, 155, 623
Campsis radicans, **202-203**
Canna, 23, 153, 623
Capsicum annuum, **470-472**
Capucine, **74-75**, 115, 623
Caragana arborescens, 631
Cardon, **374-376**
Carotte, 33, 49, **377-380**, 467
Carpinus betulus, **202-203**
Caryoptéris, **214-215**
Caryopteris, **214-215**
Cassissier, 12, 13, 15, **536-539**
Castanea sativa, 636
Catalpa, **308-309**
Catalpa bignonioides, **308-309**
Céanothe, **216-217**
Ceanothus sp., **216-217**
Cédratier, 525
Cèdre, **310-311**
Cedrela, 636
Cedrus sp., 310-311
Centranthus ruber, 10, 127, **180-181**, 629
Cerasticum iberis, 310, 311, 624
Cercidiphyllum japonicum, 635
Cercis siliquastrum, 304
Cerisier, **540-543**
Céleri-branche, **381-383**, 384, 387
Céleri-rave, 13, 15, 339, **384-387**
Celosia argentea, 623
Célosie, 623
Celtis australis, 636
Centaurea cyanus, **76-77**, 623
Centaurea deabata, **76-77**, 623
Centaurea macrocephala, **76-77**, 623
Centaurea montana, **76-77**, 623
Centaurée, **76-77**, 623
Centranthus ruber, 180
Cercidiphyllum japonicum, 635
Cercis siliquastrum, **304-305**
Cerfeuil, **388**
Chaenomeles speciosa, **224-225**
Chamaecyparis sp., **324-325**
Charme commun, **312-313**
Châtaignier, 636
Cheiranthus, **102-103**, 117, 131, 132, 162, 179, 184, 625
Chêne, **314-315**
Chenille, 53, 164, 310, 311, 316, 318, 319, 320, 324, 328, 335, 336, 337, 340, 640
Chèvrefeuille, **218-219**, 632
Chicorée, 49, **389-392**, 423
Chimonanthe odorant, 632
Chimonanthus praecox, 632
Chionanthus virginicus, 631
Chionodoxa, 623
Chionodosca gigantea, 623
Choisya ternata, **260-261**
Chou brocoli, **393-395**
Chou de Bruxelles, **396-397**
Chou chinois, **398-399**
Chou-fleur, **400-402**
Chou frisé, **403-404**
Chou pommé, **406-407**
Chou-rave, **408-409**
Chrysanthème des jardins, **78-79**, 623
Ciboule, **410**
Ciboulette, **410**
Cichorium endivia, 49, **389-392**, 423
Cichorium intybus, 423
Cimicifuga, 624
Cimicifuga, 624
Ciste, **220-221**
Cistus sp., **220-221**
Citronnier, 525
Citrus, 13, **523-527**
Clarkia, 624
Clarkia amoena, 624
Clematis sp., **222-223**
Clématite, **222-223**
Clémentinier, 525
Cléome, 624
Cleome hassleriana, 624
Clérodendron, 632
Clerodendrum trichotomum, 632
Clethra, 632
Clethra alnifolia, 632
Cobaea scandens, 624
Cobée, 624
Cœur-de-Marie, **80-82**, 98, 113, 124, 624
Cognassier du Japon, **224-225**
Colchicum speciosum, 624
Colchique, 624
Coléus, **81**, 624
Concombre, **411-413**, 416
Convallaria majalis, **130**, 627
Copalme, 636
Corbeille-d'argent, 624
Corbeille-d'or, **83**, 624
Coréopsis, **85-86**, 137, 166, 175, 624
Coreopsis, **85-86**, 137, 166, 175, 624
Corête du Japon, 632
Coriandre, **414-415**
Corianderum sativum, **414-415**
Cornichon, **416-417**
Cornouiller, **226-227**
Cornus sp., **226-227**
Coronilla sp., 632
Coronille, 632
Corydale, 624
Corydalis flexuosa, 624
Corylopsis, 632
Corylopsis pauciflora, 632
Corylus avellana, **564-567**
Cosmos, 9, 40, **87-88**, 104, 127, 137
Cosmos, 9, 40, **87-88**, 104, 127, 137
Cotinus coggygria, **300-301**
Cotonéaster, **228-229**
Cotoneaster sp., **228-229**
Courge, **484-486**
Courgette, 33, 49, **418-420**
Crambé, 624
Crataegus laevigata, **306-307**
Criocère, 123, 640
Crocus, 10, 19, 23, 25, **89**, 150, 624
Crocus, 10, 19, 23, 25, **89**, 150, 624
Cryptoméria, 635
Cryptoméria japonica, 635
Cucumis melo, **452-455**
Cucumis sativus, **411-413**, 416
Cucurbita maxima, 484
Cucurbita pepo, 484
Crambe cordifolia, 624
Cupressus sp., **316-317**
Cucurbita maxima, 33, 49, **484-486**
Cucurbita pepo, 33, 49, **484-486**
Cyclamen des jardins, 624
Cyclamen neapolitanum, 624
Cynara cardunculus, **374-376**
Cynara scolymus, **358-360**
Cyprès, **316-317**
Cyprès chauve, 635
Cyprès de Leyland, 635
Cytise, **318-319**
Cytisus scoparius, **236-237**, 633

Dahlia, 10, 23, 25, 31, 56, 64, 81, **90-91**, 119, 121, 146, 151, 153, 155, 164, 177, 182, 624
Dahlia, 10, 23, 25, 31, 56, 64, 81, **90-91**, 119, 121, 146, 151, 153, 155, 164, 177, 182, 624
Danae racemosa, 633
Daphne mezereum, 632
Darmera, 624
Darmera peltata, 624
Daucus carota, 33, 49, **377-380**, 467
Davidia involucrata, 635
Décumaria, 634
Decumaria barbara, 634
Delphinium, 58, 123, 126, **155-156**, 628
Delphinium cardinale, 58, 123, 126, **155-156**, 628
Delphinium grandiflorum, 58, 123, 126, **155-156**, 628
Dendranthema, **78-79**, 623
Dentelaire, 634
Désespoir des singes, 635
Desmodium, 632
Deutzia, **230-231**
Deutzia sp., **230-231**
Dianthus, 40, 128, **135-136**, 627
Diascia, **92-93**, 624
Diascia, **92-93**, 624
Dicentra spectabilis, **80-82**, 98, 113, 124, 624
Digitale, 624
Digitalis, 624

Dimorphothéca, **139-140**
Dimorphotheca, **139-140**
Diospyros kaki, 13, **560-563**
Doronic, 624
Doronicum orientale, 624
Dorotheanthus bellidiformis, 625
Dorycnium, 632
Dorycnium hirsutum, 632
Dregea sinensis, 634

Échalote, **421-422**
Echinops ritro, 623
Elaeagnus angustifolia, 633
Endive, **423-425**
Enkianthus, 632
Enkianthus campanulatus, 632
Éphémère de Virginie, 624
Épicéa, **320-321**
Épinard, **426-427**
Épine-vinette, 632
Epimedium, 625
Érémurus, 225, 625
Eremurus stenophyllus, 625
Érable, **322-323**
Erica sp., **206-207**
Érigéron, **94**, 625
Erigeron, **94**, 625
Erigeron auriantiacus, **94**, 625
Erigeron glaucus, **94**, 625
Erigeron karvinskianus, **94**, 625
Eriobotrya japonica, 636
Eruca sativa, **495**
Eryngium, 627
Érysimum, 625
Erysimum helveticum, 625
Escallonia, 632
Escallonia sp., 632
Escargots, 53, 153, 155, 368, 389, 430, 434, 447, 465, 490, 640
Eschscholzia californica, **145**, 628
Estragon, **428-429**
Eucalyptus, 636
Eucalyptus sp., 636
Euonymus sp., **234-235**
Exochorda, 632
Exochorda x *macrantha*, 632

F*agus sylvatica*, **326-327**
Fallopia sp., 634
Faux cyprès, 324
Faux myrte, 632
Félicia, 625
Févier d'Amérique, 636
Fenouil bulbeux, 49, **430-432**
Ficoïde, 625
Ficus carica, 13, **544-548**
Figuier, 13, **544-548**
Filaria, 632
Fleur des elfes, 625
Fonte des semis, 70, 124, 128, 441, 487, 640
Forsythia, **232-233**
Forsythia blanc, 632
Forsythia x *intermedia*, **232-233**
Fœniculum vulgare, 49, **430-432**
Fragaria, 31, **433-435**
Fraisier, 31, **433-435**
Framboisier, 12,13, **549-554**
Fraxinus excelsior, 636
Freesia, 19, **95**
Freesia, 19, **95**
Frêne, 636
Fritillaire, 25, **96-97**, 625
Fritillaire impériale ou couronne impériale, 97
Fritillaria, 25, **96-97**, 625
Fritillaria imperialis, 97
Fritillaria meleagris, 97
Fuchsia, **98-99**, 625
Fuchsia, **98-99**, 625
Fuschia de Magellan, 632
Fuchsia magellanica, 632
Fusain, **234-235**
Fusariose, 159, 452, 640

G*aillardia*, 625
Gaillarde, 625
Galanthus nivalis, 19, 108, **150**, 628
Galtonia candicans, 626
Garrya, 636
Garrya elliptica, 636
Gaultheria, 633
Gaultheria sp., 633
Gaura, 625
Gaura lindheimeri, 625
Gazania, 625
Gazania, 625
Gazon d'Espagne, 625
Genévrier, 636
Genêt à balais, **236-237**, 633
Genêt d'Espagne, 633
Genista hispanica, 631
Géranium, 10, 41, 64, 90, 92, **100-101**, 119, 121, 127, 149, 151, 155, 163, 177, 182, 186, 625
Geranium, 10, 41, 64, 90, 92, **100-101**, 119, 121, 127, 149, 151, 155, 163, 177, 182, 186, 625
Germandrée en arbre, 633
Geum hybride, 623
Gillenia trifolia, 629
Ginkgo biloba, **302-303**
Giroflée, **102-103**, 117, 131, 132, 162, 179, 184, 625
Gladiolus, 10, 19, 25, **104-105**
Glaïeul, 10, 19, 25, **104-105**
Gleditsia triacanthos, 636
Glycine, **238-239**
Godétia, 625
Godetia, 625
Graisse, 436, 460, 641
Groseillier à fleurs, **240-241**
Groseiller à grappes, 13, **555-559**
Gypsophila, 94, **106-107**, 135, 143, 625
Gypsophila elegans, 106
Gypsophila paniculata, 106
Gypsophile, 94, **106-107**, 135, 143, 625

Hamamélis, **242-243**
Hamamelis x *intermedia*, **242-243**
Haricot, **436-440**
Hebe sp., **288-289**
Hedera sp., 634
Helenium, 625
Hélénium, 625
Helianthus, 173, 629
Helianthus annuus, 173
Helianthus decapetalus, 173
Helianthus x *multiflorus*, 174
Helianthus tuberosus, 49, **506-507**
Helichrysum bracteatum, 106, **112**, 626
Héliotrope, 625
Heliotropium, 625
Hellébore, **108**, 625
Helleborus, **108**, 625
Helleborus argutifolius, 108
Helleborus niger, 108
Helleborus orientalis, 108
Hémérocalle, **109**, 111, 625
Hemerocallis, **109**, 111, 625
Hernie du chou, 458, 641
Hêtre commun, **326-327**
Heuchère, **110**, 625
Heuchera, **110**, 625
Hibiscus, **244-245**
Hibiscus d'Australie, 633
Hibiscus syriacus, **244-245**
Hippophae rhamnoides, 631
Holboellia, 634
Holboellia coriacea, 634
Hortensia, **246-247**
Hosta, **111**, 625
Hosta, **111**, 625
Houx, 262, **328-329**
Hyacinthus orientalis, 19, 25, **117-118**, 626
Hydrangea sp., **246-247**
Hypericum calycinum, 634

If commun, **330-331**
Ilex aquifolium, 262, **328-329**
Immortelle, 106, **112**, 626
Impatiens, 9, 22, 70, 81, **113-114**
Impatiens, 113, 626
Indigofera sp., 633
Indigotier, 633
Ipomée, **115**, 626
Ipomoea, **115**, 626
Ipomoea purpurea, **115**, 626
Ipomoea tricolor, **115**, 626
Iris, 25, 109, **116**, 626
Iris, 25, 109, **116**, 626

Jacinthe, 19, 25, **117-118**, 626
Jacinthe du Cap, 626
Jasmin, **248-249**
Jasmin étoilé, 634
Jasminum sp., **248-249**
Juglans regia, **568-570**
Julienne de Mahon, 626
Juniperus sp., 636

Kaki, 13, **560-563**
Kalmia sp., 633
Kerria japonica, 632

Kirengeshoma, 626
Kirengeshoma palmata, 626
Kolkwitzia, 633
Kolkwitzia amabilis, 633
Kniphofia, 626
Kniphofia, 626

Laburnum anagyroides, **318-319**
Lactuca sativa, 49, 370, **441-444**
Lagerstrœmia indica, 636
Laitue, 49, 370, **441-444**
Lamier maculé, 626
Lamium maculatum, 626
Lantana, 633
Lantana sp., 633
Larix decidua, 635
Laurier-cerise, **250-251**
Laurier d'Alexandrie, 633
Laurier des montagnes, 633
Laurier rose, 633
Laurier-sauce, **445-446**
Laurier-sauce commun, **445-446**
Laurus nobilis, **445-446**
Lathyrus, 92, 106, **159-160**, 628
Lathyrus latifolius, 159
Lathyrus odoratus, 159
Lavande, **525-253**
Lavandula angustifolia, **525-253**
Lavatera, 9, 76, 104, **119**, 626
Lavatera olbia, 9, 76, 104, **119**, 626
Lavatera x *thuringiaca*, 9, 76, 104, **119**, 626
Lavatera trimestris, 9, 76, 104, **119**, 626
Lavatère, 9, 76, 104, **119**, 626
Leptospermum lanigerum, 632
Lespedeza thunbergii, 632
Leucanthemumn, 78, **127**, 626
Leucothoé, 633
Leucothoe fontanesiana, 633
Leycesteria formosa, 631
Ligustrum sp., 255, 286, 287
Lilas, 68, 96, 101, 111, 171, **254-255**
Lilas d'été, 636
Lilas des Indes, 636
Liatris, 626
Liatris spicata, 626
Lierre, 634
Ligulaire, 626
Ligularia, 626
Ligustrum, 255, **286-287**
Lilium, 29, **123**, 626
Lilium candidum, 123
Limace, 53, 92, 102, 104, 109-111, 113, 117, 123, 150, 155-157, 159, 161, 162, 172, 179, 185, 222, 223, 368, 389, 400, 430, 434, 447, 465, 490, 641
Limettier, 525
Limonium, 629
Lin, **121**, 626
Linum, **121**, 626
Linum grandiflorum, 121
Linum perenne, 121
Liquidambar styraciflua, 636
Liriodendron tulipifera, 637
Lis, 25, **123**, 626
Lis de la Madone, 123
Lobélia, **124-125**, 626
Lobelia, **124-125**, 626
Lobelia cardinalis, 124
Lobelia erinus, 124
Lobelia fulgens, 124
Lobelia syphilitica, 124
Lobularia maritima, **58-59**, 622
Lonicera sp., **218-219**, 632
Lunaria rediviva, 626
Lupin, 51, **126**, 626
Lupinus, 51, **126**, 626
Lychnis chalcedonica, 626
Lychnis croix de Jérusalem, 626
Lycopersicon esculentum, 33, 48, 49, **501-505**
Lysimachia, 626
Lysimachia nummularia, 627
Lysimaque, 626
Lythrum salicaria, 629

Mâche, **447-448**
Magnolia, **332-333**
Magnolia sp., **332-333**
Mahonia, **256-257**
Mahonia aquifolium, **256-257**
Maïs doux, **449-451**
Malcolmia maritima, 626
Malus pumila, 13, 14, 16, **595-605**
Mandarinier, 525
Marguerite, 78, **127**, 626
Marronier, 636
Matthiola, **102-103**, 117, 131, 132, 162, 179, 184, 625
Mélèze, 635
Melia azedarach, 636
Melon, 33, 53, 452-455, 485
Mentha, **456-457**
Menthe, **456-457**
Métaséquoia, 635
Metasequoia glyptostroboides, 635
Metrosideros carminea, 633
Micocoulier, 636
Microbiota, 635
Microbiota decussata, 635
Mildiou, 52, 128, 159, 326, 358, 362, 374, 411, 416, 421, 423, 426, 433, 447, 460, 467, 470, 473, 480, 481, 501, 502, 504, 614, 618, 641
Millepertuis, 634
Mimosa, **258-259**
Mina, 626
Mina lobata, 626
Mirabilis jalapa, 626
Molène, 626
Monarda, 626
Monarde, 626
Monnaie-du-pape, 626
Montbrétia, 626
Montia, 627
Montia sibirica, 627
Morus alba, 636
Mosaïque, 175, 436, 477, 484, 641
Mouche, 200, 377, 378, 384, 393, 398, 400, 403, 405, 408, 416, 421, 426, 460, 473, 487, 510, 523, 525, 540, 541, 544, 548, 560, 571, 572, 575, 578, 641
Muflier, **128-129**, 627
Muguet, **130**, 627
Mulch, 38, 512, 522, 525, 531, 543, 548, 559, 563, 566, 570, 573, 584, 594, 605, 609, 619
Mûrier, 636
Mûrier à papier, 636
Muscari, 627
Muscari armeniacum, 627
Myosotis, 9, 102, 117, 131, 132, 141, 148
Myosotis sylvatica, **131**, 627
Myosotis palustris, **131**, 627
Myrte écarlate, 633

Nandina domestica, 632
Narcisse, 19, 23, **132-133**, 627
Narcissus, 19, 23, **132-133**, 627
Navet, 33, 49, **458-459**
Néflier du Japon, 636
Nématode, 95, 96, 641
Némésia, 627
Nemesia strumosa, 627
Népéta, **134**, 627
Nepeta, **134**, 627
Nepeta faassenii, 134
Nepeta mussinii, 134
Nepeta sibirica, 134
Nerium oleander, 633
Nerprun, 633
Nicotiana, 87, 137, 166, **177-178**, 629
Nicotiana affinis, 87, 137, 166, **177-178**, 629
Nicotiana langsdorffii, 87, 137, 166, **177-178**, 629
Nicotiana sylvestris, 87, 137, 166, **177-178**, 629
Nigella damascena, 627
Nigelle de Damas, 627
Noctuelle, 393, 403, 405, 408, 441, 641
Noisetier, 13, 15, 437, **564-567**
Noyer, 12, 13, 15, **568-570**
Nummulaire, 627
Nuile, 452, 641
Nyssa, 636
Nyssa sylvatica, 636

Ocimum basilicum, 366
Œillet, 40, 128, **135-136**, 627
Œillet de Chine, 135, 136
Œillet des fleuristes, 135, 136
Œillet d'Inde, 90, 98, 121, 124, **137-138**, 627
Œillet mignardise, 135, 136
Œillet des poètes, 135, 136
Œnothera, 627
Œnothera missouriensis, 627
Œnothera rosea, 627
Œnothère, 627
Ocinum basilicum, **366-367**
Oïdium, 68, 70, 78, 85, 90, 94, 98, 102, 110, 111, 126, 131, 135, 139, 146, 159, 175, 180, 186, 202, 224, 234, 240, 256, 270,

276, 280, 286, 288, 300, 306, 308, 314, 358, 362, 365, 411, 416, 418, 420, 423, 433, 452, 455, 467, 472, 477, 484, 486, 528, 536, 549, 555, 575, 595, 610, 614, 641
Oignon, **460-462**
Olea europaea, 13, **571-574**
Oléaria, 633
Olearia sp., 633
Olivier, 13, **571-574**
Olivier de Bohême, 633
Oranger, 525
Oreille-d'ours, 627
Origan, **463-464**
Origanum vulgare, **463-464**
Orme, 636
Orme de Sibérie, 636
Ornithogale, 627
Ornithogalum, 627
Oranger du Mexique, **260-261**
Oseille, 53, **465-466**
Osmanthe, **262-263**
Osmanthus sp., **262-263**
Ostéospermum, **139-140**, 627
Osteospermum, **139-140**, 627
Osteospermum ecklonis, 140
Oxalis, 227, 627
Oxalis adenophylla, 227, 627

Pachysandra, 633
Pachysandra terminalis, 633
Paeonia lactiflora, **157-158**, 164, 628
Paeonia suffruticosa, 633
Panais, **467-468**
Panicaut, 627
Papaver, 10, 76, 126, **143-144**, 628
Papaver orientale, 143
Papaver somniferum, 143
Pâquerette, **141-142**, 148, 627
Parrotia, 636
Parrotia persica, 636
Parthenocissus sp., **290-291**
Passiflora caerulea, **264-265**
Passiflore, **264-265**
Pastinaca sativa, **467-468**
Paulownia, 636
Paulownia tomentosa, 636
Pavot, 10, 76, 126, **143-144**, 628
Pavot de Californie, **145**, 628
Pêcher, 12, 13, 14, **575-583**
Pélargonium, **146-147**, 628
Pelargonium, **146-147**, 628
Pensée, 89, 102, 117, 131, 141, **148-149**, 161, 179, 628
Penstémon, 40, 92, 134, 628
Pensternum hybride, 628
Perce-neige, 19, 108, **150**, 628
Pernettya, 633
Pernettya mucronata, 633
Perovskia atriplicifolia, **274-275**
Persil, 53, **469**
Petroselinum crispum, **469**
Pétunia, 9, 56, 128, 137, 146, **151**, 155, 177, 182, 628
Petunia, 9, 56, 128, 137, 146, **151**, 155, 177, 182, 628
Petunia milliflora, 151
Peuplier, 334
Phaseolus vulgaris, **436-440**
Philadelphus coronarius, **276-277**
Phillyrea sp., 632
Phlox, 23, 85, 94, **153-154**, 164, 177, 182, 186, 628
Phlox, 23, 85, 94, **153-154**, 164, 177, 182, 186, 628
Phlox de Drummond, 153
Photinia, **266-267**
Photinia sp., **266-267**
Physalis, 628
Physalis franchetii, 628
Physocarpus, 633
Physocarpus opulifolius, 633
Picea sp., **320-321**
Pied-d'alouette, 58, 123, 126, **155-156**, 628
Piéride du char, 53, 393, 400, 403, 405, 408, 499, 641
Pieris japonica, **194-195**
Pigamon, 628
Piment, 33, **470-472**
Pin, 21, 38, 46, **336-337**, 434, 512, 524, 530, 542, 548, 563, 570, 573, 584, 594, 605, 609
Pinus sp., 21, 38, 46, **336-337**, 434, 512, 524, 530, 542, 548, 563, 570, 573, 584, 594, 605, 609
Pisum sativum, 33, **477-479**
Pittosporum, 633
Pittosporum sp., 633
Pivoine, **157-158**, 164, 628
Pivoine arbustive, 633
Plaqueminier, 13, **560-563**
Platane, 637
Platanus x *hispanica*, 637
Plumbago auriculata, 637
Poireau, 48, 49, **473-476**
Poirier, 13, 14, 16, **585-594**
Poirier à fleurs, 637
Pois, 33, **477-479**
Pois de senteur, 92, 106, **159-160**, 628
Poivron, 33, **470-472**
Polémonium, 628
Polemonium cœruleum, 628
Pomelo, 525
Pomme de terre, 49, **480-483**
Pommier, 13, 14, 16, **595-605**
Populus sp., **334-335**
Portulaca grandiflora, 628
Potentille, 135, 633
Potentilla fruticosa, 633
Potiron, 33, 49, **484-486**
Pourpier, 628
Pourriture du collet, 108, 110, 468, 641
Pourriture grise, 70, 81, 89, 90, 96, 111, 113, 128, 186, 421, 433, 434, 441, 549, 554, 614, 618
Primevère, 80, 132, **161**, 179
Primula auricula, 161
Primula vulgaris, 161
Prunier, 13, 16, **606-609**
Prunier d'ornement, **338-339**
Prunus armeniaca, 13, 14, **510-517**
Prunus avium, 540
Prunus cerasus, **540-543**
Prunus dulcis, 13, 14, **528-535**
Prunus domestica, 13, 16, **606-609**
Prunus laurocerasus, **250-251**
Prunus persica, **575-583**
Prunus sp., **338-339**
Pseudotsuga menziesii, 635
Puceron, 60, 64, 72, 74, 80, 90, 92, 94, 95, 96, 98, 100, 102, 106, 112, 115, 121, 135, 141, 145, 148, 151, 159, 168, 170, 171, 182, 184, 196, 202, 210, 212, 218, 224, 228, 236, 238, 240, 244, 246, 248, 254, 264, 270, 274, 276, 280, 286, 288, 292, 306, 310, 316, 318, 320, 324, 326, 330, 336, 338, 340, 346, 348, 358, 411, 423, 441, 445, 452, 477, 484, 523, 528, 536, 540, 555, 564, 568, 575, 585, 595, 606, 610, 641
Pulmonaire, 628
Pulmonaria, 628
Pyracantha sp., **210-211**
Pyrèthre, 628
Pyrus calleryana, 637
Pyrus communis, 13, 14, 16, **585-594**

Q*uercus* sp., **314-315**

Radis, 33, 378, **487-489**
Ranunculus asiaticus, **162-163**, 628
Raphanus sativus, 33, 378, **487-489**
Raphiolepis, 634
Raphiolepis sp., 634
Reine-marguerite, 628
Renoncule, **162-163**, 628
Renouée, 634
Rhamnus alaternus, 633
Rhaphiolepis sp., 634
Rheum rhaponticum, **490-492**
Rhizoctone, 642
Rhododendron, 123, **268-269**
Rhododendron sp., **200-201**, **268-269**
Rhubarbe, **490-492**
Rhus typhina, 637
Ribes nigrum, 12, 13, 15, **536-539**
Ribes sanguineum, **240-241**
Ribes rubrum, **555-559**
Rince-bouteille, 634
Robinia pseudoacacia, **298-299**
Rodgersia, 628
Rodgersia, 628
Romarin, **493-494**
Ronce à fruits, 13, **610-613**
Roquette, **495**
Rosa sp., 219, **270-273**
Rose d'Inde, **137-138**
Rose trémière, **164-165**, 628
Rosier, 219, **270-273**
Rosmarinus officinalis, **493-494**
Rouille, 119, 128, 135, 164, 165, 175, 208, 256, 270, 280, 316, 318, 330, 334, 336, 339, 342, 346, 352, 423, 428, 460, 465, 473, 506, 536, 538,

555, 559, 585, 588, 606, 609, 642
Rouille blanche, 458, 496, 497, 642
Rubus fruticosus, 13, **610-613**
Rubus idaeus, **549-554**
Rudbeckia, 94, 164, **166-167**, 175, 628
Rudbeckia, 94, 164, **166-167**, 175, 628
Rudbeckia fulgida, 94, 164, **166-167**, 175, 628
Rudbeckia hirta, 94, 164, **166-167**, 175, 628
Rumex acetosa, 53, **465-466**

Salicaire, 629
Salix sp., **342-343**
Salsifis, **496-497**
Salvia, **168-169**, 629
Salvia farinacea, **168-169**, 629
Salvia horminum, **168-169**, 629
Salvia nemorosa, **168-169**, 629
Salvia officinalis, **499**
Salvia patens, **168-169**, 629
Salvia pratensis, **168-169**, 629
Salvia sclarea, **168-169**, 629
Salvia splendens, **168-169**, 629
Sambucus sp., 634
Santolina chamaecyparissus, 634
Santoline, 634
Sanvitalia, 629
Sanvitalia procumbens, 629
Sapin, 320, 321, **340-341**
Sapin de Douglas, 635
Saponaire, 629
Saponaria officinalis, 629
Sarcococca, 634
Sarcococca sp., 634
Sarriette, **498**
Sassafras, 637
Sassafras albidum, 637
Satureja montana, **498**
Sauge (fleur), **168-169**, 629
Sauge (plante aromatique), **499**
Sauge de Sibérie, **274-275**
Saule, **342-343**
Savonnier, 637
Saxifraga, **170**, 629
Saxifraga x *arendsii*, 170
Saxifraga hypnoides, 170
Saxifraga umbrosa, 170
Saxifraga x *urbium*, 170
Saxifrage, **170**, 629
Scabieuse, **171**, 629
Scabiosa, **171**, 629
Scabiosa caucasica, 171
Scabiosa columbaria, 171
Scabiosa stellata, 171
Schizostylis coccinea, **629**
Schizostylis, 629
Schizophragma, 634
Schizophragma hydrangeoides, 634
Scille de Sibérie, **629**
Scilla siberica, 629
Scorsonère, **496-497**
Scorzonera hispanica, 496
Sédum, **172**
Sedum, **172**
Senecio cineraria, 624
Septoriose, 381, 385, 610, 642
Séquoia, 635
Sequoiadendron giganteum, 635
Seringat, **276-277**
Silène, 629
Silene maritima, 629
Sitone, 477, 642
Skimmia, **278-279**
Skimmia japonica, **278-279**
Solanum melongena, **362-365**
Solanum tuberosum, 49, **480-483**
Soleil, **173-174**, *629*
Solenostemon scutellaroides, **81**, 624
Solidago, 629
Sophora, 637
Sophora japonica, 637
Sorbaria, 637
Sorbaria tomentosa, 637
Sorbier, **344-345**
Sorbus sp., **344-345**
Souci, 9, 76, 78, **175-176**, 629
Sparaxis, 629
Sparaxis tricolor, 629
Spinacia oleracea, **426-427**
Spiraea sp., **280-281**
Spirée, 92, **280-281**
Spirée à trois feuilles, 629
Sprékélia, 629
Sprekelia formosissima, 629
Stachys lanata, 627
Statice, 629
Sumac, 637
Sureau, 634
Symphoricarpos sp., **282-283**
Symphorine, **282-283**
Symphytum officinale, 624
Syringa vulgaris, 68, 96, 101, 111, 171, **254-255**

Tabac, 87, 137, 166, **177-178**, 629
Tagetes, 90, 98, 121, 124, **137-138**, 627
Tagetes erecta, 90, 98, 121, 124, **137-138**, 627
Tagetes patula, 90, 98, 121, 124, **137-138**, 627
Tamaris, **284-285**
Tamarix sp., **284-285**
Tarsonème, 433, 642
Taupin, 371, 642
Taxodium distichum, 635
Taxus baccata, **330-331**
Teigne du poireau, 473, 642
Tellima, 629
Tellima grandiflora, 629
Tétranique, 452, 642
Teucrium fruticans, 633
Thalictrum, 628
Thuja sp., 286, **346-347**
Thuya, 286, **346-347**
Thym, **500**
Thymus vulgaris, **500**
Tilia sp., **348-349**
Tilleul, **348-349**
Tomate, 33, 48, 49, **501-505**
Toona sinensis, 636
Topinambour, 49, **506-507**
Trachelospermum jasminoides, 634
Tradescantia x *andersoniana*, 624
Tragopogon porrifolius, **496-497**
Tricyrtis, 629
Tricyrtis hirta, 629
Troène, 255, **286-287**
Tropaeolum majus, 17, **74-75**, 115, 623
Tulipa, **179-180**
Tulipe, **179-180**
Tulipier de Virginie, 637

U*lmus* sp., 636

Valériane, 10, 127, **180-181**, 629
Valerianella locusta, **447-448**
Verbascum hybride, 626
Verbena, 39, 56, 70, 90, 139, 146, 151, 153, **182-183**, 630
Verbena bonariensis, 39, 56, 70, 90, 139, 146, 151, 153, **182-183**, 630
Verbena venosa, 39, 56, 70, 90, 139, 146, 151, 153, **182-183**, 630
Verge-d'or, 629
Veronica spicata, 629
Véronique, 629
Véronique arbustive, **288-289**
Verveine, 39, 56, 70, 90, 139, 146, 151, 153, **182-183**, 630
Verveine de Buenos Aires, 183
Verveine rugueuse, 183
Verveine hybride, 183
Viburnum sp., **292-293**
Vigne, 14, **614-619**
Vigne vierge, 192, 290
Viorne, **292-293**
Viola, **184-185**, 630
Viola cornuta, **184-185**, 630
Viola odorata, **184-185**, 630
Viola tricolor, **184-185**, 630
Violette, **184-185**, 630
Violette cornue, 185
Violette odorante, 185
Virose, 186, 352, 461, 482, 642
Vitex agnus-castus, 631
Vitis vinifera, 14, **614-619**

Wattakaka, 634
Weigela sp., **294-295**
Weigélia, **294-295**
Wisteria sp., **238-239**
Cupressocyparis leylandii, 635

Zantedeschia, **66-67**, 623
Zea mays, **449-451**
Zelkova carpinifolia, 636
Zinnia, 112, **186-187**, 630
Zinnia, 112, **186-187**, 630
Zinnia elegans, 112, **186-187**, 630
Zinnia haageana, 112, **186-187**, 630

Crédits

J. Albertini/Cap-Photos : p. 130

P. Asseray/Cap-Photos : pp. 89, 102, 123, 138, 161, 248, 256, 266, 280, 310, 312, 324, 330, 340, 374, 378, 382, 403, 487b

F. Boucourt/Cap-Photos : pp. 4h, 8 (Jardin Saint Jean de Frenelles), 18, 28, 33, 66, 75, 176, 194, 200, 238, 246, 278, 282, 326, 338, 352, 371, 402, 410, 416, 421, 426, 430, 460, 469

E. Brenckle/Cap-Photos : pp. 7b, 19, 22, 24, 99, 117, 142, 307, 381, 406, 413, 445, 463, 510, 528 (École de Breuil), 546, 559, 560, 568

J. Creuse/Cap-Photos : p. 115

A. Delavie/Cap-Photos : p. 77

I. Devaux/Cap-Photos : pp. 112, 139, 368, 440, 544

M. Guittard/Cap-Photos : p. 408

L. Hego/Cap-Photos : pp. 4b, 60

C. Hochet/Cap-Photos : pp. 5, 6b, 62, 104, 118 (Parc Floral de la Source), 119, 121, 155, 206, 212, 252, 264, 302, 314, 320, 336, 362, 366, 389, 396, 405, 409, 418, 449, 473, 490, 501, 523, 540, 564, 585, 595

V. Klecka/Cap-Photos : pp. 174, 232, 298, 328h, 369, 388, 436 (Jardin du Feyel), 452, 456, 498 (Jardin du Feyel), 637

L. Lebret/Cap-Photos : pp. 10g, 59, 64, 65, 72, 76, 78, 79, 80, 81, 82, 83, 90, 92, 95, 97, 105, 108, 110, 124, 128, 131 (Clos de Coudray), 134, 153, 157, 158, 164, 172, 177, 179, 184, 188, 192, 196, 202, 214, 226, 260, 270, 271, 292, 308, 322, 332, 356

V. Maison/Cap-Photos : pp. 143, 182, 218, 365, 465

J. Malburet/Cap-Photos : pp. 571, 574

F. Marre/Cap-Photos : pp. 6d (Champ de Pagaille), 7d, 10d (Jardin André Eve), 21, 31, 39 (Jardin André Eve), 44, 45, 46, 48 (Jardin Saint-Jean de Beauregard), 52, 67, 70, 87, 93, 94, 96, 101, 113, 116 (Jardin André Eve), 129, 132, 133, 141, 148 (Syngenta Seeds), 150, 151, 159, 162, 166, 170, 171, 175, 178 (Bois Pinard/Marie Marcat), 180 (Bois Pinard/Marie Marcat), 186, 198, 208, 242, 250, 294, 296, 303, 328b, 342, 346, 350, 354, 377, 398, 399, 400 (Bois Pinard/Marie Marcat), 411 (Bois Pinard), 414, 415, 423, 433, 441 (Vilmorin), 446, 447, 458 (Champ de Pagaille), 467, 470, 477, 479, 480, 484 (Champ de Pagaille), 487, 492 (Clos de Coudray), 493b, 495 (Champ de Pagaille), 500, 506 (Bois Pinard/Marie Marcat), 508, 536, 567, 610, 614, 620, 630 (Jardin André Eve)

A. Petzold/Cap-Photos : pp. 58, 68, 74, 84, 88, 100, 103, 111, 149 (École du Breuil), 168, 190, 204, 210, 224, 228, 230, 234, 236, 240, 244, 254, 262, 274, 276, 284, 286, 288, 300, 306, 384, 391, 393, 428, 450, 464, 493h, 499, 518, 575

J. -P. Praderes/Cap-Photos : p. 268

A. Suire/Cap-Photos : p. 496

E. Svoboda/Cap-Photos : pp. 109, 145

D. Roger/Cap-Photos : p. 258

Rustica/Cap-Photos : pp. 9g, 56, 85, 98, 126, 127, 135, 137, 146, 173, 216, 220, 222, 290, 304, 316, 318, 334, 344, 348, 358, 505, 522, 549, 555, 606

A. Suire/Cap-Photos : p. 496

P. Tourmente/Cap-Photos : pp. 9d, 106

B. Vaesken/Cap-Photos : p. 26

Couverture :
Shutterstock.

4e de couverture :
Photographie de Flore Palix.

Direction éditoriale :
Élisabeth Pegeon

Direction de création :
Laurent Quellet

Direction artistique :
Mathieu Tougne

Mise en page :
Stéphanie Martel pour Céladon éditions

Coordination éditoriale et recherche iconographique :
Céladon éditions, www.celadoneditions.com

Fabrication :
Aurélie Lacombe

Photogravure :
Turquoise

MIXTE
Papier issu de sources responsables
FSC® C112556

Achevé d'imprimer en juin 2020 par DZS (Slovénie).
R20106-03